AF299268

BIBLIOTHEQUE NATIONALE DE FRANCE
3 7522 000068394 6

BIBLIOGRAPHIE

FRANÇAISE

DE

LA HONGRIE

(1521-1910)

AVEC UN INVENTAIRE SOMMAIRE DES DOCUMENTS MANUSCRITS

PAR

I. KONT

CHARGÉ DE COURS A L'UNIVERSITÉ DE PARIS

PARIS

ERNEST LEROUX, ÉDITEUR

28, RUE BONAPARTE, VIᵉ

—

1913

BIBLIOGRAPHIE FRANÇAISE

DE LA HONGRIE

DU MÊME AUTEUR

LESSING ET L'ANTIQUITÉ. — 2 vol., Paris, Leroux, 1894-1899.

QUID HERDERUS DE ANTIQUIS SCRIPTORIBUS SENSERIT. — Ibid., 1902.

LA HONGRIE LITTÉRAIRE ET SCIENTIFIQUE. — Ibid., 1896.
(Ouvrage couronné par l'Académie française).

HISTOIRE DE LA LITTÉRATURE HONGROISE. — Ouvrage adapté du hongrois. Budapest, Athenaeum. Paris, Alcan, 1900. Illustré.

ÉTUDE SUR L'INFLUENCE DE LA LITTÉRATURE FRANÇAISE EN HONGRIE (1772-1896). — Paris, Leroux, 1902.
(Ouvrage couronné par l'Académie française).

GESCHICHTE DER UNGARISCHEN LITTERATUR. — Leipzig, Amelang, 1906. (Dans la collection : Die Litteraturen des Ostens).

ÉTUDES HONGROISES (Vörösmarty, Petöfi, Arany, Tompa, Gyulai, Szász, Lévay, Deák). — Paris, Rudeval, 1907.

GRAMMAIRE HONGROISE. — Paris et Heidelberg, Jules Groos, 1908.

CHRESTOMATHIE HONGROISE. — Ibid. 1909.

BIBLIOGRAPHIE

FRANÇAISE

DE

LA HONGRIE

(1521-1910)

AVEC UN INVENTAIRE SOMMAIRE DES DOCUMENTS MANUSCRITS

PAR

I. KONT

CHARGÉ DE COURS A L'UNIVERSITÉ DE PARIS

PARIS

ERNEST LEROUX, ÉDITEUR

28, RUE BONAPARTE, VIᵉ

—

1913

PRÉFACE

—

L'essai que nous offrons aujourd'hui au public est le fruit de plusieurs années de recherches dans les bibliothèques et les archives publiques de France et de Hongrie. Il a pour objet, d'abord, de guider les étudiants français qui veulent se rendre compte de ce qu'on a publié jusqu'ici sur la Hongrie, puis, de montrer aux savants hongrois, qui se plaignent souvent de notre ignorance, que malgré les difficultés du contact direct avec leur pays, la France était bien renseignée sur les événements qui s'y passaient, notamment lorsque les conjonctures politiques l'y amenaient. En fait, l'Autriche et l'Allemagne exceptées, aucun pays de l'Europe ne peut montrer, du xvie siècle à nos jours, une mine plus riche d'informations que la France.

*
* *

Nous avons réuni dans l'introduction de notre *Étude sur l'Influence de la littérature française en Hongrie* (p. 6-29) les points de contact entre les deux pays au cours du moyen-âge. Grâce aux ordres ecclésiastiques français établis en Hongrie, grâce aux Croisades, aux mariages princiers, à l'Empire français d'Orient, à la domination de la maison d'Anjou, aux combats que la Hongrie dut livrer dès la fin du xive et pendant tout le cours du xve siècle aux Turcs, la France connaissait l'existence et le rôle de ce royaume, alors indépendant. Les chroniqueurs et les voyageurs français le mentionnent souvent. On verra en tête de la Bibliographie l'indication des passages que l'on peut trouver dans ces anciens textes français écrits avant le premier opuscule imprimé en 1521 et qui ouvre la série des ouvrages français sur la Hongrie. En 1526 la domination des Habsbourg est établie et la France, pour affaiblir cette maison, conclut des pactes et des alliances, offre des secours à ses adversaires hongrois. La politique de François Ier qui soutient Jean Zápolya est reprise par Richelieu, Mazarin et Louis XIV. Au point de vue bibliographique cependant le xvie siècle est encore assez pauvre en imprimés sur la Hongrie. Les archives sont plus riches en renseignements sur l'alliance entre les deux pays que les bibliothèques.

Ce n'est que vers la fin de ce siècle, en 1595, que Martin Fumée publie son important ouvrage : *Histoire des troubles de Hongrie* qui raconte les événements des soixante premières années du xvie siècle en utilisant toutes les sources latines et même des relations inédites. Il fut traduit aussitôt en allemand et en anglais; Montreulx, sieur du Mont Sacré, le réédite en 1608 en y ajoutant son *Histoire universelle des guerres du Turc* de 1565 à 1606. En même temps Palma de Cayet, dans ses *Chronologies*, renseigne le public sur les événements de Hongrie, et de Thou entreprend sa grande histoire pour laquelle il puise aux meilleures sources. Le *Mercure français* fondé en 1611, par Richer, donne de nombreux articles sur la Hongrie. Le règne de Gabriel Bethlen (1613-1629), connu dans toute l'Europe pour le rôle qu'il a joué au début de la guerre de Trente-Ans, l'ambassade du duc d'Angoulême et du comte de Béthune (1620-21) qui devait servir d'intermédiaire entre Ferdinand II et le prince de Transylvanie, ont produit toute une série d'ouvrages et de brochures, de même que le règne des successeurs de Bethlen. Les guerres continuelles avec les Turcs, la reprise de Bude, la conjuration de Wesselényi, les soulèvements de Thököly (Tekeli) et de François Rákóczi II ont été racontés avec beaucoup de détails. Dans les grands ouvrages géographiques de d'Avity, la Hongrie est décrite minutieusement et, chose curieuse, l'auteur emploie les noms magyars des villes et des fleuves, car au xviiᵉ siècle la Hongrie n'était pas encore germanisée et les géographes français n'adoptaient pas les dénominations allemandes comme ils l'ont fait depuis le xviiiᵉ siècle presque jusqu'à nos jours. Il est, d'ailleurs, probable que grâce aux soldats hongrois qui prirent service en France et formèrent les premiers régiments de hussards, quelques notions de la langue se répandirent dès le règne de Louis XIV.

On peut dire que le xviiᵉ siècle, depuis l'avènement de Gabriel Bethlen au trône de Transylvanie jusqu'à la défaite de François Rákóczi II (1711), est le plus intéressant au point de vue des rapports entre les deux pays. Ces rapports peuvent être étudiés, non seulement dans les imprimés, mais aussi dans le fonds *Hongrie* des archives du ministère des Affaires étrangères, fonds composé presqu'entièrement de pièces se rapportant à cette période. Les noms de Bethlen, de Thököli et des Rákóczi (Georges I et Georges II, François II) étaient alors très connus en France ; leur vie et leurs exploits ont même inspiré des romanciers (comme Préchac).

*
* *

Au xviiiᵉ siècle, l'intérêt que l'on portait aux affaires de Hongrie, diminue. Ce pays lui-même, épuisé par une lutte deux fois séculaire, se recueille ; les aspirations nationales semblent éteintes et une époque d'érudition latine commence. Les grands in-folio des historiens ne passent pas inaperçus en France, mais c'est seulement dans les revues savantes qu'on les mentionne. Ceux qui veulent se renseigner sur la Hongrie, comme Montesquieu, ont recours aux publications du xviiᵉ siècle, toutes favorables aux Magyars, à moins qu'elles ne sortent des bureaux viennois et ne s'impriment à Cologne ou à La Haye. On puise également dans les Historiens de la Maison d'Autriche ou dans celles de la Turquie qui contiennent des chapitres sur la Hongrie. En 1778 parait l'*Histoire générale de Hongrie* (2 vol. 965 p.) de Sacy, ouvrage remarquable pour son temps, qui s'étend depuis Attila jusqu'à l'époque de Marie-Thérèse. L'auteur, Censeur royal, tout en louant le grand talent et les vertus de Rákóczi, ne devait pas oublier que la reine de France était une Habsbourg. Son livre est néanmoins impartial et a servi longtemps de source.

Pendant la Révolution française, la Convention Nationale déclara qu'elle accorderait fraternité et secours à tous les peuples qui voudraient recouvrer leur liberté. Le Comité de Salut public chargea plusieurs révolutionnaires étrangers de faire une propagande active, non seulement pour favoriser les idées françaises, mais encore pour susciter des embarras aux gouvernements qui combattaient la France. Le Comité dut nécessairement envoyer quelques agents en Hongrie. Nous ne savons pas au juste de quelle nature étaient les rapports du chef des Jacobins hongrois, Martinovics, avec le Comité, les recherches dans les archives parisiennes n'ayant pas donné de résultats positifs sur ce point, mais il est sûr que, malgré la répression sanglante du mouvement libéral de 1794 par François II, tout contact avec la Hongrie n'avait pas cessé. On se rappelait à Paris l'ancienne alliance entre Louis XIV et Rákóczi et on savait que la Hongrie, jadis royaume indépendant, ne faisait pas partie de l'Autriche au même titre que les provinces héréditaires. On traduit deux fois en français le célèbre *Voyage en Hongrie* de Townson (1799, 1803); Napoléon envoie Lezay dans le pays et ses rapports conservés aux Archives nationales prouvent une juste appréciation de la situation de la Hongrie vis-à-vis de l'Autriche. Ces rapports font comprendre la Proclamation de Napoléon aux Hongrois (1809) proclamation qui n'avait pas besoin d'être retouchée par Bacsányi comme la police autrichienne le lui a reproché. Les diplomates de l'entourage de l'Empereur étaient suffisamment bien renseignés pour pouvoir la rédiger telle qu'elle fut imprimée. Mais Bacsányi a certainement écrit ou inspiré la première étude française qui ait paru sur la langue et la littérature hongroise (*Mercure étranger*, 1813-1814). Quelques officiers, qui avaient vu la Hongrie pendant leurs différentes campagnes, ont rédigé plus tard des *Voyages* commençant ainsi cette longue série de publications qui s'est continuée jusqu'à nos jours. Beudant, par son *Voyage minéralogique et géologique en Hongrie* (1822, 4 vol.) crée, pour ainsi dire, l'étude systématique du sol hongrois; Marcel de Serres, professeur à la Faculté des Sciences de Paris, donne la géographie et la statistique du royaume (1814), tandis que Thouvenel et Xavier Marmier initient le public à sa vie politique et sociale.

L'activité d'Étienne Széchenyi et des libéraux hongrois qui se groupèrent autour de lui dans les Diètes de 1832 à 1847, n'était pas ignorée; les journaux en parlaient quelquefois. La *Revue britannique* et le *Magasin encyclopédique* publient des aperçus et des notes sur le mouvement littéraire puisés, il est vrai, dans les périodiques allemands, mais qui malgré leur brièveté éveillèrent l'attention du public sur les efforts que faisait la Hongrie pour sortir de l'état arriéré où elle se trouvait encore. Alors un jeune écrivain, Auguste de Gerando, qui savait le magyar, donne une belle description de la Transylvanie et un livre très bien documenté sur l'*Esprit public en Hongrie depuis la Révolution française* (1848). Ce livre parut à la veille de la Révolution hongroise issue directement de celle de février en France. La Révolution hongroise éveilla beaucoup d'intérêt et les sympathies des démocrates. Ladislas Teleki, chargé par le gouvernement révolutionnaire de représenter la Hongrie en France, s'efforça d'y éclairer l'opinion publique sur les causes de la révolution et sur le rôle constitutionnel de son pays. La tâche n'était pas facile, car les hommes politiques de 1848 n'avaient plus les notions historiques de ceux de l'époque napoléonienne, encore moins voulaient-ils se brouiller avec l'Autriche et agir comme Louis XIV dont la diplomatie était infiniment plus au courant des droits historiques de la Hongrie que le gouvernement provisoire de 1848.

Cependant Teleki et les hommes éminents de l'émigration ne se découragèrent pas ; ils créèrent pendant la réaction autrichienne un courant d'opinion que Vienne ne pouvait pas ignorer.

Paris et Bruxelles deviennent des centres d'information sur les affaires de Hongrie. Boldényi, Irányi, Ludvigh, J. E. Horn écrivent livre sur livre, article sur article. Ils sont convaincus que pour faire triompher leur cause, les Magyars doivent prendre eux-mêmes la plume. Ils réussissent si bien dans leur entreprise qu'ils voient leurs rangs se grossir de quelques écrivains français, tels Charles-Louis Chassin qui, imbu des idées de Michelet et de Quinet, consacre ses premières œuvres à l'histoire et à la littérature hongroises et donne avec Irányi *l'Histoire politique de la Révolution de Hongrie*, la seule que nous ayons jusqu'ici ; — Saint-René Taillandier qui fait connaître, dans la *Revue des deux mondes*, Petöfi et les autres poètes lyriques hongrois et qui lance une protestation véhémente lors de l'arrestation arbitraire de Teleki à Dresde, — Thalès Bernard, qui se sent attiré par la poésie magyare et qui l'imite, — enfin, le fils de Mme Desbordes-Valmore, Hippolyte Valmore qui est plein d'enthousiasme pour Petöfi.

En 1867 l'œuvre de la réconciliation avec l'Autriche est achevée. La Hongrie devient, grâce au dualisme, un facteur important dans la vie politique européenne. Des travaux remarquables sur la Hongrie paraissent en France. Sayous consacre plus de dix ans de son activité à son *Histoire générale des Hongrois*, Ujfalvy attire l'attention des savants par ses travaux linguistiques et ethnographiques sur la famille ougro-finnoise, mais ni l'un ni l'autre ne réussissent à faire entrer ces études dans les cadres de l'enseignement supérieur, seule garantie d'une continuité et d'un recrutement indispensables pour que ces études ne se perdent pas dans le dilettantisme littéraire. L'Université d'alors ne favorisait guère les langues et les littératures de l'Europe orientale ; il fallut l'épanouissement des Universités, créées vers la fin du XIXe siècle, pour

permettre à ces études de prendre la place qu'elles mé-
ritent.

Quelques manifestations de sympathie, comme la visite
des écrivains et des artistes français à Budapest sous la
conduite de M. de Lesseps, l'Exposition Millénaire hongroise en 1896, l'Exposition universelle à Paris en 1900
ont donné naissance à un grand nombre de livres et de
brochures qui ont contribué à faire connaître la Hongrie
du xixe siècle, principalement les efforts déployés et les
résultats obtenus dans tous les domaines, depuis le Compromis. A côté de ces travaux nous devons enregistrer les
nombreuses études publiées dans la *Revue internationale*
de M. Angelo de Gubernatis, dans la *Revue internatio-*
nale de l'enseignement qui, depuis sa fondation, s'intéresse
aux questions scolaires hongroises, les travaux de *l'Ecole*
des sciences politiques, les articles des *Questions politiques*
et coloniales, de la *Revue d'Europe*, et de *l'Europe politique*
et littéraire. A côté des brochures de polémique inspirées
par la haine des nationalités, on trouve aussi des travaux
d'une réelle valeur qui témoignent d'une étude sérieuse et
impartiale des sources. La Hongrie savante obtient sa place
dans les revues d'érudition où de nombreux comptes rendus et analyses mettent les savants français au courant des
travaux de leurs confrères magyars. Les traductions des
œuvres classiques, peu nombreuses jusque dans ces
dernières années, se multiplient grâce au concours de la
Revue de Hongrie, fondée en 1908 et de la *Bibliothèque*
hongroise, fondée en 1910. Tout ce mouvement permet
d'espérer que la bibliographie française de la Hongrie
sera, à partir de la date où nous l'arrêtons, encore plus
riche qu'auparavant, tant en ouvrages originaux qu'en
traductions.

*
* *

Les bibliographes de profession savent combien il est
difficile d'être à peu près complet dans un ouvrage du
genre de celui dont nous offrons aujourd'hui un essai.

Jusqu'à l'apparition du *Journal de la librairie* (1811) il n'y a aucun ouvrage français qui permette de se renseigner sur les travaux consacrés à la Hongrie. Un collectionneur, doublé d'un érudit, M. Alexandre Apponyi, pendant sa longue carrière de diplomate en différents pays, a formé une belle collection de *Hungarica* dont il a donné le catalogue en magyar et en allemand (1). Nous y trouvons jusqu'à la date de 1721 bon nombre d'ouvrages français et nous y renvoyons à cause des notes souvent fort longues qui les accompagnent. Mais quelque riche que soit cette collection, elle ne peut rivaliser avec les *Hungarica* des bibliothèques de Paris. Nous avons donc pu, grâce surtout à l'obligeance de M. Viennot, de la Bibliothèque natio. nale, ajouter bon nombre de brochures et de livres à ceux que M. Apponyi a décrits. Le *Catalogue des livres composant la bibliothèque de feu M. le baron James de Rothschild,* dressé par M. E. Picot (2), le dépouillement du *Mercure français* (1611-1648), du *Journal des Savants,* des *Mémoires de Trévoux* nous ont servi aussi à enrichir cette ancienne bibliographie qui, sans doute, est loin d'être complète, mais tant que le Catalogue des Anonymes de la Bibliothèque nationale ne sera pas publié, il sera bien difficile de faire davantage.

Pour le XIXe siècle nous avons, d'abord, dépouillé le *Journal de la librairie*; la *Bibliographie franco-roumaine* de M. Georges Bengesco (3), celle de la Croatie et de la Serbie de M. Nicolas Pétrovitch (4) nous ont également fourni quelques renseignements, mais nous avons surtout trouvé une ample moisson dans les revues dont le dépouil-

---

(1) *Hungarica. — Ungarn betreffende im Auslande gedruckte Bücher und Flugschriften.* Munich, 1903, VIII, 488, 423 p. 8° (= Apponyi).

La Bibliothèque nationale et celle de l'Université possèdent l'édition allemande de ce précieux ouvrage imprimé à un petit nombre d'exemplaires. L'édit. hongroise a paru à Budapest.

(2) 4 vol. 1884-1912. (= Picot).

(3) *Bibliographie franco-roumaine depuis le commencement du* XIX° *siècle jusqu'à nos jours.* — 2ᵉ édit. Paris, 1907. (= Bengesco).

(4) *Essai de bibliographie française sur les Serbes et les Croates, 1544-1900.* — Belgrade, 1900. (Titres français et notes en serbe).

lement, au moins pour les principales, s'imposait. En effet,
les livres et les brochures sur la Hongrie sont beaucoup
plus rares, au cours du dernier siècle, que les articles dispersés dans des centaines de revues qui, périodiquement,
ont attiré l'attention sur la Hongrie. Ces articles se rapportent principalement à l'histoire, à la géographie, aux
événements politiques, plus rarement à la littérature, à
l'enseignement, à l'archéologie et à la géologie. L'Index de
notre volume permettra de trouver les renseignements se
rapportant à chacun de ces chapitres.

Nous avons adopté un ordre strictement chronologique,
seul moyen, croyons-nous, de se rendre compte du développement historique de nos connaissances sur la Hongrie.
Pour qu'on ne cherche pas dans cette Bibliographie des
renseignements que nous n'avions pas l'intention d'y donner, nous tenons à faire remarquer que :

1° Les chroniqueurs et voyageurs du moyen-âge sont
cités d'après les éditions de la Société de l'histoire de France
ou d'après les meilleures éditions critiques. Nous avons
exclu tout ce qui a été écrit, au moyen-âge ou dans les siècles suivants, en latin. Conformément à cette règle les
œuvres de Jacques-Auguste de Thou, de Marsigli et d'autres ne sont mentionnées qu'à la date de leur traduction
en français.

2° Les imprimés et les manuscrits où la Hongrie figure
comme nom fictif ne sont pas mentionnés. Ainsi quelques
bibliographies citent un incunable de l'année 1483 intitulé :
La Vie de sainct Albain roy de Hongrie et martyr dont il
reste un seul exemplaire (1). Il n'y eut jamais en Hongrie
de roi nommé Albain et la vie de ce saint n'a rien à voir
avec la Hongrie. Il en est de même de certains Mystères où
l'on voit figurer des rois ou des princesses de Hongrie.
Le Manuscrit de la Bibliothèque nationale, *Le livre de
Messire Charles de Hongrie* (fonds français, 1467) rentre
dans cette catégorie. Par contre nous mentionnons les

---

(1) V. A. Claudin, *Histoire de l'imprimerie en France*, t. III, p. 197 et
suiv. et la note de cette Bibliographie ; Année 1904.

nouvelles et les romans écrits par des Français et dont le sujet est tiré soit de l'histoire, soit de la vie hongroise, car on peut y relever parfois quelques renseignements.

3° Il s'agissait de réunir dans ce travail tout ce que les Français ou des étrangers ont publié en langue française sur la Hongrie; on ne trouvera donc pas ici les ouvrages français écrits par des Hongrois sur d'autres sujets. La liste en serait assez longue, car depuis le xvIII^e siècle (Joseph Teleki de Szék, Jean Fekete, etc.) jusqu'à nos jours les Hongrois ont publié beaucoup d'ouvrages de ce genre.

4° Quoique la Croatie fasse partie intégrante de la Couronne de saint Etienne, nous n'avons mentionné parmi les travaux sur la Croatie que ceux où il est question des rapports entre elle et la Hongrie. Nous avons cru y être d'autant plus autorisé que la Bibliographie française de M. Nicolas Pétrovitch donne les renseignements les plus complets.

5° Quant aux peuples apparentés aux Hongrois (Finnois, Esthoniens, Vogouls, Ostiaks, etc.), nous n'avons également mentionné que les travaux où l'on parle des Hongrois. Ces travaux sont, d'ailleurs, encore assez rares.

6° Pour ne pas grossir ce volume outre mesure, nous n'avons relevé ni les Recueils des traités, ni les Encyclopédies, ni les livres de classes. Les traités conclus entre la Hongrie et les pays étrangers jusqu'en 1526, c'est-à-dire tant que la Hongrie était un royaume indépendant, sont en latin et se trouvent dans le *Corps universel diplomatique* de Dumont (1726-1731). A partir de 1526, c'est l'empereur d'Autriche qui traite avec les puissances étrangères. Les traités entre la France et la principauté de Transylvanie se trouvent dans les Archives et sont mentionnés dans l'Inventaire. — Parmi les Encyclopédies il est bon de ne consulter que les plus récentes, notamment la *Grande Encyclopédie*, les anciennes et même quelques entreprises commerciales de nos jours ne sont pas exemptes d'erreurs. Il en est de même des livres classiques.

7° Pour la même raison d'économie, nous n'avons pas hésité à réunir les renseignements qui se rapportent au même personnage surtout pour les artistes comme Liszt et Munkácsy, ou pour des traductions parues dans les journaux. — Les noms de baptême de certains écrivains qui reviennent très souvent ne sont donnés qu'une fois, excepté quand une confusion serait possible.

8° Nous avons mis à côté des ouvrages importants l'indication des principaux articles critiques qui s'y rapportent ; nous avons également relevé les nombreux comptes-rendus sur des ouvrages hongrois, car la langue magyare étant encore peu connue en France, les savants qui ne peuvent pas lire les ouvrages d'érudition, connaîtront du moins le résultat des recherches.

9° Le dépouillement des journaux n'est pas fait. Il exigerait toute une vie et ne donnerait pas de résultats bien appréciables. Pour se renseigner, par exemple, sur le séjour de Rákóczi en France, sur la campagne de 1809, sur l'écho des événements de 1848-49, sur la convocation de la Chambre hongroise en 1861, sur le Compromis de 1867, le Millénaire de 1896, sur la mort de tel ou tel homme d'Etat, il suffit de se reporter aux dates et aux Gazettes ou aux journaux de l'époque. Nous n'avons donc relevé qu'exceptionnellement quelques études ou traductions que certains organes sérieux de la presse quotidienne ont publiées dans ces trente dernières années.

10° Les cotes des différentes bibliothèques ne sont données que pour les ouvrages rares ou qui ne se trouvent pas encore au Catalogue des imprimés de la Bibliothèque nationale.

*
* *

C'est pour nous un devoir agréable d'exprimer notre vive gratitude à Messieurs les conservateurs des différentes bibliothèques et archives de Paris et de Budapest qui nous ont facilité les recherches. Nous tenons à remercier tout particulièrement MM. Viennot (Bibliothèque nationale, Imprimés), Labrosse (Bibl. nationale, Manuscrits), Barrau-Dihigo (Université de Paris), Bouteron (Institut), Schmidt

(Archives nationales) Espinas (Affaires étrangères), Brun
(Ministère de la guerre), de Strzembosz (Bibl. polonaise),
Coloman Szily et Heinlein (Académie hongroise), Fejér-
pataky et Sebestyén (Musée national hongrois), Jules Vargha (Office central de statistique, Budapest), M. Emile
Picot, de l'Institut, M. Tronchon, agrégé de l'Université,
pour l'intérêt qu'ils n'ont cessé de nous témoigner au
cours de ce travail. Et nous serons reconnaissant aux
lecteurs qui voudront bien nous communiquer leurs
remarques afin que nous puissions en profiter dans un
supplément.

I. K.

Paris, le 20 septembre 1912.

> *Depuis que cette Préface a été écrite et imprimée,
> Monsieur Kont a été enlevé par une courte maladie. Il
> avait eu le temps néanmoins de mettre la dernière main
> à cet ouvrage et d'en corriger les épreuves.*

ABRÉVIATIONS

——

Acad. = Académie.
agric. = agriculture.
all. = allemand.
anc. = ancien.
angl. = anglais.
Ann. = Annales.
— Soc. = — de la Société.
Annu. = Annuaire.
anthrop. = anthropologie.
Arch. = Archives.
— aff. étr. = — du Ministère.
des affaires étrangères.
— col. = — des Colonies.
— guerre = — de la guerre.
— nat. = — nationales.
arch. = archéologie, archéologique.

Bibl. = Bibliothèque.
— Ars. = — de l'Arsenal.
— B-Arts = — de l'école des
Beaux-Arts.
— droit = — de l'Ecole de
droit.
— Inst. = — de l'Institut.
— Maz. = — Mazarine.
— méd. = — de l'Ecole de
Médecine.
— Min. aff. étr. = — du Mi-

nistère des affaires étrangères.
— Min. guerre = — du Mi-
nistère de la guerre.
— Mus. soc. = — du Musée
social.
— nat. = — nationale.
— orient. = — de l'Ecole des
langues orientales.
— pol. = — polonaise.
— Ste. Gen. = — Sainte-Ge-
neviève.
— Univ. = — de l'Université.
bibliogr. = bibliographie, bibliographique.
br. = brochure.
Bull. = Bulletin.
— Soc. = — de la Société.

C. r. = compte(s) rendu(s).
Cab. = Cabinet.
Cat. = Catalogue.
cath. = catholique.
chap. = chapitre.
cf. = confer.
col. = colonne.
Coll. = Collection.
comp. = comparé(e).
conf. = conférence(s).

cons. = consulaire.

démogr. = démographie.
Doc. inédits = Documents inédits sur l'histoire de France.
diplom. = diplomatique.

Econ. = Economiste.
Edit. = édition, édité.
encycl. = encyclopédique.
ens. = enseignement.
esp. = espagnol.
Expos. = Exposition.
Extr. = Extrait.

ff. = feuillet(s).
Fac. = Faculté.
fasc. = fascicule.
fig. = figures.
fol. = folio.
fr. = français(e).

Gaz. = Gazette.
— b-arts = — des beaux-arts.
gén. = général(e).
géogr. = géographie, géographique.
géol. = géologie, géologique.

hist. = histoire, historique.
hongr. = hongrois
Ibid. = ibidem.

Ill. = illustrations.
Inst. = Institut.
inter. ou intern. = international(e).
Inv. = Inventaire.
ital. = italien.

Journ. = Journal.

Journ. asiat. = — asiatique.
— des Econ. = — des Economistes.
— des Sav. = — des Savants.

lat. = latin.
légis. = législation.
Le Corresp. = Le Correspondant.
litt. = littérature, littéraire.
livr. = livraison.

m. d. = même date.
Mag. pitt. = Magasin pittoresque.
Matériaux = Matériaux pour l'histoire primitive et naturelle de l'homme.
Méd. = médecine.
Mém. = Mémoire(s)
— Soc. — de la Société.
Merc. = Mercure.
Min. = Ministère.
mod. = moderne.
mor. = morales.
Musée nat. = Musée national hongrois à Budapest.

n. ch. = non chiffrés.
Nouv. = nouveau, nouvelle.
natur. = naturel(le).
Nouv. acquis. = Nouvelles acquisitions.

p. = page.
philol. = philologie, philologique.
pol. = politique(s).
pl. = planche(s).
Polyb. = Polybiblion.

Pr. = Prince.
Préf. = Préface.
préhist. = préhistorique.
publ. = public (que).

Quest. diplom. et col. = Questions diplomatiques et coloniales.
Quinz. = La Qinzaine.

R. = Revue.
— d'anthrop. = — d'anthropologie.
— arch. = — archéologique, d'archéologie.
— d'art dram. = — dramatique.
— brit. = — britannique.
— chrét. = — chrétienne.
— contemp. = — contemporaine.
— crit. = — critique d'histoire et de littérature.
— des deux m. = — des deux mondes.
— écon. pol. = — d'économie politique.
— ethnogr. = — d'ethnographie.
— étr. = — étrangère.
— europ. = — européenne.
— géogr. = — de géographie, géographique.
— germ. = — germanique.
— hebd. = — hebdomadaire.
— hist. = — historique.
— d'hist. diplom. = — d'histoire diplomatique.
— indép. = — indépendante.
— intern. ens. = — internationale de l'enseignement.

R. ling. = — linguistique.
— nat. = — nationale.
— nouv. = — nouvelle.
— numism. = numismatique.
— occid. = — occidentale.
— orient. = — orientale.
— pédag. = — pédagogique.
— pénit. = — pénitentiaire.
— philol. = — philologique, de philologie.
— philos. = philosophique.
— pol. et litt. = — politique et littéraire (Revue bleue).
— pol. et parl. = — politique et parlementaire.
— quest. hist. = — des questions historiques.
— scient. = — scientifique.
— trad. pop. = traditions populaires.
Rec. cons. = Recueil consulaire.
Réf. = Réforme.
Rés. = Réserve.

s. = série.
s. d. = sans date.
s. l. = sans lieu.
s. d. n. l. = sans date ni lieu.
Soc. = Société.
soc. = social, socialiste.
sociol. = sociologie.
Suppl. = Supplément.
s. v. = sub voce.
scient. = scientifique.
stat. = statistique.
sup. = supérieur.

t. = tome.
tir. = tirage.
trad. = traduction, traduit(e).

Univ. = Université.
univ. = universel(le).

v. voyez
v° = verso.

vol. volume.
— à l'alinéa devant le titre = du même auteur.

BIBLIOGRAPHIE FRANÇAISE

DE LA HONGRIE

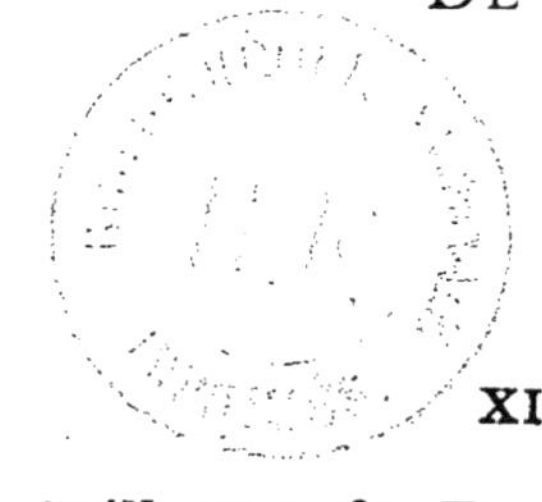

XIIᵉ et XIIIᵉ siècles.

Guillaume de Tyr, L'Estoire de Eracles Empereur et la Conqueste de la Terre d'Outremer. T. 1 et 2 du Recueil des historiens des Croisades (Historiens occidentaux). Paris, 1844.

> La traduction française date de la fin du xııᵉ siècle. T. I, p. 46, 47, 48, 5o, 5ı, 63-69, 71, 72, 75, 76, 97, 737 et 946 sur la Hongrie et le roi Coloman (Calemannus), t. II, p. 218, 298 sur Eméric, p. 294, 310, 311, 3ı3, 3ı5, 322, 325 sur André II, p. 22, 24, 210, 2ıı, 2ı9, 254, 264, 265, 277 sur Béla III. — Dans les Chroniques latines, t. 3 et 5 V. s. v. Hungaria et Hongrie.

Chronique d'Ernoul et de Bernard le Trésorier. Edit. L. de Mas Latrie Paris, 1871. (Soc. de l'hist. de France).

> P. 3o2 sur Marguerite de France, femme de Béla III, 35o-35ı sur Eméric, roi de Hongrie, les croisés devant Zara, 410-412 sur la croisade d'André.

Ville-Hardouin Geoffroi de. — Histoire de la Conquête de Constantinople. Edit Natalis de Wailly. Paris, 1872.

> § 100, 109, 185, 212, 249, 262, 264, 393 et 394 sur la Hongrie (Ongrie, Honguerie, Hungrie, Hungherie, Bougrie, Bouguerrie) sur Marguerite de Hongrie, sœur du roi Eméric, passim, sur Béla III, roi de Hongrie, § 63, sur Eméric, v. s. v. Hongrie.

XIVᵉ siècle.

Chronique de Jean Le Bel. Edit. J. Viard et Eug. Déprez, Paris, 1904-o5 (Soc. de l'hist. de France).

> T. II, p. 337-338, Traités à signer avec l'Espagne, le Portugal et la Hongrie, 7 juillet ı346.

Froissart, Chroniques. Edit. Kervyn de Lettenhove. Bruxelles, 1867-1877.

> II, 339, VII, 81, 82, IX, 150, 151, Jeanne de Naples X, 342, 343; 370-374 projet de mariage du Comte de Valois avec Catherine (Marguerite) de Hongrie; affaires de Hongrie 1382-88, XI, 195, 231, 238-240, 243-247, 253; XIV, 386, XV, 80, 118, 216 et suiv. Nicopoli, 262-264, 280, 288, 309, 330-332, 338, 343, 348, 350, 357-360, XVI, 2, 36, 37, 59, 60, 62, 64, ambassade de Sigismond à Venise, 97, 132-133, 136, 141. V. aussi les notes de l'éditeur, et t. XV p. 439-508, la Relation (française) de la Croisade de Nicopoli par un serviteur de Gui de Blois.

Chronique des quatre premiers Valois, 1327-1393. Edit. Siméon Luce. Paris, 1861 (Soc. de l'hist. de France).

> P. 32, 183, 189, 190, 296, 319, 320, 326, sur la guerre contre les Turcs, p. 249, ambassade de Hongrie pour traiter du mariage de Louis de France et de Catherine de Hongrie. Cf. Inv. Arch. nat. J. 458 et Jarry, Bibliogr. Année 1889.

Mandements et actes divers de Charles V (1364-1380). Edit. L. Delisle. Paris, 1874. (Doc. inédits).

> Loys (Louis) de Hongrie, Nos 1616 et 1647. Le roi Charles donne 200 francs d'or à Crestien de Blommeroes (ou Blonnoroes), chevalier et conseiller du roi de Hongrie, envoyé en France (1377). Cet ambassadeur se trouve aussi nommé dans la lettre de Charles V à Louis-le-Grand conservée dans le manuscrit de Cambrai 940 fol. 42 (v°) V. Inv. Cambrai, Noël Valois, Bibliogr. Année 1893.

Histoire de Charles VI, roy de France (1380-1422) par Jean Juvenal des Ursins, archevêque de Reims. Augmentée par Denis Godefroy. Paris, 1653.

> P. 115 et 124, Victoire de Sigismond roi de Hongrie sur les Turcs à l'aide des Français; p. 329-330, Sigismond à Paris; p. 331-334 Sigismond en Angleterre. Cf. avec cette chronique celle du Religieux de Saint-Denys (en lat.) contenant le même règne, édit. Bellaguet, 1839-1852 (Documents inédits sur l'hist. de France) avec une trad. fr. T. I, 73, II, 113, 125, 389, 391, sur Louis le Grand, t. II. 421, 489, 493, 495, 503, 513, t. V. 205 sur Sigismond, t. VI, 17, 19, sur le Comte de Hongrie, t. V. 653 sur Nicolas Etienne de Hongrie, t. V. 675 sur Pippo de Ozora.

XVᵉ siècle.

Journal de Nicolas de Baye, Greffier du Parlement de Paris, 1400-1417. Edit. par Alex. Tuetey. Paris 1885-1888, (Soc. de l'hist. de France).

> T. II, p. 241 entrée de Sigismond à Paris; cf. Journ. d'un bourgeois de Paris, 1405-1449-éd. Tuetey, p. 69; p. 244 Sigismond à la

Cour du Parlement; cf. Choix de pièces inédites relatives au règne de Charles VI (Soc. de l'hist. de France), t. I, 382 et 383 ; Réception et traitement de l'empereur Sigismond en France en l'année 1415. Cf. Arch. aff. étr. *Autriche*, Mém. et Documents, t. IV, fol. 217.

La Chronique d'Enguerran de Monstrelet (1400-1444). Edit. L. Douët-d'Arcq. Paris. 1857-1862. (Soc. de l'hist. de France).

Les Hongrois sont appelés Hongres ; t. I, p. 261, 332 bataille de Nicopoli, t. II, 62-63, 76, t. III, 43, 135-137, le roi Sigismond à Paris, cf. Chroniques de Perceval de Cagny (éd. H. Moranvillé), p. 102 ; t. IV, 144, 449, t. VI, 161 sur la Hongrie.

Œuvres de Guillebert de Lannoy, voyageur, diplomate et moraliste (1386-1462). Edit. Ch. Potvin, Louvain, 1878.

Dans « Voyages et ambassades », p. 54, 164 et 165 (année 1421) sur la Hongrie; Hongrois dans l'armée du Soudan, p. 118. — Bibl. nat. 8° Z, 1102. Les « Voyages et ambassades » furent édités également par Serrure, Mons, 1840.

Histoire du roi Charles VII, par Jean Chartier, Berry, Matthieu de Coucy et autres historiens (1422-1461) mise en lumière et enrichie de plusieurs titres par Denis Godefroy. Paris, 1661.

P. 425 et 690. Les Turcs en Hongrie; ib. sur Jean Hunyad que les chroniqueurs fr. du moyen âge appellent toujours : *Le Blanc de Hongrie*; p. 689, Lancelot, roi de Hongrie (Ladislas V), le mot *Lancelot* est la prononciation nasalisée du mot hongrois *László*.

Le livre de la description des pays de **Gilles le Bouvier**, dit Berry, premier roi d'armes de Charles VII roi de France. Edit. E. T. Hamy. Paris, 1908.

Gilles le Bouvier est né vers 1386. — P. 60, 75, 93, 95, 97-100 sur la Hongrie et les Hongres.

Le voyage d'Outremer de **Bertrandon de la Broquière**, premier écuyer tranchant et conseiller de Philippe le Bon, duc de Bourgogne. Edit. Ch. Schefer. Paris, 1892.

P. 129, 196, 197, 202, 206, 215, 216, 231-239, 242, 247-250, 257, 264, 266 sur la Hongrie. La relation date de 1432-33. — La première édit. par Legrand d'Aussy, en français moderne. Mém. de l'Inst., t. V. An XII (1805).

Chronique d'Arthur de Richemont, connétable de France, par Guillaume Gruel. Edit. A. Le Vavasseur. Paris, 1890. (Soc. de l'hist. de France).

P. 224, 225, année 1457, sur l'ambassade de Ladislas V auprès du roi de France, pour le mariage de Mad. Magdaleine, sa fille.

Mémoires d'Olivier de la Marche, maître d'hôtel et capitaine des gardes de Charles le Téméraire. Edit. H. Beaune et J. d'Arbaumont. Paris, 1883-1888 (Soc. de l'hist. de France).

> T. I, p. 26, 27, 199, 289. T. II, p. 29, 301, 408. T. III, p. 5, 226, 227, 307-309, sur Ladislas V = Lancelot et Mathias Corvin. V. sur l'ambassade de Ladislas V au roi de France, de Beaucourt : Hist. de Charles VII, t. VI, p. 165 et suiv.

Anchiennes cronicques d'Engleterre par Jehan de Wavrin, 1442-1444. Edit. Mlle Dupont. Paris, 1858-63 (Soc. de l'hist. de France).

> T. II, p. 15, 17-20, 21-37 (Hongac = Hunyad), 41, 63-66, 84, 88-90, 92-95, 103-104, 142, 145, 146-159 sur la Hongrie.

Chronique de Mathieu d'Escouchy. Edit. du Fresne de Beaucourt. Paris, 1863-64 (Soc. de l'histoire de France).

> T. I, 122, 139-143, 340. T. II, 47, 51, 57, 112, 257, 272, 275, 325, 328, 354, 355-57, 369, 371, 374, 404, sur Ladislas V et Jean Hunyad = le Blanc de Hongrie = Onidianus ; sur le siège de Belgrade, t. III, 341, lettre sur la bataille de Kossova.

Histoire de Gaston IV, comte de Foix, par Guillaume Leseur. Edit. H. Courteault. Paris, 1893-96 (Soc. de l'hist. de France).

> T. II, p. 92-95 sur Ladislas V (il avait demandé en mariage Madeleine de France).

Lettres de Louis XI, roi de France. Edit. Vaesen et Charavay. Paris, 1883-1909 (Soc. de l'hist. de France).

> T. II, p. 82, t. VII, p. 4 sur la Hongrie.

Mémoires de Philippe de Commynes. Edit. Mlle Dupont. Paris, 1840-1848 (Soc. de l'hist. de France).

> T. II, 283-287 sur Ladislas V et Mathias Corvin.

Lettres de Charles VIII roi de France, 1483-1498. Edit. P. Pélicier. Paris, 1898-1905 (Soc. de l'hist. de France).

> T. I, p. 228 sur les ambassadeurs de Mathias Corvin venus en France en 1487, p. 376, 384, t. III, 112, 423. Cf. sur l'ambassade E. Simonyi dans Történelmi tár (Arch. hist. hongr.), t. XIII, 1868. « Une ambassade hongroise en France » d'après les documents conservés à la mairie d'Angers ; P. M. Perret, Notice biographique sur Louis Malet de Graville, amiral de France. Paris, 1889, p. 97-98.

XVIᵉ siècle.

Chroniques de Louis XII par Jean d'Auton. Edit. de Maulde la Clavière. Paris, 1889-1893 (Soc. de l'hist. de France).

T. II, p. 212-217, 241, 246 ; t. III, p. 42 ; t. IV, p. 52, 54 sur la Hongrie, notamment le mariage d'Anne de Foix avec Wladislas II. Cf. Inv. Bibl. nat. Fonds fr. 90.

Correspondance de l'empereur Maximilien I et de Marguerite d'Autriche, sa fille, gouvernante des Pays-Bas, de 1507 à 1519. Edit. Le Glay. Paris, 1839 (Soc. de l'hist. de France).

T. I, 306 et 363 sur Wladislas II (Ladislas VII en Bohême) ; t. II, 22, 23, 278, 335, 338, 378, sur Wladislas II et son fils Louis II, p. 232, 247, 253 sur Marguerite (Marie), femme de Louis II.

Journal de Jean Barrillon, secrétaire du chancelier Duprat, 1515-1521. Edit. par P. de Vaissière. Paris, 1897-1899 (Soc. de l'hist. de France).

T. I, p. 296 ; t. II, 143, 245, 265, 284, 301-302 sur la Hongrie.

Journal d'un bourgeois de Paris, sous le règne de François I. Edit. L. Lalanne. Paris, 1854 (Soc. de l'hist. de France).

P. 113, 114, 294 guerre contre les Turcs ; ambassade de Hongrie à Paris, août 1528.

1521

Les lettres du tres puissant roy de Hongrie envoyees a Leon Pape dixiesme de ce nom. A la fin : Escript a Budes par no' Loys roy de Hongrie. Le deuxiesme iour de Juillet. L'an mil cinq cens vingt et ung. — S. l. 3 ff. n. ch. 8°. Texte lat. et fr.

> V. Cat. des Livres rares... de feu M. le Cte de Lignerolles. Paris, 1894, n° 3157.

1526

Le double de Loriginal qui a este escript et mande par le grand Turck ensemble le Roy de Cathey et le roy de Perse a tous princes et seigneurs et estatz de toute la Chrestiente de l'Empire Romain. Item la teneur commant Lempereur de Turquie a deffie le Roy Dhungrie. L'An 1526. S. l. (Genève) 20 ff. 4°.

> V. Picot, t. IV, n° 3142.

Sensuyvent les faictz du Chien insaciable du sang chrestien qu'il se nome l'empereur de Turquie. Lesquelz luy et les siens ont faict après qu'il avoient gaigné la bataille le 28 jour du moys Daoust derrièrement passé. Aux notres freres Chrestiens au pays Dungrie tout inhumainement, et encore faict tous les jours. Nouvellement translaté Dallemant en francoys. Genève 1526. 4 ff. n. ch.

> V. Cat. Lignerolles, n° 3158, Cat. de Chantilly, Le Cabinet des Livres, n° 1326. — Réimprimé, avec une Introd. et des notes, Genève, Eggimann, 1894 ; Reproduction du titre avec le bois représentant Bude, dans Alfred Cartier : Arrêts du Conseil de Genève sur le fait de l'imprimerie et de la librairie de 1541 à 1550. — Genève, 1893, p. 183-187.

1527

La triumphante entrée et couronnement de Fernant de la Royale maiesté de Honguerie et de Boheme faicte a Stoel-Wittenburch le dernier iour Doctobre Anno domini mil cinq cens vingt sept. — Anvers, 4 ff. 4°.

> L'exemplaire décrit par Apponyi n° 196 diffère quant aux dessins, de celui de la Bibl. Nat. Rés. M 489. La description du couronnement et des fêtes est plus détaillée que dans l'imprimé all. paru la

même année. V. Apponyi n° 198. Stoel-Wittenburch = Stuhl-Weissenburg, Székes-Fejérvár, Albe-Royale où Ferdinand I fut couronné.

Certaine nouvelle Comment le tres noble Fernand duc d'Autrische est esleuz Roy de Boheme. Et en quelles place et pays Madame Marie royne de Hongrie est entretenue. Et comment le Turc en l'annee darainne passee a tractie au pays de Hongrie. Et ou le roy de Hongrie fut trouve mort. Item combien de royalmes Duchees et pays et villes le Turc a prins et tient de la chrestiente. Item comment le Turc a gagnie la ville de Ofen & plusieurs aultres villes et pays au pays de Hongrie et les a destruys, comme vous verres. Et comment le conte Cristofle a regagnie et reprins Griecs et Veysenburch. S. d. (vers 1527) 6 ff. n. ch. 4°.

> V. Cat. Lignerolles, n° 3159.

Lettres nouvelles envoyeez a l'Empereur par le Roy de Hongrie et de Boesme archeduc d'Austriche. Pour la délivrance des enfants de France. S. d. n. l. (vers 1527, d'après Delisle). 4 ff. 12°. Bibl. nat. Rés. p. Ye 211.

> Pièce de 114 vers. Le poète anonyme conseille, par la bouche de Ferdinand I, roi de Hongrie, à son frère Charles-Quint de ne pas attaquer la France.

1529

Le traicte de la Paix faicte et accordee Entre nostre sainct pere le Pape. Tres haulx tres excellâs et tres puissans princes Francoys par la grace de Dieu roy de France tres chrestien... Fernande roy de Hongrie. — Paris, s. d. 4 ff. n. ch. 12°.

> Traité de Cambrai signé le 5 août 1529. V. Cat. Lignerolles, n° 2649 et 2650. Bibl. nat. Rés. Lb³⁰ 242.

1531

La Deconfiture que a faicte Sophye sur le grand Turc apres les treves a lui donnees par le roy de Hungrie. Ecrit a Boudouvoys (Budweis) en Bohemye le samedi de la Magdalaine. — 4 ff. 12° Bibl. Nat. Rés Mp. 52.

1550

Paradin Guillaume. Histoire de nostre temps. Faite en latin par maistre — et par luy mise en françois. Lyon. — 183 p. fol.

> Bibl. nat. Rés. La³ᵛ 2. P. 55-58. bataille de Mohács (Mogacio), p. 71, 84 et suiv. 99 guerres contre les Turcs.

1553

Corrozet Gilles. — Epitome des Histoires des Roys d'Espaigne & Castille. Des Roys d'Arragon... Des Roys de Hongrie. — Paris, 40 ff. 8°.

> F. 27-38 sur la Hongrie. V. Apponyi, n° 330. Bibl. nat. G 14007 et 31833.

1556

Bellay Guillaume du — seigneur de Langey, Translation d'une Oraison faite en la faveur du Roy Jan de Hongrie, de la guerre contre les Turcs. — Paris. Dans le volume : Epitome de l'Antiquité des Gaules et de France, 107 p. 4°. P. 54 et suiv.

> Le discours a été prononcé à la Diète de Ratisbonne, en 1532. V. Apponyi, n° 340. Bibl. nat. Rés. 4° La³ 17, 2° édit. 1587. Cf. V. L. Bourrilly : Guillaume du Bellay, seigneur de Langey, Paris, 1904, p. 129-136 sur ce discours dont l'original latin n'a pas encore été retrouvé.

1565

Malmidy Jean de. — Discours veritable de la grand' guerre qui est au païs de Hongrie entre Maximilian 2. esleu Empereur des Romains, Roy de Germanie, Hongrie et Boheme et Jean Vueivod, Prince de Transylvanie, allié et défendu de Soltan Soliman, Empereur des Turcs. Le tout escrit et colligé sur le dit lieu. — Paris, 24 p. n. ch. 12°. — Bibl. nat. Mz 4087.

1566

Discours des commencements de la guerre entre l'Empereur & le grand Turc. Par advertissements de plusieurs lettres envoyées de Constantinoble, Vienne en Austriche, Rome et Venise. — Paris, 24 p. n. ch., 12°. — Contient des nouvelles de la Hongrie. Bibl. nat. Mz 4067 et 4664.

1567

Gentil, Pierre. Deux veritables Discours, l'un contenant le faict entier de toute la guerre de Malte, et l'autre declairant au vray les choses exploictées, tant en l'armée de l'Empereur, qu'en celle du Turq & Vayvode, au pays de Hongrie et lieux circonvoysins. Paris, 88 ff. 8°.

> Sur les événements « du 22 août 1566 jusqu'à présent ». V. Apponyi No 419. — Bibl. nat. K 3605 V. sur l'auteur E. Picot : Les Français italianisants au xvi° siècle, Paris, 1907, t. II, p. 71 et suiv.

Aduis de Vienne en Autriche, et de Hongrie, ausquelz est comprins ce qui s'est passé esdictz lieux, depuis le vingtcinquieme jour de Moys de Juing iusques au huictieme d'Aoust, mil cinq cens soixante six. La conqueste de quelques Citez, & Terres sur le grand Turc, & des confiture de ses gens. — Vienne. 5 ff. 8° V. Apponyi. No 421.

Sambucus, Jean. Les Emblemes du Seigneur Jehan Sambucus. Traduits de Latin en François [par Jacques Grévin], Anvers. — 237 p.

> Quelques-uns de ces Emblèmes se rapportent à la Hongrie d'où l'humaniste Sambucus (Zsámbok) était originaire.

1575

Belle-Forest, François de. — La Cosmographie universelle de tout le monde. — Paris, 397 + 1838 col. fol.

> P. 1724-1776 Description de la Hongrie (avec un précis hist. d'Attila jusqu'au premier siège de Vienne par les Turcs); détails (avec fig.) sur Bude, Cassovie, Comorn, Albe-Royale.

1581

Jovio, Paolo. — Histoire de Paolo Jovio Comois, evesque de Nocera, sur les choses faictes et avenues de son temps en toutes les parties du monde. Trad. du latin en fr. par Denis Sauvage. Paris, 2 vol. 435 et 650 p. fol.

> V. Apponyi, N° 484. T. I, p. 239 et suiv. (1514), t. II, p. 129 et suiv. (1528), 250 (Gritti), 450 et suiv. (1540), 539 et suiv. (1542), 570 et suiv. (1543) sur la Hongrie. — Bibl. Nat., Rés. K 18 et 19.

1587

Vignier Nicolas. — La Bibliothèque historiale, Paris.

> T. II, 359, 523-25, 529, 531, 535, 537, 542, 558, 571, 573, 576, 582, 585, 718 sur l'arrivée des Hongrois en Europe et leurs incursions dans les différents pays. T. III, p. 434, 438, 510, 684, 695, 706 et 748, notes chronologiques. Bibl. nat. G. 822.

1588

Belle-Forest, François de. — Harangues militaires et Concions de princes; capitaines, ambassadeurs et autres, manians tant la guerre que les affaires d'Estat. Recueillies et faites françaises par — Paris, 2ᵉ édit. 571 fol. La Préface est datée de 1572.

> Fol. 354-375 : Harangues extraictes d'Antoine Bonfinie des trois décades de l'Histoire de Hongrie. Fol. 500-504 Harangues militaires

du Seigneur Ascaigne Centorie, recueillies des quatre livres de la guerre de Transsylvanie. (Sept harangues de Castalde). L'ouvrage d'Ascanio Centurio : Commentarii della guerra di Transilvania, a paru de 1566-68.

1595

Fumée, Martin, Sieur de Genillé. Histoire des Troubles de Hongrie contenant la pitoyable perte et ruine de ce royaume et les guerres advenuës de ce temps en iceluy, entre les Chrestiens et les Turcs. Paris, 369, ff. 8°.

> Travail remarquable qui a servi de source pendant tout le xviie s. Traduit dès l'année suivante en anglais et en allemand. Divisé en IX livres; raconte les événements depuis Mohács jusqu'à la mort de Maximilien, 1526-1578. V. Apponyi No 542 qui décrit une édit. de 1594; les édit. des Bibl. parisiennes (Nat. Maz. Ars.) portent la date de 1595 qui est la vraie. Nouv. édit. en 1608.

Discours de ce qui s'est passé en Transylvanie, de l'union des princes de Moldavye et duc de Valachie avec le Vuaivode pour la déffence de la Chrestienté contre le Turc. — Lyon, 15 p. 8°. V. Bengesco, p. 2.

Heureuse et nouvelle victoire obtenue par l'Armée chrestienne au pays de Hongrie, faicte par le Comte Charles de Mansfeld, au mois d'aoust dernier sur l'armée Turquesque. Poitiers (suivant la copie imprimée à Paris). — 4 ff. 8°. — Apponyi No 577.

Nouvelles d'une victoire obtenue par l'armée chrestienne au pays de Hongrie le premier jour d'Aoust sur l'armée turquesque. — Tirées d'une lettre escripte de Vienne en Austriche 1595. — Paris, 8 p. 12° Bibl. nat. Mz 4312.

Nouvelles tres certaines de la deffaicte de l'armée du Turc en Transilvanie et Hongrie advenue es mois de May, Juing, Juillet de cest an 1595. S. l. 4 ff.

> V. Picot, t. IV, No 3147.

1596

Discours du Siège et Prise de Hatvan et Sangiacato, villes très fortes du royaume des Hongries par le serenissime archiduc Maximilian sur les Turcs, le troisième de Septembre 1596. Traduit d'Italien en français. — Paris. — 13 p. Bibl. Nat. J. 11937.

> V. l'imprimé ital. et all. sur ce fait de guerre. Apponyi Nos 596 et 600.

1598

Cayet, Victor, Sieur de la Palme. — Sommaire description de la Guerre de Hongrie et de Transylvanie, de ce qu'il est advenu depuis l'automne dernier de l'an passé 1597 jusqu'au printemps de l'an 1598 entre les Turcs ...et des Chrestiens, trad. d'Allemand en français. Paris, 72 p. — Bibl. nat. Mz 4370.

L'admirable et heureuse prinse de la ville de Bude en Hongrie par l'armée impérialle sur les Turcs. Ensemble le malheureux succes du roy de Polongne en Suede advenu par le pernicieux conseil des Jésuites et le retablissement de Battori vaivod de Transilvanie. — Paris, 15 p. 12° Bibl. Nat. Mz 4854.

1599

De l'heureuse victoire des Chrestiens obtenue contre les Turqs en Ungrie, avec la deffaicte de quelques mil des dicts Turcqs, et prinse de leurs navires, argent et ammonition de guerre, sur la rivière de Danube, advenue en la vigile de S. Jean le 23 de Juing. Bruxelles. — 4 ff. 4° V. Apponyi n° 651.

1600

Ramberviller, Alphonse de. — Discours de ce qui s'est passé en l'armée des Chrestiens en Hongrie contre les Turcs, en la présente année 1600. — Paris, 16 p.

> V. sur l'auteur, Ch. Urbain : Un amateur lorrain correspondant de Peiresc. Alphonse de Ramberviller. Bull. du bibliophile 1896.

Nous pouvons placer ici :
Œuvres complètes de Pierre de Bourdeille, seigneur de **Brantôme.** Édit. L. Lalanne. Paris 1864-1882 (Soc. de l'hist. de France).

> T. V. Henri de Guise en Hongrie, 1566, t. VIII passim, sur Jeanne de Naples, épouse d'André de Hongrie, t. IX, p. 374 Brantôme veut aller en Hongrie.

Mémoires de Michel de la Huguerye. Édit. A. de Ruble. Paris, 1877-1880 (Soc. de l'hist. de France).

> T. III, p. 419-420, le duc de Mercœur en Hongrie, 1600.

1601

Discours tres veritables de la prise d'Albe-royale, ville principale de la Basse Hongrie occupée par les Turcs depuis 58 ans, et reprinse le 20 septembre 1601 par Monseigneur le

Duc de Mercœur, Lieutenant General de l'Empereur. — Paris,
8 ff. 8º.

> V. Apponyi, Nº 669. L'exemplaire de la Bibl. nat. Mz 4089 a 8 p.
> 12º; on y trouve ajouté, p. 9-13 : Le voyage qu'ont fait en Levant cette
> année 1601 les galeres de la religion de Jérusalem à Malte. — Un
> autre exemplaire Mz 4791.

Histoire mémorable sur les prodiges nouvellement apparus
en l'air sur la ville de Sainct-Georges en Hongrie. Où il est
déclaré combien de jours ils ont duré et en quel temps, avec le
progrez et suitte des choses y survenues. Traduit d'Italien.
Paris, 13 p. 12º. Bibl. Maz. 36454 (4ᵉ pièce).

> On a aperçu dans les airs une croix lumineuse et un homme age-
> nouillé devant.

1602

Sales, François de. — Oraison funèbre sur le' trespas de
tres hault et tres illustre prince Philippe Emanuel de Lorraine
duc de Mercoeur... lieutenant général de l'Empereur en ses
armées d'Hongrie. — Paris, 64 p. 12º.

Relation de la retraicte de devant la ville de Canise par le
mareschal de camp Ruswurmb à l'archiduc Mathias. — Paris,
8 p. 12º. Bibl. nat. Mz 4792.

1603

Jouly, G. Panégyric du Voyage et retour de Monsieur de
Nevers de la Guerre contre les Turcs. — Paris, 31 p. 12º.

> V. Apponyi, Nº 674. — Bibl. Nat. Lb³⁵ 787. Le duc de Nevers était
> au camp de Russwurm à Raab — Javarin — et fut blessé à l'attaque
> de Bude.

1605

Cayet, Chronologie septenaire de l'histoire de la Paix entre
les Roys de France et d'Espagne contenant les choses les plus
memorables advenuës en France.... Hongrie, ... Transsilvanie
depuis le commencement de l'an 1598 jusques à la fin de l'an
1604. Paris, 1 vol. 498 ff. 2ᵉ édit. 1609.

> V. Apponyi, Nº 703. Bibl. nat. Lb³⁵ 6. Récit détaillé des guerres
> contre les Turcs.

Husson, M. Discours véritable des choses qui se sont passées
aux armées de Hongrie en ces dernières années 1599, 1600,
1601, deux, trois et quatre. Angers, s. d. (1605 ?), 119 p. 12º.
Bibl. nat. Mz 4088.

Déclaration des seigneurs et Estats du royaume de Hongrie contenant les raisons qui les ont meu à s'opposer, par armes, aux violences et oppressions faites aux habitants du dit pays par les gens de l'Empereur. S. l. datée « le 24 avril 1605 »; 16 p. 12°. Bibl. Maz. 32868 p. 173.

1607

Matthieu, P. de. — Elizabeth, fille du Roy d'Hongrie. Histoire dédiée à Madame M. Elizabeth première fille de France. — Paris, 48 p. 12°:

> V. Apponyi n° 696. — Rutebeuf est le premier qui ait mis en vers la vie et les légendes de Sainte Elisabeth de Hongrie.

Articles de la paix d'Hongrie convenus et accordez entre l'archiduc Mathias, de la part de l'Empereur, & les deputez du seigneur Botzkai et les autres Seigneurs d'Hongrie. Ensemble les articles et conditions de la Trefve faicte avec l'Empereur et le Turc. — Paris. 12 p. 12°.

> V. Apponyi N° 697. — Un exemplaire imprimé à Rouen dans la même année, 15 p. 12° Bibl. nat. Mz 4090 et 4520.

1608

Cayet, Chronologie novenaire contenant l'histoire de la guerre sous le règne du très chrestien Roy de France et de Navarre, Henry IIII et les choses plus memorables advenuës par tout le monde depuis le commencement de son regne l'an 1589, jusqu'à la paix faicte à Vervins en juin 1598. — Paris, 3 vol. 8°.

> T. III un récit assez détaillé des campagnes de Hongrie et de Transylvanie de 1594 à 1597. La Chronologie est réimprimée dans la Coll. Petitot et Monmerqué, Iʳᵉ S., t. 38-42. V. Apponyi N° 698.

1608

Fumée, Martin et **Montreulx,** N. de, Sieur du Mont-Sacré. I. Histoire generalle des Troubles de Hongrie et Transilvanie. II. Histoire universelle des Guerres du Turc, depuis l'an 1565 iusques à la trefve faicte en l'année 1606 ou sont compris le siege de Malte... divers combats et prises de ville tant en Hongrie, Dalmatie et Transilvanie qu'autres provinces de l'Europe. Paris, I, 301 p. 4°. II, 1036 p. 4°, avec des cartes et des ill.

> La première partie est la réimpression de l'ouvrage de Fumée de 1595; la seconde est de Montreulx, écrivain fécond (v. Hauréau, Hist. littéraire du Maine, 2ᵉ édit. T. VIII, p. 181-202); il continue Fumée,

mais son style est décousu ; cependant grande richesse d'informations ; les exploits du duc de Mercœur sont relatés avec beaucoup de détail (livre VI, dédié à la mère du duc), point de vue nettement catholique. Bibl. Nat. M. 6150-51 v. Apponyi N° 699 où l'on trouve la description des gravures. L'exemplaire de M. Apponyi porte le cachet de la Bibl. de la Sorbonne à laquelle Etienne Du Puys l'avait légué en 1636.

1609

Ceremonies observées au couronnement de Mathias, deuxiesme roy de Hongrie. — Prins sur la copie imprimé (*sic*) à Paris et depuis à Lyon. — S. l. 16 p. 12° Bibl. nat. Rés. G. 2864.

Discours de ce qui s'est passé au royaume d'Hongrie sur le traitté de la paix, avec le roi d'Espagne et les serenissimes princes archiducs et les Estats generaux des provinces unies du dict pays. Paris, 13 p. 12° Bibl. nat. Mz 4091.

Nous pouvons placer ici :

Lettres missives de Henri IV. Edit. Berger de Xivrey. Paris, 1848.

T. IV, 495, éloge du Prince de Transylvanie.

Histoire universelle par d'Agrippa **d'Aubigné**. Edit. A. de Ruble, Paris, 1886-1909 (Soc. de l'hist. de France).

Les chapitres intitulés : Des parties orientales, De l'Orient, Les guerres d'Orient, La face d'Orient, contiennent des renseignements sur la Hongrie. I, 93, 95, 97, 194, 234, 255, V, 311, 318, VII, 237, 323, VIII, 368 et suiv. IX, 205, 212, 221, 223, 266, 270, 318, 386 et suiv., 391, 392.

1611

Le Mercure français ou suite de l'Histoire de la Paix, par Jean Richer, t. I (événements de 1605-1609) fait suite à la Chronologie septénaire de Cayet.

P. 32 a. Les nouveaux troubles en la Hongrie et Transylvanie. — 34 a. Lettres d'un habitant de Vienne sur l'état de la Hongrie. — 37 a. Bocskay fait décapiter Lippay. — 144. Etat de la Hongrie et de la Transylvanie. — 146 a. Ambassade de Bocskay et des seigneurs hongriens (!) arrivent à Vienne. — 150 a. Bocskai empoisonné par Cataï son chancelier auquel il fit trancher la tête. — 233 b. Assemblée des États de Hongrie à Presbourg (1608). — 235 a. les Heïdouques en Hongrie. — 235 b. Gabriel Bátori. — 242 a. Entrée du roi Mathias à Presbourg (1609). — 381 Mort d'Etienne Illeshaski (Illésházy, palatin de Hongrie). Bibl. nat. L b 7, 35.

Lettres patentes du Grand Turc envoyées à Notre S. Père le Pape et à Rodolphe soi disant roi de Hongrie, avec la permission et liberté à ceux qui désirent faire le voyage de la

Terre Saincte. Paris, 10 p. 12°. Suivant la copie imprimée à Avignon. Bibl. Maz. 34613²⁵ (10ᵉ pièce). Un exemplaire imprimé à Aix, 14 p. 12°, Bibl. nat. Rés. G. 2833.

Nouvelles d'Allemagne ou la Surprise de Prague par l'Archiduc Leopolde et ce qui s'est passé ès mois de février et mars derniers. Avec un abrégé des choses les plus remarquables advenuës depuis six mois, tant en Allemagne, Bohême, Transylvanie... S. l. 59 p. 12° Bibl. nat. Mz 4076.

Recueil de ce qui s'est passé à Prague ez mois de février et mars derniers. Avec un abrégé des choses les plus remarquables advenuës depuis six mois, tant en Allemagne, Boheme, Transylvanie... Paris, 16 p. 12°. Bibl. nat. Mz 4077.

1612

Discours sur ce qui s'est passé à Francfort sur le Main es mois de May & Juing 1612 en l'Election et couronnement de l'Archiduc Mathias d'Austriche, Roy de Hongrie et de Bohëme en l'Empire, comme aussi de l'Impératrice espouse de sa Majesté. Paris, 48 p. 12°. Bibl. nat. Mz 4092, 4272, 4521 et 4906.

1615

Le Mercure français ou Suite de l'histoire de l'auguste régence de la reine Marie de Médicis, t. II (événements de 1610-12).

P. 336 Hermanstadt pris par le Prince de Transylvanie. — 270 a. De la Transylvanie et Valachie.

1617

Baudier, Michel. Inventaire de l'histoire générale des Turcs ou sont descriptes les guerres des Turcs, leurs conquestes, séditions et choses remarquables, tant aux affaires qu'ils ont eu contre les chrétiens comme Grecs, Hongres, Polonais, Bulgares, Transilvains, Venetiens, etc; depuis l'an 1300. — 3ᵉ édit. Paris, 1631, 998 p. 4°. Passim.

Le Mercure français. T. III (en deux parties).

I. P. 31-38 Des troubles de la Transylvanie (Báthori. — Bethlen reçoit 6000 Turcs du Bassa de Bude. — Les députés des Saxons transylvains arrivent à Vienne). — 143 Assemblée des Etats de Hongrie à Presbourg. —Couronnement de l'Impératrice, reine de Hongrie. — 209-220 Courses des Turcs en Hongrie. Bethlen a été fait prince de

Transylvanie par le grand Turc. — 571-579 Troubles renouvelés en la Transylvanie.

T. IV, p. 414 Du grand froid et des grandes chaleurs advenues cette année en Allemagne et en Hongrie. — 418 Articles de paix entre l'Empereur et le Turc.

1618

Le massacre commis en la ville Impériale de Vienne en Austriche. Avec les levées des gens de guerre... et le fort et puissant secours envoyé en Hongrie par sa Majesté Catholique. — Paris, 10 p. 12°. Bibl. nat. Mz 4068, 4273 et 4320.

Les cérémonies observées au couronnement du roy de Hongrie, en ceste présente année 1618 (écrit de Vienne le 4 juillet 1618.) — Paris, 14 p. 12°. Bibl. nat. Mz 4321 et 4523.

1619

D'Avity, Pierre — (a signé ses livres D. T. V. Y). Les Estats, Empires, Royaumes et Principautés du monde, par le Sr D. T. V. Y, gentilhomme ord. de la Chambre du Roy. Paris.

P. 723-739, du royaume de Hongrie. Edit. nouv. 1625. Chap. 74 fol. 682-694, Du royaume de Hongrie. D'après l'abbé Goujet (Bibl. française, t. XV, p. 365) on a gâté l'ouvrage en l'augmentant. V. Année 1637. — Bibl. nat. Rés. G. 1038.

Camusat, Nicolas. Mélanges historiques ou recueil de plusieurs actes, traictés, lettres missives ou autres mémoires qui peuvent servir en la déduction de l'histoire depuis l'an 1390 jusques à l'an 1580. — Troyes.

P. 48. Lettre du roi Jean (Zápolya) au frère du chevalier Cazal. Du même au pape Clément VII; lettre de Hieronyme Laszkó. Cf. Bibl. nat. Mscrits, fonds Dupuy t. 547.

Advis d'Allemaigne, Bohême et Hongrie, par lettres du 24 octobre 1619. S. l. 8 p. 12°. Bibl. nat. Mz 4027, 4341 et 4809.

Le grand et memorable secours arrivé au Comte de Buquoy contre les Heretiques protestants d'Allemagne. — Le sous-titre porte : La honteuse fuite du Prince de Transilvanie. Paris, 16 p. 12°. Bibl. nat. Mz 4034 et 4585.

La rencontre eut lieu aux portes de Vienne, le 24 et le 25 oct. 1619. V. Picot, t. III, p. 195.

Le Mercure français, t. V (événements de 1617-1619).

IIe partie, p. 115 Assemblée des Etats de Hongrie à Presbourg (1618) — p. 121, Cérémonies du couronnement de l'archiduc Ferdinand.

Lettres, d'advis du thresor de trois milions d'or, trouvé par le moyen d'un prisonnier Officier de l'Empereur Rodolphe, dernier décédé. Et l'acceptation des Couronnes de Hongrie et de Boheme par le prince de Transilvanie et son Altesse Electrisse Palatine. Paris, 8 p. 12° Bibl. nat. Mz 4868.

Reception et acceptation de S. A. Electorale palatine pour roy de Boheme, Marquis de Moravie... par les Estats du royaume. S. l. 7 p. 12°.

P. 5-7 nouvelles de Bethlen Gabor. Bibl. nat. M 22594.

Representation des occurrences d'Allemaigne, Boheme, Moravie, Austriche & Hongrie par lettres escrites du 9 & 10 d'Octobre 1619. — S. l. 8 p. 12°. V. Apponyi N° 763. Bibl. nat. Mz 4425.

Sommaire véritable de ce qui s'est passé en Boheme, Moravie, Austriche & Hongrie, depuis le 18. septembre iusque au 26. de cette année 1619. Le tout par lettres qui s'en sont escrites. — Paris. 8 p. 12°. — V. Apponyi N° 764. Bibl. nat. Mz 4028, 4345 et 4586.

Véritable récit de ce qui s'est passé n'aguieres sur la frontière de Transylvanie du costé de Pologne en Boëme et Hongrie (Défaite de 8000 cosaques par le sieur Homonay ; élection et couronnement de Betlen) par lettres de Prague du 29 décembre 1619 — S. l. 8 p. 12° — Bibl. nat. Mz 4336.

1620

Sigougne. Lettre et advis de l'assignation donnée par Messieurs les princes protestants à Monseigneur d'Angoulesme pour l'accomodement des affaires d'Allemagne. — S. l. 8 p. 8°.

Se rapporte à l'ambassade de Béthune, v. Année 1667.

Advertissement en forme d'Epistre du feu prince Christian II, Electeur de Saxe, à Mathias, roy de Hongrie, Archiduc d'Austriche & depuis Empereur. Tourné d'Alleman en latin et de latin en français. Paris, 16 p. 12° (donné ce 6 octobre 1608 à Dresden) Bibl. nat. Mz 4334.

Advis de Boheme, Hongrie et d'Allemaigne. S. l. — 13 p. 8° V. Apponyi N° 772. — Bibl. nat. M 22602 et Mz 4355.

Banissement faict contre les Jésuistes au royaume de Hongrie. Trad. d'allemand en français. S. l. 8 p. 8°. — Bibl. nat. Mp 2854.

Coppie de Lettre d'un Gentil-homme du Palatinat sur l'Estat présent des affaires de Boheme et Hongrie. S. l. 16 p. 12° — Daté de Frankental, ce 19 mars 1620. Bibl. nat. M 22600.

Defaicte des Transilvains par le Prince Homonay Hongrois. Extraict d'une lettre escritte de Cracovie du 27 de novembre 1619, traduitte de Polonais en françois. Paris, 7 p. 12° Bibl. nat. Mz 4338.

Deffaicte de l'armée du Prince Bethleem Gabor près Vienne en Austriche, par Messieurs les Chevaliers de la milice Chrestienne, le 4 octobre 1620. — Paris, 12 p. 12° — Bibl. nat. Mz 4389.

L'arrivée de l'armée du marquis Spinola ez environs de Francfort & de celle des protestants à Oppenhain. Ensemble la résolution de l'assemblée des Estats de Hongrie touchant la confederation avec les Bohemois. Extraict des lettres escrites de Vienne le vingt-quatriesme Aoust dernier. Paris, 12 p. 12° — Bibl. nat. Mz 4846.

La Déroute de douze mille hommes hongrois alliés des Bohêmes faite par les amis de l'Empereur. — La réunion de la Hongrie en l'obeyssance de Ferdinand. — Paris, 7 p. 8°. Bibl. nat. M p. 3239 et Mz 4339.

Le Mercure allemand ou histoire véritable de ce qui s'est passé de plus mémorable tant es hautes que basses Allemagne, Hongrie, Austriche, Pallatinat & autres provinces depuis le mois de juillet de la présente Année 1620, jusque au présent mois de décembre. Recueilli et mis en lumière par Jacob Franc historien allemand trad. de la dite langue en français. Francfort, 27 ff. 12° — Bibl. nat. Mz 4360. — V. Picot, t. III, p. 201.

Les Conventions de la Succession perpétuelle es royaumes de Hongrie & Bohême et provinces qui en dépendent. Faites à Prague le 6 et 15 du mois de Juin 1617. — S. l. 12 p. 4°. Bibl. Maz. A 10986 (6ᵉ pièce).

Lettre du roy de Hongrie (Bethlen Gabor) au roy de Boheme (Ferdinand II), datée du 28 août. S. l. 7 p. 12°. Bibl. nat. Mz 4354 et 4382.

Lettres du roi (Bethlen Gabor) et des Estats de Hongrie au roy de Boheme sur le sujet de l'eslection du roy de Hongrie et de son secours par luy promis à sa M(ajesté) de Boheme des 26 aoust et 18 septembre 1620. S. l. 14 p. 8°. Bibl. nat. Mz 22604.

Manifeste Complaincte du Royaume de Hongrie, addressee a toute la Chrestienté & specialement à ses alliés... Dont les Estats Evangeliques de ce Royaume ont esté iustement occasionnés de pourvoir à la defense et recouvrement des loix & privileges divins et humains du dit Royaume. Traduicte d'Allemand en Français. — Heidelberg, 44 p. n. ch. 12°.

> Traduction du manifeste des protestants hongrois : Querela Hungariae, auquel le cardinal Pierre Pázmány a répondu par la brochure : Falsae originis motuum hungaricorum succincta refutatio (1620). V. Apponyi, n° 781. Bibl. nat. Mz 4361.

Manifeste de l'Empereur Ferdinand II, roy des Romains, de Hongrie et de Bohême, archiduc d'Austriche. Paris, 56 p., 12°. Bibl. nat. Mz 4030, 4069 et 4843.

1621

Edict de Cassation donné par la tres-sacrée & royale Majesté de l'Empereur Ferdinand II du nom sur l'inique, prétenduë et de droict nulle et invalide Election faicte de Bethlen Gabor au royaume de Hongrie. Traduict de Latin en français. Paris, 23 p. 12°. Bibl. nat. M 22607.

Extraict de Lettres de Constantinople touchant le grand armement du Turc & autres advis de Hongrie & de Boheme. S. l. 16 p., 12°. Bibl. nat. M 22609.

La grande et heureuse victoire obtenue par le comte de Busquoy, contre les gens de Bethleem Gabor, qui venoient avec secour de quatre mille soldats, pour deffendre la ville de Neuheusel. — Bruxelles, 8 p., 4°. V. Apponyi, n° 797.

La Mort de Bethleen Gabor Prince de Transsylvanie, avec la deffaicte entière de toute son armée par l'armée de l'Empereur. Paris, 13 p., 12°.

> « L'auteur de la relation annonce que Gabriel Bethlen ayant voulu profiter de la mort du Comte de Bucquoy pour s'emparer de Presbourg, a été tué devant cette ville le 14 septembre 1621. Cette nouvelle était fausse ». Note de M. Picot, t. III, p. 204.

La Mort déplorable du Comte de Bucquoy... arrivée au lict d'honneur devant le siège de Neuuensoll en Hongrie. Paris, 12, p., 12°.

> Neusohl = Beszterczebánya. Bucquoy fut tué au siège de cette ville, le 10 juillet 1621. V. Picot, t. III, p. 203.

Le Mercure français, t. VI (événements de 1619 à 1621).

> P. 111. Lettre de Bethlen Gabor aux directeurs de Bohême. 114
> Réponse des directeurs de Bohème. — 116 Exploits de Bethlen en la
> Haute-Hongrie. — 132-134 Dix mille Transylvains envoyés par Beth-
> len en l'armée des Bohêmes. Ce qui se passa le 24, 25, 26 oct. au
> bout des ponts de Vienne entre l'armée impériale et celle des Bohêmes
> et Transylvains. Défaite des Impériaux. — 174 Exploits de Homon-
> nay. — IIe partie, p. 59 Confédération conclue et arrêtée à Pres-
> bourg. Bethlen prend le titre de prince de Hongrie. — 86 Trève entre
> l'Empereur et Bethlen. — 157, Instruction très secrète sur l'état des
> affaires de... Hongrie. — 167, 168, 375, 405 sur Bethlen. — 409 et
> IIIe partie p. 60 sur la conférence de Hainbourg. Voy. Ambassade
> de Béthune. Année 1667.

Le Serment que Bethleem Gabor a faict au Turc, en la ville
de Cassovie. Avec l'acceptation du Turc et les promesses récipro-
ques qu'il fait audit Bethleem Gabor à Constantinople. — Paris,
13 p., 12°. Bibl. nat. Mz 4400.

Lettre de Betlehem Gabor ou Gabriel au Roy de Tartarie. —
S. l. 8 p.

Recit memorable d'une grande et valeureuse victoire remportée par les Roy de Pologne & comte de Bucquoy dans le pays
de Hongrie. Imprimé sur la copie faicte à Vienne. — 13 p.
12°. Récit tout à fait imaginaire. — V. Apponyi, n° 799.

Traitté de la paix faicte en Allemagne et en Hongrie. Par
l'entremise de sa Majesté très chrétienne. Paris, 13 p. 12°. Bibl.
nat. Mz 4295 et 4622, édit. de Lyon Mz 4637.

1622

Le Mercure français, t. VII.

> P. 2, 3, 6, 9 Bethlen et l'Empereur. — P. 17 Etat des frontières
> d'Autriche et de Hongrie sur la fin de l'an 1620. — P. 28 Bethlen
> enlève de Presbourg la Couronne de Hongrie. — P. 742, Rupture de
> la Conférence d'Haimbourg. — P. 743 Lettre de Bethlen au Prince
> des Tartares. — P. 748-759 et 790 sur Bethlen, la reddition de Pres-
> bourg, Bucquoy, Colalte, siège de Neuhäusel. Défaite de Széchy et de
> Pálffy, siège de Tyrnavie. — P. 768, Etats des gens de guerre, canons,
> or et argent que le grand Turc Osman fit sortir de Constantinople
> pour aller en la guerre de Hongrie.

La déclaration du grand Turc contre Bethleem Gabor en
faveur de l'Empereur. Paris, 12 p., 12°. Bibl. nat. Mz 4542.
V. Picot, t. III, p. 235.

La paix accordée entre l'Empereur et Bethleen Gabor. Paris,
1 3¦ p. 12°. Bibl. nat. Mz 4307.

> « Le traité de paix entre l'Empereur et Gabriel Bethlen, fut signé le
> 31 décembre 1621, et les ratifications en furent échangées le 7 jan-
> vier suivant ». Note de M. Picot, p. 203.

1623

Malingre, Claude. Histoire générale de la Rebellion de
Bohême, contenant la vie et exploicts de guerre du Comte de
Buquoy... La Guerre menée en Hongrie contre Bethleen Gabor,
Prince de Transsylvanie. Les Traictez faicts avec l'Empereur,
Bethleen Gabor et les Princes Estats de l'Empire. Paris, 949 p.
in-8°.

> V. Apponyi, n° 804. L'Epitre dédicatoire signée C. Malingre H.
> Même impression que le Mercure français dont une bonne partie de
> l'ouvrage est tirée. Bibl. Min. de la guerre. D. 2 l. 61.

Le Mercure français, t. VIII (événements de 1621 et 1622).

> P. 65, 78, 80 sur Bethlen, conférence de Nicolsbourg, articles de la
> paix entre l'Empereur et Bethlen — p. 375, L'empereur et l'Impéra-
> trice vont aux Etats de Hongrie assemblés à Oedenburg — p. 380. Le
> Couronnement de l'Impératrice, reine de Hongrie — p. 382 Réponse
> des Etats de Hongrie aux propositions de l'Empereur.

1624

Des Hayes, Voyage de Levant faict par le commandement du
Roy en l'année 1621. Paris, 404 p.

> P. 26-54 sur la Hongrie (Strigonie, Javarin — Györ — Comorn, Pest).

Le Mercure français, t. IX (événements de 1622 à 1624.

> P. 246 Les ambassadeurs de Bethlen à Constantinople — p. 350
> Budiani arme dans la Basse-Hongrie, Bethlen en la Haute-Hongrie —
> p. 666 Rupture de la paix en Hongrie. Suppl. p. 38 Préparatifs de
> guerre contre Bethlen.

1625

Le Courrier général des affaires d'Allemagne et Hollande...
Avec la deffaitte du secours de Hongrie. Paris, 15 p. 12°.
Bibl. nat. Mz 4447.

Le Mercure français, t. X.

> P. 4, 5, 9, Exploits de Bethlen, ses demandes à l'Empereur — 10
> Trois défaites notables des Turcs, faites par Esterházi. — 288 Trêve
> entre l'Empereur et Bethlen — 293 Articles de la paix entre l'Empe-
> reur et Bethlen — 314 Violence et ravage des Cosaques en Moravie
> et Hongrie — 315 Curts ambassadeur de l'Empereur vers le Turc
> arrêté à Bude — 805 Sa mise en liberté.

Lettre d'un Grand, à un sien amy sur la defaitte générale de l'armée du Duc de Tilly, par le Roy de Dannemarck, accompagné de Bethlem Gabor qui la joint, avec la mort dudit duc de Tilly, de son nepveu et de deux principaux chefs de son armée. — Paris, 6 p., 12º. V. Apponyi, nº 808. Bibl. nat. Mz 4450.

1626

Le Mercure français, t. XI.

P. 1126 De la Diète des Etats de Hongrie, tenue à Oedenburg où l'Empereur fit couronner son fils (description très détaillée du couronnement qui doit venir d'un témoin oculaire) — p. 1145 Des divisions qu'il y a eu en Hongrie entre les Etats et la Maison d'Autriche.

Le triomphe amirable observé en l'aliance de Bethleem Gabor Prince de Transilvanie, avec la Princesse Catherine de Brandebourg. Ensemble les magnifiques présens envoyez de la part de l'Empereur, du Roy d'Espagne, de l'Evesque de Cracovie et autres princes d'Allemagne et celuy du grand Turc enuyé par un Bacha. — Paris, 14 p. in-8º. V. Apponyi, nº 810. Bibl. nat. Mz 4456.

1627

Le Mercure français, t. XII.

P. 122-130 Mariage de Bethlen avec la princesse de Brandebourg (avec des anecdotes) — p. 133 Nouveaux différends entre l'Empereur et le Turc pour le règlement de leurs limites en Hongrie — p. 713, 715 Bethlen et l'Empereur — Suppl. p. 52 Nouvelles de Hongrie.

Les dernières nouvelles d'Allemagne, de Hongrie et de Hollande. — Paris, 12 p. 12º. — Bibl. nat. Mz 4462 et 4431. V. Picot, III, p. 208.

1628

Le Mercure français, t. XIII.

P. 1-12 Trève entre l'Empereur et Bethlen — p. 698 Députés du Bassa de Bude à l'Empereur pour traiter de la paix — p. 753 Courrier de Bethlen envoyé à la Porte.

1629

Le Mercure français, t. XIV.

II. partie p. 160 Arrivée du Neveu du Prince de Transylvanie — (V. les lettres de Bethlen à ce sujet. Inv. Arch. Aff. étr. Hongrie, t. I, fol. 74 et Bibl. Inst. fonds Godefroy, t. 270 fol. 45. « Le neveu de Bethlen Gabor fut saluer le roi qui lui envoya deux carrosses pour

le mener au Louvre où il fut reçu honorablement » — p. 457 Défenses
au Prince de Transylvanie et au Bascha de Bude de rompre la paix
faite avec l'empereur. — p. 483 Le neveu de Bethlen à Rome.

1632

Le Mercure français, t. XVI (événements de 1629-1630).

P. 1040 (suite du vol. précédent) Mort de Bethlen, son testament.
Les Etats de Hongrie se rendent à la dévotion de l'Empereur.

1633

Le Mercure français, t. XVIII.

P. 108 Diète de Hongrie.

1634

Le furieux combat donné à l'assaut général contre l'importante ville de Ratisbonne par le roy de Hongrie. — Paris, 15 p.
12°. Bibl. nat. Mz 4504 et 4873. V. Picot, III, p. 211.

La véritable retraicte du roy de Hongrie et la levée du siège de
devant la ville de Ratisbonne. — Paris, 15 p. 12°, V. Picot, III,
p. 212.

1637

D'Avity, Pierre — Description générale de l'Europe, avec
tous les empires, royaumes, estats et républiques. Quatrième
partie du *Monde*, ouvrage remanié des Estats de 1619. —
P. 839-858, la Hongrie

D'Avity donne partout le nom *hongrois* des villes à côté du nom
allemand; il cite le texte hongrois de l'Oraison dominicale, traite du
gouvernement, de la religion et donne la généalogie de Noé à Bende-
guz, celle des rois jusqu'à Ferdinand III — Bibl. nat. G 1746 fol. —
« Le Nouveau Théâtre du monde », du même auteur, Paris, 1655, est
un abrégé de cet ouvrage; il n'y a ni notes, ni indications des sources;
P. 723-735, la Hongrie. Bibl. nat. Rés. G 99.

Le Mercure français, t. XX (événements de 1634 et 1635).

P. 545 Négociations de paix à Leitmeritz entre le roi de Hongrie et
l'Electeur de Saxe.

1639

Le Mercure français, t. XXI (événements de 1635 à 1637).

P. 189 Arrivée du roi de Hongrie à Ratisbonne — P. 272 Voix pour
l'élection d'un Roi des Romains à Ratisbonne en faveur du roi de
Hongrie — P. 292 La reine de Hongrie est couronnée reine des Romains à Ratisbonne.

1641

Le Mercure français, t. XXII (événements de 1637 et 1638).

La dédicace de ce vol. est signée Renaudot. P. 477 Le duc de Saxe visite le roi de Hongrie à Leitmeritz — P. 555 Naissance d'un fils au roi de Hongrie.

La lettre de l'ambassadeur de Suède à celuy du Roy de Hongrie, contenant ses plaintes du refus qu'il fait de vouloir travailler à la paix universelle. — Paris, 7 p. 12°. V. Picot, III, p. 212.

Nous pouvons placer ici :
Lettres de Richelieu. Edit. M. Avenel. Paris, 1858-1877. (Doc. inédits).

T. III, 690; IV, 597, 615; V, 61, 62,81 286; VI, 64, 257; VII, 778, 779, 789, 1026 et 1028; VIII, 82, 132, 200, 312, 314, 318, 321, 324, 327, 345, 354, 371 sur la Hongrie.

Mémoires du Cardinal de Richelieu. Edit. Horric de Beaucaire. Paris. 1907 (Soc. de l'hist. de France).

T. I, 246-249, 261, 259-261 ; t. II, 310, 312, 396, 398 sur la Hongrie et les princes de Transylvanie.

1645

Valognes, Apollinaire de — La Vie de Saincte Elisabeth fille du Roy de Hongrie, Duchesse de Thuringe et première religieuse du Tiers Ordre de Saint-François. — Paris, 552 p. in-8°.

V. Apponyi, n° 839, Edit. corrigée et augmentée par R. P. Jean-Marie, Paris, 1660. Bibl. nat. M 23351.

1646

Ambassades et voyages en Turquie et Amasie de Mr Busbequius. Trad. en français par S. G(audon). Paris, 698 p.

Détails sur la Hongrie; p. 15-33 sur Strigonie, sur Bude, sur Louis II. — Une autre trad. porte le titre : « Lettres du baron de Busbec, ambassadeur de Ferdinand I, roy des Romains, de Hongrie... auprès de Soliman II, Empereur des Turcs » — Trad. par M. de Foy, chanoine de Meaux, Paris, 1748, 3 vol. L'original date de 1562. V. sur la trad. de Foy, Mém. de Trévoux, 1748, déc. p. 2709.

1647

Le Laboureur, Jean. Relation du voyage de la royne de Pologne et du retour de Madame la Mareschalle de Guébriant... par la Hongrie, l'Austriche, Styrie, Carinthie, le Frioul et l'Italie.

Avec un discours historique de toutes les villes et Estats par où elle a passé. Paris, 1 vol. in-4°, en 3 parties, 215, 264, 365 p.

> Détails très intéressants sur la Hongrie; (III, p. 48 et suiv.) le récit du mariage de Wesselényi avec Marie Széchy (Histoire des Amours du Comte et de la Comtesse Vesseliny, III, p. 83-99) concorde avec celui du poète Gyöngyösi (La Vénus de Murany, 1664) et fut raconté à Laboureur par Wesselényi lui-même. V. Apponyi, n° 843. — Picot III, p. 215. Bibl. nat. Rés. M 500.

Le Mercure français, t. XXIV (événements de 1641-1643).

> P. 424 Les Turcs se jettent en Hongrie; p. 1055-1058 Les Turcs en Hongrie.

1648

Le Mercure français, t. XXV et dernier (événements de 1643 à 1644).

> II partie, p. 369 Manifeste de Rákóczi (Georges) Prince de Transylvanie — P. 375 Réponse de l'Empereur au Manifeste — P. 380-393 Siège de Cassovie, pourparlers de paix, Etats convoqués à Cassovie par Rákóczi — Nouveaux pourparlers de paix.

1651

Le Tableau de l'Europe où sont représentés les royaumes, républiques, principautés et autres seigneuries de cette florissante partie du monde. Paris, 2e édit. Hongrie, pp. 371-393; Transylvanie, pp. 394-399. Bibl. nat. G 9446.

1659

Histoire de M. de **Thou** des choses arrivées de son temps, mise en français par P. du Ryer. Paris, 3 vol.

> Livre IX, XVII et XXXVII. Cette traduction ne donne pas l'œuvre complète de De Thou. V. Année 1734.

[**Du Puy**, Pierre]. Histoire des plus illustres favoris anciens et modernes, recueillie par feu Monsieur P. D. P. Paris & Leyde 514 p. 12°.

> P. 232-244 : Nicolas Gara, Palatin de Hongrie, sous Marie, reine de Hongrie; p. 244-272 : Georgius Martinusius, Cardinal hongrois, sous Isabelle reine de Hongrie, 1552. V. Apponyi, n° 853. Bibl. nat. G 5827.

Nous pouvons placer ici :

Lettres du Cardinal Mazarin. Edit. par A. Chéruel et d'Avenel. Paris 1872-1906 (Doc. inédits).

> T. I (1642-44) p. 52, 646, 767. T. II (1644-47) p. 8, 17, 18, 29, 37, 50, 57, 121, 164, 202, 209, 260, 283. T. VII (1655-57) p. 175, 197, 425,

442, 444, 449, 485, 489, 490, 527, 528, 536. T. VIII (1657-58) p. 73,
165, 325, 528, 529. T. IX (1658-61) p. 41, 42, 658, 659 sur la Hongrie
et la Transylvanie.

1661

La Vie de Sainte Elizabeth fille d'André Roy de Hongrie, et
du Prince Louis Landgrave de Thuringe et de Hesse son espoux.
— Paris ; 591 p. 8°. V. Apponyi, n° 857.

1662

Histoire générale des Turcs, contenant l'histoire de Chal-
condyle, traduite par Blaise de Vigenaire et continuée jusqu'à
l'an 1612 par Thomas Artus et en cette édition par le Sieur de
Mezeray jusqu'à l'année 1661, de plus l'Histoire du Sérail par
le Sieur Baudier. Paris, 2 vol. fol.

> La Hongrie, et la Transylvanie, passim.

1663

Du Bosc de Montandre. L'Histoire et la politique de l'Auguste maison d'Austriche. — Paris, 3 parties, 300 + 120 + 104
p. 4°. — Passim (jusqu'à Ferdinand III). Bibl. Min. de la
guerre D 2 l 32.

1664

Relation de la victoire gaignée par les armées impériales commandées par le général Comte Montecuculi, près de la rivière
de Raab en Hongrie sur les Turcs. Le premier aoust 1664.
— Bruxelles (date : 23 août 1664) 4 p. 4°. — Arch. Aff. étr. fonds
Autriche, t. 19, fol. 221. Cf. C. Rousset, Hist. de Louvois, I,
p. 56.

1665

Bassompierre, Maréchal de. — Memoires du Mareschal de
Bassompierre contenant l'histoire de sa vie et de ce qui s'est fait
de plus remarquable à la Cour de France pendant quelques
années. Cologne, 2 vol. 564 et 824 p. 12°.

> Bassompierre a pris part aux combats autour de Bude en 1603.
> V. Apponyi, n° 940. Bibl. nat. L a ²¹ 4. Edité dans la Coll. Michaud
> et Poujoulat, 2ᵉ série, t. VI et par le Mᶦˢ de Chantérac (Soc. de l'hist.
> de France) 1870-77, 4 vol. t. I, 111, 131 et suiv. sur sa campagne en
> Hongrie.

Du May, Louis, Conseiller de son Altesse de Virtemberg.
— L'Estat de l'Empire et des princes souverains d'Allemagne.
Ensemble un abrégé de l'histoire d'Hongrie. Paris, 2 vol. 544
et 216 + 182 p. 12°.

A eu plusieurs éditions; la première qui date de 1660 (1 vol. 594 p.) a dix Dialogues et ne contient rien sur la Hongrie, celle de 1665 a douze Dialogues; le dernier (182 p. chiffrées à part) contient l'Abrégé de l'histoire de Hongrie, depuis l'an 1350 jusqu'à la fin de l'année 1664. Bibl. nat. M 14688-89.

Du May, Discours historiques et politiques sur les causes de la guerre de Hongrie et sur les causes de la paix entre Léopold I, Empereur des Romains et Mahomet IV sultan de Turquie. Lyon, 184 p. 8°. Bibl. nat. M 16980.

La Révolution de la Hongrie ou première descente des Turcs par qui appellez et tous les desordres qui en sont suivis. Cologne, s. d. (1665 ?) 132 p. 12°.

Le dernier chapitre mentionne la paix entre Leopold I et Mahomet IV (1664). Hostile à la France. — Bibl. Maz. 53213.

Ribier Guillaume. Lettres et mémoires d'Etat des rois, princes, ambassadeurs et autres ministres sous les règnes de François I, Henri II et François II contenant les intelligences de ces rois avec les princes de l'Europe contre les menées de Charles-Quint. Paris, 2 vol.

Hongrie et Transylvanie, passim. Bibl. nat.

1666

Recueil historique contenant diverses pièces curieuses de ce temps. — Cologne, 350 p. 12°.

P. 59-100. Relation de la Campagne d'Hongrie et des Combats de Kermain et S. Godart entre les trouppes allemandes et françaises et l'Armée des Turcs. — Le manuscrit de cette relation se trouve dans plusieurs bibliothèques. V. Inv. Bibl. nat. Fonds fr., n° 18996. P. 193-309. Discours historique et politique sur les Causes de la guerre de Hongrie. P. 310-350. Discours politique sur le Traitté de paix, fait entre Léopold I, empereur des Romains et Mahomet, dernier empereur des Turcs. — L'auteur de ces Discours est Du May. — Bibl. nat. E 3134.

C. r. sur l'ouvrage de Jean Bethlen : Rerum Transylvaniae libri quatuor (1629-1663). — Journ. des Sav. p. 15.

1667

Béthune, Henry de. — Ambassade extraordinaire de Messieurs les Duc d'Angoulesme, Comte de Béthune, et de Preaux Chasteauneuf, envoyez par le Roy Louis XIII et les Princes et Potentats d'Allemagne, en l'année 1620. Avec les observations politiques de Monsieur de Béthune, employé en cette Ambassade. Paris, 572 p. Observations, 249 p. fol.

L'ouvrage édité par le petit-fils de l'Ambassadeur contient tous les documents des négociations entre la France et Gabriel Bethlen. Il est la reproduction exacte du Mscrit. Bibl. nat. Fonds fr. n° 3972. — Bibl. nat. Rés L⁶ g 90.

1668

C. r. sur l'ouvrage italien de l'abbé Nitri : Ultime guerre di Transylvania et Ungaria (1657-1660). — Journ. des Sav. p. 133.

Sagredo, Giovanni. Relation de la Cour impériale faite au Doge de Venise. — Paris, 123 p. 12°.

Relation importante sur l'esprit public en Hongrie après la paix de Vasvár (1664) et sur Nicolas Zrinyi. V. Apponyi, n° 957.

1672

Histoire des procedures criminelles et de l'execution des trois Contes François Nadasdi, Pierre de Zrin & Frans Christoff de Frangespan. Fidellement traduit sur l'exemplaire Alleman. — Amsterdam. — 166 p. 12°. V. Apponyi, n° 970.

Le Mars à la mode de ce temps. — Liège. — 202 p. 12°.

Contient des dialogues très intéressants sur les affaires de Hongrie, notamment sur Nicolas Zrinyi (Serin) ban de Croatie. L'ouvrage a été composé à la fin de 1663 ou au commencement de 1664. V. Apponyi, n° 971. Bibl. nat. M 29538.

1674

Brown, Edouard, Relation de plusieurs voyages faits en Hongrie, Servie, Bulgarie, Macédonie, Thessalie, Austriche, Styrie, Carinthie. Carniole et Friuli. Trad. de l'Anglais (par Le Vasseur). — Paris, 208 p. 4°.

P. 1-32, 124-166 sur la Hongrie.

1676

[Chassepol]. Histoire des grands Vizirs Mahomet Coprogli pacha et Ahcmet Coprogli pacha. — T. I, Paris ; 303 p., 12°.

Détails sur les guerres de Transylvanie et de Hongrie. T. II. Suite de l'histoire du Grand Vizir Acmet Coprogli pacha et du grand Seigneur Mahomet IV. Paris, 1679, 315 p., 12°. Bibl. nat. J 11999-12000. V. Apponyi, n° 1219 sur l'édit. et 1686.

C. r. de : Relations historiques et curieuses des voyages en Allemagne, Angleterre, Hollande, Bohême, Suisse, etc. — Rouen. — Journ. des Sav., p. 223.

Passage sur la Hongrie.

1677

Relation de la victoire remportée sur les troupes impériales à Nialap en Hongrie le 10 octobre 1677. — Paris, 12 p., 4°.

> Récit d'un témoin oculaire de la bataille de Nyaláb (comitat de Szathmár) où les mécontents, aidés par les troupes polonaises, battirent les Impériaux. V. Inv. Arch. Min. Aff. étr., t. II fol 378-381 et Gaz. de France, 1677, p. 909. Le récit se retrouve presque textuellement dans les Mémoires de*** pour servir à l'histoire du xvii° siècle, 1760. Coll. Petitot et Monmerqué, 2° série, tomes 58 et 59. V. Apponyi, n° 989.

1680

Mémoires de la guerre de Transilvanie et de Hongrie, entre l'Empereur Leopold I & le Grand Seigneur Mehemet IV. Georges Ragotski et les autres successeurs Princes de Transilvanie. — Amsterdam, 2 vol. 130 et 150 p., 12°.

> Traduction de l'ouvrage italien de Mauritio Nitri. V. Apponyi, n° 992. L'exemplaire de la Bibl. Maz. 53546 porte à l'encre « par Louis Du May ».

1682

Ricaut Paul. Histoire des trois derniers empereurs des Turcs. Depuis 1623 jusqu'à 1677. Trad. de l'anglais du Sr. — Paris, 4 vol. 12°. Cf. La suite de cet ouvrage : Histoire de l'empire ottoman (De 1679-1699). La Haye, 1709. — 3 vol. 12°.

> La Hongrie, passim. Ricaut était secrétaire de l'ambassade d'Angleterre à Constantinople. — Le traducteur de Ricaut est Aubriot.

1683

Lettre de Monsieur S. L*** Seigneur Polonais à Monsieur le Marquis C. L*** à l'Assemblée des Etats de l'Empire à Ratisbonne. Sur les affaires présentes de la Hongrie. — Ratisbonne, 119 p., 12°. Musée nat.

> Avec quelques lettres échangées entre Duvernay-Boucauld et Tököli. L'auteur inspiré par la Cour de Vienne se plaint des agents français Akakia, Boham et Duvernay. V. sur leur mission Arch. Aff. étr. Tome II et suiv. et sur la Diète de Ratisbonne, Bibl. Inst. fonds Godefroy t. 490. V. Apponyi, n° 1046.

Relation de tout ce qui s'est passé en Allemagne depuis la descente des Turcs en Hongrie jusques à la levée du Siège de Vienne. — Cologne, 108 p., 12°.

> Intéressant pour les préparatifs du siège et du départ des princes Conti et d'Eugène de Savoie pour l'Autriche. V. Apponyi, n° 1060 et « Voyage de M. le Prince de Conti et de M. le Prince de La Roche-sur-Yon son frère en Hongrie et ce qui s'est passé à l'occasion de ce

voyage » (1685 janvier). Arch. Aff. étr. fonds *France* t. 301 fol. 220.
— Saint-Simon parle souvent de ce voyage qui a déplu à Louis XIV;
il en donne des détails dans une addition au Journal de Dangeau
(t. II, p. 407 éd. Boislisle). Cf. l'Appendice II. La disgrâce du Prince
de Conti en 1685. T. XVIII, p. 526-540 de l'édit. de Saint-Simon.

Relation journalière du siège de la ville de Vienne en Austriche. — Besançon, 84 p., 12°.

1684

Ghelen G. van. Relation succincte et véritable de tout ce qui
s'est passé pendant le siège de Vienne... assiégée par les Turcs
depuis le 14 juillet jusqu'au 12 de septembre 1683. Trad. en
français par N. J. D. N. — Bruxelles, 90 p., 4°. V. Apponyi,
n° 1102.

[**Marana**, Giovanni Paolo]. L'Espion dans les Cours des princes chrétiens. Lettres et mémoires d'un envoyé secret de la Porte
dans les Cours de l'Europe. — Cologne, 6 vol.
    Ces Lettres parlent des affaires de l'Europe de 1637 à 1682. Elles
eurent de nombreuses éditions. T. II sur le Prince (Georges) Rákóczi
(Ragotzki), sur les négociations de M. de Croissy. T. III, sur le pacha
de Bude. T. V, sur les progrès des Ottomans en Hongrie, sur les
troubles de Hongrie, sur les comtes Zrinyi (Serin) et Frangipani;
T. VI, sur le Comte Tekeli. — Ces lettres sont moitié historiques,
moitié fictives.

[**De Préchac**], Cara Mustapha, Grand Vizir. Histoire contenant son élévation.... le vray sujet qui lui a fait entreprendre le
siège de Vienne et les particularités de sa mort. — Paris, 154 p.,
12°. Bibl. nat. Rés. J. 2689 (édit. 1711).

Rocoles Jean-Baptiste. Vienne deux fois assiégée par les
Turcs, 1529 et 1683 et heureusement délivrée. Avec des réflexions
historiques sur la Maison de Habsbourg... — Leyde, 431 p.,
12°. V. Apponyi, n° 1115.

Vaelckeren Pierre de — Vienne assiégée par les Turcs et
délivrée par les Chrestiens. Ou Journal du Siege de Vienne
depuis le 6 de May de l'année 1683 jusqu'au 15 de septembre de
la mesme année. Trad. du latin. — Bruxelles, 215 p., 12°.

Conversation du bouffon du grand Vizir et de celuy de Tekeli,
sur les disgrâces de leurs maistres. Avec l'effroyable portrait de
l'infidèle et cruelle paix de la France pour l'Allemagne et les
Pays-Bas. — Cologne, 47 p., 12°.
    Pamphlet dirigé contre Tököli et la France. V. Apponyi, n° 1143.

Le Mercure hollandais, contenant les choses les plus remarquables de toute la terre arrivées en l'an 1683. Et surtout le fameux siege et delivrance de la ville de Vienne. — Amsterdam, 504 p., 12º.

> P. 149-286 les troubles de Hongrie et le siège de Vienne. V. Apponyi, nº 1156. Bibl. nat. G 16012.

Relation du Siege de Vienne, mis par les Turcs le quinzième Juillet, et levé le douzième Septembre de l'année 1683. Par M*** François a un de ses amis. — Toulouse, 284 p., 12º.

> La relation est datée de Vienne, le 25 septembre 1683. V. Apponyi, nº 1164.

Relation veritable du Siege de Vienne. Avec une grande carte et le portrait de M. le Comte de Staremberg. — Lyon, 159 p., 12º. V. Apponyi, nº 1165.

Carte de la Hauté et Basse Hongrie, Transylvanie, Moldavie, Valachie, Sclavonie et Croatie. Avec un texte explicatif et des vues. — Paris, Hubert Jaillot. Bibl. nat. Ge C. 2395.

> V. aussi : Royaume de Hongrie, divisée dans ses Cercles et Comtés. Venise, Santini, 1784. Bibl. nat. C 2225. — Le Royaume de Hongrie et les Estats qui en ont été sujets, par Sanson. Paris, 1785. — C 890 et 962. Sur toutes ces cartes les noms géogr. hongr. se trouvent en magyar, à côté des noms latins ou allem.

1685

[De Préchac]. Le Seraskier Bacha. Nouvelle du temps. Contenant ce qui s'est passé au Siège de Bude. — Paris, 256 p., 12º. — V. Apponyi, nº 1201. Bibl. nat. Y², 68279.

[Vanel]. Histoire des troubles de Hongrie. — Paris, 4 vol. 428, 455, 428 et 352 p., 12º.

> La Préface donne la géographie de la Hongrie (partout Crapach pour Carpathes); le récit commence par l'année 1656 et va jusqu'à 1685; tomes II-IV ont paru en 1686. Vanel a ajouté un cinquième tome en 1687 et un sixième en 1688 (354 et 336 p.) pour les événements de 1686 et 1687. L'ouvrage fut souvent édité et resta longtemps la source des compilateurs. Les dernières éditions ajoutent au titre : Avec le siege de Neuheusel & une relation exacte du combat de Gran, enrichie de figures. L'édition parue à Amsterdam, 1722, a quatre volumes de 308, 295, 344 et 213 p. — La carte donne les noms géographiques en langue hongroise. Bibl. nat. M 17031 et suiv. V. Apponyi, nºˢ 1199, 1266, 1267 et 1425. Journ. des Sav. 1686, p. 57, 1687, p. 57.

1686

[De Préchac]. Le Comte Tekely. Nouvelle historique. Lyon, 258 p. 12° 2ᵉ édit. La Haye, 1686, 123 p.

> Raconte la vie de Thököly depuis son évasion du château de son père jusqu'à son entrée dans la forteresse de Munkács et ses amours avec Sudélie (Hélène Zrinyi). Un peu d'histoire et beaucoup de fiction. V. Apponyi, Nᵒˢ 1274 et 1275 Bibl. nat. Rés. Yᵃ 1563.

[De Vizé]. Défaites des armées Othomanes par les armées chrétiennes, en Hongrie et dans la Morée. — Lyon, 208 p. 12°.

> V. Apponyi, Nᵒ 1349.

[De Vizé]. Histoire du Siège de Bude. — Paris, 324 p. 12°.

> Avec un plan de Bude. V. Apponyi, Nᵒ 1220. — La Préface signée : de Vizé. Bibl. nat. M 17113.

Histoire de l'État présent du royaume de la Hongrie. — Cologne, 213 p. 12°.

> En tête la poésie : Querela Hungariae de populationibus Turcarum ad principes christianos. V. Apponyi, Nᵒ 1265.

Ibrahim Bassa de Bude. Nouvelle Galante. — Cologne 208 p. 12°.

> Détails sur la vie des Turcs à Bude.

Journal de la glorieuse conqueste de la Ville de Bude Capitale du Royaume d'Hongrie, par les armes victorieuses de l'Empereur Leopold I sous la conduite de son Altesse seren. le duc de Lorraine & de l'Electeur de Bavière. — Vienne, 156 p. 12°.

> Le même récit avec des changements insignifiants au début et à la fin dans : Description historique de la glorieuse Conqueste, etc. Cologne, 142 p. 12°. V. Apponyi, Nᵒˢ 1249 et 1269. Cf. Les actions glorieuses de S. A. S. Charles duc de Lorraine... en Hongrie, Transilvanie, etc. Vienne, s. d. Album de 18 pl. par Seb. Le Clerc. — V. Œuvres de Seb. Le Clerc, t. II, fol. 117-120, Bibl. nat. Cab. des Estampes.

La Cour de France turbanisée et les trahisons démasquées. En trois parties. Par Monsr L. B. D. E. D. E. — Cologne, 271 p. 12°.

> L'auteur dit avoir été de la suite volontaire du comte Nicolas Zrinyi (Serini); il parle aussi de la fuite de Conti et d'Eugène de Savoie. V. Apponyi, Nᵒ 1270, Camille Rousset, Hist. de Louvois, t. III, p. 234 cite un long passage de ce pamphlet. Bibl. nat. Lb³⁷, 3897.

Le Mercure Hollandois contenant les choses les plus remarquables de toute la Terre, arrivées en l'an 1684 et surtout les victoires de l'Empereur gagnées sur le Turc en Hongrie. — Amsterdam, 689 p. 12°.

P. 633, 645, 660-677 sur la Hongrie.

Le Triomphe des armes chrétiennes sur les Infidèles ou l'incomparable forteresse de Bude... réduite et soumise à son Prince... Léopold. — Cologne, 102 p. 12°.

Le Turc subjugué ou la glorieuse Conqueste de la celebre & cy-devant invincible forteresse de Bude, capitale du royaume de la Hongrie. — Cologne, 172 p. 12°. V. Apponyi, N° 1277.

Lettre d'un Bourgeois de Cologne à un ami sur la prise de Bude et sur les autres affaires présentes. — Cologne, 8 ff. 4°.

Cette lettre est suivie 1° d'une réponse d'un bourgeois de Trèves; 2° et 3° de deux Lettres d'un bourgeois de Cologne; 4° d'une Réponse aux trois lettres des bourgeois de Paris soi-disant bourgeois de Cologne, 18 p. 4°, 8 ff. 4°, 8 ff. 4°, 12 ff. 4°. Le bourgeois de Cologne vante la politique de Louis XIV, le bourgeois de Trèves lui reproche son alliance avec la Porte et Tököli. V. Apponyi, N° 1278.

Relation de la prise de Bude : avec la suite des dernières actions du Siège. — Paris, 12 p. 4°. V. Apponyi, N° 1291.

Relation du siège de Bude pris d'assaut par les troupes Impériales le 2 septembre 1686. Tirée en partie des Lettres d'un illustre volontaire fort intéressé à la réduction de cette place. — Toulouse, s. d. (permis d'imprimer du 4 oct. 1686), 300 p. 12°.

V. Apponyi, N° 1292. — Bibl. Ste Gen. 8° M 100².

1687

Chasan, Histoire abrégée du siècle courant depuis l'an 1600 jusqu'à présent. — Paris, 604 p.

Guerres de Hongrie, passim. Raconte les événements d'année en année dans le style des anciennes annales.

1688

[De Préchac]. Le Prince esclave, Nouvelle historique où l'on voit les particularités de la dernière bataille que les chrétiens ont gagné contre les Turcs. — Paris, 259 p. 12°.

Quelques pages sur la bataille de Harsány. V. Apponyi, N° 1357. — Bibl. nat. Y²·60348.

Histoire et description ancienne et moderne du Royaume

de Hongrie et des autres États qui ont été ou qui sont encore ses tributaires. — Paris, 330 p. 12°.

> V. Apponyi, N° 1367. Bibl. nat. M 17014.

1689

[**Bruslé de Monpleinchamp**]. L'Histoire de Filipe Emanuel de Loraine duc de Mercœur, dediée à sa Majesté Apostolique. Cologne, 357 p. 8°.

> P. 175-244 sur les campagnes du duc en Hongrie. P. 275. Oraison funèbre du duc prononcée par S. François de Sales, le 27 avril 1602. V. Apponyi, N° 1393. Bibl. nat. Ln²⁷, 14013.

De la Croix. Guerres des Turcs avec la Pologne, la Moscovie et la Hongrie. La Haye (suivant la copie de Paris), 197 p. 12°. Bibl. de M. E. Picot.

1690

Instruction ou Ombre du général Picolomini au cardinal Kollonichs aujourd'huy Ambassadeur pour l'Empereur à Rome. — Cologne, 59 p. 12°.

> L'auteur semble bien informé de ce qui se passait à la Cour de Vienne ; son récit de la mort de Nicolas Zrinyi à Zerinvar, est fantaisiste. V. Apponyi, N° 1412.

Les trônes chancellans ou dialogue curieux et politique entre le Comte Tekeli erigé en Roy d'Hongrie, et Guillaume de Nassau erigé en Roy d'Angleterre. Mont, 4 parties de 68, 59, 67 et 68 p. 12°.

> Pamphlet contre Tököli et Guillaume de Nassau. — V. Apponyi, N° 1414.

1691

Fer, N. de —, géographe de Mgr. le Dauphin. Principauté de Transylvanie divisée en cinq nations, subdivisée en quartiers et Comtez, tirée de divers mémoires et particulièrement de G. C. da Vignola. Paris. (Carte avec description) V. Journ. des Sav. 1691, p. 44.

Lettre escrite par le Prince Louis de Baden à Sa Majesté Impériale, dattée à Salenkemen le 24 août 1691 sur la victoire remportée contre les Turcs. Avec la liste des Morts et des Blessez. — S. l. 4 p. 4°. V. Apponyi, n° 1426.

1692

Archange, Le Père — La vie de Sainte Elisabeth, fille du roy de Hongrie, duchesse de Turinge. — Paris, 548 p.

Entretien politique du Comte Tekeli et du Grand Mufti des Turcs sur les affaires présentes. — S. l. 4 p. 4°.

> Le Mufti accuse la France d'être la cause des malheurs de la Turquie, Tököli défend Louis XIV. — V. Apponyi, n° 1434.

Lettres historiques, contenant ce qui se passe de plus important en Europe. — La Haye, 1692-1694, 6 vol.

> T. I, p. 220, 460, 648, t. IV, p. 608, t. VI. passim, sur les événements de Hongrie.

1693

Histoire d'Emeric comte de Tekeli, ou Mémoires pour servir à sa vie, où l'on voit ce qui s'est passé de plus considérable en Hongrie depuis sa naissance jusqu'à présent. — Cologne, 332 p. 12°.

> Dans la deuxième édition (1694, 292 p.), on a ajouté les événements des années 1692 et 1693. V. Apponyi, n°ˢ 1443 et 1447. — Journ. des Sav. 1694, p. 85 et suiv. Bibl. nat. M 17102 et 17104.

1695

C. r. sur l'ouvrage de Foris Otrokosi : Origines Hungariæ (Franequer 1693). — Journ. des Sav. p. 94.

1696

Testament politique de Charles duc de Lorraine et de Bar, déposé entre les mains de l'empereur Léopold à Presbourg le 29 novembre 1687 en faveur du roi d'Hongrie et ses successeurs, arrivants à l'empire. Lipsic, xix-113 p. 12°. Edit. de Cologne, s. d. xxiii-133 p.

> P. 108 et suiv. « Instructions sur les négociations étrangères et domestiques par le même Prince ». Il y a de nombreuses éditions de ce testament apocryphe. — Cf. d'Haussonville (pour l'authenticité) Hist. de la réunion de la Lorraine à la France, t. III, p. 391.

1697

Journal historique de Verdun (La Clef du Cabinet des Princes de l'Europe ou Recueil hist. et pol. des matières du temps) 1697-1756. Contient de courtes notices sur la Hongrie, sur le soulèvement de Rákóczi, etc. V. la Table (1759-60): s. v. Hongrie, Hongrois, Transylvanie.

1698

Mémoires du chevalier de Beaujeu contenant ses divers voyages tant en Pologne, en Allemagne qu'en Hongrie, avec les relations particulières des guerres et des affaires de ces païs là depuis l'année 1679. — Paris, 479 p. 8°.

Quelques détails sur la Hongrie et ses rapports avec la Pologne. Bibl. nat. M 17215.

1699

[**Dalayrac**]. Les anecdotes de Pologne ou Mémoires secrets du règne de Jean Sobieski III du nom. Amsterdam, 2 vol.

Détails sur la Hongrie et sur Tököli. — Bibl. nat. M 17219-20.

Nous pouvons placer ici :

Racine, Jean. — Notes sur la Hongrie, dans : Fragments et Notes historiques xxxi-xxxiii. Œuvres, t. V, p. 137-145, édit. Paul Mesnard.

1702

Ministres (protestants) de Hongrie dans les galères d'Espagne, délivrés par Ruyter. Discours qu'il leur fit. — Bibl. universelle et hist., t. IV, p. 55-59. (2ᵉ édit.) — C. r. sur l'Histoire de Hongrie par Nicolas de Oliver et Fullana (en esp.). Ibid. t. V, p. 406. — C. r. sur Freschot : Idéa generale del regno d'Ungheria (Bologne, 1689). Ibid. t. XV, p. 85-95. — Chronique sur la Hongrie, t. XIV, pp. 14-18.

1703

Delisle, Lettre de M. — à un de ses amis sur sa carte de Hongrie et des pays qui en dépendaient autrefois où l'on trouve la notice de toutes les cartes de Hongrie, de tous les itinéraires et de tous les voyages dont il s'est servi pour dresser cette carte nouvelle. Journ. des Sav. p. 377.

C. r. sur : La vie du prince Eugène de Savoie. (La Haye, 1703). Mém. de Trévoux, oct. p. 1753.

Nécrologie d'Hélène Zrinyi, femme de Thököli. Le Merc. galant, mai, pp. 111-118.

1705

Manifeste des Mécontents de Hongrie. Contenant les raisons

qu'ils prétendent avoir de s'être soulevez et de prendre les armes contre l'Empereur pour maintenir leurs loix et libertez. Basle, 20 p. 12°. Bibl. Maz. 41706 (9ᵉ pièce). Une édit. de 11 p. Bibl. nat. Mscrits. fr. 9729.

Mémoire en forme de Manifeste des raisons alléguées par les Mécontents de Hongrie, pour justifier leur dernier soulèvement. Suivant la copie imprimé (sic) chez Jacques le Sincère, à l'enseigne dé la Vérité. — S. l. 8 p. Arch. Aff. étr. *Hongrie*, t. 12, fol. 145.

Mémoire contenant les constitutions de l'Empire sur la Bulle d'or. — Ratisbonne, 43 p. Arch. nat. K, 1304.

> Quelques passages sur la Hongrie.

Mémoires de la Cour de Vienne contenant les remarques d'un voyageur curieux sur l'état présent de cette Cour et sur ses intérêts. — Seconde édit. Cologne, 397 p. 12°.

> Attribué à Casimir Freschot. Pp. 242-248 sur les motifs du soulèvement en Hongrie ; pp. 325-327 notices sur la princesse Rákóczi et la comtesse Aspremont. V. Apponyi, n° 1488. Bibl. nat. M 14723.

1706

Articles de Paix des Etats et Ordres confédérés du Royaume de Hongrie avec les réponses aux articles de paix, exhibés à Posen, le 15 juin 1706 par les Mécontents et Révoltés de Hongrie. Traduit du latin. La Haye, 20 p. 4°. Arch. Aff. étr. *Hongrie*, t. 18, fol. 217.

1707

Histoire du prince Ragotzi ou la guerre des Mécontents sous son commandement. Paris, 213 + 191 p. 12°.

> Une autre édit. a 273 p. ; il existe aussi une édit. imprimée à Cassovie (346 p. 12°) mais M. Apponyi (n° 1497) croit qu'il s'agit d'une réimpression faite en France ou dans les Pays-Bas. C'est aussi l'opinion de M. E. Picot. — Le Visa du Censeur (Fontenelle) date de 1706. L'ouvrage est attribué à Le Noble. Bibl. nat. M 17106.

1708

Manifeste du prince Rakoczy, avec sa Lettre à l'Empereur, la Publication de l'Interrègne et le Manifeste du comte Tekely. — Basle, 48 p. 12°.

> V. Apponyi, n° 1500. Une autre édit. avec le texte latin, 67 p. Arch. Aff. étr. *Hongrie*, t. 18, fol. 228 et Bibl. nat. Mscrits fr. 9729 ; une édit. de 48 p. 12°. Bibl. Maz. 56865. — V. l'analyse dans le Merc. galant, 1708, octobre, pp. 95-101.

Quarante-quatrième lettre d'un Suisse à un Français servant d'éclaircissements à plusieurs pièces importantes et curieuses concernant les affaires présentes de Hongrie. Basle, 19 p. 4°. Arch. Aff. étr. *Hongrie*, t. 14, fol. 8 et Bibl. nat. Mscrits. fr. 9729.

1709

, **Massillon** (le Père) Oraison funèbre de très haut, très puissant, très excellent Prince François-Louis de Bourbon prince de Conty ; prononcée dans l'Église de Saint-André-des-Arcs sa Paroisse, le vingt-unième de juin 1709. Paris, 74 p. 4°.

> Rappelle sa campagne de Hongrie et ses actions d'éclat. V. Apponyi
> No 1502.

Description de la pompe funebre faite dans l'Eglise de St-André-des-Arcs à la mémoire de très-haut, très-puissant et très-excellent Prince François-Louis de Bourbon, Prince de Conty, Prince du Sang, Pair de France ; avec des Mémoires historiques sur toute la vie de ce Prince. — Paris, 58 p. 4°.

> P. 17-25, le récit de la campagne de Hongrie, 1683-1685, à laquelle il prit part avec son frère Louis-Armand Prince de Conti. V. Apponyi No 1503.

1710

Lettre d'un Ministre de Pologne à un Seigneur de l'Empire sur les affaires de la Hongrie. S. l. n. d. 183 p. 12°.

> V. Appoyni No 1506. Thaly, *Századok*, 1889, p. 767 donne la description d'un exemplaire trouvé à Constantinople ; il en existe également ment un à la Bibl. Maz. (44 p. non chiffr.) (Mscrits No 1850), aux Arch. Aff. étr. *Hongrie*, t. 16, fol. 129, en marge la date : 1711. L'exemplaire du Musée nat. (Hung. h, 3585) a 184 p. + 32 p. en latin, Thaly attribue le texte hongrois à Adam Vay ou à Paul Ráday et la trad. française à l'abbé Brenner. Cf. *Journ. hist. de Verdun*, 1711. févr., mars, avr.

1711

Annonce de l'ouvrage de Czvittinger ; Specimen Hungariae literatae (1711). Journ. des Sav., p. 139.

1712

Mémoires de **Montecuculi,** généralissime des troupes de l'Empereur, divisés en trois livres. Trad. de l'italien en français. Paris, 441 p.

Une édit. de Strasbourg, 1735, une autre de Paris, 1760. L'original ital. a paru en 1704. V. Apponyi No 1474. Livre II, p. 199 : De la guerre contre les Turcs en Hongrie. Livre III. Réflexions sur ce qui s'est fait dans les dernières guerres de Hongrie depuis 1661 jusqu'en 1664 (Bataille de Saint-Gothard). — Bibl. nat. R 24874.

Déduction des droits de la principauté de Transylvanie. S. l. n. d., 16 p. 4°. Arch. Aff. étr. *Hongrie*, t. 16, fol. 361. La date est indiquée en marge.

1715

Bechet Antoine, chanoine de l'Église d'Usez, Histoire du ministère du Cardinal Martinusius, archevêque de Strigonie, primat et régent du royaume de Hongrie, avec l'origine des guerres de ce royaume et de celles de Transylvanie. Paris, 48 + 466, p. 12°.

> Ouvrage puisé aux meilleures sources, favorable au cardinal. Dédié à François Rákóczi II qui vivait alors en France.

Nous pouvons placer ici :

Mémoires de **Saint-Hilaire.** Edit. L. Lecestre. Paris 1903-1909 (Soc. de l'hist. de France).

> T. III, p. 237-39 sur François Rákóczi.

Saint Simon, Mémoires, édit. A. de Boislisle, Paris, 1879 et suiv.

> T. VIII, p. 305-310, XI, 263, 264, 272, 279 (François Rákóczi I), XII, 30-32, 136, 165, 167, 199, 309-311 (les Mécontents, 1704), XIII, 31, 33, 36, 364, 391, XV, 137, 140, 156, 184, 188, 327, 351 (événements de 1707), XXIII, 237, 240-262 (sur François Rákóczi II et sa famille).

Mémoires du Maréchal de **Villars**. Edit. de Voguë. Paris. 1884-1904 (Soc. de l'hist. de France).

> T. I, p. 307, 332 (sur Rákóczi et Longueval). T. II, 91, 345. T. IV, 9, 21 (sur Rákóczi).

Journal du Marquis de **Dangeau,** édit. Soulié et Dussieux, Paris, 1854-1860.

> T. IX-XVII, passim (v. la Table, t. XIX). Ces notes brèves ne nous apprennent rien sur le soulèvement des Mécontents de Hongrie, mais elles ont un certain intérêt pour l'histoire du séjour de Rákóczi en France, Dangeau ayant été apparenté avec le prince. T. XIV, p. 343 et XVII, p. 152 des notes assez longues sur Rákóczi par Saint-Simon.

1718

Campagnes de M. le Prince Eugène en Hongrie et des généraux vénitiens dans la Morée pendant les années 1716 et 1717. — Lyon, 2 vol. LXV-444, 500 p. 12°.

> L'épître à Madame la Présidente Puget est signée T. Amaulry (l'éditeur) — à l'encre Guerin (auteur?). — Tout le vol. I et vol. II, jusqu'à p. 380, sur la Hongrie. — Bibl. Ste-Gen. 8° M 102³.

Relation exacte et véritable de l'Audience publique donnée par le Prince Ragotzky à Adrianople au Sr. de Boissemene... colonel au Service de sa Majesté Catholique et son envoyé extraordinaire auprès dudit Prince. Le 15 de mars 1718. S. l. 4 p. 4°. Arch. Aff. étr. *Turquie*, t. 59, fol. 33.

1720

Du Mont, Jean. Batailles gagnées par le Sérénissime Prince Fr. Eugène de Savoye sur les ennemis de la foi et sur ceux de l'Empereur et de l'Empire en Hongrie, en Italie, en Allemagne et aux Pais-Bas. — La Haye, 132 p., gr. fol. 2ᵉ édit. 1725. Gravures de Jean Huchtenburg, avec des explications historiques.

> Bibl. nat. gr. fol. M 4. — V. Mém. de Trévoux, 1726, janv. p. 5.

Atlas historique ou Nouvelle introduction à l'histoire, à la chronologie et à la géographie ancienne et moderne, par Mr C. — Avec des dissertations sur l'histoire de chaque Etat par M. Gueudeville. — Amsterdam.

> T. II, 1ʳᵉ partie, fol. 67-83. Dissertation sur la Hongrie. Avec une carte et la chronologie des rois de Hongrie.

Étude sur l'ouvrage de Mathias Bel : De vetere litteratura hunno-scythica (1718). — Journ. des Sav. p. 177.

> Cite Csécsi, Otrokosi, Komáromi Csipkés; conjectures ingénieuses.

1722

Theyls, W. Mémoires curieux de la Guerre dans la Morée et en Hongrie, l'an 1715 etc. entre la Porte, les Venetiens et l'Empereur par — premier interprète et chancelier du Cte Colyer à Constantinople. — Leyde.

> Ces Mémoires forment le tome II, p. 169-392, des Mémoires pour servir à l'histoire de Charles XII, roi de Suède. Bibl. nat. M. 19089.

1725

Annonce de l'ouvrage de Bél : Hungariae antiquae et novae prodromus. Journ. des Sav., p. 62.

1727

[**Lassay**] Recueil de différentes choses. S. d. n. l. Un vol. en 2 parties.

> T. I, p. 21-31. Mémoire pour servir à l'oraison funèbre de M. le Prince de Conti qui s'appelait M. le Prince de la Roche-sur-Yon dans le temps qu'il était en Hongrie. II. p. 3-61. Lettres que j'avais écrites à un de mes amis pendant mon voyage d'Hongrie qu'il a gardées et qu'il m'a rendues depuis (6 mai-15 oct. 1685). Ces lettres à l'exception de trois sont datées de Presbourg, du camp sur la Grane, du camp devant Neuhäusel, du bord du Danube, du camp de Vatcen (Vácz) et du camp proche Presbourg. — Une deuxième édit. de ce Recueil a paru à Lausanne, 1756, en 4 vol.

Motraye, A de la — Voyages en Europe, Asie et Afrique. — La Haye, 2 vol.

> T. I, p. 199, 229, 281 et suiv. 373 et suiv. sur Tőkőli ; t. II, p. 200 et suiv. sur quelques villes de la Hongrie. Bibl. nat. G 1384.

1729

Du Mont, Histoire militaire du Prince Eugène de Savoye, du Prince et Duc de Marlborough et du Prince de Nassau-Friese. — La Haye, 3 vol. in-fol.

> T. I (LXI-132 p.) est la réimpression des *Batailles* ; t. II (p. 133-336) et t. III (La Haye, 1747, 357 p.), sont de M. Rousset. Bibl. Nat. Rés. Ln²¹ 18593.

C. r. sur Carol. de Aquino : Fragmenta historica de bello Hungarico. Mém. de Trévoux, juin, p. 1079.

1730

Sagredo, Histoire de l'Empire ottoman. Trad. de l'ital., par M. Laurent. (Des origines à 1640). Paris, 6 vol. 12º. — La Hongrie, passim.

1732

Bruzen la Martinière, Le Grand Dictionnaire géographique et critique. La Haye, Amsterdam et Rotterdam. T. IV, p. 180-185, sur la Hongrie.

1734

Thou, Jacques-Auguste de — Histoire universelle depuis 1543 jusqu'en 1607. Trad. (par Des Fontaines) sur l'édition latine de Londres. 16 vol. Londres.

> Cette traduction fut réimprimée (avec la suite par Nicolas Rigault) en 1740 (La Haye) et en 1742 (Bâle). — Edit. de 1734, t. II, 149 et suiv. Description de la Hongrie; III, 64. Troubles VIII, 694. X, 120 et suiv. XI, 615 et suiv. XII, 203 et suiv., 530 et suiv. 569, XIV, 384 guerres contre les Turcs; XIII, 180. Troubles excités par les paysans; XIII, 335 et suiv. Tartares en Hongrie. — V, 664, Jean Sigismond; V, 149 et suiv., 324 et suiv. Jean, roi de Hongrie. VI, 282, Étienne Bátori ; XIV, 278 et suiv., 510 et suiv. Bocskai, II, 387, III, 64, la Transylvanie. — V, 160 et suiv. Nicolas Zrinyi (Szigetvár), XII, 206, XIV, 275, Boldizsár Zrinyi, II, 152 et suiv., 274, 387 et suiv. Isabelle et Martinuzzi.

1736

Mémoires historiques du Comte **Betlem** Niklos, contenant l'histoire des derniers troubles de Transylvanie. Amsterdam, 2 vol. 344, 189 p. 12°.

> D'après Brunet : par Dom Révérend, terminé et publié par Le Coq de Villeray. Un abrégé de ces mémoires, réimprimé avec ceux de Rákóczi. V. Année 1739. — Sur les événements de 1659 à 1679. V. Journ. des Sav. 1737, p. 160-169. Mém. de Trévoux, 1737 mars, p. 505. Bibl. nat., M. 17125-26.

Annonce de l'ouvrage de Bél : Notitia Hungariae novae historico-geographica. T. I (1735). *Journ. des Sav.*, p. 123.

1738

Clef historique et géographique de la Hongrie, Transylvanie, Turquie, Moldavie. — Paris, 1738. V. Bengesco, p. 8.

1739

Histoire des Révolutions de Hongrie, où l'on donne une idée juste de son légitime gouvernement. Avec les Mémoires du Prince François Rakoczy sur la guerre de Hongrie, depuis 1703 jusqu'à sa fin et ceux du comte Betlem Niklos (sic) sur les Affaires de Transylvanie. La Haye, 2 vol. I, 443 ; II, 445-504 + 258 + 31 p. 4°. Il existe aussi une édition en 6 vol. de 446, 352, 391, 362, 410 et 380 p. 12°.

> L'ouvrage donne toute l'histoire de Hongrie avec de nombreuses pièces diplomatiques. Les bibliographes français attribuent l'ouvrage

1740

à l'abbé Brenner qui s'est suicidé à la Bastille en 1721 (cf. Bibl. Ars. B 10.728, fol. 128); Prosper Marchand l'aurait édité. D'après les *Lettres de Turquie* de César de Saussure, c'est Rákóczi lui-même qui l'a composé; ses secrétaires, Bechon et Saussure, l'ont revu. V. *Les dernières années de François Rákóczi II* (Revue de Hongrie, janv.-févr. 1910).

Histoire du Prince Eugène de Savoie. Amsterdam; rééditée à Vienne 1741, 1745, 1755, 1777 et 1790. Cinq vol. 336, 259, 327, 317 et 358 p. 12°. Bibl. nat. Ln²⁷ 18.600.

> Relation de ses campagnes en Hongrie.

Lettre au sujet de l'Histoire des Révolutions de Hongrie, par l'abbé Brenner. — Mém. de Trévoux, avr., p. 722, et mai, p. 789.

1741

Marsigli, le comte de — La Hongrie et le Danube. En xxxi cartes très fidèlement gravées d'après les dessins originaux et les plans levés sur les lieux par l'auteur même. Avec une préface par M. Bruzen de la Martinière. La Haye.

> Ne contient du grand ouvrage que ce qui se rapporte à la géographie. Bibl. nat. Ge DD 1152. Préface, 5 p., 31 cartes et 1 pl.

Massuet, M. L. D. Histoire de l'Empereur Charles VI et des révolutions arrivées dans l'Empire sous le règne des princes de l'auguste maison d'Autriche. Amsterdam, 2 vol. 267 et 355 p. 12°. Passim.

Lettre écrite à un jurisconsulte de la ville de ** au sujet des dispositions faites par l'empereur Ferdinand Iᵉʳ dans son testament du 1ᵉʳ juin 1543, dans le contract de mariage de l'archiduchesse Anne, sa fille aînée, du 19 juin 1546, et dans son codicille du 1ᵉʳ février 1547 pour régler la succession à plusieurs États de la maison d'Autriche. — S. l., 30 p. Texte français et latin. Musée nat., Hung. h. 316 m.

Réponse préalable à la déduction des prétendus droits de la maison électorale de Bavière sur les royaumes de Hongrie et de Bohême. Vienne, 83 + 114 p.

1742

M. du B**, Lettres sur les Hongrois. — Amsterdam, 64 p. 8°.

> Bibl. de l'Univ. HM hg 1. L'auteur parle du gouvernement, des lois, de la police et des divertissements. Récit un peu naïf.

Portraits des Hongrois, des Pandoures ou Croates, des Waradins ou Esclavoniens et des Ulans, etc., qui sont au service de LL. MM. la reine de Hongrie et le roi de Prusse. Dessinés d'après la vie, par des personnes de distinction. On y a ajouté des descriptions exactes des païs, des mœurs, de l'habillement et des armes de ces peuples. La Haye, 4 ff. n. ch. (texte fr. et hollandais) et 30 pl. en couleur. Musée nat.

1743

Cantimir, Démétrius. — Histoire de l'Empire othoman, trad. en français par M. de Jonquières. Paris, 2 vol. XLVIII-300, 389 p. 4°.

> De 1300 à 1711. Les historiens français citent souvent cet ouvrage. La Hongrie, passim.

A. C. Discours sur les vertus principales de l'eau de la reine de Hongrie ou sur les moyens de faire triompher la bonne foi et par celle-ci rétablir et affermir en Europe la paix stable et durable. — La Haye, 108 p.

1744

Marsigli, le comte Louis-Ferdinand de. — Description du Danube depuis la Montagne de Kalenberg en Autriche jusqu'au confluent de la rivière Jantra dans la Bulgarie, Contenant des observations géographiques, astronomiques, hydrographiques, historiques et physiques. Trad. du latin. La Haye, 6 vol., gr. fol. et pl.

> T. I. Description géographique du royaume de Hongrie. — T. II. Les Antiquités romaines qui se trouvent aux environs du Danube. — T. III. Les Minéraux qu'on trouve aux environs du Danube. — T. IV. Les Poissons du Danube. — T. V. Des oiseaux qui fréquentent les bords du Danube. — T. VI. Observations mêlées (la Vitesse de l'eau du Danube et de la Teiss). Bibl. nat. M29, fol. L'édit. latine : Danubius Pannonico-Mysicus, date de 1726.

Annonce de l'ouvrage de Carolus Péterfy : Sacra Concilia Ecclesiae Romano-Catholicae in regno Hungariae celebrata. (1742). Journ. des Sav., p. 506.

1745

Mémoires de la reine de Hongrie ou les événements intéressants arrivés dans le système de l'Europe après la mort de l'empereur Charles VI jusqu'au temps de l'élection de l'empereur François Ier. — Francfort et Leipzig, 199 p.

1746

Calmet, Augustin, Dissertations sur les apparitions des anges, des démons et des Esprits et sur les revenants et vampires de Hongrie, de Bohème, de Moravie et de Silésie. —Paris, xxxvi-500 p. 2ᵉ édit. en 2 vol. Paris, 1751, xxvii-486 et xvi-483.

> L'ouvrage ne se rapporte pas spécialement à la Hongrie ; il cite seulement quelques faits et anecdotes « mandés de Hongrie », et l'exemple d'un revenant, p. 399.

1751

De Guignes, interprète du roi pour les langues orientales, Histoire des Huns et des peuples qui en sont sortis ; où l'on voit l'origine des Turks, des Hongrois, des Mogols et des Tartars, leurs migrations, leurs conquêtes et leurs établissements dans l'Asie, l'Europe et l'Afrique avant et depuis Jésus-Christ jusqu'à présent. Paris.

> C'est le Prospectus de l'ouvrage en 4 vol. qui a paru à partir de 1756 sous le titre : *Histoire générale des Huns, des Turcs, des Mogols et des autres Tartares occidentaux*, et qui forme la suite des Mémoires présentés par l'auteur à l'Académie des Inscriptions. — Contient peu de renseignements sur les Hongrois.

Testament politique et moral du prince **Rákóczi.** La Haye, 2 vol. I, 255, p. II, 257-509 p.

> Contient un abrégé de la vie, la lettre au grand-vizir, le Testament, les lettres aux exécuteurs testamentaires, les Réflexions datées de Rodosto 1725. — Bibl. nat. M 17108.

Étude sur G. Schwandtner : Scriptores rerum hungaricarum veteres ac genuini (1746). Journ. des Sav. avr. p. 233-241, et déc. p. 807-813. — Ibid. 1752, févr. p. 67-73, une étude sur l'ouvrage du même auteur : Script. rerum hung. dalmaticarum, croaticarum et slavonicarum veteres ac genuini (1748).

1755

Ray de Saint-Geniès. Histoire militaire du règne de Louis-le-Grand, XIVᵉ du nom, roy de France. Paris.

> T. III, p. 3-141, sur Bude (1685 et 1686).

1756

Bruzen de la Martinière. Introduction à l'histoire moderne, générale et politique de l'Univers. Nouv. édit. par M. de Grace. Paris.

> T. IV, p. 439-474, la Hongrie, p. 475-483, la Transylvanie. Avec une carte. Pour le règne des Habsbourg, t. V, p. 337 et suiv.

Histoire intéressante ou Relation des guerres du Nord et de Hongrie au commencement de ce siècle. — Hambourg, 2 vol. 189, 312 p. 12°.

> T. I, à partir de p. 145 et le t. II, sur Rákóczi. — La première partie (1700-1710) contient la relation du Marquis de Bonnac (rééditée par Ch. Schefer, R. d'hist. diplom. 1888-89) V. deux copies du mscrit Arch. nat. K 1352 N. 1 et 2; la seconde est de l'ingénieur Le Maire (V. Inv. Carpentras). Selon Barbier l'ouvrage fut publié par E. C. Fréron. V. Mém. de Trévoux 1756, juill. p. 1821. — Bibl. nat. M 17026-27.

Nous pouvons placer ici :
Mémoires du duc de **Luynes** sur la Cour de Louis XV (1735-1758) Edit. Dussieux et Soulié. — Paris, 1860-65.

> T. II, p. 249, X, p. 159, XII, p. 478, XV, p. 131 sur la princesse Rákóczi, Brenner, Georges et Joseph Rákóczi (fils de François Rákóczi II).

1760

[**Comte de Brégy ?**] Mémoires de M. de *** pour servir à l'histoire du XVIIe siècle. — Amsterdam, XVI-344, 348 p. 12°.

> Réédités dans la Coll. Petitot et Monmerqué, IIe série, t. 58. et 59. L'auteur dit avoir été envoyé auprès de Tököli en 1674 et avoir fait la guerre avec lui jusqu'en 1685, mais on suppose que c'est l'ouvrage d'un historien qui a bien étudié l'époque de 1643 à 1690. — Tome 59, p. 5-130 sur Tököli.

1761

D'Anville. Mémoire sur les villes de Taurunum et de Singidunum et sur d'autres lieux déterminés par leur situation sur les voies romaines dans la Pannonie inférieure et dans la Moésie. — Acad. des inscript. et belles-lettres, t. XXVIII, p. 410.

De Guignes, Recherches sur quelques-uns des peuples barbares qui ont envahi l'Empire romain. I. Les Huns, les Alains, les Igours et les Sabirs. II. Les Awares ou Abares. — Acad. des Inscript. et Belles-Lettres. T. XXVIII, p. 85 et 108.

1762

Aubert, Le politique vertueux. — Nancy, LXVI-169 p.

Dédié à Ladislas-Ignace, comte de Berchény. L'Épître dédicatoire retrace la vie des Berchény. — Musée nat. Ph pr 398 p.

1763

Montagu, Marie Wortley. Lettres écrites pendant ses voyages en Europe, Asie et Afrique. Trad. de l'anglais. Amsterdam, XII-269 p.

> Ces lettres très curieuses datent de 1717; XXIII-XXV sur la Hongrie.

Thomas, Jean. Nouvelle grammaire française et hongroise nommée : Le sincère maître de langue. — Sopron, 2 parties, 232 et 242 p.

1764

D'Anville, Mémoire sur les peuples qui habitent aujourd'hui la Dace de Trajan. — Mém Acad. des Inscript. et Belles-Lettres, t. XXX.

> P. 244 et suiv. sur les Hongrois.

1765

Peyssonnel, M. de — Observations historiques et géographiques sur les peuples barbares qui ont habité les bords du Danube et du Pont-Euxin. — Paris. XLIV-364 p. avec des pl.

> Quelques chapitres sur les Scythes et sur les Huns. — Cf. Freret : Sur les Cimmériens et les habitants du Nord du Danube. Mém. Acad. des Inscript. et Belles-Lettres, 1753, p. 577.

1768

Laugier, L'abbé. Histoire des négociations pour la paix conclue à Belgrade le 18 septembre 1739. — Paris, 2 vol. XVI-352 et VIII-392 p.

> D'après les Mémoires du Marquis de Villeneuve » qui a eu la meilleure part aux Négociations ». Bibl. nat, J. 12232-33. V. Mém. de Trévoux, 1768, juill., p. 31.

1769

Eszterházy de Galantha, Cte Jean. Harangue à sa Majesté l'Impératrice et reine apostolique, prononcé par —, au nom de l'Académie de Tyrnau. — Tyrnavie, 6 p. 4°.

Serény, Cte Amand. — Compliment prononcé devant sa Majesté impériale, royale et apostolique Marie-Thérèse à la maison de pension de St-Adalbert de Tyrnau. — Tyrnavie, 6 p. 4°.

1771

Mignot, l'abbé Vincent. Histoire de l'empire ottoman depuis

.son origine jusqu'à la paix de Belgrade, en 1740. — Paris, 4 vol., 12°. Passim.

Schmettau. Mémoires secrets de la guerre de Hongrie pendant les campagnes de 1737, 1738 et 1739. — Francfort, xxxii-282 p.

> Nouv. édit. 1772 et 1786. Cette dernière porte sur le titre : Avec des réflexions critiques par M. le Comte de Schmettau, général à l'armée du roi de Prusse, xxiv-277 p., 12°. Trad. lat. par Michel Horváth, Tyrnavie, 1776.

De la Croix. Anecdotes des Républiques auxquelles on a joint la Savoye, la Hongrie et la Bohême. — Paris, 2 vol.

> Tome II, p. 154, la Hongrie de 434 à 1563, quelques lignes sur chaque roi. Bibl. Nat., G 14050-51. V. Mém. de Trévoux, 1771 p. 197. Journ. des Sav. 1771, mai, p. 269-272.

1772

Benczur, Joseph. Exposé préliminaire des droits de la Couronne de Hongrie sur la Russie rouge et sur la Podolie ainsi que de la Couronne de Bohême sur les duchés d'Ostwiétzim et de Zator. — Vienne, texte français 60 p. documents latins 42 p., 4°. Musée nat. Hung. h. 198 c.

Réponse à l'Exposé préliminaire des droits de la Couronne de Hongrie sur la Russie rouge et sur la Podolie. S. l. n. d. 130 + 14 p.

Étude sur J. Sajnovics : Demonstratio idioma Ungarorum et Lapponum idem esse. Journ. des Sav. mai, p. 268-272.

Nous pouvons placer ici :

Zorn de Bulach, le baron. L'Ambassade du Prince Louis de Rohan à la Cour de Vienne, 1771-1774. Notes écrites par un gentilhomme, officier supérieur, attaché au Prince Louis de Rohan, ambassadeur du roi et publiées par son arrière-petit-fils. — Strasbourg, 1901, 168 p., 8°.

> Pages intéressantes sur plusieurs villes hongroises, sur le château d'Esterhaz et les fêtes qu'on y a données en 1772.

1775

Fromageot, l'Abbé. Annales du règne de Marie-Thérèse, impératrice douairière, reine de Hongrie & de Bohême. Paris & Bruxelles, 238 p.

> Edit. augmentées en 1777, 1780, 1781 (332 p.). V. Mém. de Trévoux, 1775, juin, p. 452.

D'Ussieux. Le Décaméron français. — Paris.

> T. I, p. 103-168, Histoire de Bánk-Bán.

1777

Kéralio, M. de — Histoire de la guerre des Russes et des Impériaux contre les Turcs (1736-39). Paris, 2 vol., 12°. — 2ᵉ édit. en 1780, 8°.

1778

Girecour, Le Comte de — Essai sur l'histoire de la Maison d'Autriche. Paris, 6 vol.

> Tome IV et V. Troubles de Hongrie, Rákóczi.

Sacy, M. de — Histoire générale de Hongrie, depuis la première invasion des Huns jusqu'à nos jours. Paris, 2 vol. XLVIII-432 et 533 p., 12°.

> Une édit. en 3 vol. Yverdon, 1780; XXXII-383, 323 et 347 p., 12°. Ouvrage important, puisé aux meilleures sources; a servi longtemps de guide. Très favorable à Marie-Thérèse (Sacy était censeur royal), mais équitable pour Rákóczi. — V. Journ. des Sav. 1778 août p. 524-529 et 1779, déc. p. 472-476.

1780

Born, Ignace de — Voyage minéralogique fait en Hongrie et en Transylvanie. Traduit de l'allemand par Monnet. Paris, XVI-405 p.

La Borde, M. de. — Essai sur la musique ancienne et moderne. Paris, 2 vol. 4°.

> T. I, p. 157-162. De la musique des Hongrois. Bibl. nat. V 10650-51.

Trenck Frédéric, baron de — Discours au tombeau de la grande Marie-Thérèse. — Vienne, 15 p.

1781

[**Fekete** de Galantha. Le comte Jean]. Mes Rapsodies ou recueil de différents essais de vers et de prose du Comte de *** Genève, 2 vol. 302 et 377 p., 12°.

> Avec la Correspondance de Voltaire. On trouve dans ce recueil plusieurs pièces se rapportant à la Hongrie.

Lettre historique à Madame la Comtesse de ** sur la mort de sa Majesté l'Impératrice, reine de Hongrie. Paris, 48 p.

> Une autre édit. parue à Mons 25 p. Attribué par Barbier à Caraccioli. — Anecdotique.

J. C. Discours d'un Hongrois à sa patrie sur la mort de sa souveraine. Vienne, 28 p.

1782

Lettre de notre Saint Père le pape (Pie VI) et de sa Majesté l'Empereur (Joseph II) suivies des remontrances du cardinal-archevêque de Strigonie, primat de Hongrie. Texte français et latin. Rome, 142 p.

1783

Windisch Karl-Gottlieb. Lettres sur le joueur d'échecs de M. de Kempelen. Trad. de l'allemand par Chr. de Mechel. — Bâle, 56 p.

> Kempelen était un physicien hongrois dont les inventions étaient célèbres.

1784

Excursion à Esterhaz en Hongrie, en mai 1784. Vienne, s. d. 14 ff. 4°.

> Comp. avec cette description du « petit Versailles de l'Hongrie », celle que Zorn de Bulach en a faite lors de sa visite en 1772.

L'Art de vérifier les dates des faits historiques, etc. Paris, fol.

> T. II. Chronologie historique des rois de Hongrie (et des princes de Transylvanie), p. 49-66. 2ᵉ édit. 1818, in-8°, t. VII. p. 401-469.

1785

Hacquet, Courtes remarques oryctographiques sur la mine d'or proche du village de Nagy-Ag dans le territoire de Hunyad en Transilvanie. — Journ. de Physique (Titre exact : Observations sur la physique, sur l'hist. naturelle et sur les arts par Rozier et Mongez), t. 26, p. 25-33.

Seconde lettre d'un défenseur du peuple à l'Empereur Joseph II sur son règlement concernant l'émigration, et principalement sur la révolte des Valaques où l'on discute à fond le droit de révolte du peuple. Dublin, 98 p.

> P. 93. Extrait d'une lettre de Hongrie touchant la révolte de Transylvanie. Bibl. Nat. M 33598.

1786

Roka, le chanoine de — Cantiques spirituels à l'usage des colonies de Lorraine dans le Banat de Temesvár. Pest, 4 ff.

1787

[**Fekete** de Galantha]. Esquisse d'un tableau mouvant de Vienne, tracé par un Cosmopolite. S. l. 121, 12°.

> Dans la description de la société il y a quelques allusions à la Hongrie.

Mémoires sur les campagnes du Prince **Louis de Baden,** contre les Turcs et les Français en Hongrie et sur le Rhin. — Bruxelles, 2 vol.

> Réimprimés dans t. 3 et 4 des Mélanges militaires, littéraires et sentimentaires du Prince de Ligne. Dresde, 2 vol. 229 et 232 p., 12°.

Discours historique et politique sur les causes de la guerre du Turc, ou abrégé de l'histoire de Hongrie. — S. l. n. d. (1787 ?) 184 p.

1788

Le Tourneur, La vie de Frédéric, baron de Trenck, trad. de l'allemand. — Berlin et Paris. 3 vol. xxxv-394, 378 et 267 p.

Trenck, Frédéric baron de — Mémoires. — Paris, 2 vol. 123 et 108 p.

> V. une lettre de Trenck où il offre ses services à la France (3 août 1793), Cabinet hist. 1856, t. II, 1, p. 43. Sa condamnation par le Tribunal révolutionnaire, Arch. nat. W 431, dossier 969.

Histoire de la guerre de Hongrie pendant les campagnes de 1716, 1717 et 1718. — Vienne, 277 + 84 p. Avec un précis historique et politique de ce qui a donné lieu à la rupture du Traité de Passarowitz et à la guerre de 1737. Vienne, 277 p. 12°. On a ajouté : Actes des négociations pour la paix conclue près de Belgrade entre la Cour de Vienne et la Porte ottomane le 18 sept. 1739. — 84 p.

> Ces documents qui servent à compléter le livre de Schmettau, sont tirés de l'ouvrage de l'abbé Laugier. V. année 1768).

1790

Caraccioli L. A. La vie de Joseph II, empereur d'Allemagne, roi de Hongrie et de Bohême. Amsterdam & Utrecht, xxvi-182 p.

L'auteur dit avoir recueilli les matériaux à Vienne et à Léopol,
Dans l'exemplaire de la Bibl. nat., 8° M 2161 se trouve le c. r. du
Mercure fr. Samedi 17 déc. 1791, p. 67-87.

[**Fekete** de Galantha]. A sa Majesté Léopold II à l'occasion
de son couronnement à Presbourg en Hongrie le 15 novembre
1790, par le député d'un comitat. S. l. n. d. 2 ff. — Poésie.

Péczeli, Joseph. Vers hongrois et français pour la fête du
couronnement de Léopold II. — Komárom, 8 ff.

Chronologie historique des ducs de Croy. Contenant les
preuves sur l'origine royale... comme issue en ligne directe et
masculine des anciens Rois de Hongrie. — Grenoble, 370 p. +
table 40 p. 4°. Avec un tableau chronologique de la Maison de
Croy de Hongrie, d'Attila jusqu'à 1790. Bibl. nat. L³ m. 288.

> Cf. Mémoires de Saint-Simon, t. XXIV, p. 76 (édit. Boislisle) avec
> les notes qui mentionnent les généalogies manuscrites de cette maison.
> Cf. Tragicomedie de S. Estienne roy chrestien de Hongrie, estoc
> paternel de la tres noble & ancienne maison de Croy. Dédiée à
> l'Excellentissime Charles Sire & Duc de Croy & d'Arschot. Laquelle
> representeront les estudiants du College de la Compagnie de Jesus a
> Mons en Henault aux nopces de son Excellence, le 20° de déc.
> l'an 1605. — Mons, 1605. 5 ff. n. ch., in-4°. V. Picot, II, p. 33, n. 1102.

1791

Lettres de Milady **Montaguë,** ambassadrice d'Angleterre à la
Porte ottomane. Trad. de l'anglais par P. H. Anson. Paris,
2 vol. 323, 376 p. 12°. 2° édit. 1805.

Voyages et Mémoires contenant les détails de l'établissement
que **Benyowsky** fut chargé par le ministère français de former
à Madagascar. — Paris, 2 vol. 466 et 486 p. 8°.

1792

Péczeli, Joseph. Vers hongrois et français pour la fête du
Couronnement de François I, roi de Hongrie. Komárom, 4 ff.

1794

Klaproth, Analyse chimique du Schorl rouge de Hongrie,
trad. par Hecht. Journ. des Mines, No XV, p. 1-27.

Rückert, Description des lacs de Soude du Comitat de
Bihar en Hongrie et des sources nitreuses de ce même pays. —
N. II, p. 117-124. — Trad. de l'allem.

1795

Mémoires sur les campagnes faites en Hongrie au service de l'Empereur par le Comte de **Bussy-Rabutin.** Dresde, xvi-159 p. Tome V des Mélanges du Prince de Ligne. Il existe aussi une édition de 1773 de ces Mémoires.

Dessöffy, Le Comte Ladislas. Éloge funèbre du très haut… prince Alexandre-Léopold, archiduc d'Autriche, palatin d'Hongrie. — Vienne, 32 p. Musée nat. Hung. of 13.

Lefèvre d'Hellancourt, Description de la montagne du Calvaire près de Schemnitz en Hongrie (Mém. lu à l'Acad. des Sciences, le 2 juin 1786). Journ. des Mines. n. XII, p. 37.
— Sur la nature des monts Crapacks (Carpathes) en Haute-Hongrie. Ibid., p. 49.

Ligne, Charles, Prince de — Mélanges militaires, littéraires et sentimentaires. Dresde et Vienne, 1795-1811. — 34 volumes.

> T. VI. Mémoires sur la guerre des Turcs depuis 1736 jusqu'en 1739. T. XIX. Mémoires sur Eugène de Savoie. T. XXIV. Sur le général Hadik. T. XXVI. Mémoires sur Bonneval. T. XXXIII et XXXIV. Petit Plutarque de toutes les nations : Notes sur Bocskai, les Báthori, Tekeli, les Rákóczi, Zrinyi (Serin) et quelques rois de Hongrie.

Potocki, Jean, Fragments historiques et géographiques sur la Scythie, la Sarmatie et les Slaves, recueillis par —. Brunsvic, 4 vol.

> Quelques sources sur les anciens Hongrois.

1798

Esmark, Jens. Extrait d'un voyage minéralogique en Hongrie, en Transylvanie et dans le Bannat. Journ. des Mines, VIII, 47.

1799

Sacy, Sylvestre de — Étude sur l'ouvrage de Samuel Gyarmathy : Affinitas linguae hungaricae cum linguis fennicae originis grammatice demonstrata. — Magasin encycl., IV. année, t. 6 (An VII), p. 85-95. Réimprimée par E. Teza, Journ. Soc. finno-ougrienne, t. 23, 1906.

[Salaberry, le Comte de]. —Voyage à Constantinople, en Italie et aux Iles de l'Archipel par l'Allemagne et la Hongrie. — Paris, l'an VII, 331 p. 8⁰.

> P. 62-94 sur la Hongrie. Le voyage a été fait en 1790-91. Bibl. nat. G 10890.

Townson, D. Robert, Voyages en Hongrie. Précédé d'une description de la ville de Vienne et des Jardins impériaux de Schoenbrun. Trad. de l'anglais par C. Cantwel. — Paris, An VII. 3 vol. avec une carte de la Hongrie et 18 pl.

> T. I. LXII-273 p. : Constitution, géographie, géologie, viticulture. — T. II. 332 p. Contient les célèbres adresses à la Couronne des comitats d'Abauj et de Bihar, texte latin et trad. fr. « harangues pleines de sagesse et de raison ». — T. III. 338 p. Ouvrage intéressant et important. La 2ᵉ édit., moins belle que la première, parut en 1803. L'original date de 1797.

1801

Charpentier, Mémoire concernant les moyens de rendre la rivière dite Kulpa navigable. — Vienne, 19 p.

1803

Pixérécourt, G. de — Tékéli ou le siège de Montgatz (Munkács), mélodrame historique en trois actes, joué sur le Théâtre de l'Ambigu-Comique, le 29 déc. 1803.

> La pièce fut jouée 430 fois à Paris et 904 fois en province. V. Théâtre choisi de G. de Pixérécourt. T. I. Nancy, 1841. La notice qui précède est du général Jomini qui retrace (p. 420-433) l'histoire des révoltes de Hongrie. La pièce montre le stratagème de Tekeli qui entre, déguisé, dans la forteresse de Munkács. — Il existe une édition de 1811.

1805

Traduction des Discours de sa Sacrée Majesté et de son Altesse royale l'archiduc palatin d'Hongrie prononcés à l'ouverture de la Diète le 18 octobre 1805 par le Comte Ladislas **Dessöffy.** — Presbourg, 12 p.

Nouvelles littéraires et scientifiques de la Hongrie. Dans : Mag. Encycl. ou Journ. des sciences, des lettres et des arts. Dans les vol. de 1805-1813 des nouvelles tirées, pour la plupart, de revues allemandes.

1806

Daubuisson, J. F. Jurisprudence des mines en... Hongrie. Journ. des Mines, XIX. 112, 282, 290, 296, 301.

1807

Dessöffy, Ladislas. Oraison funèbre de très haute... Marie-Thérèse-Caroline-Joséphine, impératrice d'Autriche, reine de Hongrie. — Presbourg, 23 p.

Koch, M. Tableau des révolutions de l'Europe, depuis le bouleversement de l'empire romain en Occident jusqu'à nos jours. Paris, 3 vol. Nouv. édit. en 1823.

> Passim ; assez bien documenté sur la Hongrie. Bibl. nat. G 13130-32.

1809

Demian, M. officier autrichien. Tableau géographique et politique des royaumes de Hongrie, d'Esclavonie, de Croatie et de la grande principauté de Transilvanie. Trad. de l'allemand par Roth et Raymond. Paris, t. I. xvi-360 p. (Hongrie), t. II, 492 p. (Croatie, Esclavonie et Transylvanie).

> V. Ann. des Voyages, t. VIII, p. 376-393, t. IX, p. 107-116 des extraits de cet ouvrage.

Depping, Revue de quelques ouvrages nouveaux sur la Hongrie.

> 1. Voyage en Hongrie par Teleki de Szék, trad. en allem. par Németh ; 2. Matériaux pour servir à la topographie de la Hongrie par Samuel Bredetzky ; 3. Nouveaux matériaux par le même. — Ann. des Voyages, t. VII, p. 370-398.

Malte-Brun, Description physique de la Hongrie y compris la Transylvanie. Ann. des voyages, t. VII, p. 322-339 ; Description de la Croatie et de l'Esclavonie, p. 339-345 ; Résumés généraux, p. 349-355.

1810

Coxe, William. Histoire de la Maison d'Autriche depuis Rodolphe de Habsbourg jusqu'à la mort de Léopold II (1218-1792). Trad. de l'anglais par P. F. Henry. Paris, 5 vol. xviii-495, 511, 578, 544 et 636 p. 8°. Passim. V. Ann. des Voyages, t. XII (1810), p. 381-397.

Grellmann, H. M. G. Histoire des Bohémiens, ou tableau des mœurs, usages et coutumes de ce peuple nomade. Trad. de l'allem. par M. J. — Paris, 354 p. 8°.

> Cite souvent les ouvrages d'auteurs hongrois.

1812

Schoell, Frédéric. Tableau des peuples qui habitent l'Europe, classés d'après les langues qu'ils parlent et tableau des religions qu'ils professent, 2ᵉ éd. Paris.

> P. 97-98, les Hongrois. — La prem. édit. date de 1809.

De Villefosse et Brochant de Villiers. Cuivre phosphaté cristallisé et laumonite trouvés en Hongrie. — Journ. des Mines, XXXII, p. 65-68.

1813

Bérony, Charles de (Bacsányi Jean). — L'origine, la langue et la littérature des Hongrois. Quatre articles dans Merc. étranger, t. I et II.

Schwartner, M. de — Statistique du royaume de Hongrie. Abrégée et traduite de l'allemand sur la seconde édition de Bude de 1809-1811 par N. Wacken. Francfort-sur-le-Mein, 1813-1816, 3 vol. 314, 167 et 180 p. 8°.

> T. III, de nombreux détails sur l'Université de Pest.

1814

Serres, Marcel de — professeur à la Faculté des Sciences de Paris. Voyage en Autriche ou Essai statistique et géographique sur cet Empire. (Faux-titre : Voyage dans l'Empire d'Autriche pendant les années 1809 et 1810). Paris, 4 vol., LXVIII-525, 536, 469 et 383 p. 8°.

> T. III, p. 240-464, la Hongrie, toujours considérée comme une province de l'Empire ; t. IV, Esclavonie, Croatie, Transylvanie, Frontières militaires. — De nombreux documents recueillis pendant la campagne de 1809-10. — Bibl. nat. M 15002-05.

1815

Monrocq, l'abbé — Parallèle de Madame Elisabeth de France ... avec Sainte Elisabeth de Hongrie. — Extrait du panégyrique de cette Sainte. Paris, 8 p., 2ᵉ édit. Cf. Cat. général des Mscrits des bibl. publiques de France. Caen, Coll. Mancel, n° 60, fol. 101.

1816

Boisard, F. Notice sur les Cziganys de Hongrie. Caen, 12 p.
> Composé pendant la captivité de l'auteur en Hongrie. V. Inv. *Caen.*

1819

Nouvelles littéraires et scientifiques, statistiques et pédagogiques de la Hongrie. Dans R. Encycl. de 1819 à 1833. Notamment dans t. III, V-VIII, X, XVI.

Ces nouvelles sont tirées des revues et des journaux allemands ; elles se rapportent aux écrivains du temps, aux concours, aux écoles.

1822

Beudant, F. S. Voyage minéralogique et géologique en Hongrie pendant l'année 1818. Paris, 4 vol. 4°.

T. I, Relation historique, 560 p. (coup-d'œil sur l'histoire politique, les races et la géographie, p. 1-148). T. II. Relation historique, 614 p. T. III. Résumé géologique, 659 p. + 16 p., le rapport de l'Acad. des Sciences sur le manuscrit de cet ouvrage qualifié d'*immortel* par le géologue hongrois J. Szabó ; t. IV. Atlas. L'ouvrage fut traduit en allemand (abrégé) 1825. Il forme le point de départ des études géologiques sur la Hongrie.

Feller, abbé. Itinéraire ou voyages en diverses parties de l'Europe, en Hongrie, en Transylvanie, en Esclavonie, etc. Paris, 2 vol. 8°.

Mentelle, Essai historique et statistique sur les accroissements et les pertes qu'a successivement éprouvés la maison d'Autriche depuis l'avènement de Rodolphe de Habsbourg à l'Empire jusques et y compris les traités de Presbourg et d'Austerlitz. Mém. de l'Acad. des Inscript. et Belles-Lettres, t. VI 620 (passim). (Mém. lu en 1806).

Rémusat, Abel. Rapports des princes chrétiens avec les empereurs Mongols. — Mém. de l'Acad. des Inscript. et Belles-Lettres, t. VI, 396 (Mém. lu en 1816).

1823

Laborde, Le comte Alexandre de — Précis historique de la guerre entre la France et l'Autriche en 1809. — Paris, 381 p. Avec un atlas.

Témoin de la plupart des événements de la campagne de 1809. P. 236-251 sur la bataille de Raab (Györ) et dans l'atlas le plan de cette bataille gagnée le 14 juin 1809 par le prince Eugène. — Le faux-titre porte : Voyage pittoresque en Autriche, t. III. Les deux premiers ont paru en 1821. — Bibl. nat. Lh⁴ 212.

La nièce de Tekeli. Roman historique trouvé dans le couvent d'O*** (Oedenburg), en Hongrie, le lendemain de la bataille de Raab, rédigé par l'abbé Prévost et publié par M. M***. — Paris. 4 vol., 180, 194, 199 et 180 p. 12°.

Récit des amours de Brenner, avec des détails sur Rákóczi. — Bibl. nat. Y² 60609-12.

1824

Lagarde, Le comte de — Voyage de Moscou à Vienne par Kiow, Odessa, Constantinople, Bucharest et Hermanstadt ou Lettres adressées à Jules Griffith. — Paris, 440 p.

> P. 363-440 sur la Hongrie; le voyage eut lieu en 1811. — Bibl. nat. M 17702.

1826

Klaproth, J. Tableau historique de l'Asie. — Paris & Londres, 4°.

> P. 273-282 sur les Hongrois.

— Voyages de M. Csoma de Körös dans la Haute-Asie, Journ. asiat., t. VIII, p. 224-227.

> Cf. E. Burnouf : La littérature du Tibet (d'après Quarterly Oriental Magazine), ibid., t. X, p. 129-146 (1827). Lettres de Desnoyers à M. Marcel, ibid., 2e sér., t. X, p. 91 (1832). t. XV, p. 551, t. XVI, p. 6 et 23 (1835), le Rapport de Mohl, ibid., 4e sér., t. I, p. 492 (1843).

Malte-Brun. Précis de la géographie universelle ou Description de toutes les parties du monde, 2e édit. 1833. Paris.

> T. VI, p. 594-761. Description de la Hongrie.

Le château de Cseithe en Hongrie. — Le puits des amants (d'après le Voyage pittoresque sur la rivière de Waag du baron Mednyánszky). Nouv. ann. des voyages, t. XXXI, p. 246-248. Cf. L'Opinion, 28 déc. 1826.

La Diète de Hongrie. R. brit., nov. (notice de 4 pages).

1827

Brenner, Note sur le gaz inflammable qui sort de la mine de sel de Ludovici, pays de Szlatina en Hongrie. Ann. des Mines, 2e s., I, p. 229.

Hase, Notice d'un manuscrit de la Bibliothèque du Roi contenant une histoire inédite de la Moldavie, composé en moldave par Nicolas Costin grand logogèthe à la Cour d'Iassy et traduite en grec moderne par Alex. Amiras. — Notices et Extraits des Mscrits de la Bibl. Nat. t. XI. 2me partie. p. 274-394.

> P. 291, 305, 314-315, 339, 361 renseignements sur l'invasion des Hongrois en Moldavie, sur la bataille de Varna, sur Mathias Corvin, sur la Transylvanie, sur l'ancienne ville Madjar.

Rossi François. Le costume ancien et moderne des Hongrois. Milan. Dans : Le Costume ancien et moderne de tous les peuples, publié par Jules Ferrario. — Europe, t. VI. 2e partie p. 1-27.

> Avec un précis géogr. et hist. sur la Hongrie; 7 pl. en couleur.

La Diète de Hongrie. Nouv. Ann. des voyages, t. 33, p. 123-127 (d'après un ouvrage anglais).

1828

Malte-Brun, Mélanges scientifiques et littéraires. t. I. p. 21-23, Sur les vignobles de Tokay.

Etude sur la Hongrie (à propos du livre : L'Autriche telle qu'elle est, Paris, 1828 et de l'ouvrage de Beudant) R. trimestrielle, juill. p. 242-276.

1829

Pichler, Caroline. La délivrance de Bude. Roman historique. Trad. de l'allemand. Paris, XV-236, 212, 204 et 194 p.

C. r. sur l'Histoire des Magyars de Jean Mailáth. Nouv. R. germ. t. III, p. 286. Cf. ibid. t. IV, p. 87-95 (1830) La noblesse française à la bataille de Nicopolis (pages détachées de cet ouvrage); t. X, p. 66-74 (1832). La Diète de Hongrie en 1830 (à propos de l'ouvrage du même, paru en 1831, en allem.); t. XI, p. 15-37 et 124-155 (1832) étude, signée J. B. G. sur l'Hist. des Magyars du même.

1830

Bruguière Louis. Orographie de l'Europe. — Recueil de voyages et de mémoires publié par la Soc. de géogr. T. III. — Paris.

> P. 324-342 Groupe septentrional. Carpathes.

Depping, Tableaux de la Hongrie. — Bull. Universel des sciences. Mars.

> D'après Csaplovics : Gemälde von Ungarn (1829).

Schœll, M. Samson-Fréd. Cours d'histoire des États européens, depuis le bouleversement de l'Empire romain d'Occident jusqu'en 1789. Paris, 1830 et suiv.

> T. III, 125 et suiv. VI, 209 et suiv. XI, 71 et suiv. XX 388 et suiv. XXI, p. 1-52, (xvie siècle) XXXII, p. 218-333, (xviie siècle) XLI, p. 212-377 (xviiie siècle), XXIII p. 225-229, note sur l'origine des Hongrois.

A. Littérature hongroise. Trad. de trois poésies (Faludi : La maîtresse infidèle, Ráday : L'eau, le vent et la réputation, Verseghy : A ma bien aimée) Merc. de France au xixe siècle, t. 31. p. 294.

1831

Abolition de l'esclavage en Hongrie. R. brit. janv.
Un épisode du règne de Marie-Thérèse, reine de Hongrie. Ibid. sept.

1832

Bonafont, C. Ph. Tékéli, héros de Hongrie. Nouvelle historique. — Brunswic, 165 p. 8°.

> Tékéli y raconte sa vie jusqu'à la mort de sa femme. Musée Nat. Hung h 805.

Wehrle et Haidinger, Sur le tellurure de bismuth de Schemnitz. Ann. des Mines, 3e s., t. II, p. 424.

1833

Balbi, Abrégé de géographie. Paris, 1833. CXI-1392 p. 8°.

> P. 243 et suiv. sur la Hongrie.

Boué Ami, Coup d'œil d'ensemble sur les Carpathes, le Marmaros, la Transylvanie et certaines parties de la Hongrie. Mém. Soc. géol. de France, t. I. p. 215-235, avec 1 carte.

—Journal d'un voyage géologique fait à travers toute la chaîne des Carpathes, en Bukowine, en Transylvanie et dans le Marmaros par feu Lill de Lilienbach. — Observations mises en ordre et accompagnées de notes par —. Ibid. p. 237-316, avec 3 pl. — Cf. la note de Boué sur ce Journal dans Bull. Soc. géol. 1834, t. IV, p. 72-80.

[Tourneux], Attila dans les Gaules en 451. (par un ancien élève de l'École polytechnique). Paris, 142 p. 8° et 5 cartes.

1834

Foy, Harlé et **Gruner,** Notice sur l'état de l'industrie minérale dans la Basse-Hongrie. Ann. des Mines, 3e s., t. V. p. 145.

Speranski, mœurs hongroises, R. brit. avril.

> D'après la Foreign Quarterly Review; sur Léopold II et la conspiration en Hongrie; récit romanesque).

1835

Fœlix, De la constitution du royaume de Hongrie et des pays qui en dépendent, de l'administration publique et de l'organisation judiciaire. R. étr. de législation et d'écon. pol. t. II p. 289-306 et 733-753.

Hammer, J. de — Histoire de l'Empire ottoman. Trad. par J. J. Hellert. Paris. 1835-43, 18 vol. avec un Atlas.
> Important pour les xvie, xviie et xviiie siècles. A servi longtemps de source.

Körner, Théodore — Nicolas Zrinyi, banus de Croatie, Dalmatie et Slavonie. Tragédie en cinq actes. Trad. de l'allem. et rédigé en prose par J. Nep. Millakovitch. Pest, 138 p. in-16. Musée nat. PO germ. 2372.

Ortigue Joseph d' — Frantz Liszt. Gaz. musicale de Paris, n° 24, 14 juin. — Cf. J. Becker, Liszt, professeur au Conservatoire de Genève (en 1835). R. et Gaz. musicale de Paris, 1876, n° 38.

Notes sur la littérature hongroise et sur ceux qui la cultivent. R. brit. sept. p. 177-185.
> Sur les écrivains contemporains, d'après Toldy.

Les bâteaux à vapeur sur le Danube. Ibid. oct.
> La Hongrie, passim. — D'après Quarterly Review.

1836

Boué, Note géologique sur le Bannat et en particulier sur les bords du Danube. — Bull. soc. géol. de France. T. VIII, p. 136-148.

Gruner, Notice sur le traitement des minerais auro-argentifères dans la Basse-Hongrie. Ann. des Mines, 3e s., t. IX, p. 17-79.

Montalembert, Le Cte de — Histoire de Sainte-Elisabeth de Hongrie, duchesse de Thuringe (1207-1231). Paris, cxxxvi-437 p. 8°.
> A eu de nombreuses éditions. Un abrégé de cette histoire, Paris, 1841. Cf. du même : Monuments de l'histoire de Sainte-Elisabeth de Hongrie, Paris, 1838-40. Recueil de documents. — V. Journ. des Sav. 1838, p. 85-99 et 129-147.

Quin Michel J. Voyage sur le Danube de Pesth à Roustchouk par navire à vapeur, et notices de la Hongrie. Trad. de l'anglais par Eyriès. — Paris, 2 vol. 384 et 361 p. 8°.

> T. I, p. 1-176 sur la Hongrie. Intéressant : Quin a eu plusieurs entrevues avec Széchenyi.

1837

Albin, Sébastien. De la littérature hongroise. R. du Nord et principalement des pays germaniques, t. III, févr. p. 171-180 (coup d'œil général). V. Ibid., t. I (1835). Marché aux femmes en Hongrie (dans le Bihar), d'après Das Ausland.

Haussez, le baron de — Alpes et Danube ou Voyage en Suisse, Styrie, Hongrie et Transylvanie. Paris, 2 vol. 406 et 364 p., 8°.

> T. II, p. 1-39, 182-315, 332-362 sur la Hongrie : Lac Balaton, Esprit public, mœurs, commerce, agriculture, topographie et constitution. L'auteur était en rapport avec Széchenyi. — Bibl. nat., G. 24344-45.

Marmont, duc de Raguse. — Voyage du maréchal duc de Raguse en Hongrie, en Transylvanie, dans la Russie méridionale, en Crimée et sur les bords de la mer d'Azoff, etc. Paris, 4 vol. 8°.

> T. I, p. 5-165, 373-396, voyage en Hongrie et en Transylvanie. Le voyageur a bien observé; la Hongrie lui semble destinée à devenir la base principale de la puissance de la maison d'Autriche. Le voyage a été fait en 1834.

Wehrle, Analyse de la liévrite de Hongrie. Ann. des Mines, 3ᵉ s., t. XI, p. 500.

Lettre de A. Barbier adressée à François Széchenyi. Bull. du bibliophile et du bibliothécaire, p. 618.

> La lettre date du 22 janv. 1812; elle se rapporte à l'envoi du catalogue Széchenyi à Napoléon Iᵉʳ et contient quelques renseignements bibliographiques. L'original se trouve au Musée nat. (Gall. fol. 16) avec deux autres lettres de Barbier.

Mouvement de la littérature en Hongrie depuis le IXᵉ siècle jusqu'à nos jours. R. brit. juin, p. 361-366.

> Résumé insignifiant.

Extrait d'une lettre adressée de Vienne à M. Walferdin vers la fin de 1836. (Renseignements sur la Hongrie) Bull. Soc. géogr., 2ᵉ s., t. VIII, p. 40-56.

Poésies magyares. Mag. pitt., t. V, p. 215-216.

1838

Besse, Jean-Charles, Voyage en Crimée, au Caucase, en Géorgie, en Arménie, en Asie-Mineure et à Constantinople en 1829 et 1830 pour servir à l'histoire de Hongrie. Paris, 464 p. 8°, avec 5 pl.

> Besse se dit Hongrois; il a fait son voyage pour chercher quelques traces des Magyars. Le livre est dédié au palatin Joseph. Bibl. nat., M 24027.

Boué, Lettre sur le tremblement de terre de l'Europe orientale et l'inondation en Hongrie. Bull. Soc. géol. de France, p. 252.

> D'autres lettres de Boué (datées de Vienne) qui contiennent des nouvelles de la Hongrie ou sur des cartes de la Hongrie, se trouvent dans le même Bull. 1846 (IV, 165), 1848 (V, 250), 1853 (X, 381), 1855 (XII, 691), 1862 (XIX, 420), 1863 (XXI, 111).

Michaud, Histoire des Croisades. — Paris, 5ᵉ édit.

> Quelques renseignements sur le passage des Croisés à travers la Hongrie, t. I, III, IV et V. Cf. du même : Bibl. des Croisades, Paris, 1829, t. I, p. 45. Lettre de Godefroi, duc de Lorraine, au roi Coloman et la réponse du roi de Hongrie, p. 231, le récit d'Odon de Deuil sur Borics.

1839

[Carlowitz, la baronne de —] Schobri, chef de brigands, d'après les mémoires hongrois de son compatriote Ladislas Holics-Székhely. Paris et Leipzig, 2 vol. 362 et 440 p. 8°.

> 38 pages d'introduction sur la Hongrie, le reste est un récit romanesque.

Dussieux, L. Essai historique sur les invasions des Hongrois en Europe et spécialement en France. Paris, 75 p. 8°, 2ᵉ édit., 1879. Paris et Lyon, 84 p. 8°.

> V. Travers, R. quest. hist. 1881.

Haller, Charles-Louis de — Sur la Diète de Hongrie (1825). Dans : Mélanges de droit public et de haute politique. Paris. T. I. p. 411-419.

> Très élogieux pour les Hongrois.

Thouvenel E. de — La Hongrie. R. des deux m. 15 mars.

La Bohême et la Hongrie en 1837. — R. brit. mai.

> D'après le récit du voyageur anglais Gleig; p. 128-140 sur la Hongrie.

1840

Demidoff, Anatole de :— Voyage dans la Russie méridionale et la Crimée par la Hongrie, la Valachie et la Moldavie, exécuté en 1837 sous la direction de — . Paris, 1840-1842, 4 vol. et un album.

> T. I. p. 44-112, t. II, p. 262-279 et 7 planches sur la Hongrie.

Lajard, Mémoire sur deux bas-reliefs mithriaques qui ont été découverts en Transylvanie (avec 5 pl.). — Mém. Acad. des Inscript. et belles-lettres, t XIV p. 54. Additions à ce Mémoire, par le même, p. 178 (Lu en 1830).

Liszt, François. Lettre au Directeur de la Revue des deux mondes. — R. des deux m. 15 nov.

> A propos du sabre d'honneur que les Hongrois lui avaient offert et dont le critique musical de la Revue s'était moqué. Avec la réponse du critique, p. 612-613.

Lundblad, J.-F. de — Abrégé de l'histoire d'Autriche, de Bohême et de Hongrie. Paris, 1840-41, 2 vol. 258 et 296 p.

> T. II p. 109-134. La Hongrie jusqu'à Mohács, le reste confondu avec l'Autriche.

Thouvenel, Edouard de — La Hongrie et la Valachie. Souvenirs de voyage et notices historiques. — Paris.

> P. 1-155 sur la Hongrie. Important.

C. r. sur Werner : La présence et l'extraction du carbonate de soude en Hongrie. — Ann. des Mines, 3ᵉ s. t. XVII, p. 386.

1841

Desjardins, C. Note sur les nouvelles frontières de la Hongrie et de la Transylvanie. — Bull. Soc. géogr. 2ᵉ s., t. XVI, p. 177-181.

Prevost, J.-J. La Hongrie et les Hongrois. R. brit. août, p. 217-269.

> D'après John Paget ; très sympathique.

Wailly, Natalis de — Etude sur les tablettes de cire trouvées à Abrudbánya en Transylvanie. Journ. des Sav. sept. p. 555-566. Avec 2 pl.

> A propos de l'ouvrage de Massmann : Tabulae ceratae... nuper repertae.

Négociations, lettres et pièces diverses relatives au règne de François II, 1559-1560. Edit. Louis Paris. — Paris, (Doc. inédits).

P. 547 (l'évêque de Várad à Paris en 1487); plusieurs renseignements sur Marie, reine de Hongrie (veuve de Louis II).

1842

Berthier, P. Analyse de l'Alunite de Beregszász (Hongrie). Ann. des Mines, 4ᵉ s. t. II, p. 459.

Le Bas, Ph. Hongrie. Paris, 78 p. 8°.

Dans : L'Univers. Hist. et description de tous les peuples. Etats de la Confédération germanique.

Mignet, Négociations relatives à la succession d'Espagne sous Louis XIV (Doc. inédits). — Paris.

T. IV, p. 676-690 sur la mission de Beaumont, d'Akakia, sur le chancelier Teleki, 1675-1679.

Slaves hongrois. Mag. pitt. t. X, p. 175-176.

1843

Cartier, E. Monnaies historiques frappées par les prétendants à la Couronne de Hongrie. R. Numis. p. 128-142, avec 1 pl.

Jean-Sigismond Zápolya, Gabriel Báthori, François Rákóczi II.

Eiben, L'abbé Jean — Nouvelle grammaire hongroise; contenant les règles admises par la Société des Savants et d'après le Dictionnaire de l'Académie hongroise. Léopol & Czernowitz, 330 p. 8°.

Viardot, Louis. Un affût au cerf dans les Monts Krapacks (Carpathes). — R. indép. sept.

1844

Bataillard, P. De l'apparition et de la dispersion des Bohémiens en Europe. Paris, 60 p. Bibl. de l'École des Chartes, t. V.

Duchalais, A. Florins de Louis I de Hongrie. R. Numis., p. 398-403.

Gerando, Auguste de — Essai historique sur l'origine des Hongrois. Paris, 163 p. 8°.

Contre la thèse finno-ougrienne. Bibl. nat. M 26613.

Viardot, Louis. Aperçu de la Constitution hongroise. R. indép., août.

Les Étrangers à Paris. — Ouvrage illustré, publié par un groupe d'écrivains. — Paris, 8°.

> P. 83-98, Le Hongrois par Stanislas Bellanger. — Récit fantaisiste, mais sympathique.

Th. F.-C. r. sur Fényes : Statistique du royaume de Hongrie. Journ. des Écon., t. VIII, p. 174.

1845

Audibert, Sur le traitement métallurgique des minerais d'or et d'argent en Hongrie et en Transylvanie. Ann. des Mines, 4ᵉ s., t. VII, p. 85-139.

Fix, Théodore. Tendances industrielles et commerciales de quelques États de l'Europe. Journ. des Écon., t. XI.

> P. 370-374 sur le *Védegylet*, Soc. hongroise de protection de l'industrie nationale.

Gerando, A. de — La Transylvanie et ses habitants. Paris, 2 vol. 427 et 400 p. 8°. Deuxième édit. Paris, 1850. — 440 et 447 p. 8°. Illustré. V. Ch. L. dans R. indép. 1845, t. XIX, 25 avr.

> Ouvrage fondamental qui a servi longtemps de source. Bibl. nat. M 26614-17.

— Les Valaques en Transylvanie (chap. détaché de cet ouvrage) R. indép., févr.

— Les steppes de Hongrie. R. Nouvelle, t. I, p. 197-224.

Robert, Cyprien. Les Diètes de 1844 dans l'Europe Orientale. R. des deux m., 15 août.

> P. 648-658, La Diète hongroise.

Négociations diplomatiques entre la France et l'Autriche durant les trente premières années du xvıᵉ siècle. Edit. Le Glay. Paris (Doc. inédits).

> T. I, 176 et t. II, 719 sur Zápolya (Zapolski), t. II, 236, 246, 355, 411, 464, 550, 713 sur Louis II.

1846

Chancourtois, Notice sur la fabrication du cuivre à Szászka, dans le Banat. Ann. des Mines, 4ᵉ s., t. X, p. 555-576.

— Notice sur le traitement des minerais de cuivre et d'argent et sur la séparation par amalgamation de l'argent contenu dans le cuivre noir à Tsiklova dans le Banat. Ibid., p. 577-594.

Guérin, Léon. Histoire des nations européennes. Allemagne, Hongrie & Bohême. Paris, 350 p.

> Chap. iv, vi, viii, x, xii et xiv sur la Hongrie, jusqu'au Congrès de Vienne.

Marmier, Xavier. Du Rhin au Nil. — Paris, 2 vol.

> T. I, p. 99-217 sur la Hongrie.

— Souvenirs de voyage. (Gran, ville de Pannonie, le prince primat, le clergé hongrois) Le Corresp. 10 avr.

Pache, H. Mémoire sur la préparation mécanique des minerais dans le district de Schemnitz (Basse-Hongrie). — Ann. des Mines, 4ᵉ s., t. X, p. 595-656.

Statuts de la société royale hongroise des sciences naturelles. Pest, 16 p.

1847

Desprez, Hippolyte. La Hongrie et le mouvement magyar. R. des deux m. 15 déc.

Fleutelot, J. Études sur la Hongrie. — Les idées et les partis politiques. Projets de réforme. — R. indép., mai et juill.

Pache, H. Notice sur une machine d'extraction à colonne d'eau fonctionnant dans le puits Saint-André près Schemnitz. Ann. des Mines, 4ᵉ s., t. XI, p. 403-408.

Captivité du roi François I. Édit. Champollion-Figeac, Paris, 1847 (Doc. inédits).

> P. 152, 199, 256, 182 sur la Hongrie.

1848

Boldényi, J. La Hongrie en 1848. Recueil politique, historique et littéraire.

> Deux numéros ont paru. I. p. 1-28 II. p. 29-56, avec des articles de Boldényi, de Gerando et de Marguerin. — D'après Szinnyei 4 numéros auraient encore paru en octobre, mais ils ne se trouvent ni à la Bibl. nat. ni au Musée nat. Le Journ. de la librairie annonce un volume de 12 livraisons, de 2 feuilles chacune, mais il est probable que la publication fut arrêtée à cause des événements politiques.

Charrière, E. Négociations de la France dans le Levant (Doc. inédits), 4 vol. 4°. Paris, 1848-1860.

> Important pour les relations de la France avec les princes de Transylvanie au xviᵉ siècle. De nombreux documents relatifs à l'histoire de Hongrie.

Gerando, A. de — De l'Esprit public en Hongrie depuis la Révolution française. — Paris, 5o5 p. 8°.

> Important pour l'hist. parlementaire de la Hongrie de 1790 à 1847. Bibl. Nat. M. 26612.

Langsdorff, E. de — La Hongrie en 1848. — Série de 5 articles : L'ancien palatin, l'archiduc Joseph. Le nouveau palatin, l'archiduc Étienne. — La constitution hongroise. Saint-Étienne et Joseph II. — Kossuth et Jellasich. Histoire des six derniers mois. — Les réformateurs et les révolutionnaires. — La Diète et les réformes sociales. R. des deux m. 1ᵉʳ juin, 1ᵉʳ août, 15 oct. 1ᵉʳ et 15 déc.

Marguerin, E. La Hongrie. — La liberté de penser, t. II, p. 53g-566.

> Très sympathique. — Tir. à part. Paris, 32 p. 8°.

Teleki, Ladislas. La Hongrie aux peuples civilisés. — Manifeste publié au nom du gouvernement hongrois. Décembre. Paris, 77 p. 8°.

> V. sur la mission de Teleki en France : W. Alter dans *Deutsche Rundschau* (Die auswärtige Politik der ungarischen Revolution, 1848-49) déc. 1911-avr. 1912. notamment le Nᵒ de janv. — L'auteur cite dans ces études un vol. en fr. du Dʳ Ed. Chaisès : *La France et la Hongrie pendant la Révolution de 1848-49* qui ne se trouve dans aucune bibl. de Paris, ni au British Mus., ni à la Bibl. royale de Berlin, ni à Budapest, ni à Kolozsvár.

Annales contemporaines, politiques, religieuses et littéraires des peuples de l'Europe orientale, publiées sous la direction de Cyprien Robert. Paris, juin 1848-1 janv. 1851.

> De nombreux articles sur la Hongrie. — Robert était professeur de langue et litt. slaves au Collège de France.

1849

Bataillard, P. Nouvelles recherches sur l'apparition et la dispersion des Bohémiens en Europe. — Paris, 48 p. Bibl. de l'École des Chartes, t. XI.

Boldényi. Pages de la Révolution hongroise. Paris, 120 p.

> Réimpression des articles parus dans la *Hongrie en 1848*.

— Le Magyarisme dans l'équilibre européen. La liberté de penser, t. V, p. 537-554.

Bourgoing, Paul de — Les guerres d'idiôme et de nationalité. Tableaux, esquisses et souvenirs d'histoire contemporaine. Paris, 2 br. iv-120 et 32 p.

> Dans la première. p. 38 et suiv. sur Kossuth et la Révolution; défavorable à la Hongrie. — V. du même : Carte ethnographique, historique et stratégique des contrées hongroises, slaves, moldo-valaques et allemandes de l'empire autrichien impliquées dans la guerre actuelle. — (Carte jointe aux *Tableaux*.) Relation très sommaire des principales opérations de la guerre de Hongrie en 1848 et 1849; résumé de la question hongroise.

Cardini, F. Généreux refus de sa hautesse le Sultan Abdoul-Medjid, fondé sur les doctrines du Coran. Paris, 36 p.

> Écrit à propos du refus de la Turquie de livrer à l'Autriche les révolutionnaires hongrois ; c'est une vie de Mahomet et des observations sur le Coran.

Champagne, Alexis. Les Hongrois, chanson démocratique par le citoyen — Paris, 4 couplets.

> Refrain : Oh! liberté! que partout on opprime
> Tu peux compter sur le fer des Hongrois !

Lettre du général Henri **Dembinski** aux Polonais. Datée de Paris, 1 janv. — 8 p., 8°.

> Sur la Révolution hongroise. — Bibl. Min. de la guerre. D² 1 159.

Desprez. La fin de la guerre de Hongrie. R. des deux m. — 1 sept.

Gerando, A. de — Situation politique de l'Europe. La liberté de penser, 15 juin, t. IV.

> Quelques pages sur la Hongrie.

Langsdorff. — La Transylvanie depuis la fin du xvii⁰ siècle jusqu'en 1849. R. des deux m. 15 juin et 15 juill.

Montémont, Albert. La Hongrie. Sa situation géographique, son étendue, ses steppes, sa population et ses divers habitants. Bull. Soc. géogr. 3° s. t. XII, p. 113-144.

> D'après l'ouvrage de de Gerando. Avec une carte du théâtre de la guerre dressée par Bineteau.

Pillersdorf, Franz. Coup d'œil rétrospectif sur les événements politiques en Autriche dans les années 1848 et 1849. Trad. de l'allemand. — Paris et Vienne. 63 p. 8°.

> P. 25 et suiv. sur la Hongrie.

Quicherat, J. Notice sur l'album de Villard de Honnecourt. R. arch., t. VI, p. 71.

Sur Villard en Hongrie, cf. L'Album de Villard de Honnecourt par Lassus et Darcel, Paris, 1858, p. 47-52, Enlart, Bibl. de l'École des Chartes, 1895.

Rey, W. Autriche, Hongrie et Turquie (1839-1848). Paris, 337 p. in-16.

P. 74-184 sur la Hongrie. Cf. Bibl. univ. de Genève, nov-déc. 1848, févr. et mai 1849.

Sadkowski, François. Voyages par — officier polonais, dans la Gallicie, la Hongrie, la Croatie. — Paris, 34 p.

Ce sont des poésies que l'auteur a adressées à sa femme. — Bibl. nat. Mp 5825.

Sazerac, H. L. Le Danube illustré. Vues d'après nature, dessinées par Bartlett. Edit. fr. revue par —. Paris, s. d. [1849-50], 2 vol. 68 et 94 p., 4°.

T. I, p, 44-64 sur la Hongrie. T. II, dans la Préface, pages très favorables à Görgey et aux Hongrois; appel éloquent au jeune empereur François-Joseph en faveur de la Hongrie. Bibl. nat. M 10580-81.

Teleki, Ladislas, envoyé de Hongrie auprès de la République française. — De l'intervention russe en Hongrie. Paris, 44 p., 8°.

L'Autriche et la Hongrie. R. brit. juin, p. 379-411. La question hongroise. Ibid. juillet. — D'après Blackwood's Magazine ; très sympathique.

Jellachich, ban de Croatie. Ibid. févr. p. 322-345. D'après New Monthly Magazine.

Déclaration d'indépendance de la nation hongroise. Paris, (19 avril), 31 p. — Bibl. pol.

La Question hongroise, par un ami de la civilisation. Paris, 8 p.

La Question austro-hongroise et l'intervention russe. Paris, 52 p.

Notice sur la vie militaire et politique du général Bem, commandant en chef de l'armée hongroise de Transylvanie. Paris, 24 p.

L'Orient européen. Revue des intérêts politiques, religieux et littéraires des peuples de l'Europe orientale. Publication de la Soc. slave de Paris. 2 numéros, juin-juillet, 64 p.

Détails sur la Hongrie, sur Ladislas Teleki et le projet d'une alliance polono-hongroise. Bibl. nat. M 30559.

1850

Boldényi, Le Magyarisme ou la guerre des nationalités en Hongrie. Paris, 80 p.

Carlowitz, la baronne Aloyse de — Le Danube, les Hongrois et les Slaves. Voyage pittoresque et historique en six parties. Paris.

> Prime du journal la *Semaine*.

Chacon, Jacinto. Hymne à Kossuth, traduit et accompagné de notes par Alexandre Holinski. Santiago, 38 p., 12°.

> Texte esp. et fr. de l'Hymne. Considérations sur la Hongrie et sur la Pologne.

Desprez, Les peuples de l'Autriche et de la Turquie. Histoire contemporaine des Illyriens, des Magyars, des Roumains et des Polonais. — Paris, 2 vol. LXXXVI-268 et 360 p., 8°.

> T. I, p. 47-96. La Hongrie et la nationalité magyare; p. 240-256, La statistique de la Hongrie de Fényes. T. II, p. 1-39, Les Illyriens, Jellachich et l'Autriche ; p. 163-220, Campagnes de Bem et Dembinski en Hongrie; p. 221-262, L'intervention russe; p. 327-346, Opinions de l'Autriche sur la guerre de Hongrie ; p. 347-357, Le comte Louis Batthyany. — Cf. R. des deux m. 1er sept. et 15 déc. 1849, 15 janv. et 15 avr. 1850.

Koenigswarter, L'Académie nationale de Hongrie. Acad. des sciences mor. et pol. t. 18, p. 365-368.

Lemercier, Carte du théâtre de la guerre en Hongrie, 1848-49. — Paris.

Martin, Félix. Guerre de Hongrie en 1848 et 1849. Nantes, XXII-310 p. avec une carte.

> Favorable à la Hongrie, chap. intéressants sur la Transylvanie. Bibl. nat. M 29543.

Tolstoy, J. Relation des opérations de l'armée russe en Hongrie, sous les ordres du feld-maréchal prince de Varsovie, comte Paskevitch d'Erivan. Précédée d'un aperçu historique sur la Hongrie. — Paris, 238 p.

> Esprit réactionnaire. Cf. Stcherbatow. Année 1899. — Bibl. nat. M 12454.

Esquisse de la guerre de Hongrie en 1848 et 1849. Trad. de l'Almanach militaire autrichien. — Vienne, 144 p.

La Hongrie et les Hongrois, Mag. pitt., t. XVIII, p. 252, 284, 339.

Le Notaire de village par le baron Joseph Eötvös. R. brit. juin p. 270-303.

> D'après Westminster and Foreign Quarterly Review, à propos de la trad. anglaise du roman, Londres, 1850, 3 vol. avec une introduction de Pulszky).

1851

Blaze de Bury, la baronne — Voyage en Autriche, en Hongrie et en Allemagne pendant les événements de 1848 et 1849. — Paris, 402 p., 12°.

> P. 308-389 sur la Hongrie et la Croatie.

Boldényi, La Hongrie ancienne et moderne. — Paris, 240 + 160 p., 4°. Illustré.

> La première partie contient un exposé de l'histoire des Magyars depuis leur arrivée en Europe jusqu'à la Révolution de 1848 ; la 2ᵉ partie : *Variétés,* par différents auteurs, traite du pays, des habitants, des mœurs et de la littérature.

Esquiros, Alphonse. Histoire des Martyrs de la liberté. Paris. Illustré.

> On trouve dans ce volume les portraits de Kossuth, Bem, Dembinski, des femmes hongroises fustigées par ordre de Haynau, mais le texte s'arrête au 24 février 1848 et ne donne rien sur les hommes de la Révolution.

Irányi et Bratiano. Lettres hongro-roumaines. Édit. par H. Valleton. Paris, v-47 p.

> Ces Lettres ont paru dans la *Presse;* les deux écrivains y cherchent un terrain d'entente entre Magyars et Roumains. Bibl. nat. M p 4202.

Mislin, Mgr Jacques. Les Saints Lieux. Pèlerinage à Jérusalem, en passant par l'Autriche, la Hongrie, la Slavonie etc. — Paris, 1851-57. 3 vol. 2ᵉ édit. 1858.

> T. I, p. 21-57 sur la Hongrie. Quelques pages sur la Révolution de 1848.

Moret, Ernest. Quinze ans du règne de Louis XIV. (1700-1715). Paris, 1851-59.

> T. II. chap. 1, 2 et 16. T. III. chap. 10 (Alliance de Louis XIV avec Rákóczi; le soulèvement en Hongrie). A surtout utilisé les Mémoires et l'Hist. des Révolutions de Hongrie. T. II, 395 la bibliographie. Travail sérieux.

Pimodan, le marquis G. de — Souvenirs des campagnes d'Italie et de Hongrie. Paris.

Ces souvenirs ont paru d'abord dans la R. des deux m. 15 août 1850 et 15 janv. 1851. — 2° édit. Souvenirs du général marquis de Pimodan, 1847-1849. Paris 1891. T. I. Italie, T. II Hongrie, 204 p. 12°. — Pimodan était attaché au ban Jellachich.

Robert, Clémence. Peuples et rois. I. partie. Kossuth ou les Hongrois. Paris, 86 p. 4°, avec gravures. Roman populaire. — Bibl. nat. 4° Y2-1549.

Taillandier, Saint-René. Sur le Héros Jean de Petöfi (à propos de la trad. allemande de Kertbeny) R. des deux m. 15 févr.

Thiers, A. Histoire du Consulat et de l'Empire. — Paris.
T. X, p. 372-385 sur Napoléon et la Hongrie, la bataille de Raab (Györ),

Annuaire des Deux Mondes. 14 volumes, de 1851 à 1868 :
Les chapitres intitulés *Autriche* donnent des renseignements sur la Hongrie. Tomes I, p. 719-745, II, p, 623-659, III, p. 539-566, IV, 575-610, V. 585-622, VI, 629-652, VII, 630-651, VIII, 626-642, IX, 659-679, X, 461-474, XI, 484-498, XII, 573-584, XIII, 523-555, XIV, 428-476.

Fragments sur les campagnes d'Italie et de Hongrie, par un capitaine de chevau-légers. 1848-49. Paris, 191 p. et 10 pl.

Kossuth en Angleterre. R. brit. oct. p. 467 (Deux pages de la Chronique); ibid. nov. p. 235.

Mémoires du général Joseph **Wysocki,** commandant en chef de la légion polonaise en Hongrie (1848-1849) La légion polonaise dans la guerre de Hongrie. Trad. du polonais. — La liberté de penser, t. VIII.

1852

Dupont, Pierre. Chants et chansons, (Poésie et Musique) Paris.
T. I. 2° partie n° 27. Kossuth. Poésie en honneur de Kossuth, flétrit Görgey (Georgey).

Girardin, Saint-Marc. Souvenirs de voyages et d'études. Paris, 1852-53, 2 vol.
T. I, p. 158-218 et 309-329 sur la Hongrie. Le voyage a été fait en 1836 ; les articles ont paru d'abord dans le Journ. des Débats (3 oct. 2 déc. 1836).

Kubalski, N. A. Recherches historiques et statistiques sur les peuples d'origine slave, magyare et roumaine. Paris et Tours, 338 p. 8°. — Nouv. édit. sous le titre : Tableau de l'Europe orientale ou recherches historiques etc. Paris, 1854, 360 p.

P. 185-208 sur la Hongrie et les pays adjacents. Données statistiques. Bibl. nat. G. 25124-25 et M. 28668.

Nieritz, Gustave. Les Hongrois ou la bataille de Mersebourg. Nouvelle historique du xe siècle. Trad. de l'allem. Paris, s. d. Illustré.

La nouvelle est insignifiante, mais le traducteur a ajouté (p. 251-274) des notes hist. et géogr. sur la Hongrie et les Hongrois, notes empruntées au Voyage du duc de Raguse.

Ostrowski, Christien. Mémoire sur la question hongroise présenté à MM. les ministres des Affaires étrangères et de l'Instruction publique, le 15 juillet 1849. — Paris, 24 p.

Sympathique à la Hongrie. Dans l'Appendice : Protestation de l'émigration polonaise à Paris contre le manifeste du Tzar. Lettre de Ladislas Teleki aux Polonais et aux Hongrois (sur la mort de Bem) 23 janv. 1851. Réponse à M. Lad. Teleki et à ses compatriotes, 24 janv. 1851. — Bibl. nat. Mp 4339.

Rey, W. Görgei et la Hongrie. Bibl. univ. de Genève. 3 art. nov. 1852, févr. et mars 1853.

A propos des Mémoires de Görgei.

1853

Balleydier, Alphonse. Histoire des Révolutions de l'Empire d'Autriche. Années 1848 et 1849. Paris (La préface est datée de Vienne, 1852) CXIV-279, 324 p. 8°.

Introduction p. XXVII-CXIV, chap. V, t. II, chap. II et V sur la Hongrie. Soutient la thèse autrichienne, très sévère pour Kossuth. — 2e édit. 1854.

— Histoire de la guerre de Hongrie en 1848-1849 pour faire suite à l'Histoire des Révolutions de l'Empire d'Autriche. Paris, XVI-384 p. 8°.

Cherbuliez, A. E. Le présent et l'avenir. Bibl. univ. de Genève, févr. p. 171-192.

A propos de l'ouvrage du baron J. Eötvös : L'influence des idées dominantes du xixe siècle sur l'Etat. T. I. Le second vol. de cet ouvrage est analysé, Ibid. 1855, nov.

N. A. K. (Kubalski). Comte de Benyowsky, sa vie et ses aventures. Tours, 188 p., 12°.

Rivot et Duchanoy, Voyage en Hongrie, exécuté en 1851. Ann. des Mines, 5e s., t. III, p. 63-150 et 213-368. — Tir. à part. Paris, 1853.

Kossuth et Bem. Paris, 36 p., 12°.

Contre Kossuth, favorable à Bem. Tantôt libéral, tantôt réactionnaire.

Marie-Thérèse. R. brit. août.

> Quelques pages sur la Hongrie ; d'après Edinburgh Review.

1854

Bernard, Thalès. La Couronne de Saint-Etienne ou les Colliers rouges. Paris.

> Roman tiré de l'histoire du xvᵉ siècle hongrois (Election du roi Mathias Corvin, ses luttes contre les Turcs et contre l'Autriche). La Préface est intéressante.

Kossuth, Louis. Discours prononcé à Hanley (Staffordshire) le 21 août 1854 sur la guerre d'Orient. Trad. en fr. — S. l. n. d. (1854 ?). Imprimé à Londres, 16 p. Bibl. nat., 8°, Nc 3214.

Marmier, Xavier. Du Danube au Caucase. Voyages et littérature. Paris.

> Chap. i. Traditions du Danube ; chap. ii. Les sièges de Vienne.

Prévault, H. Histoire de Sainte Elisabeth de Hongrie. Paris, 2ᵉ édit., 96 p.

Ravergie, A. L. Histoire de la Russie et de ses projets d'envahissement depuis le règne de Pierre le Grand jusqu'à nos jours. — (Précédée de l'histoire des révolutions polonaise et hongroise par C. Leynadier). — Paris.

> P. 17 et suiv. p. 89 et suiv. sur la Hongrie. Bibl. nat. M 11946.

Schafarik, P. J. Les peuples de race finnoise ou tchoude. Trad. de l'allem. Nouv. Ann. des voyages, 5ᵉ s., t. 40, p. 150-187.

Sestini, Domenico. Voyage de Vienne à Routchouk par le Danube, de là par terre à Varna et de Varna à Constantinople par la mer Noire, fait en 1780. Trad. de l'ital. Nouv. Ann. des voyages, 5ᵉ s., t. 38.

> P. 136-164 sur la Hongrie.

Valério, Th. de — Costumes de la Hongrie et des Provinces danubiennes. Avec une notice de Vuagneux. — Paris, 32 eaux fortes sur la Hongrie.

> Cf. les 2 vol. gr. fol. de Valério : Études sur les populations hongroises, slaves, valaques et tziganes de Hongrie, contenant 80 aquarelles et 100 croquis qui ont figuré à l'Expos. univ. de 1855 et aux Salons de 1857 et 1859. Bibl. B.-Arts 1604 B.

Villemain. Souvenirs contemporains d'histoire et de littérarature.

T. I. M. de Narbonne, chap. xii. Son commandement à Raab, en Hongrie (1809).

1855

Bernard, Thalès. Traduction de deux poésies de Petöfi dans : Journ. de la noblesse, t. XII, p. 569. D'autres traductions de Petöfi se trouvent : R. contemp. 1857, 1er avril ; R. de Genève 1858, R. de la province 1861 ; des adaptations de quelques poésies hongroises dans les *Mélodies pastorales*, 1856-1871, les *Poésies nouvelles* 1857, et les *Poésies mystiques*, 1858. C. r. sur deux traductions allemandes de poètes hongrois de Kertbeny, Athenaeum français. 3 nov.

V. sur Bernard, Petöfi en France, R. de Hongrie 1909, mai.

Boucher de Perthes, Jacques. Voyage à Constantinople. Paris, 2 vol.

T. II, p. 477-494 sur la Hongrie. — Insignifiant.

Chasles, Philarète. Scènes des camps et des bivouacs hongrois pendant la campagne de 1848-1849. Extraits des Mémoires d'un officier autrichien. Paris, 2e édit. 1879, 300 p.

Plus de fiction que de réalité.

Duesberg, J. C. r. sur la traduction de Petöfi par Szarvady et Hartmann. R. de Paris, 1 avr.

Hauer Fr. de — et **Foetterle** Fr. Coup d'œil géologique sur les mines de la monarchie autrichienne. Avec une introd. de Guillaume Haidinger. — Vienne, 253 p., 8º.

Publié à l'occasion de l'Expos. univ. de Paris. Sur les Carpathes, passim.

Irányi, Daniel. Mémoire sur la condition actuelle des protestants en Hongrie. — Paris, 16 p. Extr. du journal le Disciple de Jésus-Christ. — Musée nat. Hung. e. 912 s.

Juhos, Jules. Note sur le traitement métallurgique des minerais de cuivre gris dans l'usine Stephanhütte (Haute-Hongrie). Ann. des Mines, 5e s., t. VII, p. 53-60.

Juste, Théodore. Les Pays-Bas sous Charles-Quint. Vie de Marie de Hongrie, Tirée des papiers d'Etat. Bruxelles et Paris, 144 p. — Nouv. édit. 1861, 291 p. — Bibl. nat. M. 28267.

Ludvigh, Jean. Esquisse des institutions hongroises avant les derniers événements. — La libre recherche (Bruxelles) t. I, p. 44-59.

— Littérature hongroise. C. r. sur les travaux d'Eötvös, Szemere, Szontagh, Kubinyi et Vahot, Greguss et Hunfalvy, Teleki (les Hunyad) et Jósika (La fille du savant) Ibid., p. 154 et 469.

Paganel, Camille. Histoire de Scanderbeg ou Turks et Chrétiens au xve siècle. Paris, 464 p. 8°.

> Sur Varna, Belgrade etc. Passim.

Prònay, le baron Gabriel de — Esquisses de la vie populaire en Hongrie, d'après l'ouvrage de M. — par Schwiedland, F. A. — Pesth. s. d. (la préface est datée de 1855) 136 p. fol. Illustré de 25 tableaux dessinés d'après nature par Barabás, Stério et Weber. — 2e édit., Paris, 1857, xiv-136 p. avec une Introduction de Xavier Marmier.

Regnault, Elias. Histoire politique et sociale des principautés danubiennes. — Paris, 548 p. 8°.

> Chap. xii, p. 351-381 et xv, p. 480-499, sur les événements de 1848-1849.

Vogel, Charles. Observations sur le parcours et sur l'importance commerciale des lignes de Hongrie et de Bohême. Journ. des Econ. 2e s., t. VI, p. 134.

Les fous de Hongrie. Scènes de la vie hongroise, R. brit. avril, p. 359-374.

> D'après un roman de Jókai, trad. en anglais : Hungarian Sketches.

Liszt, Wagner et Weimar, R. brit. oct. p. 297-310. cf. ibid. 1874, févr.

1856

Barbier, C. Histoire de Sainte-Elisabeth de Hongrie, Paris. 2e et 3e édit. Rouen, 1862 et 1874, 191 p.

> Livre d'édification pour la jeunesse.

Chassin, Charles-Louis. La Hongrie. Son génie et sa mission. Étude historique suivie de Jean de Hunyad, récit du xve siècle. Paris, 499 p. 8°. — 2e édit. sous le titre : Jean de Hunyad, récit du xve siècle précédé de la Hongrie, son génie et sa mission — 1859.

> A paru d'abord dans la R. de Paris, 1855 janv. —juillet. V. Bibl. univ. 1855 déc. La libre recherche 1855, t. II, Victor Fournel, R. française, t. V (1856).

— Le Proscrit, fantaisie hongroise de Jókai, trad. du magyar. La libre recherche, t. IV.

— Alagi et Irène. Nouvelle hongroise par N. Jósika, trad. du magyar. Ibid.

Chopin J. M. et **Ubicini** A., Provinces danubiennes et roumaines. Paris, Tome 39 de l'Univers pittoresque.

Détails sur la Transylvanie.

Durivage, P. Poésies hongroises. Paris — I. livr. 32 p.

Trad. des poésies de Jámbor Pál (Hiador) faite par lui-même pendant son exil à Paris.

Horn, J. E. De l'agriculture en Hongrie. Journ. des Econ. 2e s., t. XI, p. 262-279.

A propos de Galgóczi : Statistique agricole.

Valmore, H. Pétœfy, poète hongrois. R. française, t. VII. Introduction et trad. de neuf poésies.

— Les poésies de Petöfi Sandor. R. contemp., 1er oct. Étude et trad. de huit poésies.

Thierry, Amédée. Histoire d'Attila et de ses successeurs jusqu'à l'établissement des Hongrois en Europe. Paris, 2 vol. XIII-455 et 463 p. 8°.

V. Koenigswarter, R. de Paris, 1857, 15 nov. — A. Roget, Bibl. univ. de Genève, 1857, juin et juill.

Vulliet, Michel le Mineur. Narration hongroise. Traduction libre. Toulouse, 120 p. (Société des livres religieux).

A eu plusieurs édit., la 6e a paru en 1907. Vulliet ne nomme pas l'auteur hongrois ; il dit qu'un ami lui a soumis le récit qui lui a paru intéressant. Il s'agit des mines de Selmecz (Schemnitz). Bibl. nat. 8° Y 1667.

1857

Bernard, Thalès. C. r. sur une traduction des poésies de Vörösmarty par Kertbeny, sur le Livre de chant pour le peuple hongrois (Dalkönyvecske, 1856) sur les Poésies hongroises de P. Durivage (Hiador), sur l'Album de consécration de la cathédrale de Gran. R. contemp., 1er avril.

Chassin. Quelques poésies d'Alexandre Petöfi. La libre recherche, t. V. (Trad. de sept poésies).

— Gunda Mélith. Légende hongroise par N. Jósika. Trad. Ibid.

— Claudia, imité du hongrois (Episode de la guerre de l'indépendance en Hongrie) de Jókai. R. française, t. IX.

— La Hongrie en 1857. Voyage de l'Empereur d'Autriche, (mai-sept.) R. de Paris, 15 nov. p. 219-244.

Enault, L. La Hongrie. (Récits de voyage). Le Corresp. 25 sept. et 25 nov.

Henszlmann, E. L'Eglise Saint-Yved de Braine, type de Notre-Dame de Trèves et de l'église cathédrale de Kassovie (Hongrie). — Moniteur des architectes, mars.

Irányi, Parallèle entre la littérature hongroise avant et depuis 1848. — La libre recherche, t. VII.
> Sévère pour Jókai.

Jókai (Sajó) La fille d'airain, épisode de la guerre de Hongrie. Trad. de l'allemand (!) par G. Revilliod. — Bibl. univ. R. Suisse, janv. p. 29-52.

Klapka, G. La guerre de l'indépendance en Hongrie. La libre recherche, t. V, VI et VII.

Quérard, La Roumanie, Moldavie, Valachie et Transylvanie (ancienne Dacie), etc. Essai de bibliothèque française historique. Paris, 42 p. Extr. du Journal le Quérard, 1856 p. 567-607.
> Cite pour la Transylvanie en tout *huit* ouvrages en français !

Les chasses et le sport en Hongrie. D'après l'original hongrois de Mrs. les comtes Andrássy, Sándor, Festetics, barons Orczy, Podmaniczky, Wenckheim et Georges Szálbek, trad. par Durringer et Schwiedland. Album de luxe orné de 25 tables en couleur. Pest, III-50 p. de texte, folio.

1858

Chassin. Le notaire Tibod. Nouvelle de Jósika. Trad. du hongrois. La libre recherche, t. X p. 116 et 282.

Irányi, Littérature hongroise. La libre recherche, t. IX.
> Mouvement de la presse périodique ; sur le Pesti Napló.

Ludvigh. Données historiques fournies par les étymologies magyares. — La libre recherche, t. XI, p. 261-289.

Suckau E. de — Lettres de Pesth sur la littérature, l'art, le théâtre et la vie de société. R. des deux m. 15 janv.
> D'après un ouvrage allemand de Demeter Dudumi, paru à Pest en 1856.

1859

Bernard, Thalès. C. r. sur une traduction de Kertbeny des Poésies de Petöfi. R. europ., t. I, p. 452-457.

Castille, Hippolyte. — Louis Kossuth. Paris, 60 p. 12°.

> Sans valeur.

Horn J. E. La Hongrie et l'Autriche de 1848 à 1859. R. contemp. 15 nov. Tir. à part, avec quelques retouches, Paris, 32 p. 8°.

— Les finances de l'Autriche. Ibid. 1er août.

Irányi et **Chassin**. Histoire politique de la Révolution de Hongrie, 1847-1849. Paris, 1859-1860. I. Avant la guerre. xii-408 p. II. La Guerre, 628 p. 8°. Bibl. nat. M 27808-09.

> Le chap. intitulé : Presbourg et Pest, mars-mai 1848, a paru dans la Libre recherche, t. XIII p. 61 et 405. — Jusqu'ici le seul ouvrage sérieux que nous ayons sur la Révolution hongroise.

Irányi, L'Église et les écoles protestantes en Hongrie. La libre recherche, t. XV, p. 409-426 et t. XVI p. 45-56.

Kossuth, Louis. Le Congrès, l'Autriche et l'Italie. Bruxelles, 35 p.

— La question des nationalités. L'Europe, l'Autriche et la Hongrie. Bruxelles.

> Trad. de deux discours que Kossuth a prononcés à Glasgow et à Liverpool les 18 et 19 nov. 1858, 2e édit. 99 p. Bibl. nat. Rés. M 965.

— Révélations sur la Crise italienne. Bruxelles, 35 p.

> Extrait d'un discours de 1856. Allusions à la Hongrie, Bibl. nat. K 12028.

Le Faure, Amédée. Après la Guerre. Reconstitution de la Hongrie. Paris, 32 p. 8°.

> P. 19-25 sur la Hongrie. Insignifiant.

Liszt, François. Des Bohémiens et de leur musique en Hongrie. Paris, 348 p. 8°. Nouv. édit. Leipzig, 1881, 538 p. 8°.

> V. P. Scudo, R. des deux m. 1859, 1er août.

Ludvigh, Nouvelle page de l'histoire des Hapsbourgs. — Bruxelles, 53 p.

Pavet de Courteille. Histoire de la campagne de Mohacz, par Kemal Pacha Zadeh, publiée pour la première fois avec la trad. française et des notes. Paris, vii-199 p. et le texte turc.

La Croatie et la confédération italienne. Avec une introduction par L. Léouzon le Duc. Paris, xix-272 p. 8°.

1860

Charencey, H. de — Appel à la Hongrie. R. orient. et américaine, t. IV, p. 215-218.

> Trad. en prose du Szózat de Vörösmarty, avec des remarques sur la prosodie hongr.

Chassin, Le poète de la Révolution hongroise. Alexandre Petöfi. Bruxelles et Paris, xvi-360 p. 16.

> Un chap. (Petöfi et Bem en Transylvanie) a paru dans la Libre recherche, t. XVII, p. 392-418; un autre (La puszta et le poète de la Rév. hongr.) dans R. orient. et américaine, t. IV. (1860) p. 300-308 et 366-377. — V. Petöfi en France, R. de Hongrie, 1909, mai.

Enault, L. Le Haut-Danube. Description des villages, coutumes des habitants. — Le Corresp. 25 avr.

D'Haussonville. Histoire de la réunion de la Lorraine à la à la France. Paris, 2e édit. 4 vol.

> T. III p. 210 et suiv. sur Charles V de Lorraine, ses campagnes contre les Turcs en Hongrie, sur Saint-Gothard.

Horn, J. E. La Hongrie en face de l'Autriche. Paris, 30 p. 8°.

— Liberté et nationalité. Paris, vi-32 p. 8°.

— La Hongrie et la crise européenne, R. europ. Tir. à part, Paris, 31 p. (Écrit avec le concours de quelques émigrés).

— La question des nationalités en Autriche. R. contemp. 15 févr.

Jósika, la baronne Julie de — La littérature hongroise dans les dix dernières années. R. contemp. 1er sept.

> L'auteur était la femme du romancier qui vivait alors à Bruxelles.

Kertbeny. La Hongrie, son développement intellectuel et politique. Notice sur le comte Széchényi. Trad. de l'allemand par Gustave Revilliod. Genève, 47 p. 8e. Bibl. nat. 8° M 1432.

Laboulaye, E. L'État et ses limites. R. nat. et étr. T. I.

> Sur le livre du baron Eötvös : L'influence des idées dominantes du xixe siècle sur l'État.

Le Roux de Lincy, Discours des cérémonies du mariage d'Anne de Foix avec Ladislas VI, roi de Bohême, de Pologne et Hongrie (Wladislas II en Hongrie). Bibl. de l'École des Chartes, t. XXII.

> V. Inv. Bibl. Nat. fonds fr. 90.

La Tour, le Comte Gustave de — Scènes de la vie hongroise. Paris, VI-411 p.

> Ces Scènes ont paru dans la R. contemp. du 15 mai au 1ᵉʳ août sous le titre : Szamosvár, scènes de la vie hongroise; elles furent continuées en 1863 (août-sept.) sous le titre : Tolnay, scènes de la vie hongroise. Les premières peignent la situation sociale et politique de 1860, les dernières les mœurs au commencement du XIXᵉ siècle.

[Ludvigh, Jean.] La Hongrie devant l'Europe. Les institutions nationales et constitutionnelles de la Hongrie et leur violation. Bruxelles, 199 p.

— La Hongrie et la germanisation autrichienne. Ibid. 70 p.

— La Hongrie politique et religieuse. Étude sur ses institutions et sa situation actuelle. Ibid. 363 p.

— La Hongrie et les Slaves. Ibid. 119 p.

— La liberté religieuse et le protestantisme en Hongrie. Ibid. 102 p.

Szemere, Barthélemy de — La question hongroise (1848-1860). Paris, 164 p. 8°.

> Six lettres sur la Hongrie, adressées à Cobden, Mém. adressé à Palmerston, à Cavour.

Valmore, H. Les poésies de Petöfi. — R. europ., 1ᵉʳ févr. et 15 mars.

> Étude pénétrante et trad. d'une cinquantaine de poésies.

Valori, Henry de — L'Autriche et la Hongrie. Situation présente. — Le Corresp., 25 oct.

Verchère, I. A. Les brochures hongroises. — Bibl. univ. R. suisse. Nov. p. 416-435.

> A propos des brochures de Ludvigh, Horn, etc.

Annuaire Encyclopédique, publié par les directeurs de l'Encyclopédie du XIXᵉ siècle. Paris, 1860-1871; dix volumes.

> Les articles sur la Hongrie donnent un aperçu de la vie politique, sociale et économique. T. I-III signés J.-E. Horn, t. IV (anonyme), t. V, D. Irányi, t. VI et VII (anonyme) t. VIII signé Al. B. t. IX (anonyme) t. X, Alex Bonneau.

Documents et pièces authentiques laissés par Daniel Manin. Trad. et annotés par F. Planat de la Faye, Paris.

> T. II, p. 237. Trois lettres de Louis Kossuth (avr. 1849) à Manin; p. 297, réponse de Manin (26 juin *1849* et non 1848 comme porte le texte).

L'Église en Hongrie, par un ecclésiastique hongrois, Paris,
31 p. 8°.

> Contre les usurpations du gouvernement autrichien.

1861

Bontoux, E. La Hongrie et l'alimentation de l'Europe. R.
des deux m., 15 nov.

> La 2ᵉ étude, sous le même titre, a paru en 1869. — Paris, 24 p. 8°.

Bouzet, Charles du — Autriche et Hongrie. R. europ.,
t. XVI.

Chassin, Ladislas Téléki. — Paris, 30 p. 8°.

Dollfus Ch. Du principe des nationalités par le baron Joseph Eötvös. Rev. germ. avril.

Dozon, Auguste. Un poète magyar. Alexandre Petöfi. R.
germ., janv.

> Bonne étude et trad. de douze poésies.

Horn, J. E. Un curieux procès. François-Joseph contre Louis
Kossuth. R. contemp. 15 mars. Tir. à part, augmenté, sous le
titre : Procès de banknotes hongroises. François-Joseph I
contre Louis Kossuth (Anonyme). — Paris, 32 p.

— La Crise en Hongrie. R. nat. et étr. T. V, juill.

— Chronique politique de la R. contemp. du 15 sept. 1861-
1ᵉʳ mars 1864 (passages sur la Hongrie).

Locmaria, Le comte de — Marie-Thérèse en Hongrie. Paris,
xi-360 p. Roman historique.

Ludvigh. L'Autriche et la Diète de Hongrie, contenant
l'adresse de M. Deák. Bruxelles et Paris, 192 p. A paru aussi
sous le titre : La Diète de la Hongrie (1861) et l'Empire d'Autriche.

— L'Autriche despotique et la Hongrie constitutionnelle, contenant l'Ultimatum de la Diète de Hongrie. Ibid., 171 p.

— François-Joseph Empereur d'Autriche peut-il être couronné roi de Hongrie. Ibid., 95 p.

— Qui payera les dettes de l'Autriche. Ibid. (touche également à la Hongrie).

P*.** La Transylvanie en face des prétentions de la Hongrie.
Réponse à la lettre du Général Klapka au Général Garibaldi. —
Paris, 31 p., 8°.

> Point de vue roumain. — Bibl. nat. Mp 5632.

[**Rieger**]. Les Slaves d'Autriche et les Magyars. Etudes ethnographiques, politiques et littéraires. Paris, 170 p.

> Ce sont des articles parus dans le *Nord* et attribués à l'homme d'Etat tchèque, Rieger. Bibl. nat. M 33712.

Rousset, Camille. Histoire de Louvois. Paris.

> T. I, p. 34-59 sur Saint-Gothard ; t. III (1863), p. 228 et suiv. sur les événements de 1682 en Hongrie.

Sarrut, Germain. Les fils d'Arpad. Etude historique. Paris. Prem. édit,, 212 p., 2ᵉ édit., 239 p. Avec le Chant du réveil hongrois, paroles de J. P. Lagarde.

> Sarrut plaide la cause de Croüy-Chanel. V. J. E. Horn, R. contemp. 1861, 15 sept., p. 382-384; R. Chélard, La Hongrie millénaire, p. 22-29 où l'on trouve citée la Biographie d'Auguste Croüy-Chanel par le comte Henri Gerothwohl de Croüy-Chanel, Paris, 1882.

Vaillant, J. A. Grammaire, dialogues et vocabulaire de la langue romane des Sigans. — Paris, 16 p. de grammaire. — A la fin : Lettre au général Garibaldi (en faveur des Roumains de Hongrie).

Vivien de Saint-Martin, Ladislas Magyar, explorateur du Bihé, Benguéla. Le Tour du monde, t. IV, p. 411.

Archives diplomatiques. Recueil de diplomatie et d'histoire. On trouvera dans ce recueil de nombreux matériaux sur la Hongrie, principalement dans les années 1861-1867. Travaux de la Diète et documents administratifs.

L'Autriche et ses réformes. Le Corresp. janv.

> Quelques pages sur la Hongrie.

La Hongrie et le droit public autrichien à propos du projet d'adresse de M. Deák, juin 1861. — Bruxelles.

> Réfutation de la thèse hongroise. D'après Barbier, l'auteur est le Dʳ Henri Schiel (Trad. d'une brochure allemande parue à Vienne, 1861).

La Question hongroise. — Paris, 36 p., 8°.

Le Discours de M. Deák et l'état de la Hongrie. Bruxelles, 16 p.

Qui est-ce « Roi de Hongrie » (François-Joseph contre Kossuth devant les tribunaux de Londres). Lettre à John Russel par l'avocat de Kossuth, Toulmin Smith. Documents. — Paris, 32 p., 8°.

> Assez rare. Bibl. Ars. H 9439 noviès. (Recueil de 13 brochures sur la question hongroise de 1850 à 1863).

1862

Debrauz de Saldapenna, Louis. Solution de la Crise hongroise. Paris, 3o3 p.

> Exposé historique depuis les origines ; défend la politique de Széchenyi et trouve les Adresses de Deák trop exigeantes. V. Bamberg, R. contemp. 1862, 1ᵉʳ sept.

Epinois, H. de l' — Une expédition française en Hongrie sous Louis XIV. R. du monde cath. t. III.

Meyr, Ignace. Traité des eaux minérales d'Elöpatak en Transylvanie. — Vienne, 72 p., 8º.

Nyáry, Albert. Les droits des Arpad. (Croüy-Chanel de Hongrie). Trad. du hongrois avec une Préf. de Germain Sarrut. Paris.

> Cf. Le dernier prétendant hongrois, dans la revue *Századok*, 1912, janv. et févr.

Zeller, Jules. L'Année historique.

> T. III, p. 407-445 sur les événements de 1861.

Le Cardinal Scitovsky, primat de Hongrie. Bruxelles, 24 p. Extr. du Précis hist. 1861.

> Favorable au cardinal. Bibl. pol.

1863

Capefigue, M. — Marie-Thérèse, impératrice d'Autriche, roi de Hongrie. — Paris, xii-220 p.

Coston, baron de — Les Arpad et les Crouy-Chanel. Montélimar, 62 p. + 2 pages, n. ch.

> Tiré à 80 exemplaires numérotés. Bibl. nat. Rés. L³m 1035.

Duruy, Victor. De Paris à Bucharest. Le Tour du monde, t. VII.

> P. 188-192 sur la Hongrie.

Guénot, Abbé C. — Hunyad ou la Hongrie au xvᵉ siècle. Tours, 186 p. Bibl. des écoles chrétiennes. 2ᵉ s., 2ᵉ édit., 1866.

> Moitié roman, moitié histoire édifiante.

Ludvigh, Des sources historiques fournies par les étymologies. Extr. de la Revue trimestrielle. Bruxelles, 52 p. Cf.Année 1858.

Sarrut. Les fils d'Arpad et leurs détracteurs. Turin, 102 p., 8°. Du même : La lutte des fils d'Arpad. — Ibid. 1865.

Schickler, F. Souvenirs de voyage, 1858-61. — Paris.

> P. 1-10 sur la Hongrie; le reste est consacré à la Roumanie et à l'Orient.

Vivien de Saint-Martin. L'année géographique. Notes bibliographiques concernant la Hongrie, de 1863-1876.

Arrestation, procès et condamnation du général **Türr** racontés par lui-même, suivis de ses vicissitudes ultérieures par l'avocat Curti. Paris, IV-142 p.

> C'est la 5ᵉ édit. de la brochure où Türr a raconté son arrestation à Bucarest, et qui a paru à Turin en 1856. Pierre-Ambroise Curti l'a complétée de quelques épisodes. V. J. E. Horn, R. contemp. 1863, 1ᵉʳ mars.

La question austro-hongroise. Esquisse historique et critique dédiée à l'Unité italienne par un Hongrois. Turin, 29 p.

1864

Bernard, Thalès. Histoire de la poésie. — Paris, 855 p., 8°.
> P. 665-702, sur la poésie hongroise; p. 589, trad. de la poésie de Petőfi : Homère et Ossian.

Coston, baron de — Les Crouy-Chanel et leurs adulateurs. Réponse à M. Germain Sarrut. Paris et Montélimar s. d. 70 p., 8°..

Gabryel, L. Danube, Nil et Jourdain. Souvenirs et impressions de voyage. Paris, 3 vol.
> Souvenirs écrits en 1849, dans un esprit réactionnaire. T. I. p. 45-83 sur la Hongrie. Insignifiant.

La Tour, G. de — Scènes de la vie hongroise. R. du monde cath., t. VIII.

1865

Améro. La Hongrie, son passé, sa situation actuelle. — R. contemp. 15 déc., p. 401-434.

Blaze de Bury, H. Deux visites royales en Hongrie. Marie-Thérèse en 1741, François-Joseph en 1865. R. des deux m. 1ᵉʳ août.

Francovich, L. consul de Belgique. — Rapport sur Fiume. Bruxelles, Rec. cons. belge, t. XI, p. 556-565 ; *1867*, t. XIII,

p. 38-43 (culture du tabac); *1880*, t. XXXI, p. 297 ; *1882*, t. XL, p. 422.

Huillard-Bréholles, Examen des chartes de l'Eglise romaine contenus dans les rouleaux dits rouleaux de Cluny. — Notices et Extraits des Manuscrits de la Bibl. nat., t. XXI.

> P. 298-300, 341, 344, 350, 362, 363. Lettres (en partie inédites) des rois Eméric (de 1199, 1203). André II (et non IV!) (de 1214, 1215, 1219) Béla IV (de 1236, 1238, 1239, 1241, 1242).

Laboulaye, E. Görgei et Kossuth ou la Hongrie en 1848. Dans : Etudes contemporaines sur l'Allemagne et sur les pays slaves. — Paris.

Lancelot, De Paris à Bucharest. Le Tour du monde, t. XI.

> P. 33-90 sur la Hongrie. — Lancelot avait accompagné Victor Duruy comme dessinateur.

Langsdorff, E. de — Une armée française en Hongrie. La bataille de Saint-Gothard. R. des deux M., 1er juin.

Ludvigh, Les lois sur la responsabilité du pouvoir exécutif en Hongrie. — Bruxelles, 66 p.

Pruner-Bey, Sur les origines hongroises. Mém. Soc. d'Anthrop., t. II, p. 205-220. Cf. Matériaux, t. II (1866), p. 206.

Reclus, Elie. Arminius Vámbéry. — R. moderne, sept. et oct., t. XXXIV et XXXV.

> D'après l'édit. anglaise du Voyage en Asie-Centrale. — Cf. Journ. Asiat., 6e s., t. V. p. 370 (1865).

Robert, Clémence. Le baron de Trenck. Paris, 264 p. Roman.

Seranon, J. de — Souvenirs de voyage. La Hongrie. Marseille, 46 p.

> Extr. de la Gaz. du Midi. Détails sur l'organisation judiciaire. Bibl. Nat. M 33631.

Türr, le général — La Maison d'Autriche et la Hongrie. Paris, 31 p., 8°.

Crouy-Chanel, R. brit. sept. (sur son procès à Vienne). .

1866

Abel, Ch. Description de deux vêtements historiés du VIIIe. et du XIe siècle de l'ancien trésor de l'abbaye Saint-Arnould. — Mém. lus à la Sorbonne (Archéologie).

> P. 299-306 sur la chape de Saint-Étienne de Hongrie et de Gisèle.

Leger, Louis, L'État autrichien. Bohême, Hongrie, Habsbourgs. Paris, 48 p., 8°.

Peÿ, A., La situation intérieure de l'Autriche en 1866, R. contemp., 1er déc.

> Quelques pages sur la Hongrie.

Villers, E. de — Petöfi Sandor, R. brit. oct., p. 335-352.

> Extr. du Gentelman's Magazine; les citations hongroises fourmillent de fautes, les trad. sont faites d'après les trad. anglaises ou allemandes.

1867

Darcel, A., Le bronze à l'Exposition universelle, Gaz. des b.-arts, t. XXIII.

> Une page sur la Hongrie.

— Notes sur quelques émaux anciens. Ibid., t. XXIV (1868).

> Quelques passages sur la Hongrie.

Henszlmann, E., L'Art hongrois à l'Exposition universelle, Gaz. des b.-arts, t. XXIII, p. 373.

Mortillet, J. de — Promenades préhistoriques à l'Exposition universelle. — Matériaux, t. III.

> - Hongrie, p. 255-258. Cf. Cat. spécial du royaume de Hongrie, Paris, 1867.

Szabó Joseph, et **Török** Étienne de — Album de la Tokay-Hegyalja. Pest, 185 p. et 21 grav.

Türr, La réconciliation des nationalités et l'Association européenne. Paris, 16 p. Extr. de l'Opinion nationale.

— La question des nationalités. Ib., 16 p. Article du *Hon*, trad. en fr. daté de Pallanza, 2 déc. 1867.

L'équilibre oriental. Hongrie, Roumanie, Pologne. Paris, 15 p., 8°. Bibl. nat. Mp 3507.

1868

Cochut A., Le premier budget de la Hongrie. R. des deux m., 1er juill.

Duprat, Pascal, Un voyage en Hongrie. Journ. des Econ., 3e s., t. X, p. 224-233.

Eötvös Joseph. Viola ou le Notaire de village, scènes de la vie hongroise. R. brit. sept.-déc. et 1869, janv.

D'après une note de la rédaction la traduction complète du célèbre roman a été faite, mais la revue n'a pu donner que des extraits. Ce sont des descriptions pittoresques et quelques scènes dramatiques.

Gyioko, Mme E. de — Scènes de la vie hongroise. L'ouvrier Horniaque (Nouvelle) R. Univ., R. Suisse-juill. p. 413-419.

Laveleye, E. de — La Hongrie, ses institutions et son avenir; Les Nationalités en Hongrie et les Slaves du Sud : Deák Ferencz. R. des deux m. 1er juin, 1er août, 1er nov.

Linas Ch. de — Notice sur quelques émaux byzantins du xie siècle conservés au Musée national de Pesth (Hongrie). — Paris, 8 p. 8° avec 1 pl. (Mém. lus à la Sorbonne en 1867, Archéologie).

Marié-Davy, Rapport sur une mission météorologique en Hongrie. — Arch. des Missions scient. et litt. t. XIII, p. 457.

Reclus, Onésime. Voyage de Ladislas Magyar dans l'Afrique australe. — R. moderne, janv. et févr.

Villiaumé N. Situation économique de la Hongrie. Journ. des Econ. 3e s., t. IX, p. 107-113.

1869

Akin, C. K. Vérités politiques concernant la Hongrie. Paris, 32 p. 8°.

Pamphlet contre Andrássy, Eötvös et Beust.

Bidermann, H. J. La loi hongroise sur les nationalités, dans ses rapports avec le passé et le présent de la Hongrie. R. de droit intern. et de légis. comp., t. I, p. 513-549, t. II (1870), p. 20-41.

Keleti, Charles. Statistique officielle de la Hongrie. Rapport présenté au VIIe Congrès intern. de stat. à La Haye. Pesth, 82 p. 8°.

Perrot, Georges. L'Autriche d'autrefois. Les Confins militaires et leur législation. — R. des deux m. 1er nov.

Petruccelli della Gattina. Maurice Zápolyi. Les soirées des émigrés à Londres. R. moderne, t. 50, janv.-févr.

Récit romanesque de la journée du 15 mars 1848 et de la Révolution hongroise. Partisan de Kossuth, hostile à Görgey.

Taillandier, Saint-René. Bohême et Hongrie, xve siècle-xixe siècle. Paris, xii-506 p. 16.

Contient : La poésie hongroise au xixe siècle : Petoefi Sandor. — Les rapsodes de l'histoire nationale. — Le comte Ladislas Teleki. —

Le comte Stéphan Széchenyi. Études parues dans : R. des deux m. 15 avr. et 1er sept. 1860, 1er janv. 1861, 1er août et 15 oct. 1867. — V. Journ. des Sav. 1870, p. 524.

Invasion de souris en Hongrie. R. brit. déc.

1870

Beauvois E. — C. r. sur Thomsen : Influence des langues gothiques sur les langues finnoises. R. crit. I, p. 65.

Cihac, A. de —. Dictionnaire étymologique daco-roman. Francfort sur le Mein, 1870-1879.

T. II, p. 475-540, Éléments magyars.

Dora d'Istria. La poésie populaire des Magyars. R. des deux m. 1er août.

Glatter, Notices ethnologiques sur les races habitant la Hongrie. — Matériaux, t. VI, p. 343-344.

Grisebach, Carl. Antiquités de la vallée de la Vaag (Hongrie). Ibid., t. VI, p. 36-38 (d'après Archiv für Anthrop).

Laveleye. — La Prusse et l'Autriche depuis Sadowa. Paris. v. Année 1868.

Perietziano-Buzeu. La Transylvanie et son union forcée avec la Hongrie. R. contemp. 15 févr.

Pulszky, Fr. Monuments de la domination celtique (en Hongrie), R. arch., II.

Cf. E. Collamand : Monuments de la domination celtique en Hongrie de Pulszky (édit. de l'Acad. hongr.) R. d'anthrop., 1880, p. 687.

Rambaud, Alfred. L'Empire grec au xe siècle. Paris.

P. 346-363, Les Hongrois.

Ronna, A. Les blés de Hongrie. — Journ. d'agric. pratique, 7 avril.

Sayous, Edouard. C. r. sur Budenz : Études sur les langues ougriennes. R. crit., I, p. 57.

Correspondance du Marquis de **Ferriol**, ambassadeur de Louis XIV à Constantinople. Édit. Emile Varenbergh. Anvers, 394 p. 8° (Ann. de l'Acad. d'archéologie de Belgique).

D'après deux mscrits de la Bibl. de Gand. Lettres de 1699 à 1709. Détails sur Tököli et Rákóczi.

Dans la forêt. Récit de la Hongrie (Nouvelle). Bibl. univ. R. suisse, sept.-oct.

L'Empire austro-hongrois et la politique du Comte de Beust. Esquisse politique des hommes et des choses de 1866 à 1670, par un Anglais. — Paris et Bruxelles, 260 p. 8° et 4 cartes.

Trad. de l'angl., Bibl. Min. aff. étr.

Notice contenant de nouvelles recherches et des documents inédits sur sainte Elisabeth de Hongrie et le sort de ses restes mortels. — Mulhouse.

1871

Borchgrave, Emile de — Essai historique sur les colonies belges qui s'établirent en Hongrie et en Transylvanie pendant les XIe, XIIe et XIIIe siècles. — Bruxelles, VIII-126 p. 4°. Mém. de l'Acad. de Belgique, t. 36.

L'auteur a fait des recherches en Hongrie.

Desbordes-Valmore, H. et **Ujfalvy**, Ch. E. Poésies magyares. Pétoefi Sandor. Trad. — Paris, 282 p. 16.

Cf. Petőfi en France, R. de Hongrie, 1909, mai.

Lévy, Daniel. L'Autriche-Hongrie, ses institutions et ses nationalités. Paris, XXXI-309 p.

Étude sérieuse, traite l'époque de la Révolution jusqu'au dualisme. V. Perrot, R. des deux m., 1872, 15 mai. Bibl. nat. M 29143.

Tissot. J. V. La veuve Kérèkes, Nouvelle trad. du hongrois. Le Corresp. 25 juill.

D'après une trad. all.

Ujfalvy, Charles-Eugène, La langue magyare, son origine, ses rapports avec les langues finnoises ou tchoudes, ses particularités. Versailles, 40 p. 8°.

Revue militaire de l'étranger, 1871-1910.

On trouve dans cette revue des centaines d'articles sur l'armée *austro-hongroise*. De même dans la Revue d'artillerie (1872-1910), mais l'armée n'ayant rien de spécifiquement hongrois, il suffit de renvoyer aux Tables générales de ces deux Revues. V. sur la *honvéd*, R. milit. de l'étr., t. 21, 22 et 29.

1872

Bagréeff-Spéranski, Mme. La couronne de Hongrie (Nouvelle.) Bibl. univ., R. suisse, oct.

Bataillard, P. Les derniers travaux relatifs aux Bohémiens dans l'Europe orientale. Paris, 80 p.

V. du même : Quelques mots sur les Bohémiens hongrois, Bull. Soc. d'anthrop., 1869, p. 549-552 ; Les Bohémiens hongrois à Paris, ibid., 1871, p. 216-224.

Béchard, Frédéric. De Paris à Constantinople. Notes de voyage. Paris, VII-258 p. 12°.

> A paru d'abord dans le Corresp. (avr.-juin 1870), sous le titre : Les vacances d'un journaliste; p. 67-91, sur la Hongrie.

Bidermann, La législation hongroise depuis l'année 1848, précédée d'un coup-d'œil rétrospectif sur l'histoire du droit hongrois. R. de droit intern. et de légis. comp., t. IV, p. 221-301.

— La législation autonome de la Croatie et aperçu de l'histoire du droit croate. Ibid., t. VIII (1876), p. 215-292.

Chambrier, J. de — Un peu partout. De Neuchâtel au Bosphore. Paris.

> P. 115-130 sur Pest.

Sayous, Edouard. La Hongrie et les partis magyars depuis la guerre. R. des deux m., 1er juin.

— La poésie populaire hongroise pendant la guerre de 1848-1849. Ibid., 15 août.

— Histoire des Hongrois et de leur littérature politique de 1790 à 1815. — Paris, XIV-283 p. 12°.

> C'est une partie de l'Histoire générale des Hongrois. — V. Journ. des Sav., 1872, p. 267, R. crit., 1872, I, p. 223. R. des deux m., 1872, 15 mai.

— Notice sur une carte philologique de la Hongrie. Bull. Soc. géogr., avril, p. 440-443.

— C. r. sur Budenz : Études linguistiques ougriennes; Europaeus : Les langues finno-hongroises, R. crit., I, p. 174.

— C. r. sur L. Arany et P. Gyulai : Recueil de poésies populaires hongroises. Ibid., II, p. 366.

Ujfalvy, La Hongrie, son histoire, sa langue et sa littérature. — Paris.

> Etude trop sommaire, de 11-97 pages ; p. 99-232, trad. de morceaux choisis des poètes magyars, surtout de Petöfi. V. Georges Perrot, R. des deux m. 1872, 15 mai. Sayous, R. crit., 1872, I, p. 174. Bibl. nat. M 34615.

Le budget de 1871 du ministère de l'agriculture en Hongrie (d'après une brochure de Ladislas de Wagner). Bull. Soc. nat. d'agric., p. 755-759. — Cf. L. de Wagner : sur la situation agricole et économique de la Hongrie en 1872. Ibid., 1873, p. 222-229.

1873

Desbordes-Valmore et **Ujfalvy**, Poésies magyares. Choix et traductions. — Paris, 319 p. 16.

Desjardins Ernest et **Romer** Floris, Monuments épigraphiques du Musée national hongrois. — Budapest, 140 p. et 55 pl. fol.

Keleti, Exposé géographique et statistique (de la Hongrie) à l'occasion de l'Exposition universelle de Vienne. — Budapest, vi-407 p.

Mary, Vie de sainte Elisabeth de Hongrie. — Paris et Tournai.

Matkovič, le Dr Pierre. La Croatie et la Slavonie au point de vue de leur culture physique et intellectuelle. Mém. pour l'Expos. univ. de Vienne. Zagreb (Agram), iv-191 p. 8°.

Millaud, A. Voyages d'un fantaisiste. Vienne, le Danube, Constantinople. Paris.

> P. 128-164 sur la Hongrie.

[**Picot** Emile], Les Serbes de Hongrie. Leur histoire, leurs privilèges, leur église, leur état politique et social. Prague et Paris, 474 p. 8°, 2e édit. avec le nom de l'auteur, Paris, 1874, 385 p.

> V. A. Hovelacque, R. bibliogr. de philol. et d'hist., t. I (1874), p. 97.

— C. r. sur Paul Hunfalvy : La langue vogoule de la Konda. R. de ling. et de philol. comp., t. V, p. 307. — C. r. sur Iakchitch : Décroissance de la population serbe en Hongrie. R. d'Anthrop., t. II, p. 362.

Pavet de Courteille. Etude sur les Monuments linguistiques ouïgouriens de Vámbéry. Journ. asiat., I, p. 377-412.

Poulain H. Les Huns et les champs catalauniques. Mém. Soc. d'émulation du Doubs, p. 231-308 avec 4 pl.

Sayous, L'établissement de la Réforme en Hongrie. Bull. Soc. pour l'hist. du protestantisme, t. XXII.

— C. r. sur Paul Hunfalvy : Voyage dans les provinces finnoises de la Baltique. — Bull. Soc. géogr., I, p. 535-547. C. r. sur Donner : Histoire des études sur les langues ouralo-finnoises. R. crit., I, p. 43 ; Weske : Essais sur la grammaire comparée des langues finnoises. Ibid., II, p. 290.

Vinson J. C. r. sur Budenz : Etudes ougriennes. R. de ling. et de philol. comp., t. V, p. 3o3.

Zeiller, Extrait d'un ouvrage de M. Faller sur l'Académie des Mines et des forêts de Schemnitz (Hongrie), Ann. des Mines, 7ᵉ s., t. III, p. 437-450.

— et Henry, Mémoire sur les roches éruptives et les filons métallifères du district de Schemnitz. Ibid., p. 207-401.

C. r. sur Schwicker : Histoire du Banat de Temesvár. R. crit., II, p. 401.

L'Europe orientale, son état présent, sa réorganisation. Paris, xii-231 p. Passim.

1874

Adam, Lucien. L'harmonie des voyelles dans les langues ouralo-altaïques. Paris, 76 p.

> P. 42-44, 61 et suiv. sur la langue magyare. V. J. Vinson, R. de ling. et de philol. comp. t. VII, p. 179.

Aspelin J. R. Etudes archéologiques sur le Nord finno-ougrien. Trois mémoires lus au Congrès internat. d'anthrop. et d'arch. préhist. à Stockholm. — Stockholm, 15 + 25 + 25 p. 8º.

Bailleux de Marisy. Les chemins de fer de l'Etat en Autriche. — Le Banat de Temeswar. R. des deux m. 1ᵉʳ avr.

Bataillard, Les Tsiganes, d'après les lettres, les ouvrages et les chroniques de... Boldényi, Gerando. Paris, 3o p.

Gigon, Alfred. Introduction du christianisme en Hongrie. R. Suisse cath. p. 6o3-615,

Grünwald, Maurice. Quelques observations sur les affinités du turc avec le magyar. R. de philol. et d'ethnogr. T. I.

Frantz, Robert. La musique des Tziganes. R. des deux m. 15 oct.

Horn J. E. Aperçu de la situation économique de la Hongrie. Journ. des Econ. 3ᵉ s., t. XXXV, p. 451-459.

Hunfalvy, Paul. Essai d'une grammaire ostiake. R. de philol. et d'ethnogr., t. I.

Jókai, Maurice. Un Nabab hongrois. Roman, Paris et Bruxelles, 2 vol. 201 et 207 p.

— Aventures dans un vieux château. Trad. par M. Guttenstein. Le Nord 9-16 déc.

Koskinen Y. De l'origine des Huns. R. de philol. et d'ethnogr., t. I.

La Tour, G. de — Souvenirs de la vie militaire en Autriche. R. de France, janv.-avril.

> Les deux dernières parties, sur la Hongrie, avec des détails intéressants et des lettres inédites du romancier Jósika.

Reclus, E. Voyage aux régions minières de la Transylvanie occidentale (1873). Le Tour du monde, t. XXVIII, p. 1-48.

Sayous, Les Origines et l'époque païenne de l'histoire des Hongrois. — Paris, 128 p.

> Première partie de l'Hist. générale des Hongrois. V. Gaidoz et Charencey, R. des quest. hist. 1875, t. 17 et 18. G. Monod, R. crit. 1874, II, p. 298. Zeller, Acad. des sciences mor. et pol., t. 103, p. 179. — Ujfalvy, R. bibliogr. de phil. et d'hist., t. I (1874), p. 159.

Szilágyi, A. Actes et documents pour servir à l'histoire de l'alliance de Georges Rákóczy, prince de Transylvanie avec les Français et les Suédois dans la Guerre de Trente-Ans, publiés par —. Budapest, VI-491 p., 8°.

> On y trouve tous les documents concernant la Hongrie dispersés dans le Corps diplomatique de Du Mont et dans les 4 in-fol. des Négociations secrètes touchant la paix de Munster et d'Osnabrug, La Haye 1725, avec quelques documents inédits.

Ujfalvy. Mélanges altaïques. Paris, 200 p.

> Le berceau du peuple magyar. — Migration des Finnois de l'Ouest. — Choix de poésies finnoises. Cf. Pavet de Courteille, R. bibliogr. de philol. et d'hist. 1874, sept.

— Etude comparée des langues ougro-finnoises. — Bibliographie altaïque. C. r. sur Donner : Dictionnaire comparé des langues finno-ougriennes ; Budenz : Dictionnaire comparé hongrois-ougrien ; P. Hunfalvy : Mythologie magyare ; Edelspacher : Eléments roumains dans la langue hongroise. — R. de philol. et d'ethnogr. t. I (1874) et II (1876).

Wiener, L'agriculture en Hongrie. R. scient. 7 févr.

L'ancienne bibliothèque de Mathias Corvin à Bude. Bull. du bibliophile, p. 573-575 (d'après Edinburgh Review).

Notice sur les travaux du parlement hongrois en 1872-1873. Avec les principaux textes législatifs promulgués. Annu. de légis. étr., p. 256-286.

> Cet Annuaire donne tous les ans (1874-1910) sur la rubrique : *Hongrie*, des Notices et la trad. des lois votées. Les Notices sont dues à

E. Horn (1874-1875), Paul Hoffmann (1876-1878), François Nagy (1879-1881), D. Nagy (1882 et suiv.). Des jurisconsultes français (Lyon-Caen, Dareste et d'autres) ont fourni également des Notices et des commentaires.

1875

Bailleux de Marisy, Les finances de l'Autriche-Hongrie. R. des deux m. 15 janv.

Bataillard, Sur les origines des Bohémiens ou Tsiganes, avec l'explication du nom Tsigane. Paris, 31 p., 8°.

Bols, L. Consul de Belgique à Budapest. Rapports sur la Hongrie. — Bruxelles, Rec. cons. belge, t. 21, p. 259-278, p. 432 (Commerce, navigation); *1876*, t. 22, p. 382-403, p. 667; *1877*, t. 23, p. 42-115 (état écon. en 1876),

Földváry, A. Les Ancêtres d'Attila. Etude historique sur les races scythiques. Paris, 199 p., 12°.

> Veut démontrer la filiation entre les Celtes, les Scythes, les Huns, les Turcs, les Avares et les Hongrois. Des étymologies impossibles. V. R. de philol. et d'ethnogr., t. I.

Horn, J. E. La Crise financière en Hongrie. — Conférence faite à Budapest. Trad. du hongrois. Journ. des Econ., 3ᵉ s., t. 37, p. 286-297. Ibid. t. 40, p. 293. Nécrologie de Horn.

Keleti. Statistique viticole. I. partie. Viticulture de la Hongrie, 1860-1873. Trad. par Fr. Schwiedland. — Budapest, 247 p., 4°.

Sayous, L'invasion des Mongols en Hongrie dans les années 1241 et 1242. — Acad. des Sciences mor. et pol., t. 104, p. 145.

— Les relations de la France avec les princes de Transylvanie pendant la guerre de Trente ans. Ibid. p. 599.

— Les pasteurs hongrois et les galères de Naples (1674-1676). Bull. Soc. de l'hist. du protestantisme fr. t. XXIV.

— C. r. sur Teutsch : Histoire populaire des Saxons de Transylvanie. R. crit. I, p. 179.

Ujfalvy, Étude comparée des langues ougro-finnoises. Prem. partie. Paris, 106 p.

— Sur l'importance de la voyelle *i* dans les suffixes des langues ougro-finnoises. — Actes de la Soc. philol. t. V, p. 312-315.

L'agriculture en Hongrie. — Econ. fr. 28 août. — On trouvera dans les *Lettres d'Autriche* de cette revue de nombreux renseignements sur la Hongrie.

1876

Bataillard, Sur les origines des Bohémiens ou Tsiganes. Avec une réponse de G. de Mortillet. Paris, 48 p. 8°.

Bougeault, Alfred. Histoire des littératures étrangères. Paris.

> T. I. p. 493-510. Hist. de la litt. hongroise. — Résumé trop rapide, d'après Kertbeny et Saint-René Taillandier.

Bourgeois, Léon. Études sur les peuples slaves et l'Europe orientale. IV. La Hongrie. Paris, s. d. (1876 ?) 233 p. + 35 p. de documents.

> Edit. de la Conférence Tocqueville. Bien informé. Quelques pages ont été réimprimées dans R. de Hongrie, 1908, mars, Bibl. Nat. 8° M 260 (oublié dans le Cat.). — Cf. Les Travaux de la Conférence Tocqueville sur l'Europe orientale. R. pol. et litt. 1876, p. 232.

Cyrille (baron d'Avril). — De Paris à l'île des Serpents à travers la Roumanie, la Hongrie et les bouches du Danube. Paris, 309 p. 12°.

> P. 1-17 et 270-289 sur la Hongrie.

Déchy, Maurice. Préface du catalogue des ouvrages graphiques et cartographiques (exposés à l'occasion du Congrès de stat.). Budapest, 7 p. 4°.

Gaidoz, Henri. Les nationalités de la Hongrie. — Les Serbes du Banat, leur histoire et leur état politique. R. des deux m. 15 août.

[Grisza, Auguste]. Principis Francisci II Rákóczi Confessiones et Aspirationes principis christiani. Budapest.

> P. 1-380 Texte lat. des Confessions, p. 381-589 texte lat. et fr. des *Aspirations d'un prince chrétien*. Cf. Inv. Bibl. nat. fonds lat. 13628.

Hampel, Joseph. Catalogue de l'Exposition préhistorique des Musées de province et des collections particulières de la Hongrie, arrangée à l'occasion de la VIII° session du Congrès international d'archéologie et d'anthropologie préhistoriques. Budapest, iv-160 p. Illustré.

> V. du même : Sur la Collection préhistorique du Musée national de Budapest. Bull. Soc. d'Anthrop. 1877, p. 515-520.

Himly, Auguste. Histoire de la formation territoriale des États de l'Europe centrale. Paris, 2 vol.

> T. I. p. 372-489 sur l'Autriche-Hongrie. — 2e édit. 1894.

Hirschfeld, le Dr J. Les eaux minérales les plus fréquentes de la Hongrie. — Vienne, 146 p. 8°.

Hovelacque, A. Les Slaves du Sud en Hongrie. — La Réf. écon. t. III.

> Les Chroniques (Autriche, Autriche-Hongrie) de cette revue contiennent des renseignements sur la Hongrie.

Keleti, Ch. et **Beöthy**, L. Statistique de la Hongrie. Livre de poche rédigé à l'occasion du IXe Congrès intern. de statistique. Budapest, s. d. 161 p. 16. Texte hongr. et fr.

> Cf. F. X. de Neumann-Spallart. Le IXe Congrès inter. de statistique à Budapest. — Econ. fr. 19 août, Maurice Block, ibid. 16 sept.

Körösi, Joseph. Statistique internationale des grandes villes. Budapest, Paris et Berlin.

> T. I. p. 1-16. T. II. p. 35-60 sur Budapest.

L. L.-C. r. sur Szavitz : L'insurrection serbo-hongroise de 1735. R. crit. II, p. 283.

Leger, L. C. r. sur : Rački : Actes de la Conjuration de Zrinyi et de Frangipan. R. hist. t. II.

Levasseur, E. Le Congrès de statistique de Budapest. Acad. des Sciences mor. et pol. t. 106, p. 868.

Maïnof, V. Les Mordvines. R. de philol. et d'ethnogr. t. II.

Quicherat, J. Un architecte français du xiiie siècle en Hongrie (Ravèse ?) R. arch. II, p. 248.

> Cf. Rómer F. Observations sur l'architecte français Ravèse. Ibid. 1877, I, p. 129.

Sayous, L'état présent et l'avenir de la Hongrie, — R. des deux m., 1er avr.

— Les rois capétiens de Hongrie (1301-1382). Acad. des sciences mor. et pol. t. 106, p. 103.

— La politique et les guerres de Mathias Corvin. Ibid. p. 364.

> Chap. détachés de l'Hist. générale des Hongrois.

— Les publications historiques de l'Académie hongroise, 1874-75. R. hist. t. I.

— Histoire générale des Hongrois. — Paris, t. I, s. d. le second porte : 1876, 2 vol. xxxi-467 et 482 p. 8°.

Ouvrage capital. le plus complet et le meilleur que nous ayons sur la Hongrie ; depuis les origines jusqu'au Congrès de Vienne (1815). Dans la 2ᵉ édit. (Budapest et Paris, 1900, 562 p. gr. 8°, avec de nombreuses illustr.) on a supprimé la notice bibliographique et les notes ; on a, parfois, abrégé le texte. Dolenecz et André E. Sayous ont ajouté un résumé de l'histoire des Hongrois de 1815 jusqu'au Compromis de 1867 (p. 506-558), mais l'Histoire du xixᵉ siècle hongrois reste encore à faire. — V. J. Reinach, dans : Études de littérature et d'histoire, 1889 (Sayous ; l'article date de 1877). R. de France, 1877, t. XXI, p. 315. Le Corresp. 1877, t. 107. Acad. des sciences mor. et pol., t. 107, p. 316. R. crit., 1900, N° 30. — R. univ., 1901, févr. — Merc. de France, 1901, janv. (Lettres hongroises de Chélard). Journ. des Sav., 1901, p. 395. Rambaud, Acad. des Sciences mor. et pol. 1901, I, p. 393. L. Pisani, Polybib., 1901, t. 91. p. 255. R. Lavollée, R. d'hist. diplom., 1902. L. Leger, R. hist., t. 79, p. 175 et Bibl. univ. R. suisse, 1901, sept.

Schott, W. La langue des Tschouwaches (trad. du latin). R. de philol. et d'ethnogr. t. II.

Simonyi, S. Classification des langues ougriennes proposée par Budenz. R. de philol. et d'ethnogr. t. II.

Ujfalvy, Éléments de grammaire magyare. — Paris, 125 p.

P. 9-80. Grammaire, trop sommaire et embrouillée; p. 81-125. Textes.

Le Congrès international de statistique à Pesth. — La Réf. écon. t. IV.

Loi sur l'organisation des affaires de l'hygiène publique (sanctionnée le 3 avril 1876) avec une préface par le Dʳ L. Grósz. — Budapest, 62 p. 8°.

V. du même auteur sur cette loi et sur les Mesures sanitaires en Hongrie. Journ. d'hygiène, 1878, p. 417, 425 ; 1879, p. 109, 205, 312 ; p. 522. Reconstruction de Szeged au point de vue de l'hygiène.

Mezöhegyes. Haras de l'état royal hongrois, situé dans le comitat de Csanád. S. d. n. l. (1876 ?) (Budapest), 15 p. 16.

1877

Asseline, Louis. Histoire de l'Autriche depuis la mort de Marie-Thérèse jusqu'à nos jours. — Paris.

P. 13-24, 182-235, 306-360 sur la Hongrie.

Chantre, E. L'Exposition hongroise d'anthropologie et d'archéologie préhistorique de Budapest en 1876. Toulouse, 60 p. 8°. Illustr.

Tir. à part des Matériaux, t. 13. Cf. R. d'anthrop., 1878, p. 288.

Cornet, François-Léopold. Sur un gisement de combustible dans les Alpes de la Transylvanie. Liège, 12 p. avec 2 pl.

Dozon, A. Le Chevalier Jean. Conte magyar par Alexandre Petœfi, suivi de quelques pièces lyriques du même auteur. — Paris, VIII-101 p. 12°.

Gautier, Th. L'Orient. T. I. Le Danube et les populations danubiennes d'après les aquarelles ethnographiques de Th. Valério. Paris.

   P. 23-46 se rapportent à la Hongrie.

Gerando, Attila de — Les Karpathes centrales. R. de géogr. t. I, p. 249-261.

   — Résultats géographiques du cadastre de la Hongrie. Ibid. t. II, p. 214-217.

   — La politique des Magyars (réponse à Juillerat). Ibid. p. 373.

   — Les voyageurs hongrois dans la Péninsule des Balkans. — Béla Erödy en Roumélie. — Ibid. p. 401-413.

Hébert, Edmond. Recherches sur les terrains de la Hongrie et du Vicentin par MM. Hébert et Munier-Chalmas. R. scient. N° 13, sept.

La Tour, G. de — Les Zrinyi. Etude sur les luttes des Turcs et des Hongrois au XVIe et au XVIIe siècles. R. de France, t. XXII.

   Sur le héros de Szigetvár et sur le poète ; bien informé.

Leger, Louis, François Deák et la Hongrie. Bibl. univ. R. suisse. févr.

   Cf. Nouvelles études slaves, 1880, p. 347-382. M. Leger sait que Deák n'était pas un Slave.

Lejeune, Ph. La Hongrie agricole et ses haras. Compte rendu d'une excursion agricole à Mezöhegyes. Paris, br.

Dr **Leo**, L'organisation médicale en Hongrie. Gaz. obstétricale, p. 209-212.

Rômer, François-Florian. Les manuscrits et miniatures de la Bibliothèque Corvinienne. — L'Art, p. 25-30. III.

Sayous, Mémoire sur une mission en Hongrie. — Arch. des Missions scient. et litt., t. XIX, p. 99-133.

   Sur les sources de l'histoire de Hongrie ; forme l'Introduction de l'Histoire générale des Hongrois.

Congrès international d'anthropologie et d'archéologie pré-

historiques. Compte rendu de la VIIIᵉ session à Budapest, 1876.
— Budapest, 2 vol. I, XL-706 p. 8°, II, 187 + 108, CXXVII pl.

Le t. II contient : Résultats généraux du mouvement archéologique
en Hongrie avant la VIIIᵉ session du Congrès intern. d'anthrop. et
d'arch. préhist. par François-Florian Rómer (187 p.) et : Trouvailles
de l'âge de bronze en Hongrie par Joseph Hampel (108 p. avec
127 pl.). Les deux travaux ont paru aussi à part, celui de Hampel,
avec le titre : Antiquités de l'âge de bronze en Hongrie. — V. sur ce
Congrès : R. scient., 1877, juin et août, A. Bertrand, Bull. Soc. des
Antiquaires de France, 1876, p. 178-182. Dʳ E. Magitot : Lettres de
Hongrie, écrites à l'occasion du Congrès d'anthrop. et d'arch. préhist.
(Session de Budapest). Paris. 1876. Cazalis de Fondouce dans :
Matériaux, 1876, oct. et nov., p. 417-481.

Le Musée agricole de Pest. — Mag. pitt., t. 45, p. 10, 34, 42.

L'émission de 150 millions de rentes hongroises. — Les
chemins de fer hongrois, — Econ. fr. 31 mars et 7 juill.

Manuscrits de Mathias Corvin donnés par l'empereur des
Ottomans au Musée national hongrois. — Bibl. de l'Ecole des
Chartes, t. 38, p. 492-495.

Revue des publications hongroises relatives à l'antiquité
classique. R. de philol., de litt. et d'hist. anciennes, 1877-1910.
Ces extraits sont signés : Paul Hunfalvy (1877), E. Ponori
Thewrewk (1878-86), E. Fináczy (1887-88), I. Kont (1889-1910).

Sur les transformations de la constitution féodale dans l'Empire austro-hongrois. — Extraits d'une lettre adressée à
M. F. Le Play. — Annu. des Unions (de la paix sociale) pour
l'an 1876, p. 115-123. — Tours et Paris.

1878

Alglave, Emile. Les Hongrois et la Bosnie. — R. scientif.,
t. XV, nº 16 (avec une lettre de Helfy à Alglave).

Bedö, Albert — Description économique et commerciale
des forêts de l'Etat de Hongrie. Budapest, 208 p. 4°.

Cf. le rapport de Bouquet de la Grye, Bull. Soc. nat. d'agric.,
1879, p. 102-107.

Bertha, A. de — La musique hongroise et les Tziganes.
R. des deux m. 15 août.

Dékány, Associations de dessèchement en Hongrie. —
Budapest, 51 p. 8°.

Dietz, Projet de création d'une banque commune à l'Autriche
et à la Hongrie. Bull. soc. de légis. comp., p. 354-358.

Donner O. Revue de la philologie ougro-finnoise dans les années 1873-1875 (trad. par Sayous). Mém. Soc. de ling., t. III, p. 81-94.

Gerando Attila de — Les Tschangos. R. de géogr., t. III, p. 282-288. — Les voyageurs hongrois dans la péninsule des Balkans. M. Joseph Szabó en Serbie. — Ibid., p. 435-444.

Gérin, Un avocat hongrois de la Turquie (Vámbéry). La Réf. écon., t. X.

Henszlmann, E. Les monuments de l'époque romane en Hongrie. R. arch., I, p. 47-51, 81-93.

Keleti, Rapport sur l'état de l'agriculture en Hongrie. Présenté au Congrès intern. de Paris. — Budapest, viii-240 p. 8º.

Körösi. Sur l'anthropométrie des races de Hongrie. Bull. soc. d'anthrop., p. 308-309.

Lamarre, Clovis, **Wiener**, Henry et **Demény**, Paul : L'Autriche-Hongrie à l'Exposition de 1878. Paris, 278 p. 16. — Avec un aperçu historique. — Cf. Bérard-Varagnac, La Hongrie, ses ressources agricoles et minières, et son avenir économique. — Écon. fr. 7 sept.

Peÿ, Alexandre. L'Exposition scolaire de l'Autriche-Hongrie. R. pédag. II, p. 43-52.

Pulszky, Charles. Ornements de l'industrie domestique de la Hongrie. Texte par —, planches par Fréd. Fischbach. Budapest. Introduction (7 p.) en fr. Texte hongr. all. et fr. — 40 pl.
    Bibl. B.-Arts, 1353 F.

Reclus, E. Nouvelle géographie universelle. Paris.
    T. III, p. 289-387 : Hongrie et Transylvanie; p. 452-482; Situation générale de l'Austro-Hongrie.

Saissy, Amédée, Poèmes hongrois. Trad. en vers de dix poésies d'Arany, Petöfi, Gyulai, Szász, Greguss et Zichy. Dans : Egyetemes Philologiai Közlöny, t. II. — V. de même la trad. en vers d'une ballade d'Arany, dans : Literarische Berichte aus Ungarn. T. II (1878).

Sayous. Nécrologie de Michel Horváth, historien hongrois. R. hist. t. VIII, p. 485.

Ujfalvy, Rapport sur les langues ougro-finnoises (présenté à

la Soc. philol. de Londres). — R. de philol. et d'ethnogr.,
t. III.

Weisz, B.-F. Les caisses d'épargne scolaires en Hongrie.
Budapest, 56 p. 16.

> Bibl. Mus. Soc.

De Paris à Constantinople par le Danube. Esquisses et souvenirs de voyage. Paris, 101 p.

> P. 25-31 sur la Hongrie.

Exposé sur le développement (1867-1877) et sur l'état actuel de l'instruction publique, des sciences et des arts en Hongrie. Budapest, 46 p.

> Rapport officiel rédigé dans un mauvais français.

La Hongrie, ses nationalités, son avenir. — Paris, 72 p.

> Réfute les accusations des Slaves et des Roumains; expose la loi sur les nationalités.

Le Musée de Pest. Gaz. des b.-arts, t. XVII.
L'année économique en Hongrie. — Les chemins de fer hongrois. — Écon.fr. 19 janv. 20 avr. et 4 mai.

Les eaux minérales de la Hongrie. — Budapest, 147 p.

> Sans valeur. V. Literarische Berichte aus Ungarn, III, 420.

Mémoire sur la partie du Danube qui s'étend des frontières occidentales de la Hongrie jusqu'à son entrée en Roumanie... et sur la rectification du Danube près de Budapest. — Budapest, 15 p. 4°.

Renseignements sur les voies et communications de la Hongrie (Expos. univ. de 1878). — Budapest, 45 p. 8°.

1879

Arvède Barine. La *poésie* hongroise (à propos des traductions de Von der Heide et de Neugebauer). R. pol. et litt. t. 23, p. 1211.

Hecht, le Dr L. — Les colonies lorraines et alsaciennes en Hongrie. — Nancy, 54 p. et une carte. Mém. Acad. de Stanislas, 1878.

> V. E. Levasseur, Acad. des sciences mor. et pol., t. 115, p. 178 (1881).

Hegedüs, Alex. La situation économique de la Hongrie. — Econ. fr. 7 et 4 juin, 12 juill.

Lahovard et **Tauffer**, Législation relative aux aliénés. — R. pénit. (Bull. Soc. gén. des prisons) p. 55-58.

Leger, Histoire de l'Autriche-Hongrie. Paris (5e édit. 1907).

> Chapitres assez détaillés sur la Hongrie, avec une bibliogr. V. A. Rambaud, R. pol. et litt. 1889, juill.

Magitot, E. Rapport sur les questions ethnographiques et anthropologiques au Congrès de Pest. — Arch. des Missions scient. et litt., t. XX, p. 283-329, 4 pl.

Martinet, Le code pénal hongrois. — Bull. Soc. de légis. comp. p. 205-216.

Morin, Sur l'inondation de la ville de Szeged en Hongrie. — Paris, 9 p. 4°.

Prijateli, G.-L. Trois mois en Croatie. Souvenirs de voyage en Autriche-Hongrie. — Paris, 131 p. 12°.

Reinach, Joseph. Voyage en Orient. Paris, 2 vol.

> T. I, p. 67-99 : Le Danube, Budapest.

Roux, Xavier — L'Autriche-Hongrie. Paris et Bruxelles, xx-262 p.

> Point de vue clérical. A paru d'abord dans : R. du monde cath. 1878.

Stein d'Altenstein, baron J. — Consul de Belgique à Budapest. Rapports sur la Hongrie.

> Rec. cons. belge, t. 25, p. 606-743 (sur la richesse nationale, d'après les rapports officiels) ; p. 852-856 (foire annuelle de Budapest) ; t. 26 p. 490-496, t. 27, p. 213-217 (industrie meunière) ; *1880*, t. 28, p. 289, 409, 459 : t. 29, p. 97, 101, 197, 203, 329 ; t. 30, p. 109, 399 ; t. 31, p. 5, 15 ; 131-262, 277, 293 ; t. 33, p. 85-91, 225-229 ; t. 34, p. 107, 181, 357, 481 ; *1881*, t. 35 passim, t. 37, p. 5-101, p. 247, 299, 343 ; t. 38, passim ; *1882*, t. 39, p. 71, t. 40, p. 320, t. 41, p. 143, 188-222 ; *1883*, t. 44, p. 380-437 ; *1884*, t. 46, p. 283 ; *1885*, t. 51, p. 193, *1886*, t. 54, p. 5-144 (à propos de l'Exposition), p. 451.

Stratowich, Esquisse sur le dualisme austro-hongrois. Conférence prononcée à l'Institut Canadien. — Québec, 36 p.

> Causerie sur Beust et Andrássy. Bibl. Min. aff. étr.

Türr. Szegedin et les inondations de la Tisza. Les portes de fer du Danube (Communication faite à la Soc. de géogr. le 6 juin 1879). — Paris, 8 p. 4°.

Zsigmondy, Le puits artésien de Budapest ; extrait d'un mémoire de —. Ann. des Mines, 7e s., t. XV, p. 635.

Les résultats financiers des sociétés par actions de Budapest.
Econ. fr. 26 nov. — D'après Jos. Körösi.

1880

Beauvois, E. C. r. sur Donner : L'affinité des langues
ougro-finnoises. R. crit. II, p. 231.

Bonnier, Gaston. Note sur l'organisation de l'enseignement
supérieur en Hongrie et en particulier sur l'enseignement supérieur des sciences. Soc. pour l'étude des questions d'ens. sup.
p. 327-365, et à part.

> L'auteur a visité la Hongrie en 1879. — V. R. scient. 8 janv. 1881.

Cahun, Léon. Le véritable Attila. Nouv. R. 15 avril.

Gerando-Teleki, Antonine de — Les fils de l'homme au cœur
de pierre. Roman de Maurice Jókai, trad. du hongrois. Paris,
368 p.

Hegedüs, Alex. Lettres de Hongrie. — Econ. fr. 24 juill. —
1881, 7 mai, 1882, 1er avr., 20 mai, 19 août, 1883, 3 févr.

> Ces Lettres sur l'état économique et financier sont très bien docu-
> mentées.

Hunfalvy, Paul. Le peuple roumain ou valaque. Etude sur
son origine. Tours, 52 p. C. r. du Congrès tenu à Vienne par
la Soc. fr. d'arch., sept. 1879.

Kossuth, Souvenirs et Ecrits de mon Exil. Période de la
guerre d'Italie. Avec une Préface de Kossuth pour l'édition
française et un portrait. Paris, 346 p., 8°.

> C'est le seul volume des Mémoires qui ait paru en fr. (il y en a 10
> dans l'édit. hongroise). V. Valbert, R. des deux m. 1880, 1er déc. Co-
> riolis, Nouv. R. 1er juin 1881.

Metternich, le prince Clément de — Mémoires, documents
et écrits divers laissés par le prince de Metternich. Publiés par
son fils, classés et réunis par A. de Klinkowstroem. — Paris,
1880-84, 8 vol.

> T. IV, p. 197-206, Epoque de la Diète de Presbourg (1825), p. 243-
> 257. L'opposition à la Diète de Presbourg de 1825. (Lettre d'Etienne
> Széchenyi à Metternich avec les observations de ce dernier), t. VII,
> p. 52-64, Sur la situation en Hongrie (1844), t. VIII, p. 495-501. Sur
> la situation en Hongrie (1849). V. encore l'Index S. V. Apponyi,
> Esterházy. Károlyi, Kossuth, Széchenyi etc.

Saissy, Marie. Le vieux comédien. Nouvelle de Paul Gyulai.
Trad. du hongrois. Budapest, 90 p.

Stœrk, F. La littérature juridique récente de la Hongrie. R. de droit intern. et de légis. comp., t. XII, p. 131-136 t. XIII (1881), p. 524-530.

> C. r. très sommaires.

Szabò, Joseph. Sur la classification et la chronologie des roches éruptives tertiaires de la Hongrie. Paris, 4 p., 8°. Extr. du C. r. du Congrès intern. de géol. (1878) de Paris.

Tissot, Victor. Voyage au pays des Tziganes. La Hongrie inconnue. Paris, 536 p., 8°.

> Le même ouvrage a paru, en 1883, sous le titre : La Hongrie de l'Adriatique au Danube. Impressions de voyages, 412 p., 4°. Ill. Ce livre a soulevé l'indignation de la presse hongroise. V. A. Neményi, Gazette de Hongrie, 6 mai 1880. Gaz. des b.-arts, 1883.

— Sur le Danube (chap. détaché de cet ouvrage) R. de France, 1879 et 1880, t. 38 et 39.

— La Hongrie inconnue. Le Corresp. 1879 et 1880, t. 115-118.

Ujfalvy. Expédition scientifique française en Russie, en Sibérie et dans le Turkestan. III. partie. Les Bachkirs et Vêpses et les antiquités finno-ougriennes et altaïques. — Paris, 170 p. et pl. — VI. partie. Atlas archéologique des antiquités finno-ougriennes et altaïques de la Russie, de la Sibérie et du Turkestan. — Ib. VIII et 23 pl.

Ulbach, Louis. Le tapis vert. Roman imité de Jókai. — Paris.

Undset, Ingvald. Etudes sur l'âge de bronze de la Hongrie. I. Les Fibules, les Epées. — Christiania et Paris, 158 p., 8° et 18 pl.

> Cf. H. Hildebrand ; Sur les rapports existant entre l'âge de bronze de la Hongrie et l'âge de bronze scandinave. C. r. du Congrès de Stockholm, p. 536-552. — V. E. Beauvois. Matériaux, t. XVII, p. 34 (1882-83).

Gazette de Hongrie. Journal politique, financier et littéraire.

> Ce journal hebdomadaire fondé par A. Saissy a publié de nombreuses études et traductions. Nous relevons les suivantes :
>
> *Année 1880.* A Saissy : Causeries sur la littérature magyare ; Le Parnasse magyar contemporain ; L'Amour de Toldi (analyse et trad. d'un chant); Vörösmarty. — J. Haraszti ; Lettre à Marbeau ; Les Prolétaires et Mukányi de Csiky. — Trad. Paul Gyulai : Le vieux comédien (nouvelle) et la poésie : A la campagne. — Jókai : La tour de Dagö.
>
> *Année 1881.* A Saissy : Tompa. G. Zichy : La sorcière de Leányvár, poème en XII chants (analyse par A. S.) Jókai : Deux historiet-

tes; Grégoire Sonkolyi; Le revenant. — Gyulai: Eloge de Vörösmarty;
La poésie populaire des Magyars (avec de nombreuses trad.); la poésie
lyrique des Magyars. — Pákh : Un jour de la vie d'un précepteur
(nouvelle). — Eötvös : Pensées. — Papp : Mon premier examen. —
Hist. littéraire des Magyars. — Szigligeti : Liliomfi (comédie). —
Vadnai : Le baron et sa fille (nouvelle). — Etude sur Pákh. — Les
Jacobins en Hongrie (d'après Fraknói). — Etude sur Arany (avec de
nombreuses trad.). Etude sur Eötvös. — La jeunesse de Rákóczi
(d'après Thaly). — Etude sur Bánk-bán (d'après Gyulai). — Etzelburg (d'après Heinrich); Etude sur le Favori de Teleki. — Madách :
La tragédie de l'homme (trad. des principales scènes; suite en 1882).

Année 1882. Poésies de Greguss. — Mme Déry et ses Mémoires. Nécrologie de Kertbeny. — Les Discours de Deák. — Les Arts en Hongrie. — La Hongrie sous Joseph II (d'après Marczali). Etude sur Paul
Gyulai (avec de nombreuses trad.). Jókai : Mes contemporains ; La
blessure invisible ; Le Cagliostro hongrois (Hatvani) ; La 1002ᵉ nuit ;
Petites nouvelles ; Pater Péter (roman trad. par Mme de Jankovich.
V. la trad. du même roman : R. de Hongrie, 1911. Mikszáth : La dette
d'Anna Bede; La bonne fortune de Paul Szücs ; Le drame des deux
métairies ; Ce païen de Filcsik. — Porzó (Ágai) : Le premier enfant.
— Fraknói : La Hongrie et la Ligue de Cambrai (suite en 1883).
P. Hunfalvy : D'où vient la haine contre la Hongrie. — Vámbéry :
L'origine des Magyars. — Gyulai : Les drames de jeunesse de Katona.
— Jókai : Petőfi. — Nécrologie de Jean Arany (avec de nombreuses
trad.). — A. Szécsen : La Diète de 1839-40.

Année 1883. Agai : Types de femmes hongroises. — Varga : Etude
sur Szász (avec des trad.). — Trefort : Etude sur Eötvös. — Berczik :
C'est une fille (nouvelle). — Abonyi : La vieille veste (nouvelle). —
Pulszky : Louis Kossuth, reporter. — Gyulai : Les femmes devant
leur miroir (nouvelle). — Wertheimer : Napoléon et la Hongrie. —
Kállay : La Hongrie aux frontières de l'Orient et de l'Occident. —
A. Zichy : La fête (nouvelle). — Eötvös: Novella. —Jókai jugé par lui-
même. — Dóczy : Le dernier amour (analyse de la pièce avec la trad.
de quelques scènes). — Mikszáth : Le mariage de Jean Lupcsek ; Le
jugement de Salomon (nouvelles).

Année 1884. Mikszáth : Comment a été mangé le fils du chantre
(nouvelle). Le Violon (conte tzigane) de Wlislocki. — Mme Adam :
La patrie hongroise (extraits). Chroniques de A. Sasvári. — Articles
politiques de Beksics et de Pulszky. — Berczik : Le petit agneau (nouvelle). — Gyulai : Une mère (suite en 1885). Chroniques théâtrales
(sur les pièces de Csiky, Rákosi etc.).

Année 1885. A. Kardos. Développement de la littérature hongroise
(suite en 1886). — Tábori : Beniczky-Bajza Lenke. Trefort : Eloge de
Lukács et de Lónyay. — Berczik: La reine du bal (comédie.) — Jókai :
Ne recherchez pas la beauté. — La Visite des Français en Hongrie.
— Joseph Kiss : Poésies (Mlle Agota, Judith Siméon). — L'industrie
et l'art hongrois. — Vadnai : Une flamme éternelle (nouvelle). —
Vörösmarty : Orlay (nouvelle) (suite en 1886).

Année 1886. Berczik : Les affaires publiques (comédie). — Sebök :
Othello après le cinquième acte (nouvelle).

Année 1887. S. Pozzi : Les habitants de la Hongrie anciens et modernes. — Berczik : Histoire d'une barbe (nouvelle). — Jókai : I love you (nouvelle).

Année 1888. Jókai : L'amusement forcé (nouvelle). — Berczik : Virginie (nouvelle).

En 1886 la *Gazette de Hongrie* a pris le titre : *Revue de l'Orient* pour devenir en 1887 : *Gazette de Hongrie et Revue Orientale.* Depuis 1890 elle parait sous le titre : *Revue d'Orient et de Hongrie*, et elle s'occupe surtout des pays balkaniques au point de vue financier et commercial.

1881

Bellanger, Justin. Les Impériaux en Hongrie, ou le maréchal Bassompierre et le marquis de Lassay, 1603-1685. Etude historique. R. de France, juillet, p. 266-293.

Czobor, Béla. Trésor de l'Eglise métropolitaine d'Esztergom. Planches photographiques d'objets d'art décrites par —. Trois albums. Texte fr. et hongrois. Esztergom (Strigonie).

Demombynes, G. Les constitutions européennes. Paris, 2 vol. — 2ᵉ édit. 1883. P. 242-303 Hongrie.

Dubois, Albert. L'Autriche-Hongrie à vol d'oiseau. Notes d'un touriste. Paris, br.

Gerando, Attila de — Etude sur les hautes plaines de la Transylvanie. R. de géogr., t. IX, p. 161-179, t. X (1882), p. 1-20 et 321-349.

Guillaume, Paul. Recherches historiques sur les Hautes-Alpes. 2ᵉ partie. Les Sarrasins et les Hongrois. Gap.
> Chap. II. Double invasion des Hongrois (924-926, 942 — 953), p. 109-117. Bibl. Maz. 48119.

Láng, Louis. Les finances de la Hongrie et de l'Autriche de 1867 à 1877. Conférence par —. Paris, br.

Liszt, F. Un Tzigane. Souvenir. R. pol. et litt. 9 juill.

Marbeau, E. La Bosnie depuis l'occupation austro-hongroise. Paris, 67 p.
— L'Instruction publique en Hongrie. Paris, 30 p. Extr. du Corresp. janv.

Meignan, Victor. Le Comte Kappyanyi, récit hongrois. Paris. — Roman.

Niox, Gustave. Géographie militaire. Paris.
> Tome IV. Europe centrale. Autriche-Hongrie, p. 119-158.

Renaud, Georges. Les Magyars en Europe. R. géogr. intern. p. 177-182.

> Cf. la lettre de M. Körösi, Ibid. p. 117 : Les Magyars et les Slaves en Europe, et l'article de Jean Hunfalvy : Les Magyars et les Slaves, Ibid. 1882, p. 41-47.

Rœssler, Etienne. La législation hongroise depuis 1872. R. de droit intern. et de légis. comp. t. XIII. p. 135-145.

— La législation hongroise et le droit d'auteur. Ibid. t. XVII (1885) p. 487-503.

Romuald, N. M. Le rôle social de la noblesse en Hongrie et les causes de sa décadence actuelle. La Réf. soc. 15 avr.

— La constitution politique et administrative de la Hongrie. Ibid. 15 juill.

Servain, le Dr Georges — Histoire malacologique du lac Balaton en Hongrie. — Poissy, 125, p. 8° Bibl. nat. 8° S. 5964.

Török, Aurèle — Sur une série de dix-huit crânes valaques de Transylvanie (avec la discussion de Topinard) Bull. Soc. d'Anthrop. p. 175-184.

Türr. Mémoires et notes au sujet de l'utilisation des cours d'eau du royaume de Hongrie, Rome, 34 p. 8°. — Paris, 1885.

Ulbach, Louis. Le mariage de Pouchkine. Roman imité de Jókai. — Paris.

Vallon, Georges du — Chez les Magyars. — Paris, 244 p. Roman.

Zeller, J. La diplomatie française vers le milieu du xvie siècle — Paris.

> Chap. VII. Guerre de la succession de Hongrie, p. 211-236.

G. L'Instruction publique en Hongrie. R. pédag. I. p. 179-195 (d'après une étude d'Emericzy paru dans le Paedagogium).

Musée de Pest. Vase antique en cuivre plaqué d'argent et damasquiné (trouvé en 1831). Mag. pitt. t. 49, p. 113.

1882

Apáthy. L'enseignement public en Hongrie. R. intern. de l'ens. I. p. 451-475. — Suite et fin en 1884, II, p. 20-30, 112-142.

Champier, V. L'Année artistique — 4e Année.

> P. 288-291 sur la Hongrie.

Felméri, Lettre de Hongrie. (sur l'enseignement) R. intern. de l'ens. — Sur l'enseignement du droit. Ibid. p. 174-176.

Gerando, Attila de — La vallée du Zsil et le chemin de fer de Piski à Petrozsény (Hongrie). — R. de géogr. t. X, p. 217-219.

Julia, Alfred. Le Csikos. L'amour à cheval. Paris, 352 p.

> Roman tiré de l'époque de la Révolution mêlé à des impressions de voyage. V. Gaz. de Hongrie, 1882, juillet. Un chap. de ce livre : « Dans le Tátra » R. géogr. intern. 1882, p. 61-64 avec un Avant-propos. — Cf. du même auteur : La Hongrie, conférence populaire. R. géogr. intern. 1881, p. 49-52.

Labat, Dr A. Les eaux minérales de Pesth (Hongrie) Gaz. des Eaux, p. 113, 121, 129, 138, 146.

> La même étude dans : Ann. Soc. d'hydrologie médicale de Paris. 1881-82, t. 27, p. 109-137. Du même : Origine des eaux thermales et minérales de Pesth. Bull. Soc. géol. de France, 1882, p. 229-236. Cf. les études de A. Rottureau dans le Dict. encycl. des sciences médicales, s. v. Ofen, Szliács.

Nagy, Ernest de Felsö-Oer. La petite industrie en Hongrie. La Réf. soc. 15 févr.

Neményi, A. Le parlement hongrois. Nouv. R. 1 nov.

Schwicker, H. Densité et diminution de la population en Hongrie. Ann. de démogr. intern. p. 51-62 (d'après Statistische Monatsschrift). — Ibid. p. 63-65 : Les nationalités en Hongrie (d'après une communication de Keleti à l'Acad. hongr.).

Szabó, J. Classification macrographique des Trachytes de la Hongrie. IIe Congrès géol. intern. Bologne — p. 211-221. Ibid., p. 497-507 le rapport du Comité de Budapest sur l'unification de la nomenclature géologique.

Szemere, A. de — Visite à l'Exposition des livres au palais de l'Académie. — Budapest, 46 p. 12°.

Valerian, Ursiano. L'Autriche-Hongrie et la Roumanie dans la question du Danube. — Jassy, 120 p. 8°.

Abrégé du Bulletin de la Société hongroise de géographie 1882-1910.

> On y trouve la trad. française de certains articles des Földrajzi Közlemények. Cet abrégé a paru de 1882-1886 entièrement en français, 124, 130, 112, 136 et 170 p. 8°. De 1887-1910 en plusieurs langues (fr. all. angl. ital.). Nous y relevons outre les Rapports annuels, Alad. Ballagi : La ville de Hódmezö-Vásárhely; Charles Pápai: L'île de Csepel et ses habitants; Gabr. Téglás, plusieurs études sur l'ancienne Pannonie et la Dácie, les c. r. sur les travaux du Comité du

lac Balaton; E. Findura : Topographie et statistique du comitat d'Esztergom; Alad. György : Au pied du Bihar; Philippe de Saxe-Cobourg : La vallée du Murány; Márki : Nos cartes murales historiques; B. Gerster : Routes et plans de chemins de fer reliant les comitats Gömör et Szepes; G. Trenko : Hydrographie du Bodrog-Köz.

1883

Courajod, L. Observations sur deux bustes du Musée de sculpture de la Renaissance au Louvre. Gaz. des b.-arts, II, p. 24-42 (sur Béatrice d'Aragon, femme de Mathias Corvin). — Cf. Du même : sur un buste de Béatrice d'Aragon. Bull. Soc. des Antiquaires de France, 1877, p. 51-52, avec 3 pl.

Dareste, F. R., avec la collaboration de P. Dareste. Les Constitutions modernes. Paris.

> T. I, p. 328-358 : Autriche-Hongrie, p. 388-415. Hongrie, lois de 1791, 1848 et 1867; p. 416-437 Croatie. — 3e édit. 1910, p. 390-427, le Dualisme, p. 464-503. Hongrie, Bibliogr. détaillée.

— **Dessewffy,** Arpad. Poésies d'Alexandre Petöfi. (Trad. de trois poésies). R. intern. (de Gubernatis). T. I. — Trad. d'une poésie de G. Zichy. — Ibid. T. III (1884).

L. F(elméri). L'enseignement moyen et supérieur, 1881-82 (en Hongrie). R. intern. de l'ens., I, p. 301-304.

Fontpertuis, Ad. F. La Hongrie, son territoire, ses populations et leur condition sociale. — Econ. fr. 17 févr. Idem : Les pays sud-slaves de l'Austro-Hongrie. Ibid. 3 nov.

Gerando, Attila de — Les travaux de la Société de géographie de Budapest sur la géographie de la Hongrie. R. de géogr., t. II, p. 201-212.

Morel, M. Les Juifs et la Hongrie devant l'Europe (Affaire de Tisza-Eszlár). — Paris, 63 p. 8°.
> Cite l'opinion des principaux journaux parisiens.

Nagy, Ernest. La transformation de la Hongrie sous l'influence des idées occidentales. La Réf. soc. 1er avr.
— Courrier hongrois. Ibid., 1er sept. et 1884, sept.

Parmentier, le général — Vocabulaire magyar-français des principaux termes de géographie et de topographie. Paris, 47 p. Association fr. pour l'avancement des sciences. Congrès de La Rochelle.

Picot, E.-C. r. sur : Souvenir de l'Exposition bibliographique de Budapest. R. crit., II, p. 492.

Sayous, La Hongrie et la Ligue de Cambrai. — Acad. des sciences mor. et pol. t. 120, p. 196 (A propos de l'ouvrage de M. Fraknói).

— Extrait des Századok, Revue hist. hongroise. R. hist., t. XXII.

Soubeyran, Adrien — Bohême et Hongrie. Souvenirs de voyage. — Paris.

> P. 80-104 sur la Hongrie (Selmecz, Budapest).

Tourzo, Comte. Dans les Karpathes. — La mort de Charles de Durazzo. — Paris, 304 p.

> Deux récits romanesques, le premier du xiiie siècle, le second de 1381.

Valbert, G. (Cherbuliez). L'affaire de Tisza-Eszlár. R. des deux m., 1er août.

Vértesy, Arnold. Le vieux garçon. Nouvelle trad. du hongrois par H. Pigeon. R. du monde cath., 15 oct.

Vigneron, Abbé Lucien — Entre les Alpes et les Carpathes. Autriche-Hongrie. Paris, édit. s. d. 316 p. éd. de 1883, 383 p., éd. de 1884, 378 p., 8°.

> P. 163-212, Agram et Budapest; 213-234, Sur le Danube; 235-271, L'archi-abbaye de Martinsberg (Pannonhalma).

Bains et sources d'eaux minérales du trésor du royaume de Hongrie. — Budapest, 1883.

Mémorandum rédigé et publié par le Comité de l'assemblée générale des représentants des électeurs roumains réunis à Hermanstadt les 12, 13 et 14 mai 1881. — Paris, 96 p.

1884

Abonyi, Louis. Le veston. Episode de la catastrophe de Szeged. Nouvelle trad. du hongr. par Mme de Gerando-Teleki. R. intern. T. IV.

About, Edmond. De Pontoise à Stamboul. Paris.

> P. 21-27, sur la Hongrie.

Adam, Madame (Juliette Lamber). La Patrie hongroise. Souvenirs personnels. — Paris, 327 p. 8°.

> Ces souvenirs ont paru d'abord dans la Nouv. R. (1884). — Beaucoup de sympathie; causeries charmantes sur la politique, l'état social, le paysage et quelques illustres Hongrois : Kossuth, Jókai, Pulszky, Gyulai, Liszt. — V. H. G. Montferrier, R. pol. et litt., 1884,

oct. R. hist., 1885, t. XXVII, p. 224. — J. d'Antibes, Les Matinées
esp. 1884. II, p. 307-310. — Ad. F. de Fontpertuis, Econ. fr., 29 nov.
(La grande propriété, l'agriculture et les paysans).

Barret, L. Port de Fiume. Rapport au Min. des travaux
publics de Hongrie sur la fixation du mode de développement
du port de Fiume. — Marseille, 167 p. 4°, fig. et pl.

Berecz, A. L'enseignement géographique en Hongrie. R. de
géogr., t. XIV, p. 165-168.

Bresson, Note sur l'état actuel de la métallurgie du fer et de
l'acier en Autriche-Hongrie. — Mém. et c. r. des travaux de la
Soc. des ingénieurs civils, I, p. 201-234 (nombreux renseignements sur la Hongrie).

Dareste, P. — C. r. sur Tarnai : Jurisprudence hongroise
(revue). Bull. Soc. de légis. comp., p. 581 ; sur Csemegi : Projet
de loi sur la procédure pénale hongroise. — Ibid., 1885, p. 179 ;
sur F. Nagy : Droit maritime hongrois, 1894, p. 485.

Fraknói, Guillaume. L'Académie hongroise en 1883. R.
intern. T. III.

— Le baron Burgio, nonce de Clément VII en Hongrie,
1523-1526. — Ibid. T. IV, p. 453-497.

— L'Académie hongroise en 1884. Ibid. T. VIII (1885).

Gerando, Attila de — Kolojvár. R. de géogr., t. XV, p. 161-
168.

Guizot, G. Munkácsy et Baudry. Gaz. des b.-arts, t. XXIX.
V. sur les tableaux de Munkácsy dans la même revue : t. IV, p. 43
(1870), VIII, p. 39 (1873), X, p. 46 (1874), XIV, p. 22 (1876), XVI,
p. 80 (1877), XVIII, p. 204 (1878), XXIII, p. 485 (1881), XXVI, p. 82
(1882), 1890, I, p. 467, 1891, II, p. 396.

Keleti, La Hongrie dans ses relations internationales. R.
intern. T. IV, p. 348-373.

Kuun, Géza. Les origines hongroises (à propos de l'ouvrage
de Vámbery). R. intern. T. II, p. 465-495.

Leger, La Save, le Danube et le Balkan. Paris, 238 p.

Lónyay, Melchior. Discours d'ouverture de la séance solennelle de l'Académie hongroise. R. intern. T. III.

Marczali, Henri. Le grand projet de l'empereur Joseph II,
R. intern. T. V, p. 510-528.

Marga, A. Géographie militaire. Paris, 3ᵉ édit. 2ᵉ partie.
Principaux États de l'Europe.

T. II. Autriche-Hongrie. P. 1-37, Généralités, p. 106-136, Région hongroise, p. 137-148, Défense de la Hongrie.

Mikszáth, Coloman. La dette d'Anna Bede. Nouvelle trad. du hongr. R. intern. T I.

Molinier, E. Exposition rétrospective d'orfèvrerie à Budapest. — Gaz. des b.-arts. II, p. 522-534.

Nuellens, A. Lettre de Budapest. R. internat. t. I.

> Sur Jókai : L'écho de quarante années et sur deux romans de Mikszáth : La petite noblesse et le peuple, La très noble famille.

Ollivier, J. H. Études hongroises (La Sainte Couronne de Hongrie. Tisza-Eszlár, Budapest, L'Ile Ste-Marguerite, Erlau, Caczioth, Veszprém).

> Ces études ont paru dans la R. contemp. et dans Le Corresp. 1882-1885.

Sayous, C. r. sur P. Hunfalvy : Die Ungern oder Magyaren, R. hist., t. XXIV, p. 420 ; — sur E. Nagy : Codex diplomaticus hungaricus andegavensis, t. II. Fraknói : Monumenta comitialia regni Hungariae, t. VII. Szilágyi. Mon. com. regni Transylvaniae, t. VII. Ibid., t. XXV, p. 415.

Schulhof, Géza. Collection des lois pénales de la Hongrie. — Budapest, 2 vol.

> Titre, introduction et table en fr. texte en hongr.

Sorel, Albert. Recueil des Instructions données aux ambassadeurs et ministres de France depuis le Traité de Westphalie jusqu'à la Révolution française. — Autriche, par —. Paris.

> Hongrie et Transylvanie, passim.

Pologne, par Louis Farges, Paris, 1888.

> Sur la mission d'Avaugour, de du Héron, d'Akakia. Nombreux documents concernant la Hongrie et les princes de Transylvanie.

Szana, Th. Coloman Mikszáth. — R. intern. T. III, p. 302-311.

— La poésie hongroise contemporaine. Ibid. T. VI (1885), p. 623-638.

Szász, Charles. Jean Arany. R. intern. T. IV, p. 145-159.

Tardieu, Ambroise. Voyage en Autriche et en Hongrie. — Moulins, 24 p. 8°.

> P. 14-16, sur la Hongrie. Insignifiant.

Trifonoff, P. François Liszt. Esquisses biographiques. 3 articles. R. intern. T. IV.

Ujfalvy, C. r. sur Lenhossék : Fouilles de Szeged-Oethalom (Hongrie). Bull. Soc. d'Anthrop., p. 352-358 (avec la discussion de Topinard).

V. la Nécrologie d'Ujfalvy, Polyb., 1904, t. 100, p. 270.

Wohl, Janka. Lettre de Budapest (sur Liszt, Zichy et Madách). R. intern. T. I. — Le comte Széchenyi (à propos des publications de A. Zichy). Ibid. —Traduction d'une poésie de G. Zichy). Ibid. — L'Exposition d'orfèvrerie à Budapest. Ibid. T. II.

J. S. Le deuxième Congrès des instituteurs de la Hongrie. R. pédag., I, p. 67-69.

X.--C. r. sur F. Pulszky : L'âge de cuivre en Hongrie. R. intern. T. V.

Lois et règlements en vigueur jusqu'à ce jour concernant les archives du royaume de Hongrie. Budapest, 31 p. 8°.

V. Bibl. de l'École des Chartes, t. 45, p. 699.

1885

Badin, A. Deux épisodes du voyage des Français en Hongrie. R. pol. et litt. sept.

Berczik, Arpad. La reine du bal. Comédie en un acte. Trad. par Hippolyte Pigeon. Budapest, 37 p.

Dareste, R. Mémoire sur les anciens Monuments du droit de la Hongrie. Paris, 33 p. 8°.

Dreyfus, Abraham. Chez nos amis les Hongrois. Impressions de voyage. — R. pol. et litt. août.

Du Chastel de la Howarderie, P. A. Preuves des extravagantes prétentions de la famille roturière Chanel, dite de Crouy-Chanel de Hongrie et de la légitimité de la maison princière de Croy-Dülmen. Tournai, 30 p. 4°.

Felméri, L. Les débats parlementaires relatifs à la loi de l'enseignement secondaire. — R. intern. de l'ens., I, p. 56-63.

Gaal, Eugène. La crise agricole. Budapest, 149 p.

Gerando, Attila de — Formation de la nationalité hongroise (d'après l'ouvrage de Paul Hunfalvy : Ethnographie de Hongrie). R. de géogr. t. XVI, p. 161-168, t. XVII, p. 34-40, 122-130, 199-207, t. XVIII (1886), p. 114-121.

Greif, Francisque. Les Magyars et les Roumains de Transylvanie. R. du monde latin, t. VI, p. 297-311.

Gubernatis, Angelo de — La Hongrie politique et sociale. Florence, 357 p. 8°.

> Causeries intéressantes. V. Thomas Emery dans R. intern. T. VII, p. 833 (1885).

György, Aladár. Statistique officielle de la Hongrie. Son histoire et son développement. — Budapest, 111 p. 8°.

Henry Victor. C. r. sur Winkler : Peuples et langues ouralo-altaïques ; L'ouralo-altaïque et ses groupes. R. crit. I, p. 303, II, p. 461.

Joanne Paul. Autriche-Hongrie, Tyrol, Bavière méridionale. Paris.
— États du Danube et des Balkans. — Hongrie méridionale. — Paris, 1888.

Körösi, J. Catalogue raisonné de l'Exposition du bureau de statistique de la ville de Budapest. — Berlin, 54 p. 8°.

Kun, S. Le programme de l'avenir. Observations raisonnées sur quelques passages du discours récent de Mgr Schlauch, évêque cath. de Szathmár en Hongrie. — R. occid. t. XIV, p. 351-381. — En br. Vienne, 1885, 34 p. V. du même : Le 14 juillet à Budapest. Compte rendu et discours. Ibid., 1889, t. XXIII, p. 455. — Le positivisme à l'Univ. de Budapest (Cours de M. Buday). Ibid. 1894, 2ᵉ s. t. IX, p. 407.

Láng, Louis. Le développement de la civilisation magyare. R. intern. T. VI, p. 145-162.

Lépany, G. Expositions générales hongroises à Budapest. Le Génie civil, t. VII, n° 25.

Lostalot, Alfred de — Exposition de Budapest. — Gaz. des b.-arts, t. XXXII, p. 256-267.

Martinet, C. et **Dareste**, P. Code pénal hongrois des crimes et des délits (28 mai 1878) et Code pénal des contraventions (14 juin 1879). Trad. par — Paris, xxxvii-231 p. 8°.

> V. H. de Lestelley, R. cath. des institutions et du droit, 1886, p. 301-305.

Montferrier, H. G. Voyage de fantaisie politique en Autriche-Hongrie, en Serbie et en Bulgarie, Paris.

> P. 35-58 et 211-218 sur la Hongrie. Lettres adressées au Journal des Débats.

Myskovszky, Victor. Les Monuments d'art du moyen âge et de la Renaissance en Hongrie. Vienne, s. d. 100 pl.

Pulszky, Charles, **Radisics**, Eugène et **Molinier**, Émile. Chefs-d'œuvre d'orfèvrerie ayant figuré à l'Exposition de Budapest (de 1884) décrits par — Paris, 2 vol. in-fol. Paris, s. d. (1885 ?) vi-160 et 137 p. + 10 p. Table.

Pulszky, François. Discours d'ouverture de la séance solennelle de l'Académie hongroise. R. intern. T. VII.

Richard, Jacques. Petœfi Sandor et la Révolution hongroise.

> Article écrit en 1861 à propos de la biographie de Petőfi par Chassin ; réimprimé dans les Poésies, éditées par Auguste Dietrich. Paris, 1885. On trouve dans ce volume les six poésies imitées de Petőfi. V. sur Richard, Petőfi en France, R. de Hongrie, 1909, mai.

Rivière A. La libération conditionnelle en Serbie et en Croatie. R. pénit. p. 232-48 et 470. — V. le même sur le pénitencier de Lepoglava, Ibid. 1886, p. 7, 136, 1106, cf. 1897, p. 205-211.

Trefort, Auguste. Éloges de Lukács (de Mignet et de Thiers) prononcés à l'Académie hongroise. — Trad. par M. Arányi. — Budapest, 70 p.

— Éloge du Comte Melchior Lónyay. Trad. par H. Pigeon. Ib. 18 p.

> Cet éloge a paru également dans : R. intern. T. VII (1885).

Wohl, Stéphanie. Roses et épines. (Des pensées). R. intern. T. VI.

Xénopol, A. D. Une énigme historique. — Les Roumains au moyen âge. Paris.

> Chap. V sur les chroniqueurs et historiens hongrois. Polémique contre P. Hunfalvy. Passim.

Eaux purgatives naturelles de Saxlehner. « Hunyadi János ». Composition chimique, action physiologique et applications thérapeutiques. — Budapest, s. d. 51 p. 8°.

> La Préface est datée de 1885. — Cf. l'avis favorable de l'Acad. de Méd. Bull. de l'Acad. de Méd. 1872, p. 1199, et l'avis favorable de la même Acad. sur l'eau purgative dite royale hongroise de Budapest. Ibid. 1879, p. 279.

La croix inclinée de la Couronne de Hongrie. Intermédiaire

des chercheurs et curieux, p. 387, 470, — cf. 1886, p. 107, 1889, p. 293, 378, 523.

La Hongrie illustrée. Zurich, s. d. (1885 ?) 566 p. 16. Par un groupe d'écrivains. Le même ouvrage a paru en fascicules sous le titre : A travers la Hongrie (L'Europe illustrée). Cf. dans la même collection : Budapest, 44 ill. plan de la ville, avec un app. concernant l'Expos. nat. hongr. à Budapest en 1885, 102 p.

Nouvelles hongroises, publiées par la Gazette de Hongrie. Budapest, 136 p.

> Contient : Albert Pákh : Un jour de la vie d'un précepteur. — M. Jókai : Grégoire Sonkolyi. — A. Berczik : Le petit agneau.

1886

Barthélemy, Papiers de —, ambassadeur de France en Suisse, 1792-1797. Edit. J. Kaulek et Tausserat-Radel. Paris, 6 vol.

> De nombreux renseignements sur l'Autriche-Hongrie.

Bedö, Albert. Les forêts de la Hongrie. R. intern., t. XII.

Bigot, Charles. Grèce, Turquie, le Danube. — Paris, 3o3 p. 12°.

> Chap. XI. Sur le Danube. — Insignifiant.

Bochet et **Lebreton**, Note sur les câbles aériens établis entre Vajda-Hunyad et Vadudobri (comitat de Hunyad, Transylvanie). Ann. des Mines, 8e s. t. IX, p. 185-2o5.

Boutarel, Amédée. L'œuvre symphonique de Liszt et l'esthétique moderne. Paris, 61 p. 8°. — Extr. du Ménestrel. — Cf. R. Wagner : Les poèmes symphoniques de Liszt, trad. fr. par Calvocoressi, Paris, 1904.

Courcy, le Marquis de — La Coalition de 1701 contre la France. Paris, 2 vol.

> Détails sur Rákóczi ; Villars au Congrès de Rastatt en faveur de Rákóczi.

Delaunay-Belleville, Louis. Lois et règlements concernant les chaudières à vapeur. Paris. — P. 617-628 sur la Hongrie.

Delaville Le Roulx, La France en Orient au xive siècle. Paris, 2 vol. 518 et 333 p. 8°.

T. I, p. 211-334 : Nicopolis (1396) — et passim — t. II. Pièces jus-
tificatives — passim. (Bibl. des Écoles fr. d'Athènes et de Rome, t. 44
et 45).

Gerando, Attila — Les Nationalités non hongroises de la
Hongrie. R. de géogr. t. XVIII, p. 192-197, 263-269 (d'après
P. Hunfalvy). — Szegszárd (Hongrie) et ses environs. Notes de
voyage. Ibid., t. XIX, p. 161-172, 266-272.

Gerin, Charles. Le pape Innocent XI et le siège de Vienne
en 1683. R. des quest. hist., t. XXXIII, p. 95-147.

> D'après les documents des Aff. étr. De nombreux renseignements
> sur Thököly.

Hofmann, E. Consultation sur l'examen d'un cadavre de jeune
fille retiré de la Theiss (Affaire de Tisza-Eszlár). Arch. d'anthrop. criminelle, t. I, p. 537-574. Trad. de l'allem.

Hubert-Valleroux, Étude sur les associations profession-
nelles en Hongrie. Bull. soc. de légis. comp., p. 93-95.

Jókaï, Maurice. Le Nouveau Seigneur. Roman humoris-
tique, trad. de l'allemand (!) par Mlle H. Heinecke. — Paris,
324 p. — 2e édit. Paris, 1910.

Láng, L. La population de la Hongrie. R. intern., t. XII,
p. 820-833.

Laveleye, E. de — La Péninsule des Balkans. Vienne, Croatie. Paris, 2 vol.

> T. I, p. 35-60 sur Kállay, t. II, p. 339-343 sur la question des natio-
> nalités.

Marteau, A. L'Exposition nationale de Budapest et l'industrie en Hongrie. Bull. cons. fr. t. XI, p. 193-234.

> Ce Bulletin (1877-91) contient des notices sur Fiume, sur les vins
> et les laines de Hongrie; il fut remplacé en 1892 par les « Rapports
> commerciaux des agents diplomatiques et consulaires de France »
> publiés en fascicules.

Mayer, S. C. r. sur les ouvrages de droit pénal hongrois de
Wlassics, Eugène Balogh, Fayer. Bull. Soc. de légis. comp.
(Section des langues du Nord), 1886, 1887, 1895, 1901.

Montet, Joseph. De Paris aux Karpathes. Paris, 148 p.

> Description de Budapest, des Karpathes et de la Puszta.

Petermann, Sur le romancier Tolnai et les peintres hongrois. R. brit. déc. (dans la Correspondance).

Proth, Mario. Le voyage de la délégation française en Hongrie. — Budapest, 49 p.

Trefort, Auguste, La question du latin en Hongrie. R. intern. de l'ens. II, p. 445-447.

Ulbach, Louis. Madame Maurice Jókai. R. pol. et litt. déc.

Vámbéry, Arminius. L'origine des Magyars. R. intern., t. XI, p. 658-669. La réponse de Paul Hunfalvy, Ibid., p. 819-829.

Wohl, J. François Liszt. Souvenirs détachés. R. intern., t. XI et XII.

Xénopol, C. R. sur Nilles : Symbolae ad illustrandam historiam ecclesiae orientalis in terris Sancti Stephani. R. hist., t. 32, p. 376.

A. S. L'Académie hongroise des sciences en 1885 (Discours de Trefort et rapport de Fraknói), R. intern., t. XI.

Loi sur l'industrie du 21 mai 1884. — Bull. Soc. de protection des apprentis, t. 19, p. 360-365.

1887

Barthélemy Saint-Hilaire, Csoma de Körös. Journ. des Sav. Nov., p. 673-686.
> A propos de la biographie de Duka, Londres, 1885. V. sur le même ouvrage, L. Feer, Journ. asiat. 8ᵉ s., t. VI, p. 384-394 (1885).

Beauchet, L. Conditions des sociétés étrangères en Hongrie. Journ. du Droit intern. privé, p. 171-175.

Coppée, François. Poèmes magyars d'après Petöfi (Neuf poésies). Œuvres complètes. Poésies (1864-1887). Paris, s. d., p. 429-433.

Felméri, L. L'Université de Budapest. — R. intern. de l'ens. — Réformes dans l'enseignement secondaire, Ibid., I, p. 68-70, 493-494.

Hampel, Joseph. Antiquités préhistoriques de la Hongrie, arrangées et décrites par—. Esztergom (Strigonie), 2 fasc. 24 pl.

Jókai, Nouvelles hongroises. Paris, s. d. 32 p. Nouv. Bibl. populaire. Nº 59.
> Notice biographique (insignifiante) et trad. de deux nouvelles : Le fléau, Le chat blanc.

Király, Paul. Le Mithraeum de Sarmizegetusa (capitale de la Dacie, actuellement Várhely, en Transylvanie). R. intern., t. XIII, p. 562-583 et 757-783.

Kont, I, Etzelburg (capitale d'Attila). — R. de l'ens. des langues vivantes. févr.

> D'après un mémoire de Gustave Heinrich.

Lederer B. et **Marczali** H. Publications historiques parues depuis 1877. C. r. sur 84 ouvrages. R. hist., t. 33, p. 126-166.

Pozzi, S. Les habitants de la Hongrie, anciens et modernes. Paris, 27 p. 4°. Extr. de la R. illustrée : Les Lettres et les Arts, févr.

Sasvári, A. Dante en Hongrie. R. intern., t. XV.

> A propos de la trad. de Charles Szász ; l'article est signé Soszvary, mais c'est une faute d'impression.

Wohl, Janka. — François Liszt. Souvenirs d'un compatriote. Paris, 294 p., 16.

> Il nous est impossible de donner tous les articles et comptes-rendus sur Liszt et ses concerts. Nous ne mentionnons que les ouvrages importants et renvoyons à la bibliographie — très sommaire — de la biographie de Liszt par Chantavoine. Paris, 1910. V. encore : George Sand; Correspondance, Lettres d'un voyageur, VII. — Berlioz : Mémoires (1870). Correspondance (1879). Saint-Saëns : Harmonie et mélodie (1885), p. 155-172, Portraits et Souvenirs (1900), p. 15-34. — Eug. de Bricqueville, Franz Liszt, esquisse, Paris, 1884, 39 p., 12°. — L. Quesnel ; R. pol. et litt. mai 1883. L. Gallet : Sur la Légende de Sainte Elisabeth, Nouv. R. 15 juin 1886. — G. de Contades : Portraits et fantaisies. Paris, 1887, p. 149-162, Une soirée chez Liszt (d'après le Mercure de France, 1835) — Bertha : Franz Liszt, Nouv. R. 1897, 15 sept., p. 210-236; Du même dans : Le Merc. musical, 1907. — A. Le Roy : George Sand, Liszt et Chopin, R. des revues, 15 janv. 1903. — Brenet : Les Etudes de Liszt, Courrier musical, 1906, 15 févr. — Miss Amy Fay : Lettres intimes d'une musicienne amériricaine. Trad. de l'angl. par Mme B. Sourdillon. Paris, 1907. — (Ces Lettres datent de 1873). — Camille Bellaigue : Un bienfaiteur de Wagner (Fr. Liszt) R. des deux m. 1910, 15 oct. — En 1911 (centenaire de naissance de Liszt) on a publié de nombreuses études que nous relèverons ultérieurement.

B. G. Sz. K. L'Instruction publique en Hongrie (1885-86). R. intern. de l'ens. I, p. 209-231.

G. F. — C. r. sur L. Ováry : Les relations de Gabriel Bethlen avec la République de Venise. R. d'hist. diplom., t. I.

R. M. — C. r. sur G. Fraknói : Innocent XI. Ibid.

J. S. L'Instruction publique en Hongrie dans les années 1884-1885 et 1885-1886, d'après un rapport officiel. R. pédag. II, p. 277.

C. r. sur Lipp : Chambre sépulcrale en pierre de l'âge du bronze à Keszthely ; Wosinszky : Vases en bronze étrusques à Kurd — Matériaux, t. 21, p. 150-156 (d'après Ungarische Revue).

Catalogue des Actes de François Ier. Edit. par l'Acad. des Sciences morales et politiques, Paris, 1887-1908.

> Missions françaises en Hongrie (Rincon, Siresmes, Geys. Dodieu). Missions hongroises en France ; de nombreux actes concernant l'occupation turque, Jean I Zápolya. Pour le détail, V. Tables (t. IX et X).

1888

Bertha, A. de — François-Joseph Ier et son règne, 1848-1888. Paris, 155 p., 8°.

Beust, le comte de — Trois quarts de siècle. Mémoires. Paris.
> T. II, chap. VIII (le compromis), chap. XII, XIII.

Cahu, Th. Les armées étrangères. Autriche-Hongrie. R. pol. et litt. avr. et mai.

Duckerts J. Rapport général sur la Hongrie. Avec une carte. Bruxelles, Rec. cons. belge, t. 61, p. 177-277. Cf. Econ. fr. 7 avr.

Guillemot, Jules. Un Hongrois à Paris (Fantaisie politique). R. pol. et litt. juill.

Hœrnes, Maurice. La paléœthnologie en Autriche-Hongrie. R. d'Anthrop., p. 333-347.

Legrelle, A. La diplomatie française et la succession d'Espagne. Gand, 1888-1892.
> T. IV, p. 305 et suiv. sur l'alliance de Louis XIV et de Rákóczi. Ce chapitre, écrit d'après les documents des Arch. des Aff. étr. de Paris est plus développé dans la 2e édit. Braine-le-Comte, 1895-1899, 6 vol. avec un Index, t. V, p. 119-130, 140-142, 144-150 et t. VI, passim.

Polydore, Abbé C. — Voyages en Allemagne, en Autriche-Hongrie et en Italie. — Périgueux.
> P. 166-249 sur la Hongrie.

Rousset, Léon. Etats du Danube et des Balkans. Paris.
> IIe partie, tome I, sur la Hongrie. Ce guide, un des meilleurs, a eu plusieurs éditions (1893, 1897). V. R. crit. 1889, I, p. 475. — Cf. Voulzie, La Suisse hongroise. R. française de l'étranger et des colonies, 1893, t. XVIII. p. 30-31.

Sayous, L'Exposition Marie-Thérèse, souvenirs d'un voyage récent. — Mém. de l'Acad. de Besançon.

Slava-Roma. M. Tisza et les sympathies hongroises. R. pol. et litt. juin. — Les origines du dualisme en Autriche. Ibid. juill. — L'établissement du dualisme autrichien. Ibid. sept. — L'incident Strossmayer. Ibid. oct.

Thomas, Gabriel. Du Danube à la Baltique. Descriptions et souvenirs. — Paris.

> P. 285-306 sur la Hongrie.

Ulbach, Louis. La Csárdás. Notes et impressions d'un Français en Autriche, en Hongrie, en Roumanie etc. — Paris.

> P. 31-125 sur la Hongrie, notamment sur le voyage des écrivains et artistes français en 1885 sous la conduite de M. de Lesseps.

— **Wohl**, Stéphanie. Clinquant, peinture de la société hongroise. Roman trad. du hongrois (Aranyfüst). R. intern., t. XX et XXI.

A. C.-C. r. sur Fournier : Le commerce en Hongrie et en Pologne au xviiie siècle. R. crit., I, p. 193.

B. C. K. B. Etat de l'instruction publique en Hongrie (1886-87). R. intern. de l'ens. II, p. 232-247.

K. La Hongrie à l'Exposition (de Paris). — A. T.-M. Tisza. Nouv. R. int. 15 juin.

Les églises orientales dans l'Empire ottoman et l'Autriche-Hongrie. R. pol. et litt. juill.

1889

Anethan, Jules d' — L'Archiduc Rodolphe, R. d'hist. diplom. t. III.

Bertha, L'Archiduc Rodolphe. Le Kronprinz. L'écrivain. Paris, 161 p., 8°.

Beugny d'Hagerue, G. de — La Hongrie et la Transylvanie. Le Danube et Budapest. Lille, 38 p.

> Sympathique à la Hongrie, mais hostile aux Juifs. Peu de valeur.

— De Paris en Transylvanie. R. du monde cath., sept.-déc.

Drapeyron, L. L'archiduc Rodolphe et son œuvre géographique. R. de géogr., t. XXIV, p. 210-213.

Feichtinger de Baranya-Nádasd, A. Note sur le projet de code de procédure pénale hongrois. (D'après le projet de loi de Jules de Wlassics). Paris, 11 p., 8°. Bull. Soc. de légis. comp.

Fraknói, G. Rapports diplomatiques de la Hongrie avec la France au commencement du xvie siècle. R. d'hist. diplom. t. III.

Ambassade en Turquie de Jean de **Gontaut Biron** baron de Salignac. 1605 à 1610. Correspondance diplomatique et documents inédits. Edit. Th. de Gontaut Biron. — Paris, xiv-451 p., 8º.

> Hongrie et Transylvanie, passim. V. le mscrit de cette Correspondance, Bibl. nat. fonds fr. 16145 et 16146.

Hamel. Exposition universelle. Les Ecoles étrangères. Autriche-Hongrie. — Gaz. des b.-arts, II, p. 255-256.

Henry, Victor. C. r. sur Grunzel : L'harmonie vocalique des langues ouralo-altaïques. R. crit. I, p. 121.

Jarry, E. La vie politique de Louis de France duc d'Orléans (1372-1407). — Paris.

> P. 4-16, sur le projet de son mariage avec Catherine de Hongrie, fille de Louis le Grand, de la maison d'Anjou. Dans l'Appendice se trouvent les documents concernant ce projet. V. Inv. Arch. nat., J. 458.

Kuun, Géza. Etude sur l'origine des nationalités de la Transylvanie. R. d'ethnogr., t. VII, p. 223-272.

Lafenestre, G. La peinture étrangère à l'Exposition universelle. R. des deux m. 1er nov.

> P. 151-152 sur Munkácsy.

Maïnof, W. Les restes de la mythologie mordvine. — Journ. Soc. finno-ougrienne. T. V. Helsingfors, p. 1-159.

> Bibl. nat., 8º Z 14567. Les rapports annuels de cette Soc. sont rédigés en fr.

Malon, B. Le socialisme en Hongrie. — R. socialiste, mars.

Matter, Paul. La Constitution hongroise, 1848-1860. Ann. de l'Ecole des sciences pol. V. R. hist. 1890, t. 44.

Sayous, Un voyage à Budapest. — Bibl. univ. R. suisse, mars.

— Etudes sur la religion romaine et le moyen âge oriental. — Paris.

> Dans ce vol. se trouvent : Essai sur l'introduction slave et finnoise dans la chrétienté (ixe-xive siècles). — Le cardinal Buonvisi, nonce du pape et la Croisade de Bude (d'après les travaux de Fraknói et de Károlyi).

Simond, Ch. Les Contes d'Orient et d'Occident. Paris.

> P. 155-165 : L'enfant perdu, conte hongrois de Jósika.

Stokvis, Manuel d'histoire de généalogie et de chronologie de tous les Etats. Leyde.

> T. II, p. 402-409 : Hongrie et Transylvanie.

Szendrei, Jean — Catalogue descriptif et illustré de la Collection de bagues de Madame Gustave de Tarnóczy. Avec 3oo gravures. Paris, LVI-384 p. 16. Description de 1100 bagues, précédée d'une étude sur les bagues en général.

> C. r. sur Marczali : La Hongrie sous Joseph II. R. hist. t. 39, p. 411.
> Le c. r. est de B. Lederer, voy. année 1906.

L'Unification des tarifs de chemins de fer en Hongrie. Journ. des Econ. 4ᵉ s., t. 47, p. 425-429. Cf. Baum, C. Ibid. 5ᵉ s. t. I, p. 178-195, A. Raffalovich, Econ. fr. 13 juill. — Paul Leroy-Beaulieu, Ibid. 1890, 24 et 31 mai. — G. Michel, ibid., 1892, 24 sept.

1890

Bataillard, P. Les débuts de l'immigration des Tsiganes dans l'Europe occidentale au xvᵉ siècle. Paris, 31 p. 8º.

Cahu, Th. Des Batignolles au Bosphore. Paris.

> P. 10-35 sur Budapest. Peu de valeur.

Delabarre, Les Conditions du travail en Autriche-Hongrie. Paris & Nancy.

> P. 67-104, Hongrie.

Duckerts, J. Rapports sur la Hongrie. — Bruxelles.

> Rec. cons. belge, t. 69, p. 457-470 ; t. 70, p. 153-160 ; cf. 1891, t. 73, p. 462-66 (Exposition de Temesvár, Portes de fer), 1892, t. 75, p. 246-302 (Dalmatie, Bosnie et Herzégovine).

Gerando, Attila de — Le défilé du Bas-Danube depuis Báziás jusqu'à Orsova. — R. de géogr. t. 27, 28, 30, 32 et 33.

> Tir. à part avec un index, 1894.

Matter, Paul. La Constitution hongroise, 1861-1889. Ann. de l'Ecole des sciences pol.

Mikszáth, Kálmán de — Scènes hongroises, trad. (du hongrois) par E. Horn. Préface de François Coppée. Paris, VIII-99 p. fol. 15 pl. en couleur.

> Contient les 15 contes suivants : Le petit agneau, La dette d'Annette, Les beaux cheveux des filles de Péri, Une paire de petites bottes, Le veuvage de Sophie Timár, Filcsik le païen, Le miracle de la Bagy, Le bonheur de Paul Szücs, La vieille Galanda, La Vierge de Gózon, Les deux fermiers, La « Robe de la Reine », Les chevaux

du pauvre Jean, Les enfants, Madelon. — M. Horn a encore traduit les nouvelles suivantes de Mikszáth : Le Nid à mariages (Le Temps 1887, n°ˢ 9432 et 9433); Encore une histoire de comitat (Suppl. litt. du Petit Journal, 1889, no 287); Le bandit (Le Siècle, 1893, n° 21174 et suiv.) Lapaj, le célèbre joueur de Cornemuse (R. hebd. 1895, oct.) Biens à vendre (Le Temps 1896, oct.) Le petit Allemand (Le Soleil du Dimanche, 1897, n° 7); L'Incendiaire, Ibid., n° 44, Le Caftan (Le Temps, 1902, 31 oct.-11 nov.) ; La tache noire (Journ. des Débats, 1903, juin).

Moireau, A. Le Comte Jules Andrássy. R. pol. et litt. mars.

Rougane de Chanteloup, Cᵗᵉ. Excursion agricole en Hongrie. — Clermont-Ferrand, 24 p. 8° (Extr. du Journ. d'Agric. pratique, 1885).

Xénopol, C. r. sur Densusanu : Principes de la constitution hongroise. R. hist t. 43, p. 396.

B. C. K. B. Etat de l'instruction publique en Hongrie (1887-88). R. intern. de l'ens. I, p. 164-184.

1891

Bánfi S. L'enseignement secondaire en France jugé par un Hongrois (sur le livre de Fináczy). R. intern. de l'ens. I, p. 124-136.

Angot, L'abbé — Guy XX de Laval, sa conversion, son expédition en Hongrie, sa mort. — Laval, 39 p. 8°.

Blanchet J. A. Le livre du changeur Duhamel. R. Numis., p. 197-198 Monnaies hongroises.

Chélard Raoul — La Hongrie contemporaine. Paris, 382 p. 18.
> Origine des Magyars, Constitution et lois, instruction publique, vie économique. — V. J. Jankó, Abrégé Bull. Soc. hongr. de géogr. 1890.

Debidour, A. Histoire diplomatique de l'Europe, depuis l'ouverture du Congrès de Vienne jusqu'à la clôture du Congrès de Berlin (1814-1878). — Paris, 2 vol. xii-460 et 600 p. 8° — Passim.

Fraknói, G. La politique extérieure du roi Mathias de Hongrie, 1464-1470. — R. d'hist. diplom., t. V.

Horn, Ant. E. Lettres de Hongrie (finances, économie politique). Journ. des Econ., p. 403-409. Suite de ces Lettres, très au courant, 1892, févr. 1893, oct. 1894, mars, juin et nov. 1895, avr. et déc. 1896, oct. 1897 mars, 1898 nov. 1899 nov.

Horn, J. E. La Grande Nation, 1870-71. Préface de Jules Simon. Paris, xiii-340 p. 16.

> Recuéil d'articles publiés dans le *Neuer freier Llyod* de Pest pendant la guerre et trad. en français par le fils de J. E. Horn. V. Nouv. R. 15 avril p. 819-830 (Un Français) de nombreux extraits de ce volume. — Acad. des sciences mor. et pol. t. 136, p. 121 (1891) où Jules Simon mentionne la notice de Courtois sur J. E. Horn publiée par la Soc. d'économie pol.

Hübner, le Comte de — Une année de ma vie. 1848-1849. — Paris.

> Quelques pages sur la Hongrie.

Mandello, Jules — Le Commerce, l'industrie et le régime des transports en Hongrie. — Budapest, vi-49 p. 8°.

Matlekovits A. Le développement économique de l'Autriche-Hongrie et les négociations douanières pendantes. R. d'écon. pol. t. V, p. 229-239.

Mayer, S. Le Code pénal hongrois — R. pénit. p. 269-71. — La libération conditionnelle en Hongrie. Ibid. p. 409-413.

Moldován, Grégoire. Réponse aü Mémoire de la jeunesse roumaine de Bucarest. Trad. du hongrois par A. de Bertha. Kolozsvár, 71 p.

Mowat, R. Diplôme de congé d'un soldat de l'armée de Pannonie supérieure. R. arch. I.

> D'après un mémoire de J. Hampel, 1884.

Nadaillac, Mis de — La station préhistorique de Lengyel (Hongrie). — C. r. Acad. des Inscriptions et Belles-Lettres, t. XVIII, p. 25-35.

Neményi, A. La politique de la Hongrie par rapport aux chemins de fer. — R. d'écon. pol. t. V, p. 569-584.

Néthy, Jean de — Ballades et chansons populaires de la Hongrie. — Paris, vi-164 p. 16.

> V. Rémy de Gourmont, Merc. de France sept. (Littérature hongroise, Folklore).

Oustalet, E. Rapport sur le Congrès ornithologique international de Budapest en 1891. — Nouv. Arch. des Missions scient. et litt. t. I, p. 441-473.

Pascaud, H. Le suffrage politique chez les principaux peuples civilisés. R. de droit intern. et de légis. comp., t. XXIII, p. 464-468 sur la Hongrie.

Sayous, C. r. sur Schwicker : Histoire de la littérature hongroise. R. crit. I, p. 418.

Worms, Emile, Les condamnations conditionnelles (Hongrie) R. pénit. p. 370-383 (d'après Fayer); cf. p. 1017, Années 1892, p. 231, 1106, 1896, p. 1451.

B. C. K. B. — L'instruction publique en Hongrie (d'après le rapport officiel de 1890). — R. intern. de l'ens. II, p. 47-60.

Z. — Les finances de la Hongrie. Econ. fr. 5 déc.

Mémoire des étudiants universitaires de Roumanie relatif à la situation des Roumains de Transylvanie et de Hongrie. Bucarest. 51 p. 4°, avec une carte.

Les Roumains hongrois et la nation hongroise. Réponse au Mémoire des Etudiants universitaires de Roumanie. Budapest, 64 p. 8°. V. Ungarische Revue, 1891, p. 377-421.

Statistique de l'industrie minérale de la Hongrie Ann. des Mines de 1891 à 1910. Extraits de 1 à 2 p.

1892

Banville, Ch. Jókai et les « Immortels » hongrois. — R. des revues, sept. — Du même : La littérature magyare, Ibid. 1894, 15 janv. (d'après : Magazin für Litt. des Auslands).

Baye, le baron de — Le trésor de Szilágy-Somlyó (Transylvanie). — Paris, 17 p. 4°.
— Rapport sur une mission en Autriche-Hongrie. Paris, 20 p. 8°.
— L'art barbare en Hongrie. — Congrès de la Fédération arch. et hist. de la Belgique. Session de 1891. Bruxelles.

Bellom, Maurice. Les lois d'assurance ouvrière à l'étranger. T. I. Assurance contre la maladie. Paris.
P. 260-272, 526-552, t. II, p. 1016-1022 sur la Hongrie.

Binder, Eugène. Les Pourquoi? Hongrie et Transylvanie. (Contes et légendes populaires) R. des trad. pop. t. VII, p. 479-489.

Bordet, Emile — Franz Renivy. Patrie et liberté. Préf. de François Coppée. Paris, 99 p.
Poésies sur un héros de la Révolution de 1848.

Bourgeois, Emile, Manuel historique de politique étrangère. Paris 1892-1905, 3 vol. Passim.

Chantre, Dr E. Étude sur l'organisation et le fonctionnement des policliniques en Allemagne et en Autriche-Hongrie. — Lyon, 72 p. 4°.

> P. 28-33, policlinique de Budapest.

Effère, Table à laver du Maros. Traitement des roches pauvres pour pyrites riches. — Le Génie civil, t. 22, n° 6.

Gerando, Attila de — Nécrologie de Paul Hunfalvy. R. hist. t. 49, p. 232.

Gonda. La régularisation des Portes de fer et des autres cataractes du Bas-Danube. Paris, 79 p. 8°. Fig. et 5 pl. (Ve Congrès intern. de navigation intérieure).

Halász, Alexandre — Rôles respectifs des voies navigables et des chemins de fer dans l'industrie des transports en Hongrie. Paris, 16 p. 8° (Ve Congrès intern. de navigation intérieure).

Haupt, Ottomar — La régénération économique et financière de la Hongrie. Paris, 46 p.

Janine, Éljen (Roman de l'époque de la Révolution de 1848, dédié à Louis Kossuth par une patriote française), Paris, 332 p.

Justh, Sigismond de — Le livre de la Pousta. Nouvelles trad. du hongrois par Guillaume Vautier. — Paris, 263 p. 16.

> V. E. Faguet, R. pol. et litt. 1892, oct. — Eugène Marbeau : Le livre de la Pousta sur Sig. de Justh. Paris, 1893, 12 p., 8°.

Kiss de Nemeskér. C. r. sur Szilágyi : La Transylvanie et la guerre du Nord-Est. — R. d'hist. diplom., t. VI.

Mangenot, le D[r] — L'enseignement primaire en Autriche-Hongrie. Organes, statistique, budget. — Paris, 185 p., 8°.

Rousiers, E. Les jeunes Roumains et les jeunes Hongrois. R. des revues, nov.

Sauvaire, A. Commerce de Fiume en 1891. — Paris, 16 p. 8°. N° 43 des Rapports commerciaux.

Sayous. C. r. sur Fraknói : Le roi Mathias. R. d'hist. diplom., t. VI.

Thuasne, L. Djem — Sultan, fils de Mohammed II, frère de Bayezid II (1459-1495). Étude sur la question d'Orient à la fin du XVe siècle. Paris, 460 p. 8°.

> P. 143-171 sur l'ambassade de Mathias Corvin au roi de France, Charles VIII.

Xénopol. C. r. sur Gherghel : Contributions à l'histoire de la Transylvanie. R. hist. t. 5o, p. 3g5.

La question roumaine en Transylvanie et en Hongrie. Réplique de la jeunesse roumaine universitaire de la Transylvanie et de la Hongrie à la Réponse faite par la jeunesse magyare des Académies hongroises. — Vienne, Budapest, Graz, Kolozsvár, 151 p. avec une carte.

La réforme de l'étalon monétaire en Autriche-Hongrie. R. d'économ. pol. t. VI.

La Triple Alliance et la Hongrie, par un patriote hongrois. Préf. de Mme Juliette Adam. — Paris, 44 p.

Le Tarif par zones et ses résultats. Publié par la Direction des chemins de fer de l'Etat hongrois. — Budapest, xix-89 p.

Les voies navigables de la Hongrie. Edit. du Min. d'agric. Budapest, 59 p. 8°, 12 pl.

> Contient trois mémoires : Les voies navigables ; La régularisation du cours sup. du Danube ; Le canal François, par L. Faragó.

Rapport sur les travaux de l'Académie hongroise des sciences. — Budapest, 1892-1910.

> Ces rapports annuels de 20 à 3o pages sont rédigés par le secrétaire perpétuel (C. Szily 1892-1904, G. Heinrich, 1905-1912) ; ils donnent un aperçu sommaire de l'activité des trois classes de l'Académie.

1893

M. B(oule). C. r. sur Otto Herman : La trouvaille paléolithique de Miskolcz. — L'Anthrop., t. IV, p. 470. Cf. t. XXI, p. 33g.

Chevalier, A., Le pays des Magyars. Voyage en Hongrie. Ouvrage adapté de l'anglais. Tours, 368 p. 8°. Ill. — Pour la jeunesse.

Eraud, le Dr J. — Voyage en Autriche-Hongrie, par l'Arlberg. Extr. de la R. du siècle. Lyon, 75 p.

> P. 64-75 sur Budapest. Insignifiant.

Grené, G. Les travaux de régularisation du Danube aux Portes de fer. — Le génie civil, t. 23, nos 19, 20, 22, t. 24, n° 5.

Habets, Alfred. Alexandre Bòrodine d'après la biographie et la Correspondance publiées par Wladimir Stassof. Paris.

II⁰ partie, p. 93-164 : Franz Liszt d'après la correspondance de Borodine. (Lettres de 1877 et de 1881).

Herdan, Maurice — Lettre de Hongrie. Nouv. R. intern., I, p. 403-406.

Kont, I, Le cardinal Vaszary. — Nouv. R. 15 nov.

— Quelques mots sur l'instruction publique en Hongrie. — R. universitaire, juin.

— C. r. sur Marczali : Marie-Thérèse. — Schrauf : Étudiants hongrois à l'Univ. de Vienne. — Finály : Lexique de Beszlercze. — Thury : Historiens turcs, t. I. — Cserhalmi-Hecht : Le romantisme fr. et le théâtre hongrois. — Görg : Grammaire hongroise. — Karácsonyi : Chartes de saint Etienne et la bulle de Sylvestre II. — Ortvay : Hist. de la ville de Presbourg, t. I. — Pór : Louis de Hongrie et Jean Gouje. — Wlislocki : La vie populaire des Hongrois. — Jankó : La population hongroise de Kalotaszeg. — Kuun : Relations des Hongrois avec l'Orient. — Ováry : L'origine des Anjou magyars. — Szarvas et Simonyi : Dictionnaire hist. de la langue hongroise. — La bibliothèque de Zrinyi. — R. crit. I et II.

Lavisse, Ernest et **Rambaud,** Alfred. Histoire générale du iv⁰ siècle à nos jours. Paris, s. d. (1893-1900), 12 vol. T. I, p. 717-722, Les Magyars, par E. Denis. T. II, p. 791-796, Les Hongrois, par le même. T. III, p. 700-724, La Hongrie et les Angevins. Les Tchèques et les Magyars de 1437 à 1526, par le même. T. IV, p. 617-628, La Hongrie, son développement national. La Réforme, 1492-1559, par E. Sayous. T. V, p. 828-843, La Hongrie et la Transylvanie, par le même. T. VI, 590-607, La Hongrie contre les Turcs et l'Autriche, 1648-1715, par le même. T. VII, p. 948-957, La Hongrie et la Transylvanie de 1715 à 1790, par le même. T. IX, p. 623-632, La Hongrie de 1790 à 1814, par le même. T. X, p. 657-670, Les Hongrois de 1815 à 1847, par le même. T. XI, p. 120-143, Révolution et réaction, p. 450-484, Etablissement du dualisme austro-hongrois, par L. Eisenmann. T. XII, p. 165-203. L'Autriche-Hongrie depuis 1871, par le même. Chaque chapitre est accompagné d'une bibliographie.

Pingaud, E. Situation économique de Fiume en 1892. Paris, 20 p., 8⁰, n⁰ 153 des Rapports commerciaux.

— Mouvement commercial du port de Fiume en 1892. — Ibid. 1894, 19 p., n⁰ 161. — Aperçu sur le commerce de la

Hongrie et de Fiume en 1893. — Ibid. 21 p., n° 170. — Commerce maritime de Fiume pendant le premier trimestre de 1894. — Ibid. 20 p., n° 191. — Le port de Fiume en 1894, 20 p., n° 194. — Mouvement commercial de Fiume en 1893. — Ibid. 32 p., n° 203. — Mouvement de la navigation dans le port de Fiume en 1893. — Ibid. 11 p., n° 205. — Commerce maritime de Fiume pendant le premier trimestre de 1894. — Ibid. 20 p., n° 191. — Situation économique de la Hongrie en 1893. Ses relations commerciales avec la France. — Ibid. 23 p., n° 228.

Salmen, Ch. Quelques réflexions sur la littérature hongroise. Bruxelles. R. universitaire belge.

Sayous. Arany, poète national hongrois. R. chrét. févr., p. 139-151. Tir. à part. V. Kont, R. crit. 1894, I.

Sentupéry, Léon. L'Europe politique en 1892. — Gouvernement, parlement, presse. Paris, 8°.

Fasc. II, p. 203-359, Autriche-Hongrie.

Valois, Noël. Le projet de mariage entre Louis de France et Catherine de Hongrie et le voyage de l'Empereur Charles IV à Paris, (janvier 1378). — Annu.-Bull. Soc. de l'Histoire de France. — V. Bibl. de l'Ecole des Chartes, t. 54, p. 751. Cf. Inv. Arch. nat. J 458, Cambrai, 940.

Vautier, Guillaume. La Hongrie économique. — Paris et Nancy, 486 p., 8°.

V. Levasseur, Acad. des sciences mor. et pol. t. 143, p. 881 (1895).

Les calomniateurs de la Hongrie. Un réquisitoire. Budapest, 24 p., 8°.

C'est le réquisitoire du substitut Alexandre Jeszenszky dans le procès du Memorandum des Roumains de Hongrie.

Protestation rédigée par MM. Michel Bodiu et Etienne Moldovan contre la réplique publiée au nom de la jeunesse universitaire roumaine. Trad. du hongrois par A. de Bertha. Kolozsvár, 51 p., 8°.

S. F. Sz. B. — Les réformes de l'instruction publique en Hongrie. — R. intern. de l'ens. I, p. 51-73.

E. S. — La classification honorifique des directeurs et professeurs des écoles d'enseignement secondaire de Hongrie. — Ibid. II, p. 187-189.

1894.

Amouretti, Frédéric. — Kossuth et la nationalité hongroise.
R. pol. et litt. mars.
— Le procès d'une nation. (Les Roumains de Hongrie). Ibid.
mai.

Argès, Jean d'. — Le procès d'une nation. Les Roumains de
Transylvanie. — Paris, 15 p.

Baugnies, Georges. La réforme monétaire austro-hongroise.
Ann. de l'École des sciences pol.

Baye, Bracelet et Camée trouvés en Hongrie. Bull. Soc. des
Antiquaires de France, p. 155-156. — Sur un anneau d'oreille
hongrois. Ibid. 1899, p. 215-216.

Berquin, Sainte Elisabeth de Hongrie, veuve, patronne des
sœurs du tiers-ordre. — Périgueux.

Cantilli, P. G. Les Roumains de Transylvanie. Quelques
mots de réponse à MM. le général Türr, de Pázmándy, Ováry.
— Paris, 23 p.
— Un procès célèbre. Les Roumains de Transylvanie. —
Paris, 19 p.

Charmes, Francis. Sur la mort de Kossuth. R. des deux m.
15 avril, p. 952-954.

Delabarre, Mouvement du Commerce extérieur de la Hongrie
en 1892. — Paris, 16 p. Rapports commerciaux, n° 173.

Deniker, J. — C. r. sur Aurèle de Török : La trouvaille paléolithique de Miskolcz et la question de l'homme quaternaire en
Hongrie. — L'Anthrop. t. V., p. 78.

Dupain, L. L'administration militaire austro-hongroise. Son
organisation et son fonctionnement. Paris et Limoges, 368 p., 8°.

Fava, Roberto. La question roumaine et les agents de
M. Wékérlé à l'étranger. Trad. de l'ital. avec une préface par
P. G. Cantilli. — Paris, vii-32 p., 8°.

Gaidoz, H. Les Roumains de Hongrie. R. de Paris, 15 mai.
Cf. C^{esse} Almásy : Hongrois et Roumains, Ibid. 1er août.

Gerando, Antonine de — Louis Felméri (Nécrologie) R. intern.
de l'ens. II, p. 354.

Grasserie, Raoul de la — Code de commerce hongrois promulgué le 19 mai 1875, mis en vigueur le 1er janvier 1876. Suivi des lois hongroises sur le change et la faillite. Trad. du hongrois par —. Paris, xii- 376 p.

> V. H. Pascaud, Bull. Soc. de légis. comp. p, 486. R. de droit intern. et de législ. comp. p. 646.

Gruber, L. Le patronage des libérés en Hongrie. — R. pénit. p. 1091-95.

Herczeg, François. Enfant! Nouvelle trad. du hongrois par Jean de Néthy. — R. des revues, 15 mars.

Horn, Ant. E. Le mariage civil en Hongrie. R. de Paris, 15 avr.

— Chroniques politiques et parlementaires de la Hongrie. (Avec les lois votées et promulguées).

> Ces chroniques, très détaillées et très instructives, de l'ancien directeur du Journal de St-Pétersbourg, ont paru dans la R. pol. et parl. de 1894-1904; t. I, p. 298-306, II, p. 355-363, IV, p. 158-165, VI, p. 367-375, VIII, p. 196-202, X, p. 193-201, XII, p. 176-184, XIV, p. 214-219, XVI, p. 192-201, XVIII, p. 466-473, XX, p. 173-181, XXII, p. 170-175, XXIV, p. 528-535, XXVI, p. 166-174, XXVIII, p. 165-174, XXX, p. 421-430, XXXII, p. 162-170, XXXIV, p. 194-200, XXXIX. 410-418.

Horn, E. Jókai. Nouv. R. 1er janv. p. 182-185.

Jókai, Rêve et vie. Nouvelle trad. par B. Karageorgevitch. Paris, 116 p., 12°. Ill.

Kobatsch, R. Autriche-Hongrie. Chronique politique (Mariage civil, Mort de Kossuth) R. de droit public et de la science pol. t. II.

Kont, Le roman hongrois. — R. Encyclop. 15 févr. Ill.
— C. r. sur Schrauf : Les boursiers hongrois de Cracovie. — Wlislocki : La religion des Magyars. — Zichy : Les articles de journaux de Széchenyi. — R. crit. I et II. C. r. sur Hampel : Les monuments du moyen-âge en Hongrie. R. arch. II.

Lettres de Franz **Liszt** à une amie. Publiées par La Mara. — Paris et Leipzig, 223 p. 8°. Cf. du même : Franz Liszt's Briefe, Leipzig, 1893, 2 vol. recueil qui contient de nombreuses lettres en français.

Mandello, Jules Le mouvement social en Hongrie. — Paris, 16 p. 8°. R. intern. de Sociol. mars.

— Conciliation et arbitrage industriels en Hongrie. — Congrès intern. d'Anvers sur la légis. douanière et la réglementation du travail. — Anvers, 22 p. 8°

Mély, Fernand et **Bishop**, Edmund. Bibliographie générale des Inventaires imprimés. Paris.

> T. II, p. 127-145 sur la Hongrie.

Mouy, Le Mis de — L'Empereur François-Joseph I. Paris, 27 p. Extr. du Corresp.

Müntz, Eugène. La propagande de la Renaissance en Orient pendant le xve siècle. — La Hongrie. Gaz. des b.-arts II, p. 353-370 et 1895, I, p. 105-122.

Ováry, L. Les Roumains en Hongrie et l'Etat hongrois. La question daco-roumaine. — Paris, 64 p. 8°.

Pascal, Georges. Jean de Lasco, baron de Pologne, évêque catholique, réformateur protestant, 1499-1560. — Paris, 304 p. 8°.

> Chap. viii. Lasco évêque et diplomate en Hongrie.

Rimler, Jules. La réconciliation des Magyars et des Slaves. Nouv. R. 1er déc. p. 609-617.

Sayous. Madách, poète hongrois et la Tragédie de l'homme. R. chrét. oct. p. 260-269.

Schefer, Ch. Mémoire historique sur l'ambassade de France à Constantinople par le marquis de Bonnac. — Paris. Passim.

> Cf. La Hongrie de 1700 à 1710. Mém. du Marquis de Bonnac sur les affaires du Nord de 1700 à 1710. R. d'hist. diplom. t. II et III et Bibliogr. Année 1756.

Turenne, Cte de — Le Commerce extérieur de la Hongrie. Paris, 24 p. 8°. — Rapports commerciaux n° 229. — Industrie meunière en Hongrie. Ibid. 8 p. n° 266.

Uréchia, V. A. L'alliance des Roumains et des Hongrois en 1859 contre l'Autriche. Bucarest, 84 p. 8°.

> Documents inédits sur la mission d'Ollivier de Lalande.

Vámbéry, A. Les Magyars. R. des revues 1er et 15 oct. D'après : Ungarische Revue.

Wodzinski, A. Hedvige d'Anjou (La fille de Louis-le-Grand). Nouv. R. 15 juill. p. 242-274.

Xénopol. C. r. sur Bergner : Les Saxons de la Transylvanie ; Topographie et ethnologie de la Transylvanie ; Puscariu : Les familles nobles roumaines de la Transylvanie et de la Hongrie. R. hist. t. 55.

J. Apacius Csere, réformateur de l'enseignement public au xvie siècle. (A propos d'une publication de Felméri). R. intern. de l'ens. II, p. 259-261.

Comité central de la Ligue roumaine. — Réponse aux déclarations faites par le Comte Kalnoky dans la délégation hongroise (sept. 1894). — Bucarest, 8 p. 8º.

Horváth Cyrille et sa philosophie. R. philos. I (d'après Zeitschrift für Philosophie). Hist. de la philosophie en Hongrie. Ibid, 1897, I (quelques lignes d'après la même revue allemande).

Lettre du Prof. I. Semmelweis en 1860. Trad. française et fac-simile. — Budapest, 7 p.

> Offert par l'Acad. hongr. aux membres du VIIIe Congrès inter. d'hygiène et de démographie.

Notes bibliographiques sur les ouvrages de géographie concernant la Hongrie. — Bibliographie annuelle des Ann. de Géogr. 1894-1900 : *Autriche-Hongrie*, 1901-1910 : *Hongrie.*

Programmes politiques des Roumains de la Transylvanie et de la Hongrie, suivis du Memorandum adressé à l'Empereur François-Joseph I en 1892 ainsi que des lois des nationalités de 1864 et 1868. — Bucarest, 55 p.

1895

Barry, L. Commerce et exportation des merrains de chêne des ports austro-hongrois et de Fiume en particulier durant l'année 1894. — Paris, 12 p. 8º. Rapports commerciaux nº 267. — Commerce maritime du port de Fiume en 1894. — Ibid, 30 p. nº 299.

> De 1896 à 1900 les Rapports des consuls de Budapest et de Fiume furent insérés dans le Moniteur officiel du Commerce. V. les Tables du Moniteur s. v. Autriche-Hongrie. A partir de 1901 les Rapports furent publiés de nouveau en fascicules (2e Série).

Beksics, Gustave. La question roumaine et la lutte des races en Orient. — Paris, 296 p. 16.

Chauveau, G. L'or en Transylvanie. Le Génie civil, t. 26, nº 24.

Chélard, La Hongrie, son millénaire de 1896 et la question des nationalités. R. blanche, t. IX, p. 463-467.

Djuvara, Alexandre. La lutte des nationalités. Hongrois et Roumains. Paris, 88 p. Tir. à part de la R. gén. de droit intern. public, t. II.

Enlart, C. Honnecourt et les Cisterciens. Bibl. de l'Ecole des Chartes.

> Détails sur le séjour de Honnecourt en Hongrie.

Eridant, Gaston. Les Roumains de Hongrie. R. blanche, t. VIII, p. 408.

> Défend la thèse hongroise.

Gruber, L. La diminution de la criminalité en Hongrie. — R. pénit. p. 721-24.

Harlez, C. de — Poésies hongroises, traduites avec un aperçu historique. Louvain, 140 p. 8°.

> Quelques poésies du moyen âge, des extraits du *Toldi* d'Arany, des poésies de Greguss, Vörösmarty, Berzsenyi, chants populaires.

Horn, Ant.-E. Vingt-cinq ans d'histoire financière en Hongrie. (d'après A. Matlekovics, Hist. du budget de la Hongrie, 1867-1893). R. pol. et parl. t. VI, p. 345-359.

Horn, E. Jókai. Préface de Gaston Boissier. Paris, xvi-176 p. 8° (non mis dans le commerce).

> Étude sur Jókai avec les trad. suivantes : Femmes sicules, Un bal, Le chant de la forêt, La Rose jaune. — V. Journ. des Econ., 1897, mars.

Kont. C. r. sur Pauler : La Hongrie sous la dynastie arpadienne. — Kohn : Les Sabbathaires en Transylvanie. — Szamota : Glossaire magyar de Schlegl. — Hunfalvy (Paul) : Histoire des Valaques-Roumains. — Somogyi : Kossuth. — Szilágyi : Monumenta Comitialia regni Transylvaniae, t. XVII. — Vámbéry : La race magyare. R. crit. I et II.

— C. r. sur G. Téglás : Nouv. contributions aux inscriptions des cataractes du Bas-Danube. R. arch. II, p. 380.

Lefaivre, Albert. Le dualisme en Autriche-Hongrie. — La Chapelle-Montligeon, 39 p. — Tir. à part de la Quinz.

> Contre les juifs et les francs-maçons.

Loiseau, Charles. La Hongrie et l'Opposition croate. R. des deux m., 1er sept.

Mille, L. L. La question des nationalités en Hongrie. R. pol. et parl., t. VI, p. 473-492.

Pascal, César. La famille de Jean de Lasco, réformateur polonais. Bull. Soc. de l'hist. du protestantisme fr.

> Sur Jérôme Lasky, ambassadeur de Hongrie.

Picot, E. Coup d'œil sur l'histoire de la typographie dans les pays roumains au xvie siècle. — Mém. du Centenaire de l'École des langues orientales, Paris.

> P. 199-221 sur les imprimeries de Brassó, Szászsebes et Szászváros en Transylvanie.

Pucey, H. Les Bains publics à Budapest. — Paris, 57 p. fol. avec 8 pl. — V. Adolphe Ágai, Les bains à Budapest, Nouv. R. intern., 1896, II.

Sayous. Un poète hongrois. Petœfi. Bibl. univ. R. suisse, août.

Szomory, D. Les grands et les petits moineaux. Nouvelles trad. du hongrois par Gaston d'Hailly. Paris, 287 p.-16.

> Contient six nouvelles : Le Cas d'André Pásztor (p. 1-158), Lettre de la Mort, L'Œuvre, La porte fermée, La fable du pauvre paillasse, Oraison funèbre sur Barnabé-le-Fort.

Tallavignes, Charles. La question des vins en Autriche-Hongrie. Rapport adressé à M. le ministre du Commerce. Paris, 38 p. fol. et 3 pl. Passim.

Xénopol. La langue roumaine en péril (contre la Hongrie). R. de géogr., t. 37. — V. la réponse de de Gerando, Les Roumains et la Hongrie, Ibid., t. 39 (1896).

X. — Les Roumains en Hongrie. — R. du monde latin nov.

1896

Bedö, Albert. Description économique et commerciale des forêts de l'État hongrois. Budapest, 4 vol. lxxx-591, 905, 248 et 743 p. 4°.

Beiling, Ch. Les Magyars au moment de l'exposition millénaire. Le Tour du monde, p. 241-252.

[**Beksics**, Gustave] La Consolidation intérieure de l'Autriche-Hongrie et son rôle dans la question orientale. Paris, 285 p. V. Journ. des Econ. sept.

— La Hongrie millénaire et les garanties de son existence. R. pol. et parl., t. VIII, p. 562-576.

Boleman, Étienne de — Description abrégée des bains et eaux minérales de la Hongrie. — Budapest, 154, p. 8°.

Charmes, Francis. Sur le Millénaire hongrois. R. des deux m., 1er juin, p. 718-720.

Charriaut, Henri. La Hongrie et son millénaire. Paris, Le Monde mod., oct.

Chélard. La Hongrie millénaire. — Paris, 356 p. 8°, Ill.
> Quatre parties, 1° Le développement politique et intellectuel. 2° Le pays et les peuples qui l'habitent. La question des nationalités. 3° La capitale hongroise. 4° L'évolution économique. V. Kont, R. crit., mars.

— Le Millénaire de la Hongrie et l'Exposition de Budapest. — R. illustrée, 15 avr. — L'inauguration du chenal des Portes de fer et le rôle de la Hongrie dans l'Orient européen. R. brit. août. — La crise hongroise, Nouv. R., 1er nov. — La Hongrie moderne et son millénaire. R. des revues, 1er juin.

Curzon, H. de — Un épisode de l'histoire de Madagascar au xviiie siècle. Benyowsky d'après des documents inédits. — R. hebd., juin.

Degaston, Alexandre. Le théâtre en Hongrie. R. des revues, 15 nov.

Duckerts, J. Le Port hongrois de Fiume. Bruxelles, Rec. cons. belge, t. 91, p. 129-153.

Durand, A. Ce qui se passe en Hongrie. — Études des P. de la Comp. de Jésus, t. 69, p. 177-199.

Edvi-Illés, Aladár. Guide technique de Budapest. Budapest, 468 p. 8°. Avec un Atlas de 9 tables, fol.
> Édité par la Soc. hongroise des ingénieurs et architectes.

Falk, Max. Le commerce en Hongrie au bon vieux temps. Nouv. R. intern., II, p. 861-865.

Gelléri, Maurice. Exposition nationale du Millénaire. Guide rédigé d'après les documents authentiques. Budapest, 236 p.

— La Hongrie millénaire. Le passé et le présent. (La couverture porte : Le Millénaire de la Hongrie). Par un groupe d'écrivains, rédigé par —. Budapest, 162 p. 16. Ill.

Ghica, Jean T. Les Roumains de Transylvanie et de Hongrie. Lettre adressée à M. Saissy. Paris, 14 p.

— Autour du Millénaire hongrois. Paris, 31 p.

Goll. C. r. sur Kameníček : Sources de l'histoire de l'insurrection hongroise en 1604 (en tchèque). R. hist. t. 61, p. 115,

Gonda, B. de — L'amélioration des Portes de Fer et des autres cataractes du Bas-Danube. Budapest, 265 p. Ill.

Gruber, L. Enquête sur l'alcoolisme. R. pénit., p. 1287-89.

Huszár, Guillaume. La linguistique hongroise. Mém. Soc. de ling. de Paris, t. IX, p. 395-398.

Jekelfalussy, Joseph. L'Etat hongrois millénaire et son peuple. Budapest, 668 p. 8°.

> Renseignements sûrs et précieux. Cf. Pierre Leroy-Beaulieu. Econ. fr., 31 oct. 7 nov. Gide, R. d'écon. pol., t. X.

Kannengieser, A. Juifs et catholiques en Autriche-Hongrie. Paris.

> P. 201-359 sur la Hongrie. Luttes autour du mariage civil, le Kulturkampf. Point de vue clérical. Cf. Le mariage civil et le Kultur Kampf en Hongrie, Le Corresp. 1894, avr.-juin.

Kont. La Hongrie littéraire et scientifique. — Paris, VII-459 p.

> Introduction (jusqu'à 1772). I. La vie litt. p. 61-303 (cette partie est traitée avec plus de détails dans l'Hist. de la litt. hongroise de 1900) ; II. La vie scientifique, p. 305-378; III. La vie scolaire, p. 379-441. — V. Sayous, R. bleue, 9 mai R. hist. sept.-oct. 1896. R. crit. I. Pisani, Le Polybiblion, sept. — R. encycl. mai. — Journ. des Sav. 1896, p. 314.

— Un poète hongrois : Michel Vörösmarty, R. des revues, 15 janv. Pages détachées de ce vol.

— L'enseignement secondaire en Hongrie. Budapest, 40 p., 8°.

— Le Millénaire de la Hongrie. — Le Théâtre hongrois. — R. Encycl., 9 mai. Ill.

— La littérature hongroise. — R. brit., mai.

— La Millénaire et la poésie hongroise (sur la poésie épique). Nouv. R. 1ᵉʳ mai.

— Fondation du Collège baron J. Eötvös à Budapest. — R. intern. de l'ens.

— C. r. sur Beöthy : Hist. de la litt. hongroise. — Fraknói : Le droit de patronage des rois de Hongrie. — Correspondance de Mathias Corvin. — Simonyi : Grammaire hongroise. — Ortvay : Hist. de la ville de Presbourg. T. II. — Zichy : Les Lettres de Széchenyi. — Lipthay : Les travaux techniques de Széchenyi. — Schönherr : Jean Corvin. — Széchy : Joseph Gvadányi. — Király : Le droit de la ville de Presbourg. — Szilágyi : Monumenta comitialia regni Transylvaniae, t. 18. — Szamota : Lexique de Murmelius. — R. crit. I. II.

Láng, L. Les nationalités de la Hongrie. C. r. du Congrès intern. d'hygiène et de démogr. Session de Budapest (1894) VII, p. 85-89.

Laurencic, Jules. Le Millénaire de la Hongrie et son exposition nationale. Paris, 4°. Ill.

Madách, Emerich. La Tragédie de l'Homme. Trad. du hongrois par Charles de Bigault de Casanove. Paris, x-254 p.

> A paru d'abord dans le Merc. de France, 1896. V. Kont, R. crit. 1897, 1. L'Etranger, 1897, n° 6-8. R. Chélard, Merc. de France, 1897, janv.

Métin, Albert. La Hongrie du Millénaire. R. blanche, t. X, p. 526-528.

Munkácsy, M. Souvenirs de jeunesse. R. de Paris, 15 mai, 15 juin, 15 juill.

> En vol. sous le titre : Souvenirs. — L'Enfance. Avec une Préface (67 p.) de Boyer d'Agen. Paris, 1897, 272, p. 16. — Cf. du même : Munkácsy. R. illustrée, 15 juin.

Pázmándy, D. de — Réponse à M. Flourens. — Paris, 13 p. 8°.

Pekár. Jules. Les pas sur la neige. Nouvelle trad. du hongrois par A. Remacle. Merc. de France, mai.

Polignac, Melchior de — Poésies Magyares, recueillies par — et précédées d'une Notice sur la poésie hongroise. Préf. de M. François Coppée. Paris, xxxi-321 p. 16.

> Belle anthologie. V. R. crit., 1896. I. V. du même, la trad. de l'Appel à la nation hongroise de Vörösmarty, R. de Hongrie, 1908, juin.

Rickl, Jules. Chronique pénale et pénitentiaire. — R. pénit. p. 315-319. (Avec un plan de la prison centrale de Budapest).

Rodiczky, Eugène de — Orge et houblon en Hongrie. Esquisse descriptive. Budapest, 20 p. 8°.

Rute, Mme Letizia de — Lettres d'une voyageuse. — Budapest. L'Exposition millénaire. — Nouv. R. intern. II. (avec des ill.). — Cf. Lettres d'une voyageuse (Vienne, Budapest, Constantinople), Paris, 1897.

Sayous. Les Magyars à la veille de leur exposition millénaire. — Ann. de géogr., t. V, 297-304.

— L'Exposition du Millénaire hongrois. R. de Paris, 1er août.

Tantet, V. Beniowsky, héros de roman. R. pol. et litt. août.

Uréchia, V. Libertés hongroises. R. du monde latin, août-sept.

Volkov, Th. — C. r. sur J. Hampel : Les antiquités scythes de la Hongrie. L'Anthrop., t. VII, p. 74. — Ibid. p. 579. L. Laloy, c. r. sur J. Hampel : Nouv. études sur l'âge du cuivre.

Witte, Jehan de — A travers l'Autriche-Hongrie. (Le conflit des nationalités. — Le dualisme). Le Corresp. janv.-mars.

Xénopol. Les Roumains et les Hongrois à l'occasion du Millenium magyar. R. de géogr., t. 38. — Tir. à part sous le titre : A propos de Millenium magyar. — Paris. 35 p. — V. la réponse de de Gérando : Les Roumains et la Hongrie. R. de géogr. t. 39.

Catalogue général de l'Exposition nationale du Millénaire — Budapest.

Congrès international d'agriculture tenu à Budapest. — Budapest, 2 vol.

De nombreux mémoires sur la Hongrie.

La Hongrie avec Budapest. Guide avec une Introduction sur la Hongrie millénaire. — Budapest, 377 p. 12°. V. Journ. des Econ., sept.

La Hongrie à la veille du Millénaire. Données statistiques. Budapest, 116 p. 8°.

La Question des trois nationalités en Hongrie. Compte rendu du meeting tenu le 11 juillet 1896 à la salle Wagram. Paris, 104 p. 8°.

Une autre brochure sans les discours, ibid., 31 p. 8°. Cf. Charles Loiseau : Le « Magyarisme » à la Salle Wagram. R. hebd. 25 juill.

Les haras royaux hongrois de l'Etat et les domaines de la couronne royale à Gödöllö. Budapest, 85 p. 8°.

1897

Benoist, Charles. La monarchie austro-hongroise et l'équilibre européen. R. des deux m., 15 oct. et 1er déc.

Un chap. sur la Hongrie.

Blociszewski, J. L'Autriche-Hongrie contemporaine. Quest. diplom. et col. avr. — Le nouveau Canal des Portes de fer. R. gén. de droit intern. public, t. IV, p. 104-123.

Blondel, Georges. La Hongrie, ses habitants, sa situation politique, économique et sociale. — Paris, 15 p. 8º. Extr. du Bull. Soc. de géogr. commerciale.

Butin, Albert. Le pont François-Joseph sur le Danube à Budapest. Le génie civil, t. 31, n° 2.

Chélard. Le progrès économique en Hongrie. R. brit. mars. — Napoléon et la Hongrie. Ibid. nov. — Le Compromis austro-hongrois et son renouvellement en 1897. R. pol. et parl., t. IX, p. 537-553. — Le progrès en Hongrie. R. blanche, t. XII, p. 27-31. — Les Russes et les Hongrois. R. des revues, 15 juin.

Coubertin, Pierre de — Sigismond de Justh. Nouv. R. 15 sept., p. 261-270.

Czobel, Minka de — La Migration de l'âme. Traduction de Melchior de Polignac. Paris, vi-158 p.

Dialogues philosophiques. — V. Kont, R. crit. 1898, n° 34-35.

Dufour, Ed. Hongrie, Pologne, Petite-Russie. Notes d'un étudiant en théologie. Genève.

Fort et **Chéradame.** Le Compromis austro-hongrois et son renouvellement en 1897. — Quest. diplom. et col. mai.

Harrasowsky, Mme. Les lacs de Rodolphe et de Stéphanie découverts par les explorateurs austro-hongrois de Teleki et de Höhnel. R. de géogr. t. 40, p. 290-299.

Horn, E. Marie d'Anjou, roi de Hongrie. R. brit. mars.

Kaposi, Béla. Le vieux fou. Nouvelle trad. du hongrois, R. des revues, 1er avr.

Kont. Le Comte Étienne Széchenyi à l'armée des Alliés (d'après sa Correspondance). R. des revues, 15 févr. — D'où viennent les Roumains. Un problème ethnographique (d'après un mémoire de Réthy). Ibid., 1er sept. Cf. L. Réthy : L'origine des Roumains. R. d'Orient, 1891, Nos 1 et 2. — La vie intime de Petöfi. R. des revues, 1er et 15 nov. (à propos de la Biographie de Petöfi par Z. Ferenczi). — Dans la même Revue, Extraits des revues hongroises.

— L'œuvre scolaire de la Jeune Hongrie, 1868-1896. — R. intern. de l'ens. I, p. 1-17, 117-134.

— C. r. sur Thaly : Lettres d'Eméric Thököli, 1691-1692. — Thury : Historiens turcs, t. II. — Corpus Statutorum, t. IV, 1. — Sziláddy : Anciens poètes hongrois. — Komáromy : Origine du comitat d'Ugocsa. — Volf : Les premiers missionnaires en Hongrie. — Histoire de l'enseignement hongrois. — Thewrewk : Discours. — Munkácsi : Éloge de Budenz. — Szabó-Hellebrant : Ancienne Bibl. hongroise, III, 1. — J. Horváth : Les incunables du Musée national hongrois. — Zolnai : Les anciens monuments de la langue hongroise. — Szilágyi : Monumenta comitialia regni Transylvaniae, t. 19 et 20. — Nagy : Journal de Georges et Ladislas Vass. — Ortvay : Le comitat de Temes. — Acsády : L'impôt des serfs, 1577-1597. — Mátyás : Erreurs historiques. — Hegedüs : Guarinus et Janus Pannonius. — Munkácsi : Poésie populaire des Vogouls. — Beöthy : Hist. de la litt. hongroise. — Endrödi : Anthologie hongr. — Ferenczi : La vie de Petöfi. — Békefi : Les Cisterciens hongrois à Paris au moyen âge. — Volf : La langue liturgique des Slaves et la conquête de la Hongrie. — Karácsonyi : Les patrons du monastère de Pusztaszer. — Thallóczy et Barabás : La famille Blágay. — B. Tóth : De bouche en bouche. — Dictons. — Nécrologie de Torma, François Pulszky, Brassai et Volf. — Revues hongroises. — R. crit. I et II.

— C. r. sur J. Hampel : Nouvelles études sur l'âge du cuivre. — R. arch. I. janv.-févr.

— C. r. sur les Publications de la Soc. litt. israélite de Hongrie, 4 vol. — R. des études juives, juillet-sept.

Kun, S. Adresse du Cercle positiviste de Budapest à M. Wekerlé. — Rapport annuel du cercle positiviste de Budapest. — Récit succinct de la campagne dite politico-ecclésiastique en Hongrie (1893-94). R. occid. — V. du même : L'Univ. populaire de Budapest, Ibid., 1906. Bulletin de Hongrie, Ibid., 1907 et 1909. Lettre à Ahmed Riza bey sur la crise actuelle, 1909, 3e s. I, p. 72.

Laloy, L. — C. r. sur O. Herman : Éléments ethnographiques de l'Exposition du Millénarium de la Hongrie. — L'Anthrop., t. VIII, p. 95.

Lefebvre-Pontalis. Les élections en Autriche et en Hongrie. R. pol. et pàrl., t. XIII, p. 55-68.

Levasseur, E. L'enseignement primaire dans les pays civilisés. Paris.

P. 159-166 sur la Hongrie.

Loiseau, Charles. L'agitation agraire chez les Slaves de Transleithanie. — R. hebd. 20 nov.

Perquer, A. L'impératrice Élisabeth d'Autriche à Sassetot-le-Mauconduit en 1875. Le Corresp., t. 186.

Radisics, Eugène de — Chefs d'œuvre d'art de la Hongrie. Rédigé par — avec le concours de Jean Szendrei. — Budapest, 1897-1902. 3 vol. 126, 147 et 104, p. 4º.

Réthy, Ladislas. Daco-Roumains ou Italo-Roumains. Budapest, 30 p. — Cf. I. Kont, D'où viennent les Roumains (d'après une étude hongroise de Réthy). R. des revues, 1ᵉʳ sept. 1897.

Rochelle, E. L'enseignement secondaire en Hongrie. R. universitaire, II. p. 352-362.

Rodiczky, Eugène de — Congrès international d'agriculture (1896). Comptes rendus rédigés par —. Budapest, 2 vol. 686 et 535 p. 8º.

Plusieurs mémoires relatifs à la Hongrie.

Rosambert, Ch. L'industrie hongroise à l'Exposition du Millénaire à Budapest. — Le Génie civil, t. 30, nᵒˢ 20 et 22, t. 31, n. 5.

Sayous. C. r. par Szendrei : Monuments de l'histoire militaire hongroise. R. hist., t. 65, p. 414.

V. sur Sayous, Gabriel Monod, Annu. de l'Assoc. des anciens élèves de l'École norm. sup. pour 1899; L. Leger, Bibl. univ. R. suisse, 1898, août. Léonce Pingaud, Besançon, 1898, avec la Bibliogr. des travaux. On y trouve la liste des articles, au nombre de 118 que Sayous a consacrés à la Hongrie dans la *Grande Encyclopédie*, A-L; ces articles furent continués par I. Kont, de N-Z.

Seignobos, Ch. Histoire politique de l'Europe contemporaine. — Paris.

Chap. XIII, p. 379-401, chap. XVII, p. 493-526 sur la Hongrie.

Stein, H. Manuel de bibliographie générale. — Paris.

De nombreux renseignements sur la Hongrie.

Szterényi, Joseph. La législation sociale en Hongrie. Budapest, 58 p. 8°.

Witte, Jehan de — En Hongrie. — La visite de l'Empereur Guillaume et du roi Carol à Budapest. Le renouvellement du Compromis, etc. Paris, 53 p. Extr. du Corresp. nov.

Zerner, R. Tramway électrique souterrain de Budapest. Le Génie civil, t. 3o. N° 13.

Zichy, Cte Eugène de — Voyages au Caucase et en Asie-Centrale. Budapest, 2 vol. L-613 p. 4°; 149 pl. et 85 illustr. Texte hongr. et fr.

> Introduction. — La migration de la race hongroise par Eugène Zichy p. III-L; Description de la collection ethnographique par Jean Jankó, p. 1-322; Description de la collection archéologique, par Béla Pósta, p. 327-613; — V. Kont, R. crit. N° 13. — R. Encycl. 2 avr. 1898. — M. Dumoulin : La question des origines. R. pol. et litt. 1900, sept. — Les autres volumes contenant les Résultats des Voyages du Cte Zichy ont paru en hongr. et en allem.

Chronique pénitentiaire. — Enquête sur la législation des aliénés. R. pénit., p. 610-12, 798-801.

La Crise austro-hongroise. R. de Paris, 1er déc.

Simple récit d'un rapide voyage en Autriche, Hongrie, Pologne, Russie et Allemagne, 19 juin-27 juillet 1896. Paris, s. d. (1897?).

> P. 53-66 sur Budapest. Sans valeur.

1898

Auerbach, Bertrand. — Les Races et les Nationalités en Autriche-Hongrie. Paris, 333 p. 8°. Avec 1 carte hors texte et 10 cartes dans le texte.

> P. 227-333. V. Gaidoz, Ann. de l'École des sciences pol. 1898, p. 781.

Beaumont, W. Autriche-Hongrie. La banqueroute du dualisme. Ann. de l'École des sciences pol., p. 107-128. — Une constitution en danger. Quest. diplom. et col. janv. — La politique intérieure de l'Autriche-Hongrie. Ibid., oct. La politique extérieure de l'Autriche-Hongrie, Ibid., nov.

Bertha. La Constitution hongroise. Précis historique d'après le Dr Samuel Radó. Paris, 183 p. 8°.

> V. Kont, R. crit. n° 52. L. Béclard, R. d'hist. dipl., 1899; A. Lichtenberger, R. hist., t. 68, p. 319; Monod, ibid., t. 73, p. 151; d'Avril, R. des quest. hist. 1899, I, p. 658.

— Vörösmarty, le poète de la renaissance hongroise. — Cosmopolis, avr.

Blondel, Georges. Les questions agraires en Hongrie. La Réf. soc. févr. — Notes sur la Hongrie dans la Chronique du Mouvement social de cette revue (1898-1910).

Chélard. La France et la Hongrie. — R. brit. mars.

Choppin, Henri. Les Hussards. Les vieux régiments, 1692-1792. Paris et Nancy, 428 p. fol.

> Historique des régiments Berchény, Esterházy, Pollereczky et Rattki; détails sur les hussards hongrois.

Cramaussel, E. En Transylvanie. R. de Paris, 15 juill.

Csáky, Alexandre. Agraria. Société agrico-industrielle pour introduire le « farm-system » en Hongrie. Paris.

Fleury, M. Les Esterházy à la Cour de Marie-Antoinette. Le Carnet hist. et litt., t. I, p. 17-27.

Gauthier, F.-E. Vice-consul de France à Budapest. Les grands poètes hongrois. Arany-Petœfi. Traduction en vers. Paris, 254 p. 18.

> Prem. partie du Toldi, Jean le Héros et sept poésies de Petőfi. — V. Kont, R. crit. Nos 34-35; Concordia, déc. 1898.

E. H(orn). Chapitres concernant la Hongrie dans : L'année de l'Église par Ch. Egremont., t. I, p. 152-183, t. II (1899), p. 256-295, t. III (1900), p. 266-303.

Isambert, Gaston. Cinquante ans de règne. François-Joseph (1848-1898). — Ann. de l'École des Sciences pol. Nov.

Klimo, M. Contes et légendes de Hongrie. T. 36 des « Litt. populaires de toutes les nations ». — Paris, 307 p. 16.

Kont. Molière en Hongrie. — R. des revues, 1er mars (à propos de la biographie de Molière par Haraszti). — Le mouvement littéraire en Hongrie (Poésie, roman, théâtre). Ibid., 1er et 15 sept. — Dans la même R. Extraits des revues hongroises. — L'École normale supérieure pratique de Budapest. R. intern. de l'ens., janv. — Sur l'Extension universitaire en Hongrie et le Lycée libre, ibid. sept. — Le français en Hongrie. Ibid. févr. et sept.

— C. r. sur Csánki : Géographie hist. de la Hongrie à l'époque des Hunyad. — Kolosvári et Óvári : Corpus statutorum, t. IV, 2. — Nécrologie de Sayous. — Barabás : Lettres et documents sur Nicolas Zrinyi. — Mátyás : Coutumes païennes des anciens Hongrois. — Hegedüs : Panégyrique de Janus Pannonius par J.-A. Marcellus. — Lázár : Le conte de Fortunatus. — Jászai : Les historiens et les journaux hongr. sur la Révolution fr. — Széchy : Études littéraires. — Melich : Lexique de Gyöngyös. — Bernstein : Trad. hongr. de la Bible. — Toncs : Clément Mikes. — Hodinka : Hist. de l'évêché de Djakovár. — Schönherr : Ladislas de Naples. — Marczali : Les Arpad et la Dalmatie. — Heinrich : Ancienne Bibl. hongroise, t. I-IV. — Imre : Études littéraires. — Komáromy : Les haïdouks. — Stromp : Jean Apáczai Csere, pédagogue. — Bayer : Hist. de la poésie dramatique hongr. — Z. Ferenczi : Hist. du théâtre de Kolozsvár. — Revues hongr. — R. crit. I et II.

— C. r. sur Szinnyei : Jókai. — Fraknói : Ladislas Karai. — Borovszky : Le code du Roi Mathias de 1488. — Le Bibliographe mod. N°s 8 et 10.

— C. r. sur Benedek : Contes et légendes hongr. — Anthologie de la poésie populaire. — Munkácsi : Recueil de poésies populaires des Vogouls. — R. de l'hist. des religions. N° 3.

Láng, Louis. Les nationalités en Hongrie et en Autriche. R. pol. et parl., t. XVIII, p. 30-59.

Larivière, Ch. de — Le Cte Eszterházy à la Cour de Russie (1791-1796). R. pol. et parl., t. XVIII, p. 107-138.

Lévy, Frédéric. Les établissements pénitentiaires (Hongrie). — R. pénit. p. 74-79. Cf. A. Rivière, Ibid., 1899, p. 1253-57.

Odescalchi, Princesse — Les Tziganes en Hongrie. R. d'Europe, t. I, déc.

Péch, Joseph et **Hajós**, Samuel. Jaugeages en Hongrie. I. Les procédés du département hydrographique de Hongrie. II. Nouveau procédé de jaugeage et son outillage. Paris, 47 p. 8°. Extr. des Ann. des Ponts et chaussées.

Reclus, Élisée Attila de Gerando (Nécrologie, 1847-1897). R. de géogr., t. 42, p. 1-5.

Roustan, L. Lenau et son temps. Paris.

P. 1-17. Les origines et l'enfance de Lenau. La Hongrie.

Soubies, Albert. Histoire de la musique. — Hongrie. Paris, 58 p. 12°.

Trocase, Fr. Le règne de François-Joseph I, empereur-roi d'Autriche-Hongrie. — Vienne et Paris, 155 p. 4°.

Peu de valeur.

Xénopol. La Magyarisation de la Transylvanie. — R. de géogr., t. 42, p. 101-103.

Zaborowski. Huns, Ougres, Ouïgours. Inscription de l'Iénisséi et de l'Orkhon. Bull. Soc. d'Anthrop., p. 171-179.

E. N. La constitution hongroise. — R. pol. et parl., t. XVII, p. 141-147.

1899

Bertha. Magyars et Roumains devant l'histoire. Paris, 483 p. 8°.

> Adaptation d'un ouvrage hongrois de Benoît Jancsó. Exposé assez impartial de la question. — V. Kont, R. crit. 1900, n° 16. Monod, R. hist., t. 73, p. 150; d'Avril, R. des quest. hist., 1900, II, p. 318; Pisani, Polyb. 1900, t. 88, p. 251.

Bystricky, Spacil. D'une entente politique entre les Tchèques et les Magyars. Nouv. R. intern. 1er août. — Réponse de Bertha : Hongrois et Tchèques, Ibid., sept.

Chélard. La révolution parlementaire en Hongrie et la nouvelle ère. R. brit. mars. — La fin de la crise austro-hongroise. Ibid., juin. — Sur le caractère national de la littérature hongroise (signé : Zrinyi János = Chélard). Merc. de France, nov. — L'évolution artistique en Hongrie (sur Hock). — R. blanche, t. XX, p. 220-223.

Colonna, Madame. Le Cte Eugène de Zichy. R. d'Europe, t. II, p. 28 et 520. Cf. Un grand seigneur hongrois, L'Europe pol. et litt., 1906, II, p. 601-605.

Dubor, G. de — Le dualisme austro-hongrois. R. d'Europe, t. II, p. 524-528.

Dumoulin, Maurice. Le passé et l'avenir de la Hongrie. R. d'Europe, t. II.
— La France et la Hongrie. Ibid., p. 442-447.

Gerando, Antonine de — Notes bibliographiques sur quelques publications hongroises. — L'Humanité nouv. V. aussi 1900.

Horn, E. Saint Étienne, roi apostolique de Hongrie. Paris, 197 p. 12°. Coll. « Les Saints ».

> V. Kont, R. crit. N° 52, et R. de l'hist. des religions, 1899. Levasseur, Acad. des Sciences mor. et pol., t. 151, p. 537.

Hungarus. Les intérêts hongrois et la maison des Obreno-
vitch. R. d'Europe, t. II, p. 483-515.

Jorga, N. Notes et extraits pour servir à l'histoire des Croisades au xve siècle. — Paris, 3 vol. 1899-1902.

> De nombreux documents sur la Hongrie. V. la table des 2e et 3^e
> vol.

Kont. Grégoire Csiky et le théâtre contemporain en Hongrie.
— R. d'art dram. avril. — Une tragédie hongroise, Bánk
Bán. Ibid., juillet. — Les théâtres de Budapest. Ibid., déc.
C. r. sur Szily : Contributions à l'hist. de la langue et de la litt.
hongr. — Szabó-Hellebrant : Ancienne Bibl. hongr., t. III, 2.
— Mátyás : Les premières campagnes des Hongrois en Europe.
— Reich : Hungarian Literature. — Szana : Charles Markó et
la peinture de paysage. — Bernstein : La Révolution de 1848-
49 et les Juifs. — Halász : Petöfi et Béranger. — Nécrologie
d'Alexandre Szilágyi. — Heinrich : Ancienne Bibl. hongr.
fasc. V-XIV. — Dézsi : Journ. et Correspondance de Molnár de
Szencz. — Benedek : Le passé et le présent du peuple hongr.,
t. I. — Szilágyi : Acta comitialia regni Transylvaniae, t. 21.
Barabás : Zrinyi, t. II. — Fraknói : Documents sur le droit de
patronage des rois hongrois. — Réthy : Corpus Nummorum
Hungariae, t. I. — Ferdinándy : La bulle d'or. — Veress :
L'interrègne en Transylvanie, 1551-1556. — Békefi : Les lois de
l'École réformée de Sárospatak, 1621. — Strauss : Die Donau-
länder. — Revues hongroises. — R. crit. I et II. — Revue des
revues hongroises. — R. des revues N°s 1, 7, 13, 21. — C. r.
sur : Szabó-Hellebrant : Ancienne bibl. hongr., t. III. Le
Bibliographe mod. N° 13. — C. r. sur Hampel : Monuments
du moyen-âge en Hongrie. R. arch. I, mai-juin. V. sur l'édit.
allemande de cet ouvrage, S. Reinach. Ibid., 1906, II. R. Ave-
lot, Bull. Soc. d'Anthrop. 1907, p. 146. H. O. L'Anthrop.,
t. XVII, p. 169.

Láng, L. La politique douanière internationale de l'avenir.
R. pol. et parl., t. XIX (passim).

Mailland, Oscar. Folk-lore des Roumains de la Hongrie. R.
des trad. pop., t. XIV, p. 581-585 et t. XV, p. 166-169.

Marczali, Henri. Les relations de la Dalmatie et de la Hon-
grie du xie au xiiie siècle. R. d'hist. dipl., t. XII. — Tir. à part,
Paris, 26 p. 8°.

Müntz, E. La bibliothèque de Mathias Corvin. — Bull. du bibliophile, p. 257-264.

Pellicier, Guillaume. Correspondance politique de — ambassadeur de France à Venise, 1540-1542. Édit. Alex. Tausserat-Radel. Paris, 2 vol.

> De nombreux renseignements sur la Hongrie. — V. Wallon, Journ. de Sav. 1900, mars.

Róna. Prostitution et maladies vénériennes en Hongrie. Conf. intern. pour la prophylaxie de la syph. et des maladies vén. Bruxelles, I, fasc. 2. — 1900, II, p. 40.

Rose, E. Le petit traité des champignons comestibles et pernicieux de la Hongrie, décrits au xvie siècle par Charles de L'Escluze. — Bull. Soc. mycologique de France, t. XV.

Rouffle, Marcel. L'Autriche-Hongrie au début de 1899. Quest. dipl. et col. févr. — Le Ministère Szell. Ibid., juin.

Saint Clair, André de — Le Danube. Étude de droit international (Thèse de la Fac. de droit de Paris). Paris, 220 p. 8°.

> Passim (sur les Portes de fer).

Schmitt, Eug. H. Le socialisme agraire en Hongrie. L'Humanité nouv., mars, p. 294-302.

Siran, R. de — A propos d'une tradition hongroise. R. d'Europe, t. II, p. 725-735 (sur l'origine des Zichy).

Stcherbatow, le général Prince — Le feld-maréchal Prince Paskévitsch. La vie politique et militaire. D'après des documents inédits. St-Pétersbourg, 1888-1899.

> T. VI, sur la Révolution hongroise de 1848-49 est important, à cause du rôle que Paskévitsch a joué en Hongrie.

La Hongrie économique. Revue trimestrielle, rédigée par Joseph Szterényi. — Paris, 4°. Un fascicule de 301 p. 8*.

> (Industrie et Commerce, Questions ouvrières, Finances et crédit, Chemins de fer, Marine et navigation, Postes, télégraphes et téléphone, Statistique, Brevets d'invention).

Loi XIX de 1898 sur la soumission au régime forestier de l'État des forêts communales et autres forêts et surfaces dénudées. Budapest, 38 p. 8°.

Note sur les ateliers d'apprentissage des chemins de fer de l'État hongrois. — Budapest, 14 p. 4°.

Note sur les Monumenta Vaticana historiam Hungariae illustrantia. R. hist., t. 69, p. 234.

Notice sur Ch. Tagányi : Les archives du royaume de Hongrie, de la Chancellerie aulique hongroise, de la chancellerie transylvanienne. — J. Illésy : Les privilèges communaux en Hongrie. — Bibl. de l'École des Chartes, t. 60, p. 314.

1900

Abt, A. Recherches sur les propriétés magnétiques de différents minerais de fer. — Budapest, 52 p. 8°.

Baillière, Paul. Congrès international pour l'enfance à Budapest. R. pénit., p. 143-149. D'après L. Gruber.

Balogh, Eugène. La législation criminelle en Hongrie. — R. pénit., p. 789-792.

Beaumont. Le problème austro-hongrois et sa portée européenne. Quest. dipl. et col. juill.-août, oct. nov.

Békésy, Géza. Les Hôpitaux et les Maisons de Santé de la Hongrie. — Budapest, viii-208 p. Ill.

Bertha. Fête du Centenaire du poète hongrois Michel Vörösmarty (le 8 décembre 1900) présidée par M. Sully-Prudhomme. Conférence de —. Discours de M. Sully-Prudhomme. — Paris, 40 p. 8°.

Blociszewski, J. Les taxes de péage aux Portes de fer. R. gén. de droit intern. public, t. VII, p. 502-518. Cf. T. Écon. fr. 3 mars.

Borostyány, Ferdinand et **Demeny**, Paul : La Revue franco-hongroise. Politique, littéraire, artistique et économique. — Paris.

Un seul numéro (janvier) a paru, 16 p. 4°.

Bourrilly, V. L. La première ambassade d'Antonio Rincon en Orient (1522-1523). R. d'hist. mod., t. II, p. 23-44. Passim.

V. sur Rincon, F. Decrue : Anne de Montmorency, grand-maître et connétable de France, Paris, 1885. Passim.

Cantilli, P. G. La question des taxes de péage aux Portes de fer. Bucarest, 70 p. 8° (Sur les règlements du ministère hongrois de commerce).

Chélard. Guide historique et littéraire de la Hongrie. — Paris, 268 p. 16. Avec cartes et plans.

— La nouvelle situation de la Hongrie dans la monarchie austro-hongroise. R. brit. janv. — Le récent rapprochement intellectuel entre la Hongrie et la France (signé : Zrinyi János). Merc. de France, sept. p. 634-648. — Portraits parlementaires hongrois. (Szell, Hegedüs, Wlassics, Fejérváry, Apponyi, Horánszky). Nouv. R. 15 févr. — Le style hongrois et les nationalités. R. blanche, t. XXII, p. 605-609.

Colonna. Le Millénaire hongrois. R. d'Europe, t. IV.

Debains, le capitaine. Organisation de l'armée austro-hongroise (mai 1900). — Paris, vii-268 p. 8°.

Déry, Charles. Les charbonnages hongrois. Description des entreprises représentées à l'Expos. univ. de 1900 à Paris. — Budapest, 231 p. 8°.

Drandar, A. G. La situation des Slaves et des Roumains en Autriche-Hongrie. — Les Croates. — Bruxelles et Paris, 136 p. 8°.

> Coup d'œil historique; l'auteur est un agent bulgare hostile à la Hongrie.

Edvi-Illés, Aladár. L'industrie des mines de fer et hauts-fourneaux de Hongrie. Budapest, 250 p. Ill.

Ejury, Charles d' — Poésies classiques hongroises. Trad. en français. — Pozsony (Presbourg) 5 fasc. 1900-1908.

> Ce sont, en grande partie, des traductions de Petőfi. V. Kont, R. crit. 1909, 24 juin.

Esztegár, L. La littérature hongroise dans les vingt dernières années. — Congrès bibliogr. intern. tenu à Paris en 1898. T. I. p. 290-296.

Farkas, Kálmán de — Le service des ingénieurs sanitaires en Hongrie. Budapest, 6 p. et 1 carte.

Galgóczy, Charles. La société nationale d'agriculture de Hongrie. Budapest, 51 p. 8°. — La ville de Debreczen, en Hongrie. — Ibid. 12 p. 8°. — L'élevage de chevaux en Hongrie. Ibid. 54 p. 8°. — Le porc en Hongrie. Ibid. 123 p. 8°. Illustré.

Gerö, Louis. La littérature hongroise en chiffres. Budapest, 46 p. 4°. Avec un tableau graphique.

Ghica, Jean, T. L'Autonomie de la Transylvanie. Paris, 24 p.

Gonda, Béla. La navigation intérieure en Hongrie. Budapest, 206 p. Ill. V. A. de Bovet, Bull. Soc. des Ingénieurs civils, 1900, II, p. 500.

Gopcsa, Ladislas. L'Enseignement des sciences sociales en Hongrie. Budapest. Congrès intern. de l'ens. des sciences sociales.

Hazafi (pseudonyme = Patriote). Hongrie-Autriche — La sériciculture en Hongrie. — Les ouvriers ruraux en Hongrie. — Le commerce extérieur de la Hongrie pour l'année 1899. — Vörösmarty et Szell. — R. d'Europe, t. IV.

Henry, René — La monarchie habsbourgeoise. Théorie de la dislocation et théorie du partage. R. pol. et parlem., t. XXIII, p. 42-68. — Passim.

Högyes, A. La rage et son traitement prophylactique en Hongrie (1890-1899). — Budapest, 50 p. 8°.

Istvánffi, Gy. de — Annales de l'Institut central ampélologique royal hongrois, Directeur — Budapest, t. I, 43 p. et pl. T. II, 1902, vii-288 p. et pl.

— Etudes et Commentaires sur le Code de l'Escluse, augmentées de quelques notices biographiques. Ibid., texte fr. et hongr.

> Important, de l'Ecluse était en relation avec la Hongrie. Bibl. nat. fol. S. 898.

— Une visite au Jardin botanique de l'Université de Kolozsvár. Ibid., 23 p. 8°.

Jòkai, M. La Hongrie à l'Exposition. R. d'Europe, t. III.

Kanocz, Etienne. L'assistance publique en Hongrie. — Budapest, 82 p. 8°. Cf. du même : Considérations sur l'assistance publ. en Hongrie. C. r. Congrès intern. d'hygiène et de démogr. Session 1894. Budapest, 1896, viii, 4ᵉ partie, p. 486-493.

Khaller, B. La poésie hongroise. Nouv. R., 15 sept. p. 296-314.

Klasz, Paul. La législation et l'administration sanitaires de la Hongrie. — Budapest, 138 p. 8°.

Kolossváry, Edmond de — Les travaux de régularisation et d'endiguement en Hongrie. Budapest, 207 p. 8° et 1 carte. Dans ce vol. se trouve le mém. de Jules Halaváts : Géologie des vallées du Danube et de la Tisza. — 16 p. 8°.

Kont. Horváth, C. Kardos, A. Endrödi, A. Histoire de la littérature hongroise. Ouvrage adapté du hongrois. Avec une Préf. de Gaston Boissier. Budapest et Paris, xii-420, gr. 8°. Orné de 20 pl. et de 95 ill.

> La Préface de M. Boissier dans R. des revues, 1er avril; Szigligeti et le drame romantique, dans R. d'art dram. avr.-mai. La litt. hongroise et le protestantisme de langue fr. aux xvie et xviie siècles, dans Bull. Soc. de l'hist. du protestantisme fr. 1899, août-sept. La Renaissance hongr. Concordia, mars. V. Bull. crit. nov. 1900. Journ. des Sav., juin 1900. Lanson, R. Universitaire, nov. 1900. — A. Lichtenberger, R. hist. nov.-déc. 1900. Zrinyi, Merc. de France, janv. 1901. — L. P. Polyb., mars 1901. L. Leger, R. hist. mai-juin 1902. G. Deschamps, Le Temps, 27 mai 1900 et P. S. le 3 juin. Ce dernier n° contient une étude du même auteur sur Jókai.

— La Hongrie et la France. Quest. dipl. et col., 1er avr. (sous le pseudonyme : I. Téthi). Réponse à l'article : La situation pol. en Croatie, ibid., 1er févr. — Notes sur le mouvement pédagogique en Hongrie (Paedagogium, Institut François-Joseph, Collège Eötvös). — R. intern. de l'ens., janv. — C. r. sur Hegedüs : Les œuvres pédagogiques de Apáczai Csere. Ibid. oct.

— Revue des revues hongroises dans R. des revues n°s 4, 8, 13, 22. Extr. de la revue hist. Századok et des articles hist. de la Budapesti Szemle dans R. hist., t. 72. — V. la suite de ces Extraits R. hist. 1901-1910. — Nécrologie de Jules Schvartz, R. hist. t. 73, p 237.

— C. r. sur : Ballagi, Márki et Beksics : Histoire du peuple hongrois. t. IX et X. — Heinrich : Ancienne Bibl. hongr. fasc. 15-19. — Cyrille Horváth : Hist. de l'ancienne litt. hongr. — Endrödi : Hist. de la litt. hongr. du xixe siècle. — Balassa : La langue hongr. — Acsády : Hist. de la paix de Karlovicz. — Mátyás : Problèmes chronologiques dans l'hist. de Hongrie des xie et xiie siècles. — Tagányi : Origine de l'autonomie des comitats. — Karácsonyi : Origine de la Bulle d'or. — Békefi : Les lois de l'école réformée de Debreczen aux xviie et xviiie siècles. — Riedl : Eugène Péterfy. — B. Tóth : Curiosités hongroises. — R. crit. I et II.

Kuthy, D. Contribution à l'étude de l'hydrologie et de la climatologie en Hongrie. Trad. de l'all. par le Dr Barthès. — Gaz. des Eaux, p. 3o5, 321, 329 et 340.

Lévay, Joseph. Le patronage des libérés en Hongrie. — R. pénit., p. 149-153.

Lónyay, François de — La viticulture en Hongrie. Budapest, 18 p. 8°.

Ludwig, Rodolphe et **Szemenyei,** Cornèle. Les étudiants hongrois et leurs associations. Budapest, 188 p. 8°.

Martin, Camille. La Hongrie à l'Exposition universelle. Quest. dipl. et col. nov.

Matter, Paul. C. r. sur Duka : Kossuth et Görgei (en anglais). R. hist. t. 73, p. 404.

Molnár de Rudina, Etienne. Pomologie hongroise. Texte hongr. et fr. 5 livr. gr. in-folio avec des pl. Budapest, 1900-1909.

Molnár, Géza. Maurice Jókai — Budapest, 31 p. 12°.
    Biographie sommaire avec la liste des trad. des romans dans les différentes langues.

Pappafava, Vladimir. Notice sur l'organisation du barreau hongrois. Paris 20 p. Bull. soc. de légis. comp. t. 29. p. 132-149.

Péch, Adalbert. Sociétés de dessèchement, d'amélioration et d'utilisation des eaux en Hongrie, relevant des bureaux de l'hydraulique agricole. Budapest 86 p. 8° et 1 carte.

Polignac, Melchior — Notes sur la littérature hongroise. — Paris, 288 p. 18.
    A consulter avec précaution. V. Kont, R. crit. N° 5o.

Porée, le chanoine — L'art chrétien au pavillon de Hongrie (Expos. univ. de 1900). — Notes d'art et d'archéol. t. XII et XIII. 1900-1901.

Radisics, E. Les arts à l'Exposition universelle de 1900. Exposition rétrospective de la Hongrie. — Gaz. des b-arts, II. p. 265-283.

Répássy, Nicolas. La sériciculture en Hongrie. Budapest, 16 p. 8°.

Schilberszky, Charles. Monographie de l'horticulture en Hongrie. Budapest, 64 p. 4°. Ill. et 47 pl.

> La notice historique remonte aux temps les plus anciens.

Schulek, G. Notes historiques sur la clinique d'ophtalmologie de l'Université royale hongroise de Budapest (1801-1899). — Budapest, 44 p. 8°.

Servières, Georges. Quelques villes de Transylvanie (Gyula-Fehérvár, Segesvár, Brassó, Nagy-Szeben, Kolozsvár). A travers le monde (Suppl. du Tour du Monde) p. 49-100.

Szterényi, Joseph. L'enseignement industriel et professionnel de la Hongrie. — Budapest, 351 p. 4° avec des pl. — Cf. R. G. L. Econ. fr. 1901, 10 août.

— Protection légale des travailleurs en Hongrie. Budapest, 114 p. 8°.

Udránszky, Joseph. Ecole supérieure vétérinaire royale hongroise de Budapest. — Budapest, 76 p. 8°.

Xénopol. Magyars et Roumains devant l'histoire. — Réponse à M. A. de Bertha. Paris, 29 p. 8° — V. Kont, R. crit. n° 50.

Correspondance de Wagner et de Liszt. Trad. fr. par L. Schmitt. — Paris, 2 vol.

Exposition universelle de 1900 à Paris. Exposition des pays de la Couronne hongroise. Budapest, 531 p. 8°.

> Les notices historiques et statistiques offrent un certain intérêt.

La Caisse d'épargne postale de l'Etat hongrois. Histoire, organisation, résultat. Ibid — 32 p.

L'art décoratif hongrois à l'Exposition. R. d'Europe t. IV.

L'Enseignement en Hongrie. Budapest, XIV-546 p. 8°.

> Publié par le Ministère des cultes et de l'Instruction publique. Renseignements sûrs et précis, avec des aperçus historiques. Plusieurs chapitres ont paru à part avec des couvertures spéciales.

Etat des Ecoles en Croatie et Slavonie. Ibid. 82 p. 8° — Règlements des écoles de dessin, de peinture et de sculpture — Ibid. br. — Description des minéraux et roches, exposés par le laboratoire de minéralogie et de géologie de l'Université de Kolozsvár. Ibid. br. — Description des appareils exposés par M. Ch. Than, directeur de l'Institut chimique — Ibid. 40 p.

8° — Courte description des appareils exposés par l'Institut physiologique de l'Université de Kolozsvár. — Kolozsvár, 8 p. 8°

La Cathédrale de Djakovo, en l'honneur du cinquantenaire de l'évêché de son fondateur Josip Juraj Strossmayer. — Zagreb, s. d. (1900) 79 p. fol. Ill. Texte croate et fr.

La question des nationalités au Parlement hongrois. — R. d'Europe, t. III.

La situation politique en Croatie. Quest. dipl. et col. févr.

La Südbahn et son réseau de communications en Autriche-Hongrie. — Vienne, Brünn et Leipzig, XVIII — 5o6 p. 197 fig.

P. 473-489, Lignes hongroises.

Les bâtiments des Universités royales hongroises. Texte hong. fr. et all. Budapest, 2 vol. fol. Albums avec explication.

Loi XLIX de 1899 et instructions relatives aux faveurs accordées à l'industrie nationale dans les pays de la Sainte Couronne hongroise. Budapest, 40 p. 8°.

Lois les plus récentes de la Hongrie relatives aux ouvriers agricoles. Budapest, 72 p. 8°.

Rapport sur l'ouvrage intitulé : Les oiseaux de la Hongrie et leur importance économique. Budapest, 22 p. 8°.

Service des stations agronomiques hongroises. Budapest, 68 p. 8°.

Statuts organiques de l'Académie royale hongroise de musique. Budapest, 85 p.

1901

Áldásy, Antoine. Les Cartulaires des relations entre la Hongrie et les pays limitrophes slaves du Sud. — Paris, Ann. intern. d'hist. Congrès de Paris, 1900. Hist. gén. et dipl. p. 119-124.

Balogh, Eugène — La revision du Code pénal hongrois. — R. pénit. p. 857-861.

Bertha. La Hongrie moderne, de 1849 à 1901. Etude historique. Paris, 358 p. 8°.

Adaptation de l'ouvrage hongrois de Beksics : I. Ferencz József és kora (François Joseph 1er et son temps) formant la seconde partie du tome X de l'Histoire nationale éditée par l'Athenaeum (Budapest. 1898) M. Bertha y a ajouté un chap. sur le cabinet Szell. Plusieurs chap. de cet ouvrage dans R. d'Europe (t. II, III et VI), R. pol. et parl. t. XX (Deák et Kossuth) t. XXVIII (La Hongrie et la guerre de 1870) ; Séances et travaux des l'Acad. des sciences mor. et pol. 1901. II. p. 528-551. — V. Monod R. hist. 1902, t. 78, p. 124. R. des quest. hist. 1902, I. p. 692.

— Zrinyi, le poète. Nouv. R. intern. 15 févr. et Ann. intern. d'histoire. Congrès de Paris, 1900. Hist. gén. et dipl. p. 197-211. — Les élections hongroises. Nouv. R. inter. p. 320-322. V. d'autres chroniques pol. et une étude sur Deák dans la même R. 1902-1904.

Chélard. De l'impossibilité d'une alliance politique et de la nécessité d'une alliance intellectuelle avec la Hongrie. — Merc. de France, sept. — Le centenaire de Vörösmarty. Ibid. janv. C. r. sur les Etudes critiques de Lázár. Ibid. janv. — Le clergé catholique romain en Autriche-Hongrie. R. brit. mai. — Les élections législatives et la nouvelle Chambre en Hongrie. Ibid. nov. — La Hongrie et le socialisme. R. blanche, t. 26, p. 594-598.

Chéradame, A. L'Europe et la question d'Autriche au seuil du xxe siècle. Paris, 452 p. Passim.

Chevalier, A. M. Kalman de Szell et la nouvelle politique hongroise. — En Hongrie. R. d'Europe, t. V.

Csengeri, J. Université et École normale supérieure en Hongrie. R. internat. de l'ens. II, p. 131-138.

Darvaï, Maurice. La Hongrie et ses premiers vassaux roumains. — Paris, Ann. intern. d'hist. Congrès de Paris, 1900. Hist. gén. et dipl., p. 107-118.

Grosz, Emile. L'extension universitaire en Hongrie. R. intern. de l'ens. I. p. 315-319.

Hazafi. Le parti libéral hongrois. R. d'Europe, t. V.

Hermant, Joseph. La Révolution hongroise de 1848. Les Nationalités, leurs luttes et leurs revendications ; l'intervention russe et l'intervention polonaise. Thèse de la Fac. de droit de Paris. Paris, XIII-428 p., 8°.

Ouvrage sérieux. — V. R. gén. de droit intern. public. 1902, p. 734.

Holl, J. C. Le Cte Eugène Zichy et les élections hongroises. R. d'Europe, t. VI.

Jost, E. Les expositions scolaires à l'Exposition universelle. — Hongrie, Croatie, Slavonie. R. pédag., I, p. 272-298.

Kienlin, Jules. En Hongrie. R. d'Europe, t. V et VI.

Kont. Hongrie. Revue générale de l'histoire de la Hongrie avec une bibliographie succincte de chaque époque. — R. de synthèse hist. Avril. — Les Écoles hongroises à l'Exposition de 1900. — R. intern. de l'ens. Juin. — La saison en Hongrie. — R. d'art dram. Sept. — Extraits des revues hongr. dans R. des revues, févr., avr.-juill.

— C. r. sur Janovics : La vie et les œuvres de Csiky, t. I. — Melich : Mots allemands en hongrois. — Kozma : Brassai. — Mátyás : Les derniers jours de saint Ladislas et d'Eméric. — Fraknói : Pétrarque et Louis-le-Grand. — Borovszky : Hist. de Nagylak. — Békefi : Lois de l'école réformée de Maros-Vásárhely du xviie siècle. — Schmidt et Stäckel : Correspondance de Bólyai avec Gauss. — Váczy : Correspondance de Kazinczy, t. X (v. pour les tomes XI-XXI les vol. suiv. de la R. crit.). Lesko : Léon Szaicz. — Lázár : Études critiques. Borovszky : L'époque de la migration des peuples. — Benedek : Le passé et le présent du peuple hongrois. T. II. — Revues hongr. — R. crit. I et II. — C. R. sur Fináczy : Hist. de l'instruction publique sous Marie-Thérèse. T. I. — Hajnik : Organisation judiciaire sous les rois de la dynastie arpadienne et des maisons mixtes. — Károlyi : Monumenta comitialia regni Hungariae, t. XI. — Margalits : Répertoire hist. de la Croatie. T. I. — Pauler et Szilágyi : Les sources de la conquête de la Hongrie. — Pauler : Hist. du peuple hongr. jusqu'à saint Étienne. — Forster : A la mémoire de Béla III. — Karácsonyi : Les grandes familles hongr. jusqu'au milieu du xive siècle. — R. hist. janv.-févr., sept.-oct. — C. r. sur Dézsi : Trad. hongroise des règles de saint Augustin. — Apponyi, Hungarica I. — Le Bibliographe mod.

— C. r. sur les Mém. archéologiques édit. par l'Académie hongroise. T. XXI et XXII. R. arch. janv.-févr.

— C. r. Sur les Publications de la Soc. litt. israélite de Hongrie. 4 vol. R. des études juives, juill.-sept.

Lacger, L. de — La plaine hongroise. Alföld et Puszta. Ann. de géogr., t. X, p. 438-444.

Langlois, Ch. V. Manuel de bibliographie historique. Paris, 1901-1904.

> P. 48 et 541-546 sur la Hongrie.

Leger, L. Les Slovaques. Quest. dipl. et col. déc.

Laurent, F. La régie des tabacs en Autriche-Hongrie et en Italie. Paris, s. d. 43 p. 8°. — Passim.

Lippich de Korongh, Alexius. La formation de l'esprit artistique en Hongrie. Budapest, 68 p., 16. ·

> Coup d'œil sur le développement des arts.

Márki, Sándor. Les Jacobins hongrois. Ann. intern. d'histoire. Congrès de Paris, 1900. Hist. gén. et dipl. P. 229-243.

Nyári, Alexandre. Le Couvent des Ermites de Saint-Paul à Czenstochowa et ses monuments d'art hongrois. Texte hongr. et fr. Budapest, 83 p., fig. et pl. — V. Kont, R. hist. sept.-oct., 1901.

Riffault, A. Commerce extérieur de la Hongrie en 1899. Échanges avec la France. — Paris, 32 p., 8°. Rapports commerciaux n° 29. — Commerce extérieur de la Hongrie en 1900. Ibid., 1902. 43 p., n° 114. — Commerce extérieur de la Hongrie en 1901. Ibid., 1903, 30 p., n° 215.

Rimler, J. De la nécessité d'une alliance franco-russe austro-hongroise. Paris, br. Cf. Chélard, Merc. de France, 1901, sept.

Roux, J. A. Le Congrès de droit pénal de Budapest. R. pénit., p. 507-515.

Szterényi, Joseph. La grande Industrie du royaume de Hongrie. Rédigé par — avec la collaboration de Louis Hegyeshalmy et François Farkas. Trad. du hongr. par A. Sasvári. — Budapest, VII-221 p., 8°.

Temeswáry, Ferencz. A contre-fil. Action scénique en sept épisodes. Adaptée du hongrois avec la collaboration de l'auteur par F. V. Skiœrborg. — Paris.

> Introduction (étude du Dr Weissblum sur la pièce, p. 1-91), la pièce (p. 93-474); elle est à peu près ignorée en Hongrie.

Türr. L'émancipation économique de la Hongrie. R. d'Europe, t. VI.

Weltner, J. Le socialisme en Hongrie. — Mouvement socialiste, déc.

Xénopol. L'hypothèse dans l'histoire (Sur l'origine des Roumains). Paris, Ann. intern. d'histoire. Congrès de Paris, 1900. Hist. gén. et dipl., p. 39-49.

Annuaire statistique hongrois. Édit. française de 1901-1910. Publié par l'office central de statistique du royaume de Hongrie. — V. A. de Foville, L'Institut intern. de statistique à Budapest. — Econ. fr., 26 oct.

Recueil général de la législation et des traités concernant la propriété industrielle. — Berne. T. IV, p. 299-358 sur la Hongrie (avec une notice de Jules de Schnierer); t. V, p. 533-571 (ibid., 1909).

XX. Le budget hongrois pour 1902. R. d'Europe, t. VI.

1902

Apponyi, Albert. Le Parlement de la Hongrie. (La Constitution et le parlementarisme hongrois). Annu. du parlement, p. 864-958. Réimprimé dans R. de Hongrie, 1909, oct.-déc.

Bangor. Elisabeth d'Autriche-Hongrie. — Souvenirs d'un familier. — La Quinz., 1er avr. (d'après le livre de Christomanos).

Bertha. La renaissance de la Hongrie. R. d'Europe, t. VII.

Chélard. La lutte pour le bien public en Hongrie. Merc. de France, févr. — Le poète Lenau et le pangermanisme. Ibid. oct. (à propos de l'inauguration du monument de Lenau en Hongrie).

Chéradame. L'Allemagne, la France et la question d'Autriche. Paris. Passim.

Cochelin, E. Le compromis austro-hongrois. R. d'Europe, t. VIII.

Dugard, Mlle — De la formation des maîtres de l'enseignement secondaire à l'étranger et en France. Paris, 242 p.

> La Hongrie, passim et p. 80-82.

Fallou, L. Nos Hussards (1692-1902). Paris. — Détails (surtout pour l'uniforme) des régiments Ráttky. Bercsényi, Esterházy et Polereczky.

Hazafi. La Cour royale hongroise. — La Hongrie économique. — La Hongrie financière et ecclésiastique. R. d'Europe, t. VII. — L'Allemagne contre la Hongrie. — Le budget hongrois pour l'exercice de 1903. Ibid. t. VIII.

Horn, Ant. E. Koloman de Tisza. — R. pol. et parl. t. XXXII p. 521-532.

Horn, E. Sainte Elisabeth de Hongrie. — Paris, 288 p. 16.
> Plutôt livre d'édification qu'ouvrage à consulter. V. R. crit., 1902. N° 22. R. des quest. hist. 1902, I, p. 664.

Hotowetz. Les cartels des sucres en Autriche-Hongrie. R. d'écon. pol.

Kont. Etude sur l'influence de la littérature française en Hongrie (1772-1896). Thèse de doctorat ès-lettres. Paris, IV-509 p. 8°.
> Introduction p. 1-64 (les rapports intellectuels jusqu'à 1772) Livre I. 1772-1837 : L'école française en Hongrie ; les Révolutionnaires (de 1790-1795). Livre II, 1837-1896, surtout le théâtre et le roman hongrois, avec un chap. sur la langue fr. dans la société et dans l'enseignement. —V. E. Denis, R. crit., 1902 juill. G. Lanson, R. Universitaire, 1902, juin. R. intern. de l'ens. 1902 oct. R. des revues, 15 août. R. d'Europe, nov. 1902. R. Chélard, Merc. de France, juill. 1904, Gaston Deschamps, Le Temps, 1er déc. 1907.

— Langue et littérature hongroises. Résumé avec une bibliographie succinte. — R. de synthèse hist. avril et juin. — L'enseignement du français en Hongrie. — R. intern. de l'ens., août. — Extraits des revues hongr. dans la Revue, févr., juin, oct.

— C. r. sur Bartal : Glossarium mediae et infimae latinitatis regni Hungariae. — Bayer : Journal de Mme Déry. — Gyöngyösy : La vie et les œuvres de Jean Arany. — Szigetvári : La poésie de Petöfi. — Steinbach : Trad. allemande de Petöfi. — Anthologie de la poésie lyrique fr. du XIXe siècle (trad. hongroise). — Angyal : Œuvres de Péterfi, T. I, II. — Gyomlay : Charte grecque de saint Etienne. — Vadnay : Poèmedramatique inconnu de Czakó. — Szinnyei : Le premier bibliographe hongrois. — Békefi : L'esclavage en Hongrie sous les Arpad. — Borovszky : La colonisation d'un administrateur turc. — Csoma : Armoiries des grandes familles. — Marton : Le Voltaire hongrois. — Vincze : Mikszáth. — Conteurs populaires. — Szily : Dictionnaire de la néologie. — Gyulai : Eloges. — Gyalui : Tótfalusi Kiss. — Revues hongr. R. crit. I et II.

— C. r. sur Fraknói : Relations de la Hongrie avec le Saint Siège. T. I. (V. sur t. II et III, R. hist. 1903 et 1904). Lettre de saint Ladislas à l'abbé du Mont-Cassin. — Album du roi Mathias. — Erdélyi : Balassa. — Thaly : Journal de Campagne du Comte Antoine Eszterházy. — Karácsonyi : Les familles nobles du xiie au xive siècle. — Margalits : Répertoire hist. de la Croatie. T. II. — Publications de la Soc. litt. israélite. R. hist. sept. oct.

Kreiss, Adolphe. Étude sur la culture de l'orge en Autriche-Hongrie. Paris, 6 p. — Bull. mensuel du Min. de l'agriculture.

Lauth, J. L'état militaire des principales puissances étrangères en 1902. Paris, 8e édit.

> P. 187-325 sur l'Autriche-Hongrie. — Les 5 premières édit. (1877-1891) sont dues au général Rau.

Lefaivre, Albert. Les Magyars pendant la domination ottomane en Hongrie (1526-1722). Paris, 2 vol. 441 et 459 p. 8°.

> Travail sérieux, mais point de vue réactionnaire et clérical. Trop sévère pour Rákóczi. — V. Kont, R. hist., 1903, juillet-août ; Zrinyi, Merc. de France, avr. et juin. J. Labourt, Polyb. t. 95, p. 528. L'article : L'insurrection magyare sous François II Ragoczy, R. des quest. hist., 1901, 1, p. 518-586 est tiré du second volume.

Meunier, Raymond. Artistes et Salons hongrois. Le monde mod. 15 févr. Ill.

Radisics. Le Pavillon historique de la Hongrie à l'Exposition universelle de Paris en 1900. — Avec le concours d'Eméric Szalay et Arpad Györy. — Paris, 90 p. fol.

Revelli, A. Mouvement commercial et maritime de Fiume pendant l'année 1900. Paris, 29 p. 8°. Rapports commerciaux, n° 99. — Situation économique du port de Fiume en 1903. Ibid. 1904. — 17 p. N° 389.

Saubin, L'abbé Antoine — Sainte Elisabeth de Hongrie. Paris. xiii-192 + 33 p. 16.

> Livre de piété. V. R. des quest. hist., 1903, II, p. 644.

Schafarzik, François. Carte générale des carrières des Etats de la Couronne hongroise. Budapest.

> Une feuille gr. in-folio. Edit. par l'Inst. royal géologique de la Hongrie. Légende en hongr. fr. et allem.

Théarvic, M. L'Église serbe orthodoxe de Hongrie. Echos

d'Orient, p. 164-173. — Chez les Serbes orthodoxes de Hongrie. Ibid. 1904, p. 358-361.

Thiaudière, Ed. Etienne Türr. R. d'Europe, t. VIII.

Türr. En Autriche-Hongrie. Les délégations. R. d'Europe, t. VII.

Dénombrement général de la population dans les pays de la Sainte Couronne hongroise en 1900. Edité par l'Office central de statistique. — Budapest, 10 vol. 1902-1909. Texte hongr. et fr. Le dernier vol. contient le résumé des résultats avec 24 cartes graphiques.

Le même Office a publié :

Commerce extérieur des pays de la Sainte Couronne hongroise. Un vol. par année. A partir de 1902. Texte hongr. et fr.

Production agricole des pays de la Sainte Couronne hongroise en 1901. Ibid., 1903.

Mouvement de la population dans le pays de la Sainte Couronne hongroise (1900-1902 et 1903-1905). Ibid. 1905, 1907.

Chemins de fer dans les pays de la Sainte Couronne hongroise en 1900, 1901 et 1902. Ibid. 1905.

Table de mortalité des pays de la Sainte Couronne hongroise. Ibid., 1906.

Statistique des personnes atteintes de cancer dans les pays de la Sainte Couronne hongroise. Ibid. 1907.

Mouvement de la navigation et des marchandises à Fiume (1906-1907, 1908). Ibid. 1909, 1910.

Industrie des moulins des pays de la Sainte Couronne hongroise en 1906. Ibid. 1909.

Statistique criminelle (1904-1908) Ibid. 1910.

Instruction publique (1904-1908) Ibid. 1910.

Toutes ces publications sont dirigées par M. Jules Vargha, directeur de l'Office.

XX. — Le commerce extérieur de la Hongrie en 1900. R d'Europe t. VII.

1903

Beaumont, W. La vie politique en Autriche-Hongrie, 1902-1903. Ann. des sciences pol. p. 771-785.

Bellom, M. Les assurances ouvrières en Hongrie. — Econ. fr. 26 sept. et 1908, 20 juin.

Blociszewski, J. L'Œil de la mer. Un conflit de frontières entre l'Autriche et la Hongrie réglé par jugement arbitral. R. gén. de droit intern. public, t. X, p. 419-435.

Chaumié, Jacques. Le commerce maritime de la monarchie austro-hongroise. Paris, 57 p. 8°. — Tir. à part de la Nouv. R. déc. 1902, janv. 1903.

Chélard. Le principe des nationalités au point de vue philosophique et abstrait. Merc. de France, sept.

Colonna. Une exposition hongroise. R. d'Europe, t. X. — Le programme du Cabinet Tisza. Ibid.

Costa de Beauregard, Mis — Artistes contemporains. Rodolphe Berény (peintre hongrois) R. de l'art anc. et mod. juill. t. XIV p. 5-22.

Davin, abbé V. — Quarante-cinq assemblées de la Sorbonne, pour la Censure du primat et des prélats de Hongrie qui ont condamné la « Déclaration du clergé de France » de 1682, révélées par le manuscrit 7161 de la Bibl. Vaticane. Paris, s. d. [1903], 236 p.

> Publie les procès-verbaux d'Aleaume de Tilloy.

Faragó, Léopold. L'administration des eaux en Hongrie. — Budapest, 28 p. et 2 cartes.

Foville, A. de — La richesse et les revenus en France, en Prusse et en Hongrie. — Econ. fr. 14 et 28 nov.

Hajós, Samuel. L'état actuel des jaugeages en Hongrie. Budapest, 35 p. 8° et 8 tables.

Henry, René. Questions d'Autriche-Hongrie et question d'Orient. Paris, 364 p. Passim. V. Ann. de l'Ecole des sciences pol. 1904. — Questions d'Autriche-Hongrie. R. de géogr. t. 53, p. 289-308.

Horn, E. L'Exposition de Kassa (Cassovie). Le Carnet hist. et litt. déc. — C. r. sur des ouvrages hongrois d'histoire et d'économie sociale. Polyb., t. 98, p. 33-37.

Istvánffi, Jules. Sur l'apparition en Hongrie de deux nouveaux ravageurs de la vigne. — VII° Congrès intern. d'agric. Rome, 7 p. Cf. Ann. de l'Inst. central ampélologique royal hongrois, t. III (1904), p. 1-55, pl. et fig.

Józsa, Ladislas. Le service de l'hydraulique agricole en Hongrie. — Budapest, 19 p. 8° et 8 tables.

Kont, Eugène Rákosi. R. d'Europe, févr. — Michel Vörösmarty. Ibid., avr.-juillet. — Le théâtre en Hongrie. R. d'art dram., sept. et oct. — Extraits des revues hongroises. La Revue, févr. —La littérature hongroise de 1825 à 1848 (Leçon d'ouverture) R. intern. de l'ens. févr. (Extrait). — L'enseignement primaire laïque. Ibid., juillet.

— C. r. sur Gyomlay : La tactique de Léon le Philosophe. — Heinrich : Ancienne Bibl. hongr. fasc. 20 et 21. — Gyalui : Les bibliothèques de Hongrie. — Katona : Les exemples de Pelbárt. — Sebestyén : Les regösök. — Angyal : Œuvres de Péterfy, t. III. — Ann. de la Soc. Kisfaludy, t. 35. — Katona : La légende de sainte Catherine d'Alexandrie. — Revues hongr. — R. crit., I et II.

— C. r. sur Bartal : Glossaire de la latinité hongroise. R. hist. janv.-février. — Marczali : Manuel des sources hist. de la Hongrie. — A. Beöthy : Le développement de la constitution hongr. T. I. — Fináczy : L'instruction publique sous Marie-Thérèse, t. II. — Schrauf : Les matricules des étudiants hongr. à l'Univ. de Vienne. — Karácsonyi : Les grandes familles hongr. T. III. Ibid., juillet-août. —Nécrologie de Jules Pauler, ibid., sept.-oct.

Körösi, J. Sur la fécondité des mariages à Budapest. — Bull. Inst. intern. de statistique, t. XIII, fasc. 1.

Labat, Dr A. Climat et eaux minérales d'Autriche-Hongrie. — Paris, 92 p. Notices très brèves.

Lugeon, M. Les nappes de recouvrement de la Tatra et l'origine des Klippes des Carpates. — Bull. Soc. vaudoise des Sciences natur., t. 39, p. 146-197.

Mandello, Jules. La statistique des salaires agricoles. Bull. Inst. intern. de statistique, t. XIII. — Budapest, 19 p. 8°.

Mange, Ch. En Hongrie. — R. d'Europe, t. X.

Montandon, A. L. Espèces nouvelles ou peu connues du genre Belostoma appartenant aux collections du Musée national hongrois. — Budapest, Ann. du Musée nat., t. I.

Mouton, J. Le compromis austro-hongrois. R. d'Europe, t. IX.

Péch, Joseph. Le service national hydrométrique en Hongrie. Budapest, 12 p. 8°.

Popovitch, M. Le mouvement socialiste parmi les Croates et les Serbes de Hongrie. — Mouvement socialiste, 1er sept. — Le Congrès du parti socialiste. — Ibid., 1er août.

Quillard, P. Les conférences de Budapest, R. d'Europe, t. IX.

Recouly, Raymond. Le pays magyar. Paris, 286 p. 16.

> Les Hongrois : paysans, bourgeois, seigneurs. Le pangermanisme en Hongrie. Les nationalités. La vie politique. — Impression de voyage. — V. Kont, R. hist., janv.-fév. 1904. M. Zablet, Journ. des Econ., déc. 1903. E. Horn, Polyb., t. 98, p. 355.

Répássy, Nicolas. La pêche et la pisciculture en Hongrie. Budapest, 19 p. 8° et 4 tables.

Sevastos, Romulus. Les Terrasses du Danube et du Séreth. L'âge du défilé des Portes de fer. Bull. Soc. géol. de France. 4e s., t. 3, p. 669. — Observations sur le défilé des Portes de fer et sur le cours inférieur du Danube. Ibid., t. IV (1904), p. 666.

Szilágyi, Balthasar, de — Nivellements de haute précision de 1890 à 1895 de la section hydrographique de la direction nationale du service des eaux. Budapest, 39 p. 8° et 5 tables.

Terquem, Emile. Armée, races et dynastie en Autriche-Hongrie. Paris, 108 p. 8°.

> Surtout sur l'armée. Cf. R. pol. et parlem., t. 35 et 36 (1903)

Tharaud, Jérôme. Contes magyars. Traduits par — Budapest, 179 p. 12°.

> Contient 22 nouvelles de Jókai, Mikszáth, Gárdonyi, Balogh, Kemechey, Tömörkényi et Béla Tóth. Plusieurs de ces Nouvelles ont été reproduites dans les Mille Nouvelles Nouvelles (1910). — V. Kont, R. intern. de l'ens., 1903, déc.

Udránszky, Joseph. Ecole royale hongroise des commis de l'hydraulique agricole. Budapest, 20 p. 3 tables. — Histoire de la société forestière nationale. Budapest, 30 p. 8°.

Vadas, Eugène. Plantation et culture des saules contre les inondations. Budapest, 55 p. 8°.

Witte, Jehan de — Des Alpes bavaroises aux Balkans. Paris.

> P. 414-434 : En Croatie. Sur la Hongrie, passim dans : Le Conflit des nationalités.

Zichy, Eugène. La situation en Hongrie. — R. d'Europe, t. X.

Circulaire concernant l'établissement simplifié des plans d'aménagement. Budapest, 13 p. 8°. — Loi XIX de 1898 sur la soumission au régime forestier de l'Etat. Ibid., 40 p. 8°. — Loi XXXI de l'an 1879 sur les forêts. Ibid., 38 p. 8°. — Organisation du personnel employé dans le service des forêts domaniales. Ibid., 12 p. 8°. — Organisation des écoles spéciales de gardes-forestiers. Ibid., 16 p. 8°. — Historique de la question des expériences forestières en Hongrie. Ibid., 11 p. 8°. — Instruction relative aux plans d'aménagement. Ibid., 125 p. 8°. — Instruction relative aux travaux de revision décennaux de la gestion forestière. Ibid., 19 p. 8°. — Organisation du service des inspections royales des forêts et leur sphère d'action. Ibid., 13 p. 8°. — Pays de la Couronne de Hongrie. Catalogue spécial « Forêts ». Ibid., 128 p. 8°.

Croates et Magyars. (Signé : Un croate). Nouv. R. 15 oct.

X. La grande famille de Dessewffy en Hongrie et en France. R. d'Europe, août.

D'après le livre hongrois de M. Eble.

Rapport d'un sous-officier de cavalerie (envoyé en sauvegarde dans la direction de Raab en 1809) Carnet de la Sabretache, t. XII, p. 345-49.

1904

Alglave, P. — L'Assurance contre l'incendie par la province ou la ville en Autriche-Hongrie et en Russie. — Paris, 8°. P. 131-148 sur la Hongrie.

Balogh, Eugène. Rapport sur les mouvements de réforme du système pénitentiaire hongrois. — Actes du VIe Congrès pénit. intern. t. IV.

Bidault des Chaumes, A. Le pont suspendu Elisabeth à Budapest. — Le Génie civil, t. 45, 15 oct.

Briotet, E. et **Bienvenüe**, F. Compte-rendu d'une mission en Allemagne et Autriche-Hongrie. (sept.-oct. 1903). Paris, 67 p. 4°.

Moyens de transport en commun : Budapest, p. 56-66, avec une carte.

Chélard. Le génie français et le génie magyar. Merc. de

France, juill. — Lettres hongroises (Nécrologie de Jókai) Ibid. oct. — Le socialisme en Hongrie. R. socialiste, nov.

Claudin, A. Histoire de l'Imprimerie en France au XVe et au XVIe siècle. Paris.

> Tome III, p. 329-352 sur l'atelier de Pierre Hongre ou le Hongrois, imprimeur à Lyon, associé à Husz, également Hongrois. Claudin, mentionne Martin et Mathieu Husz ; le premier était associé à Jean Siber et c'est lui qui a imprimé : La Vie de Monseigneur saint Albain, roy de Hongrie et martyr. Lyon, 1483, petit 4°, 30 ff. dont il existe un seul exemplaire, dans la bibl. de Charles Fairfax Murray. V. sur cette *Vie*, Cat. de Murray, n° 569, Claudin, t. III, p. 197 et suiv. et sur l'édit. de 1530, Picot, t. IV, n° 3098.

Eisenmann, Louis. Le Compromis austro-hongrois de 1867. Étude sur le dualisme. Paris, xx-695 p. 8°.

> Ouvrage fondamental, puisé aux meilleures sources, indispensable pour l'étude de l'histoire de Hongrie depuis la Révolution jusqu'au Compromis. — V. Monod, Acad. des Sciences mor. et pol. 1905, I, p. 121 ; L. Leger, Journ. des Sav. 1904, p. 699 ; B. A(uerbach). R. crit., 1905, n° 29 ; A. Lichtenberger, R. hist., t. 88, p. 149.

Györy, Arpad. La salle des hussards au Pavillon historique de la Hongrie à l'Exposition universelle de Paris, en 1900. — Paris, 47 p. fig. et pl. Bibl. nat. fol. M 869.

Horn, E. Maurice Jókai. — Le Carnet hist. et litt. juin.

— C. r. sur des ouvrages hongrois d'histoire. Polyb. t. 100, p. 136-146. Ibid. 1906, t. 107, p. 451-452 ; 1907, t. 109, p. 254-259.

Katona, L. Description du manuscrit franciscain de Budapest (Antiqua legenda S. Francisci). Dans : Opuscules de critique hist. de P. Sabatier. IX. — Paris, 19 p. 8°.

Kont, Jean Arany. R. d'Europe, févr.-oct. — Le retour des Cendres de Rákóczi. R. pol. et litt. 15 oct. — La crise hongroise. Ibid. 31 déc. — Le Ministère Wlassics. R. intern. de l'ens. juin.

— C. r. sur Császár : Verseghy. — Simonyi : Le magyar correct. — Hegedüs : Analecta nova. — Szvacsek-Vári : Albert Pálffy. — Radó : Album des poètes. — Gärtner : Trad. allem. de Csongor et Tünde. — Ann. de la Soc. Kisfaludy, t. 36-38. — Revues hongr. — R. crit. I et II.

— C. r. sur A. Beöthy : Le développement de la constitution hongr. t. II. — Gaál : La politique nationale de Széchenyi. — Eble : La famille Dessewffy. — Karácsonyi et Borovszky :

Régistre de Várad. — Thallóczy et Hodinka : Codex diplomaticus partium regni Hungariae adnexarum. — Szádeczky : Les
œuvres d'Apor. — Tóth-Szabó : Giskra. R. hist. juillet-août.
— C. r. sur Apponyi : Hungarica, t. II. Le Bibliographe mod.

Lázár, Béla. Ladislas de Paál. Un peintre hongrois de
l'école de Barbizon. Paris, 151 p. 4° Ill. — V. B. Monod. R. hist.
t. 87, pp. 336.

Maïcan, Jean-Constantin. La question du Danube. Étude de
droit international. Paris (thèse de la Fac. de droit) 269 p. 8°.
Passim.

Martonne, E. de — La Nature et l'homme dans les Karpates
méridionales. La Géogr. I, p. 67-69. — La période glaciaire dans
les Karpates méridionales. C. r. du IX. Congrès géol. intern.
(Vienne) p. 691-702.

Mikszáth. Le parapluie de saint Pierre. — Roman adapté du
hongrois par E. Horn. Paris, s. d. (1904) 195 p. Ill.

    A paru d'abord dans le Journ. des Débats, 1898, mars-avr.

Novotny, A. de — Les chanoines de Prémontré en Hongrie.
R. d'Europe t. XI.

Reynaud, L. — N. Lenau, poète lyrique. Paris.

    I, chap. 2, p. 22 et suiv., II, chap. 3, p. 303 et suiv. sur la Hongrie.

Robertski, Paul de — La flagellation à travers le monde.
Tchérikof. Épisodes des guerres de Pologne (1830) et d'Autriche-
Hongrie (1848). Paris, 389 p. 8° et 10 eaux-fortes par Martin
Van Maele.

    Robertski est le pseudonyme collectif de G. Normandy et G. Poinsot.

Roger. Situation économique de Fiume pendant l'année 1902.
— Paris, 16 p. Rapports commerciaux n° 312.

Schorn, A. von — François Liszt et la princesse de Sayn-
Wittgenstein. Trad. fr. par L. de Sampigny. Paris, xx-439 p.
Cf. Marie André : Artiste et grande dame. Le Corresp. 1902,
avr.-mai; G. Choisy, R. pol. et litt. 1901 janv.

Tinayre, A. Commerce extérieur de la Hongrie en 1902. —
Paris, 35 p. 8°. Rapports commerciaux n° 321. — Situation
économique et financière, et commerce extérieur de la Hongrie
en 1903. — Ibid. 1905, 33 p., n° 418.

1905

Bernát. Le développement économique et politique de la Hongrie. — R. écon. intern. oct.

Berzeviczy, Albert de — Voyageurs hongrois en Italie dans la première moitié du dernier siècle. — Budapest, 29 p. 8°. V. Kont, R. crit. 1906, I.

Cahen, Paul. L'abolition du Cours forcé en Russie et en Autriche. Dans le vol. Questions monétaires comtemporaines, p. 560-590.
> Quelques détails sur la Hongrie.

Chélard. La Crise hongroise et l'opinion. Paris, 28 p. 16. — Le prétendu séparatisme des Hongrois et la France. — 30 p. 12°. — Tir. à part de la feuille périodique : *La France à l'étranger* où l'on trouve de nombreux articles de Chélard sur les questions politiques et économiques de 1901 à 1910.

Chérot, Henri. Les trois bienheureux martyrs de Hongrie (7 sept 1619-15 janv. 1905). Études des P. de la comp. de Jésus, t. 104 p. 5-27. Réimprimé dans : Figures de Martyrs, 2ᵉ édit. par E. Griselle. Paris, 1907, p. 177-201 et 304.
> Sur Körösy (Crisin), Pongrácz et Grodecz, massacrés à Kassa en 1619 et béatifiés en 1905.

Esterházy. Mémoires du Cᵗᵉ Valentin —, avec une introduction et des notes, par Ernest Daudet. Paris, LII-360 p. 8°. Passim.

Grandeau, L. L'Agriculture et les institutions agricoles du monde au commencement du XXᵉ siècle. Paris.
> T. I, p. 232-255, Hongrie.

Halévy, J. Etymologies turco-finnoises. Mém. Soc. de ling. t. XIII.
> Étymologies de nombreux vocables magyars; pour le détail voy. Table des 10 premiers vol. Langues ouralo-altaïques.

Hantich, H. La crise austro-hongroise. Quest. dipl. et col. août.

Henry, René. Le royaume de Hongrie. Son évolution historique et sa crise actuelle. Le Corresp. 25 mai. p. 729-762. — Autriche-Hongrie. Quest. dipl. et col. janv. — La question d'Autriche posée en Hongrie. Ibid. oct. — Les événements d'Autriche-Hongrie (Le programme Fejérváry. Le Congrès de Fiume) Ibid. nov.

Horn, E. Le christianisme en Hongrie. Paris, 76 p. — Organisation religieuse de la Hongrie. Paris, 63 p. Coll. Science et Religion. N° 385 et 386. — Les Tartares en Hongrie (xiii° siècle). La Quinz., juin. — Inauguration du Canal des Portes de fer. Paris, 30 p.

Istvánffi, Jules. Flore microscopique des thermes de l'île de Margitsziget. Budapest, 16 p.

Kont. Un correspondant hongrois de Voltaire. La Grande R. nov. — Poètes lyriques hongrois. Tompa, Gyulai, Szász, Lévay. R. d'Europe, janv.-juin. — François Deák. Ibid. oct., nov. — La réforme de l'enseignement primaire en Hongrie. R. intern. de l'ens. I, p. 21-42. — Nécrologie de Charles Szász. R. universelle, 15 nov.

— C. r. sur Radvánszky : Œuvres de Rimay. — Pollák : Jean Arany et la Bible. — Gyalui : Mes livres. — Melich : Glossaire latin-hongrois de Brassó. — Bayer : Un drame hongrois sur Esther. — Katona : Les légendes du Codex Teleki. — Simonyi : La langue hongroise. — Voinovich : Edit. des œuvres du baron Eötvös. — Z. Ferenczi : Le baron Eötvös. — Bodnár : Eötvös et Kemény. — Berkovics : Le baron Eötvös et la litt. fr. — Beöthy : Jókai sur lui-même. — Szabó : La vie et les œuvres de Jókai. — Revues hongr. R. crit. I et II.

— C. r. sur Acsády : Hist. du royaume de Hongrie. — Szily : Edit. des œuvres de Széchenyi. — Z. Ferenczi : La vie de François Deák. — Le baron Eötvös. — Berzeviczy : Discours et Etudes. — Morvay : Jean Fekete. — Karácson : Voyages en Hongrie d'Evlia Cselebi. — Kolosvári et Ovári : Corpus statutorum, t. V, 2. — Angyal : L'exil de Rákóczi en Turquie. — Karácsonyi : L'origine des Sicules. — R. hist. sept. oct.

Kossuth, François. La Crise hongroise. R. pol. et litt. juill.

Kun, Béla et **Láday**, Etienne. La lutte contre la criminalité des mineurs en Hongrie. — Budapest, vii-400 p. 4°. Ill. — Cf. Henri Hayem, R. pénit. 1906, p. 1053-60.

Leroy-Beaulieu, Pierre. La situation économique de la Hongrie. Econ. fr. 29 avr. Cf. la lettre de Jules Vargha : Les éléments ethniques en Hongrie. Ibid. 3 juin.

Lévay, Joseph de — Etude sur la législation et les institutions relatives au patronage en Hongrie (Rapport présenté au Congrès intern. des patronages). Bruxelles, 8 p. 8°.

Loiseau, Charles. Hongrois et Croates. R. de Paris, 15 déc. — Strossmayer. Le Corresp. 25 avril, p. 251-271.

Louis, Léopold. La Situation du paysan en Hongrie. Bruxelles, 25 p. 8°.

Manteau, A. Le mouvement syndical en Hongrie. — Mouvement socialiste, 1er avril.

Maquennehen, André. Les Roumains de Transylvanie. Amiens, 32 p.

Megyery, Étienne. Les Institutions pénitentiaires de la Hongrie. Budapest, vii-634 p. 8°. Ill.

> Cf. A. Berlet, R. pénit. 1906, p. 704-720. — R. Vámbéry, Le progrès pénitentiaire dans les quarante dernières années. VII. Congrès pénit. int. Budapest, 1905, Bull. n° 3.

Ménage, C. et **Varjassy**, L. La Hongrie, revue bimensuelle. Paris.

> Six numéros ont paru (1er févr.-15 avril). Trad. de quelques poésies de Petőfi, de la nouvelle de Mikszáth : Prakovszky (2 chapitres) et des articles litt. et économiques.

Montandon, A. L. Trois nouvelles espèces d'Hémiptères cryptocérates des collections du Musée National hongrois. Budapest. Ann. du Musée nat. t. III.

Rákosi, Victor. Les trois vagabonds. Nouvelle trad. du hongrois par E. Horn. — Le Carnet hist. et litt. janv.

Recouly, R. La Crise hongroise. — Nouv. R. 15 sept.

Rocquigny, Cte de — Le mouvement coopératif en Hongrie. Paris. Mém. du Musée social p. 185-215.

Vörös, Alexandre. L'enseignement en Hongrie. Trad. du magyar par A. Krolopp. Magyar-Óvár.

Wiriath, Paul. La Crise hongroise. Pages libres, 16 déc.

Défaite de Tisza. R. d'Europe, t. XII.

1906

Beaumont, W. Au pays de l'obstruction. La défaite du Cte Tisza, nov. 1903-févr. 1905. — Ann. des sciences pol. p. 557-565. — La vie politique en Hongrie, 1905-1906. — Ibid. p. 813-835.

Bertha. François Rákóczi. Esquisse biographique. Paris, 72 p. 8°.

Calvocoressi. Franz Liszt, Paris, s. d. (1906) 123 p.

De Chaulnes. Mouvement commercial et maritime du port de Fiume en 1905. — Paris, 30 p. 8°. Rapports commerciaux n° 547.

Chélard, La dernière alliance franco-hongroise. Louis XIV et Rákóczy II. — Paris, 57 p. 8°.

> Détails intéressants sur Grosbois, la retraite de Rákóczi.

Claretie, Léo. La Crise hongroise (d'après des notes inédites du Cte Albert Apponyi) Nouv. R. 1er juin.

Cultru, P. Un Empereur de Madagascar au xviiie siècle. Benyowszky. — Paris, 216 p. 8°.

> V. la thèse lat. du même auteur : De colonia in insulam Delphinam vulgo Madagascar a barone M. A. de Benyowszky deducta. Paris, 1901. — Travail puisé aux Arch. du Minist. des Colonies.

Daubresse, M. Un poète hongrois. Vörösmarty. La Grande R. 1er oct.

Eisenmann, L. La revision du Compromis austro-hongrois. R. du mois, t. II, p. 628-635.

Gerando, F. de — La situation politique nouvelle en Hongrie. À travers le monde, p. 249-252.

Gonnard, René. L'émigration européenne au xixe siècle. Paris.

> P. 277-288 sur l'Autriche-Hongrie.

Heller, Bernard. Variantes hongroises de « l'Estormi » et du « Prêtre comporté ». R. des trad. pop. t. 21, p. 369-374.

Henry, René. Les Magyars et les Nationalités. (Déclarations de M. Polonyi). Quest. dipl. et col. 1er mars. — La Crise hongroise. Ibid. 16 mars.

Horn, E. François Rákóczi II, Prince de Transylvanie, 1676-1735. — Paris, 438 p., 8°.

> L'auteur s'est servi de l'ouvrage allemand de son père paru à Leipzig en 1861, mais il n'a pas consulté les nombreux documents conservés au Min. aff. étr. à Paris. Travail de dilettante. V. R. crit., 1906, I (par Reuss). Journ. des Sav., 1906, p. 166, R. des quest. hist., 1906, I, p. 679. Mézières, dans *Silhouettes de soldats*, p. 53-61.

— Les Princesses Rákóczi, La Quinz, déc.

Horváth, Jenö. Les relations commerciales roumaines-hongroises, 1500-1550. Pancsova, 8 p., 8°.

Jaray, Gabriel-Louis. La politique étrangère de l'Autriche-Hongrie et la Hongrie. Quest. dipl. et col., août. — Le Comte Albert Apponyi et la politique hongroise. — Ibid., oct.

Kont. Le mouvement littéraire en Hongrie (Poésie, théâtre, roman). R. polit. et litt., 7 avr. 12 mai et 26 mai.

> Ces trois articles, revus et augmentés d'un chap. sur la critique et l'histoire, réunis dans : La littérature hongroise d'aujourd'hui, Paris, 1908.

— Le théâtre hongrois, R. d'art dram., oct. — Alexandre Petöfi. R. d'Europe. (Une partie de l'étude qui a paru dans les Études hongroises, Paris, 1907). — La poésie hongroise de 1850 à 1900. (Leçon d'ouverture). L'Europe polit. et litt. déc. — La réforme de l'enseignement secondaire en Hongrie. R. intern. de l'ens. mai.

— C. r. Sur Vadnai : Souvenirs littéraires. — Ann. de la Soc. Kisfaludy, t. 3o. — Kármán : La Tragédie de l'homme. — Thewrewk : Discours. — Simonyi : Mémoires linguistiques, nos 18-24. — Petz : Dialectes allemands en Hongrie, 1 et 2. — Szabó : Les époques de la chanson populaire hongroise. — Revues hongroises. R. crit. I et II.

— C. r. sur Sebestyén (Jules) : Les légendes de la Conquête du pays. — Könyöki : Les forteresses hongroises au moyen âge. — Beksics. L'empire de Mathias Corvin et l'avenir de la Hongrie. Gergely : Correspondance de Michel Teleki, t. I et II. — Szádeczky : La chronique sicule de Csik. — Szily : Œuvres de Széchenyi, t. II. — Szendrei : Hist. du costume hongrois. — Malonyay : Les pionniers de la peinture hongroise. — Vámbéry : Mes luttes. — R. hist. juill.-août.

— C. r. sur Vámbéry : Mes luttes. R. intern. de l'ens. II.

Korn, Victor. Arbitrage dans le différend international entre l'Autriche et la Hongrie au sujet de la frontière près du lac dit « Œil de la mer » au Tatra. R. de droit intern et de législ. comp., p. 162-212 avec 2 cartes.

Kövesligethy, Radó. Comptes rendus des réunions de la Commission permanente de l'Association intern. de sismologie, rédigés par — (Rome, 1906, La Haye, 1907, Zermatt, 1909), s. d. n. l.

> On y trouve des rapports sommaires sur le service sismique en Hongrie par Kövesligethy et une note sur le Catalogue des tremblements de terre en Hongrie par A. Réthly.

Laloy. Ethnographie des riverains du lac Balaton (d'après Jankó), La géogr., II, p. 281.

Lederer, Béla. Œuvres complètes, Budapest, t. IV.

> Dans ce vol. p. 6-123, 170-220, on trouve les travaux publiés en français : Statistique de la Hongrie (Gazette de Hongrie, 1884 et 1885). Le minimum de la propriété foncière (Ibid., 1884). Les comptes rendus sur les travaux hist. hongrois de 1877 à 1886 (en collaboration avec H. Marczali, R. hist., 1887) le c. r. sur l'ouvrage de Marczali : Hist. de la Hongrie sous Joseph II (Ibid., 1889) et les trois études parues dans : La Vie politique à l'étranger (1890-1892) sous le titre : Transleithanie.

Lobry, F. X. Supérieur de la Mission de Saint-Benoît. Les Cendres du prince François Rákoczi II dans l'Église des Lazaristes à Constantinople et leur translation en Hongrie. Constantinople, br. autographiée, 136 p., 4°.

> Historique de la découverte des cendres et de la translation. Illustré. Bibl. min. aff. étr.

Loiseau, Charles. La renaissance de la Croatie. R. de Paris, 1er oct.

Luchaire, Achille. Innocent III et la Hongrie. — Acad. des sciences mor. et pol., I, p. 513-528.

Manteau, A. Lettres de Budapest. Les luttes publiques et le mouvement ouvrier en 1905. — Les Temps nouveaux, oct.-nov.

De la Martinière. Commerce extérieur de la Hongrie en 1904. Paris, 32 p. 8°. Rapports commerciaux, n° 508.

Neÿ de Pilis, Béla. Le palais du parlement hongrois. Œuvre d'Éméric Steindl. Budapest, s. d. (1906 ?), 46 p., gr. folio, 62 pl. et 70 ill. Texte hongr. allem. et fr. Bibl. B.-Arts 224 K42.

Radisics. Musée hongrois des arts décoratifs. Guide du Musée Georges Ráth. — Budapest, 50 p.

Szádeczky, L. Souvenir du Comte Géza Kuun d'Osdola. — Kolozsvár, 37 p.

L'assistance publique de l'enfance en Hongrie. Publié par le Min. de l'Intérieur. Budapest, 178 p., 8°.

VIIIe Congrès international de médecine vétérinaire, tenu à Budapest en 1905. — Budapest, 3 vol.

> Plusieurs mémoires sur la Hongrie.

Xe Congrès international contre l'alcoolisme, tenu à Budapest en 1905. Rapports et compte rendu des séances et des réunions par Ph. Stein. — Texte allem. et hongr. Budapest, iv-504 p.

1907.

Bézard, Lucien. Le Collège Eötvös. École normale supérieure de Budapest. R. intern. de l'ens., II, p. 398-402.

Coppet, Maurice de — Les exportations de France et d'Algérie en Hongrie. Paris, 36 p., 8°. Rapports commerciaux, n° 621.

Demiroff, Dimitri. Danube politique et international. Grenoble (thèse de la Fac. de droit), 322 p., 8°.

> Passim. Comme juriste l'auteur devrait savoir qu'il n'y a plus d'*Autriche*, mais bien une *Autriche-Hongrie*.

Denis, E. C. r. sur Kont : Hist. de la littérature hongroise (parue en allem. à Leipzig dans la Collection : Die Litteraturen des Ostens). — R. crit. 25 févr. Cf. L. Leger, Journ. des Sav., 1907, p. 278.

Forel, A. Formicides du Musée National hongrois. Budapest. Ann. du Musée Nat., t. V.

Gerando, Félix de — Lettres hongroises. (Sur le mouvement littéraire) Merc. de France, 1er févr. 1er mai, 16 juill. 1er nov. — 1908 : 16 janv. 1er mai, 16 juill. 16 nov. — 1909 : 16 févr. 16 juin, 16 déc. — 1910 : 16 juill.

Gonnard, R. L'émigration hongroise. Quest. dipl. et col. janv.

Grenet, Paul. Notice agricole, commerciale et industrielle sur la Hongrie et la nécessité de fonder une société franco-hongroise. — Saint-Denis, 19 p., 8°.

Gulyás, Paul. Les bibliothèques populaires de la Hongrie. Bibliographe mod. p. 113-121.

Henry, René. La situation politique en Hongrie. (Notes prises à Budapest). Quest. dipl. et col. mars. — La Hongrie, la Croatie et les nationalités. Ibid., août. — Une semaine de chasse chez un magnat hongrois. (Dans la puszta du Balaton). Tour du monde, p. 565-576 (sur le Cte Eugène Zichy).

Horn, G. Le Compromis de 1868 entre la Hongrie et la Croatie et celui de 1867 entre l'Autriche et la Hongrie. Étude historique et critique. Thèse de la Fac. de droit de Paris. — Paris, 256 p., 8°.

> Défend le point de vue croate.

Inkey, Béla de — De la relation entre l'état propylitique des roches andésitiques et leurs filons minéraux. C. r. du Xe Congrès intern. de géol. Mexico, p. 5o1-517.

> Renseignements sur les mines de Hongrie.

Istvánffi, Gy. de — L'Institut central ampélologique royal hongrois. Budapest, 16 p. 8°. Cf. R. de Hongrie, 1909, nov.

Jaray. La question d'Autriche-Hongrie. Dans : Les questions actuelles de politique étrangère en Europe ; cf. Quest. dipl. et col. avr.

Joûbert, Joseph. Un héros hongrois. François Rákóczy II, Prince de Transylvanie. Angers, 42 p. 4°. Avec le portrait de Rákóczi.

Kont. Etudes hongroises. Paris, 281 p. 8°.

> Vörösmarty 73 p. Petöfi 44 p. Arany 86 p. Tompa, Gyulai, Szász et Lévay 63 p. Deák 15 p. Ces études ont paru dans la R. d'Europe de 1903 à 1906.

— Les Mémoires d'un voyageur hongrois (A. Vámbéry). La Grande R., févr. — La poésie hongroise de 1850 à 1900. Coloman Tóth, Jean Vajda, Ladislas Arany, Alexandre Endrödi, Joseph Kiss. L'Europe pol. et litt. janv.-déc. — Le baron Eötvös. — Montalembert et le baron J. Eötvös. R. pol. et litt., 2 mars et 27 avr. — La troisième Université hongroise. — Chronique de l'ens. primaire. — C. r. sur Gagyhy : Vie et rêve. R. inter. de l'ens. juin.

— C. r. sur : Album de François Toldy. — Beöthy : Petit miroir de la litt. hongr. — Melich : Dictionnaire de Szikszai Fabricius de 1590. — Hampel : Les monuments funéraires de la Pannonie. — Téglás : Etudes sur le Limes. — Lengyel : Vie et œuvres de Tompa. — Riedl : History of hungarian literature. — Széchy et Badics : Œuvres de Zrinyi. — Hegedüs : Analecta recentiora (Renaissance hongr.). — Ancienne Bibl. hongr. fasc. 22. — Dialectes allem. de Hongrie, fasc. 3, 4. — Ann. de la Soc. Kisfaludy, t. 40. — Revue hongr. R. crit. I et II.

— C. r. sur Békefi : Hist. de l'enseignement primaire en Hongrie jusqu'en 1540. — Kollányi : Le droit de patronage en Hongrie au moyen âge. — Friss : Monumenta Hungariae Judaïca. — Veress : Correspondance d'Alphonse Carrillo. — Szádeczky : Mémoires de Halmágyi. — Fr. Szinnyei : Bacsányi. — A. Beöthy : Le développement de la Constitution hongr. T. III. — Discours et Articles de Louis Kossuth. — Discours de François Kossuth. — Discours de D. Szilágyi. — Lederer : Œuvres complètes. — Domanovszky : La Chronique de Kézai. — Erdélyi (Ladislas) : Chartes de l'abbaye de Tihany. — R. hist. juill.-août.

Krausz. Un chef-d'œuvre ignoré de Petöfi : L'Apôtre. Trad. en prose. — La Poétique. Ann. de la poésie et de l'art en France et à l'étranger.

Lair, M. François-Joseph et ses peuples. R. pol. et litt. nov.

Loisel, Gustave. Rapport sur une mission scientifique dans les jardins et établissements zoologiques publics et privés de l'Allemagne, de l'Autriche-Hongrie, de la Suisse et du Danemark. Paris. — Extr. des Nouv. Arch. des Missions scient. et litt. t. XV.

> P. 249 sur le jardin zool. de Budapest ; p. 256-260, sur le bureau central ornithologique de Hongrie.

Louis, Paul. La lutte des classes en Autriche-Hongrie. R. pol. et litt. nov.

Mailáth, Joseph de — Hongrie et Croatie. Quest. dipl. et col. nov.

Martonne, E. de — Recherches sur l'évolution morphologique des Alpes de Transylvanie (Karpates méridionales) Paris, xxi-279 p. 91 fig. 11 pl.. 2 cartes hors texte.

> A paru d'abord dans R. de géogr. (Annuelle, 1906-1907) p. 1-279. Dans la bibliographie qui précède cette étude, on trouvera les articles que M. de Martonne a publiés sur cette question de 1899 à 1906.

Meynadier, Robert. Le lien monarchique en Hongrie. Le Corresp. 25 avr. p. 309-337.

Mouton, Léo. L'Hôtel de Transylvanie, d'après des documents inédits. Paris, 85 p. et 4 pl.

> Détails sur la suite de François Rákóczi II. — V. R. des quest. hist. 1908, I, p. 335.

Poupardin, R. Le royaume de Bourgogne (888-1038). Paris.

> P. 39-40, 48-51, 62-64 sur les invasions des Hongrois.

Smolka, St. Hedwige d'Anjou, reine de Pologne 1371-1399. R. des quest. hist.

> Hedwige était la fille de Louis le Grand, roi de Hongrie.

Steuer, Géza. Le compromis entre la Hongrie et l'Autriche. Etude de droit public. Avec une Préf. de M. Eugène Rákosi. Paris, 96 p. 8°. V. Kont, R. crit. 1907, avr.

— **Szigligeti**, E. Le Prétendant. Tragédie en 5 actes. Trad. du hongr. par A. A. Novotny. L'Europe pol. et litt. 1907-1908.

Thirring, G. Joseph de Körösy. Bull. Inst. intern. de statistique t. XVI.

1908

— **Ambrus**, Zoltán. Le pêcheur et le marin. Nouvelle trad. du hongrois par J. L. Fóti. R. de Hongrie, mars.

> Réimprimée dans les *Mille Nouvelles Nouvelles* (n° 19) ; on trouve encore dans cette coll. François Herczeg : Le hussard, Victor Cholnoky : Le Cimetière, Sigismond Móricz : L'écharpe de soie (1911-1912). Cf. Tharaud : Contes magyars, 1903.

— — Septembre. Roman trad. du hongrois par M. Beaufort. R. de Hongrie, oct. 1908-févr. 1909.

> Cette trad. revue et corrigée a paru sous le titre : *Soleil d'automne*, dans la Bibl. hongroise, tome II. Paris, 1910.

André, Ernest. Description de quelques nouveaux Mutillides du Musée National de Hongrie. Budapest. Ann. du Musée Nat. t. VI.

Angyal, David. Histoire politique de l'exil du Prince François Rákóczi II. R. de Hongrie, avril, mai.

Apponyi, Cte Albert. L'instruction primaire en Hongrie. R. de Hongrie, mars.

— **Apponyi**, Comtesse Albert. Manuscrits inédits de Petöfi. R. de Hongrie, mars.

Balogh, Paul. La Hongrie et les Nationalités. R. de Hongrie, sept.-nov.

Beck, Louis. Le problème de l'émigration en Hongrie. R. de Hongrie, déc.

Berzeviczy. Art et artistes italiens en Hongrie à l'époque de Mathias Corvin. R. de Hongrie, août.

Bézard, Lucien. Itinéraire de Guy de Laval en Autriche et en Hongrie. 16 p. 8°. Bull. de la Commission hist. et arch. de la Mayenne. 2ᵉ s. t. 24, p. 129-140.

> Le comte Guy XX de Laval partit pour la Hongrie guerroyer contre les Turcs en 1605. Cf. Angot, 1891.

— Les chansons des Kuruczes. (Anciennes poésies populaires des Hongrois). Le Corresp. 10 févr. p. 551-559.

Blociszewski, J. La condition internationale de l'Autriche-Hongrie et le nouveau compromis douanier et commercial (de 1907). R. gén. de droit intern. public, t. XV, p. 509-524.

Bourg, Joseph du — La ligue contre le duel et le Congrès de Budapest. La Réf. soc. août.

Bouvat, L. Les Hongrois et les études musulmanes. R. du monde musulman, I, janv.

Burchard-Bélaváry, M. Récits de famille. Souvenirs de Jules-Conrad Burchard-Bélaváry. II. Chez les Turcs. Les Emigrés hongrois et polonais en 1848-49. Nancy. 67 p. 8°.

> L'auteur a combattu en Hongrie dans la légion polonaise sous le nom de Ryba. — Le premier fasc. de ces Récits (1906, 38 p.) contient quelques renseignements sur la branche hongroise de cette famille et sur la guerre de Hongrie en 1848-49.

Circourt, Adolphe de — Souvenirs d'une Mission à Berlin en 1848. Publ. par Georges Bourgin, 1908-1909.

> De nombreux détails sur la Révolution de Hongrie.

Costa de Beauregard, Olivier. Les Torques de Herczeg-Maros (Hongrie) et les colliers d'or gaulois du bassin de la Garonne. — Congrès préhist. de France. 3ᵉ session (Autun, 1907), p. 824-827. Ill.

Chyzer, C. La lutte contre la tuberculose en Hongrie. R. de Hongrie, sept.

Czóbel, Minka. Angelus, A tout jamais. Poésies trad. du hongrois par Guillaume Vautier. R. de Hongrie, déc.

Darányi, I. Le travail agricole en Hongrie. R. de Hongrie, juill.

Dewavrin, M. Les débouchés maritimes de l'Autriche-Hongrie. II. Le port de Fiume. Ann. des sciences pol. p. 749-764.

Donner, O. Le pluriel et le duel dans les langues finno-ougriennes. Journ. Soc. finno-ougrienne, t. 25.

Edelsheim-Gyulai, Léopold. La protection de l'enfance en Hongrie. R. de Hongrie, avril.

Eisenmann, L. Le régime des cultes en Hongrie. Bull. Soc. de législ. comp. p. 366-400.

Elischer, Guillaume. Les droits d'auteur en Hongrie et l'accord avec la France. R. de Hongrie, juill.

Fodor, Etienne. Les chemins de fer grecs et la Hongrie. R. de Hongrie, sept. — Bulletin de la Soc. litt. française de Budapest. Ibid., mars et les num. suivants de la R. de Hongrie, 1908-1910.

Forinyák, Marie. La poste restante. Nouvelle trad. du hongrois. R. de Hongrie, août.

Fóti, Louis-Joseph. Les vers français d'un poète hongrois. R. de Hongrie, juin.

> Sur Charles Hugo, cf. Etude sur l'Influence de la litt. fr. en Hongrie, p. 340-47.

Gauthiot, R. La phrase nominale en finno-ougrien. Mém. Soc. de ling., t. XV. — C. r. sur Simonyi : La langue hongroise. — Hazay : Vocalisme de la syllabe initiale dans les dialectes vogouls. Bull. Soc. de ling., t. XV.

Gerando, Félix de — La rupture magyaro-croate. R. pol. et parl., t. 57, p. 593-608.

Gonnard, René. La Hongrie au xxᵉ siècle. Etude économique et sociale. Paris, xii-400 p. 16.

> A consulter pour l'agriculture et les institutions agricoles, V. Kont, Bull. des Bibl. populaires, 1909, févr.; E. Horn, Polyb., t. 115; G. Blondel, R. gén. des Sciences, 1909. 15 nov.

— La politique économique et les agrariens en Hongrie. R. d'écon. pol., t. xxii, p. 96-108.

Gopcsa, Ladislas. Sub auspiciis regis (Promotion au doctorat des meilleurs candidats de l'Université). R. de Hongrie, juin.

Goyau, Georges. La France et les populations danubiennes. L'ambassade de M. Lefaivre en 1870. Quest. dipl. et col., févr.

Günther, Antoine. Une caisse nationale de retraites pour les avocats en Hongrie. R. de Hongrie, août.

György, Oscar. C. r. sur Ignace Gábor : Le rythme hongrois primitif. R. de Hongrie, avril. — A la mémoire de Vörösmarty, ibid., juin.

D'Harcourt, Eugène. La musique actuelle à Budapest et à Vienne. — R. de Hongrie, oct.
> Cf. le vol. du même auteur : La musique actuelle en Allemagne et Autriche-Hongrie. Paris, s. d. (1908). P. 161-190 sur Budapest. (Conservatoire, concerts, théâtre).

Henry, Paul. L'Union austro-hongroise. Etude de droit public. Thèse de la Fac. de droit de Paris. — Paris, 293 p. 8°.
> Origines de l'union austro-hongroise. Exposé et nature juridique de cette union. — V. R. de Hongrie, 1910, déc.

Henry, René. Des Monts de Bohême au Golfe persique. Paris.
> Un chap. sur la Hongrie. — V. Ann. des sciences pol., 1908.

— Les élections croates. Budapest et Vienne. Quest. dipl. et col., mai.

Herczeg, François. Sirius. Nouvelle trad. du hongrois par Maxime Beaufort. R. de Hongrie, août, sept.

— Le tueur d'hommes. Nouvelle trad. du hongrois par M. Ladányi. Ibid., nov.

— Le mariage de Szabolcs. Roman trad. du hongrois par Pierre Brun et Zoltan Nagy. R. hebd., mars-avril.

Horn, E. Une nièce de sainte Elisabeth. — La bienheureuse Marguerite de Hongrie (xiiie siècle). Paris, 61 p.

Huszár, Guillaume. La langue et la culture françaises en Hongrie. Congrès intern. pour l'extension et la culture de la langue fr. 2e session (Arlon). Bruxelles, p. 47-58.

— Chroniques théâtrales. R. de Hongrie, mars et numéros suiv.

Jaray. Les relations austro-hongroises et le nouveau compromis économique. Quest. dipl. et col., janv. et févr.

Karácson, Eméric. Deux chandeliers hongrois à Sainte-Sophie. Echos d'Orient, mars, p. 69-70.

Karl, Louis. La Hongrie et les Hongrois dans les chansons de geste. R. des langues romanes, t. 51. p. 5-38. — L'enseignement secondaire à la Chambre (hongroise). R. inter. de l'ens., II. p. 442-445.

Keller, Alfred. Le dessin en Hongrie. R. de Hongrie, sept.

Kern, Aurèle. Le développement de la musique hongroise. — R. de Hongrie, nov.

Kont. La littérature hongroise d'aujourd'hui. Etude suivie de notices biographiques. Paris, 89 p. 18. Coll. d'études étrangères. — Petite grammaire hongroise avec des exercices de traduction, de lecture et de conversation. Paris et Heidelberg, VII-202 p. 8°. — Le Corrigé des versions et thèmes de cette grammaire par B. de la Bussière et K. Philipp. Ibid. 1909, 66 p. 8°. — La poésie hongroise de 1850 à 1900. Emile Abrányi, Jules Reviczky, Andor Kozma, Minka Czóbel, Cornèle Abrányi (Ivan), Michel Szabolcska. L'Europe pol. et litt. janv.-déc. — Un critique hongrois : Z. Beöthy. Ibid. nov.

— Les Origines de la Hongrie contemporaine (sur Martinovics). R. pol. et litt. 1er août. — L'enseignement libre en Hongrie. R. intern. de l'ens. juill. Chronique de l'ens. Ibid. nov.

— C. r. sur Simonyi : La langue hongroise (édit. allemande). — Fabó : La musique de la chanson populaire. — Révai : Grammatica hungarica, III, édit. Simonyi. — Melich : Révai, grammairien. — Hampel : Nouvelles études sur les antiquités de la conquête du pays. — Réthy : Corpus Nummorum Hungariae, 2 fasc. — Goldziher : Éloge de Kuun. — Lukinich : Georges Rákóczi I et le royaume de Pologne. — Karácsonyi : La Couronne de saint Etienne. — Asbóth : Mots slaves en hongrois. — Z. Ferenczi : Petöfi et le socialisme. — Császár : Poésies d'Ányos. — Prónay : Drames scolaires des Piaristes de Pest au xviiie siècle. — Görög : Le comte Nicolas Zrinyi. — Angyal : Les idées de Széchenyi sur l'histoire. — Dialectes allemands de Hongrie, fasc. 5. — Ann. de la Soc. Kisfaludy, t. 41. — Barabás : Petöfi. — Mikszáth : Jókai et son temps. — Salamon : Études dramatiques. — Gyulai : Études dramatiques. — Volf : Œuvres, t. I. Revues hongr. R. crit. I et II.

— C. r. sur Zsilinszky ; Hist. de l'Eglise protestante en Hongrie. — Gergely : Corresp. de Teleki, t. III. — Marczali : La Diète de 1790-91. — Márki : François-Joseph I. — Discours (du même auteur). — Vértesy : Kölcsey. R. hist. juill.-août.

— C. r. sur Victor Molnár : Jules Wlassics. — Simonyi : Dictionnaire technique. R. intern. de l'ens. déc.

Kossuth, François. Le développement de l'industrie hongroise. R. de Hongrie, avril-juill.

Leger. L'évêque Strossmayer. Nouv. R. 15 janv. — Les Slovaques (de Hongrie). Leur littérature. Bibl. univ. R. suisse, janv.

Luchaire, Achille. Innocent III. Les royautés vassales du Saint-Siège. Paris.

> Chap. II, Magyars et Slaves, p. 59-135.

Máday, A. Lettre ouverte à M. Björnstjèrne-Björnson au sujet de l'oppression magyare. Genève.

Mailáth. La Question sociale en Hongrie. R. de Hongrie, juin.

Marczali. La Hongrie et la Révolution française. R. de Hongrie, mars. — Pièces relatives à l'Empereur Alexandre I de Russie et à la Sainte-Alliance (Lettres adressées à la C^{ssc} Molly Zichy-Ferraris). Ibid. déc.

Márton, Louis de — La répartition locale des monuments de l'âge du fer en Hongrie. C. r. du XIII^c Congrès intern. d'anthrop. et d'arch. préhist. — Monaco, 8 p.

Mikszáth, Kálmán. Les deux étudiants pauvres. Roman trad. du hongrois par L. J. Fóti. R. de Hongrie. avril-juill.

Millet, R. L'Autriche-Hongrie et la question d'Orient. R. pol. et parl. t. LVI, p. 5-29 (Passim).

Molnár, Géza. Revue musicale. R. de Hongrie, mars. V. les autres chroniques musicales dans les n^{os} suiv. de cette Revue, 1908-1910.

Nécsey, Ladislas. Chronique des beaux-arts. R. de Hongrie, mars. V. les autres chroniques des beaux-arts dans les n^{os} suiv. de cette Revue, 1908-1910. Depuis 1910 ces chroniques sont signées : Didier Rózsaffy.

Pekár, Jules. Le Cas de Sándor Arnyék, brigadier de hussards. Nouvelle trad. du hongrois par Paul Kiss de Nemeskér. R. de Hongrie, juill.

Platon, Dr J. Ch. Une mission en Europe. Rapport sur les cliniques gynécologiques. Marseille, 98 p. 8°.

> P. 47-51 : Budapest.

Radisics. Essai d'exposition. R. de Hongrie, avril.

> Sur l'exposition hongroise à Earls Court, Londres.

Richard, Pierre. Situation du port de Fiume. Paris, 28 p. Rapports commerciaux n° 699. — Le commerce et l'industrie de la Croatie-Slavonie. Ibid. 24 p., n° 701.

Salgó, Ernest. M. Zoltán Ambrus. Portrait littéraire. R. de Hongrie, oct.

Scotus Viator, (Seton Watson). La persécution politique en Hongrie. Appel à l'opinion publique. Paris, 48 p. 12°.

Sebestyén, Charles. M. Zsolt Beöthy. R. de Hongrie, nov.

Servières, Georges. A travers l'Autriche-Hongrie. Cités et sites. Paris, 382 p.

> P. 123-176, 325-360, détails intéressants sur la Hongrie, la Transylvanie et la Croatie.

Simonyi, Sigismond. Eléments hongrois dans les langues étrangères. R. de Hongrie, sept.

Somogyi, Manó. Un réformateur social hongrois. Le baron Dercsényi. R. d'hist. des doctrines écon. et sociales.

Szabó, Ervin. Le Congrès du parti socialiste hongrois. Le IVe Congrès syndical en Hongrie. Mouvement socialiste, déc. 1908 et janv. 1909.

Szilágyi, Arthur Charles. Projet de réforme des articles du Code pénal hongrois relatifs au traitement des mineurs. R. pénit. p. 245-252.

Tarnai, Jean. Le projet de loi sur l'usure, (en Hongrie). R. de Hongrie, nov.

Tormay, Cécile. Ne nous corrigeons pas de nos petits défauts. Nouvelle trad. du hongrois. R. de Hongrie. déc.

Troplong, E. La diplomatie d'Attila. R. d'hist. dipl., t. XXI.

Ursu, J. La politique orientale de François Ier. Paris, 204 p. 8°.
Chap. II sur Jean Zápolya et passim.

Vargha, Jules. Aperçu de l'histoire politique de Hongrie.
R. de Hongrie, août.

Viallate, Achille. La vie politique dans les deux mondes.
Autriche-Hongrie, t. I, p.166-200, t. II (1909) p. 163-199, t. III
(1910) p. 154-205.

Viczian, Edouard. Les forces hydrauliques de la Hongrie.
R. de Hongrie. oct.

Wekerle, Alexandre. Le projet de réforme des impôts en
Hongrie. R. de Hongrie, mars. — Lettre de Joseph Reinach
au sujet de cet article et réponse de Wekerle, ibid. mai.

Wickenburg, Marc. Le budget hongrois. R. de Hongrie,
juin.

Wlassics, Jules. Une nouvelle loi constitutionnelle en Hongrie (Le tribunal des conflits). R. de Hongrie, avril. — Cf. Loi
hongroise portant création d'un tribunal de conflits. R. de droit
public et de la science pol. 1908. t. 28. p. 309-313.

A. V. Prisonniers français en Hongrie. R. de Hongrie,
juill.

Une victime hongroise de la Révolution française (un nommé
Tóth). Ibid. nov.

F. L. L'assurance-maladie et l'assurance-accidents en Hongrie. La Réf. soc. 16 janv.

H. O. — C. r. sur Charles Papp : La géologie régionale de
Miskolcz. L'Anthrop. t. XIX, p. 98.

Jean Arany. R. de Hongrie, sept. (Trop sommaire).

Le monument français de Pécs (A la mémoire des soldats de
la Grande Armée). R. de Hongrie, juin.

L'enseignement public à Budapest pendant l'année scolaire
1905-06 (d'après Thirring) R. intern. de l'ens. sept.

1909

Aberdam, S. La Crise hongroise. R. pol. et parl. t. 62,
p. 72-90.

Andreics de Glogon, Jean Les houillères des pays de la couronne de Hongrie. R. de Hongrie, janv.-févr.

Angyal, David. Les idées historiques du Comte Etienne Széchenyi. R. de Hongrie, avril-juill.

Balkányi, Coloman. Paul Gyulai (Nécrologie) R. de Hongrie, déc. Cf. Le Petit Temps, 3 déc.

Ballai, Louis. Protection de la propriété industrielle et des œuvres littéraires (en Hongrie). R. de Hongrie, avril.

Balogh, Eugène. Réformes pénales et pénitentiaires en Hongrie. R. pénit. et de droit pénal, p. 81-87.

Beck, Louis Le crédit agricole en Hongrie. R. de Hongrie, avril.

Bellom, M. Les bourses de travail en Angleterre et en Hongrie. Nouv. R. 15 oct.

Bérard, Victor. Le procès d'Agram. R. de Paris, 1er févr. 15 août.

Bernolák, Charles de Haraszt. Le mouton en Hongrie. Budapest, 46 p. 4°. Ill.

Bert de la Bussière. Les Prolétaires de Grégoire Csiky. Note du traducteur. R. de Hongrie, janv. La traduction de la pièce a paru ibid. août 1909-mai 1910. Revue et corrigée avec une introduction sur Csiky par I. K. dans la Bibl. hongroise, t. V. sous le titre : *Les Déclassés*, pièce en 4 actes. Paris, 1911.

Berzeviczy, Albert. Les fiançailles successives de Béatrice d'Aragon. R. de Hongrie, août.

> Cet article, ainsi que celui du 15 févr. 1910 : Les tristes reines de la maison d'Aragon, sont détachées de l'ouvrage : Béatrice d'Aragon, reine de Hongrie (1457-1508) paru dans la Bibl. hongroise, t. III et IV. Paris, 1911 et 1912.

Blondel, Georges. Souvenirs d'un récent voyage de la Bohême aux Balkans. Rouen, 19 p. Bull. soc. normande de géogr.

Bosnyák, Zoltán et **Edelsheim-Gyulai.** Le droit de l'enfant abandonné et le système hongrois de protection de l'enfance. Préf. du Cte Jules Andrássy. Budapest, xvi-511 p. 8°.

> Ouvrage écrit par un groupe de fonctionnaires et s'étendant sur tout ce qui concerne la protection de l'enfance en Hongrie. — V. la

Préface et deux chapitres de l'ouvrage dans R. de Hongrie, août, sept. 1909. — Cf : La protection de l'enfance en Hongrie au Congrès intern. de Copenhague. Ibid. oct. 1910.

Chyzer, C. Les progrès de l'assistance des aliénés en Hongrie. R. de Hongrie, mars.

Claparède, Alexandre. L'Eglise réformée hongroise. Coup d'œil sur son passé et son état actuel. Genève 72 p. 8º, avec une carte.

Daugny, Jacques. L'Autriche, la Hongrie et le trialisme. Nouv. R. 15 nov.

Dewavrin, M. et **Fekete**, Nicolas. La Réforme des impôts directs en Hongrie. R. pol. et parl. t. 62, p. 543-558.

Dirner, C. le Dʳ — Le monument international de Semmelweis à Budapest. Budapest, 292 p. 8º Texte hongr. fr. et all.

Duruy, Victor. L'armée austro-hongroise. R. de Paris, 15 janv.

Fay, Aladár de — L'hygiène publique en Hongrie. Budapest, 334 p. 8º.

Ferenczy, Arpad. Le droit international privé du mariage en Hongrie. R. de droit intern. privé et de droit pénal intern.

Földes, Béla. La Solidarité en Hongrie. Inst. intern. de sociologie. Berne.

Gårdonyi, Géza. La troisième puissance. Roman trad. du hongrois. R. de Hongrie, sept. 1909-avril 1910.

Revu et corrigé, avec une notice par I. K. t. VI de la Bibl. hongroise. Paris, 1912.

Gauthiot, R. C. r. sur Gombocz : Emprunts turcs en magyar antérieurs à l'occupation du territoire. Bull. Soc. de Ling., t. XVI.

Girod, Em. Sur les changements survenus dans le cours de la Theiss (d'après Cholnoky). La Géogr. I, p. 445.

Gopcsa, Louis. La nouvelle Université des sciences techniques (de Budapest). R. de Hongrie, sept.

Halewyn S. d' — La navigation et le commerce à Fiume

en 1908. Paris, 28 p. 8°. Rapports commerciaux n° 836. — Mouvement commercial de Fiume. Importations françaises en 1909. Ibid. 12 p. n° 899.

Hatvany, Louis. Ignotus. Portrait littéraire. R. de Hongrie, juin.

> Ignotus est le pseudonyme d'un écrivain contemporain hongrois; V. sur ses Essais, ibid. mars, 1910.

Herczeg, François. La lampe d'Abyssinie. Nouvelle trad. du hongrois par J. Rott. R. de Hongrie, avr.

Ignotus. L'Enfant. Nouvelle trad. du hongrois par X. R. de Hongrie, juin. — Le jour de gloire. Nouvelle trad. du hongrois. Ibid. déc. 1910.

Jaray. La question sociale et le socialisme en Hongrie. Paris, 423 p. 8°, avec 5 cartes.

> Bien documenté et impartial. V. Kont, R. hist. 1910, mai-juin, Marvaud, Ann. des sciences pol. 1910. — Acad. des sciences mor. et pol. 1909, II, p. 337 et 729.

— Le paysan magyar. R. du Mois, juin. — Le socialisme en Autriche et en Hongrie, dans : Le socialisme à l'étranger. — La politique sociale en Hongrie de 1897 à 1908. Ann. des sciences pol. mai. — La Crise politique et sociale en Hongrie. R. pol. et parl., t. 59, p. 334-349. — Le suffrage universel en Hongrie. Quest. dipl. et col. févr. — L'évolution du prolétariat industriel en Hongrie. R. d'écon. pol. p. 334-350. — Les mouvements de paix sociale en Hongrie (Extrait du vol.). La Réf. soc. août.

Jorga, N. Les Hongrois et la nationalité roumaine. Br.

Karl, L. Florence de Rome et la vie de deux saints de Hongrie. R. des langues romanes, t. 52, p. 163-180.

Kerekes, Paul de — La Hongrie charitable. L'assistance publique et les hôpitaux en Hongrie. Budapest, 247 p. 8°.

Kóbor, Thomas. Chemin faisant. Nouvelle trad. du hongrois. R. de Hongrie, août.

Kont. Chrestomathie hongroise. Morceaux choisis des poètes et des prosateurs depuis la fin du xviiie siècle jusqu'à nos jours. Paris et Heidelberg, xvi-367 p. 8°.

— Petöfi en France. R. de Hongrie, mai. — Le théâtre hongrois au XIXe siècle. (Leçon d'ouverture). — Charles Kisfaludy. — Joseph Katona. — Edouard Szigligeti. L'Europe pol. et litt. mai-déc. —C. r. sur les Poésies de Charles Szász, fils. Ibid. janv. cf. R. de Hongrie. juin. — Le suffrage universel en Hongrie. R. pol. et litt., 23 janvier. — L'enseignement primaire gratuit et le suffrage universel en Hongrie. R. intern. de l'ens., mai.

—C. r. sur Goldziher : Jean Uri (orientaliste hongr.)— C. Horváth : La légende de sainte Marguerite. — Les sources de cette légende. — Szentkláray : Monastères serbes en Hongrie. — Borovszky :, La forteresse de Szendrö. — Nagy : Grammaire hongr. (en allem.). — Mélanges offerts à Z. Beöthy. — Gyulai : Etudes critiques. — Szily : Dictionnaire de la néologie, t. II. — Pora : Manuel des synonymes hongr. — Anciens monuments de la langue hong., t. XV. — J. Horváth : Les principales époques de la litt. hong. — Váczy : La victoire de la néologie. — Vikár : Trad. du Kalevala. — Krohn : Culte païen des peuples ougro-finnois. — Gragger : Jean Illei. — Dialectes allemands de Hongrie, fasc. 6. — Bayer : R. Shakespearienne hongr. — Ann. de la Soc. Kisfaludy, t. 42. — Revues hongr. — R. crit. I et II.

—C. r. sur Berzeviczy : La reine Béatrice.— I. Kiss : Le Conseil de lieutenance sous Ferdinand I. — Takáts : La formation de l'infanterie hongroise. — Karácson : Voyages en Hongrie d'Evlia Cselebi. T. II. — Gergely : Corresp. de Teleki, t. IV. — Márki : François Rákóczi II. t. I. — Szádeczky : L'organisation de la frontière militaire sicule. — Borovszky : Le comitat de Szatmár. R. hist., juill.-août. — Nécrologie de Thaly, Ibid. nov. déc.

Laloy. C. r. sur Cholnoky : La glace du lac Balaton. La Géogr. II, p. 248.

Le Brun, A. Commerce, industrie et navigation de Fiume en 1907. — Relations commerciales avec la France, l'Algérie et la Tunisie. Paris, 46 p. 8°. Rapports commerciaux n° 780.

Leroy-Beaulieu, Anatole. La langue française et les révolutions de l'Orient. R. des deux m. 15 avr.

Quelques pages sur la Hongrie.

Mailáth, Comte Joseph de — La Hongrie rurale, sociale et politique. Préf. de M. René Henry. Paris, VIII-356 p. 8°.

V. Kont, R. crit. 3 juin ; Bull. des Bibl. populaires, juill. — Barrault, Ann. des sciences pol. 1910. E. Horn, Polyb. t. 116,

p. 67. — Ce livre, bien documenté, contient la plupart des articles publiés antérieurement par M. Mailáth dans la R. écon. intern. (15 janv. et 15 juin 1905) dans la Réf. soc. (16 janv. 1905, 1 janv. et 1er juin 1906) et dans la R. d'écon. pol. (1904-06).

Marczali, Henri. Relation du siège de Vienne et de la Campagne en Hongrie, 1683. R. de Hongrie, janv.-mars.

Relation inédite du comte de Frosasco.

Masson-Forestier. Le roman d'un major hongrois, soldat à la légion étrangère française (1853-59). R. de Hongrie, juill.

Mikszáth. Le coq noir. Roman trad. du hongrois. R. de Hongrie, mars-août.

Montandon, Marcel. La peinture hongroise contemporaine, à propos de l'Exposition du Glas-Palast (Munich). R. de l'art ancien et mod. déc. p. 463-470.

Montbel, G. de — La condition politique de la Croatie-Slavonie dans la monarchie austro-hongroise. Toulouse, 314 p. 8° Thèse du doctorat de la Fac. de droit de Toulouse.

Návay, Louis. Les lois scolaires Apponyi. R. de Hongrie, juin-juill.

Ritter, W. Chronique sur l'art hongrois à l'Exposition intern. de Munich. L'Art et les Artistes, oct.

Rochemaure, La Salle de — Du Danube à la Sprée, profils hongrois, silhouettes germaniques. Aurillac, 687 p.

P. 73-147 sur Pozsony (Presbourg); p. 149-249 sur Budapest, la vie littéraire et intellectuelle; p. 251-284, physionomie générale de la Hongrie.

Sebestyén, Charles. Dans le monde de la Renaissance. R. de Hongrie, juin.

C. r. sur deux ouvrages de Berzeviczy : La peinture, l'architecture et l'art industriel du Cinquecento. — La reine Béatrice.

Szini, Jules. Le modeleur de statuettes de Cire. Nouvelle trad. du hongrois par Elisabeth Marczali. R. de Hongrie, juill.

Szterényi, Joseph. Le nouveau projet de loi hongrois sur l'industrie. R. de Hongrie, févr.-avril. Cf. les notices sur F. Kossuth et sur J. Szterényi. Nouv. R. intern. ill. déc. 1908. — janv. 1909.

Thaly, Coloman de — Lettres de Turquie (1730-39). Notices. (1740) de César de Saussure, gentilhomme de la Cour de S. A. S. le prince François Rákóczi II, concernant les dernières années, la mort, le testament et les Mémoires de ce prince. Edit. par —. Budapest, 1909, 380 p. 8°. Avec une introduction (en hongrois) et la trad. hongroise. — Cf. Kont, R. hist., 1910, sept.-oct. R. de Hongrie, 1910, janv.-févr.

Thomas, A. Alain Chartier en Hongrie. Romania, t. 38. p. 596-598. Reproduit dans R. de Hongrie, janv. 1910.

Vay de Vaya, Pierre. Chronique des Beaux-Arts. (Sur le peintre Jules de Benczur). R. de Hongrie, juin.

Zagorsky, Vladimir. François Rački et la renaissance scientifique et politique de la Croatie (1828-1894). Paris, vi-257 p. 8°.

> V. Kont, R. hist., 1910, mai-juin, L. Leger, Journ. des Sav. 1911, J. Zeiller, R. des quest. hist. 1910, 1, p. 350.

Chronique hongroise du mois. (Congrès intern. de médecine). R. de Hongrie, sept. — On trouve une chronique dans chaque n° de la Revue, depuis le n° de sept. 1909. A signaler les articles sur la Hongrie jugée à l'étranger.

La Faculté de médecine de Budapest. R. de Hongrie août.

Les Facultés de Médecine des Universités royales hongroises de Budapest et de Kolozsvár. Budapest, vii-396 p. 8°. Avec des pl.

Bains d'eaux minérales. Ile Sainte-Marguerite. Ibid. 90 p. 8°. V. aussi quelques communications — en français — concernant la Hongrie dans le C. r. du XVIe Congrès intern. de médecine. Budapest, 1909 et 1910.

La Hongrie contemporaine et le suffrage universel. Paris, 272 p. 8°.

> Recueil de quatorze études par un groupe d'écrivains, suivi d'une enquête sur le projet de loi électoral du Comte Andrássy. Edit. de la Revue : Huszadik század (le Vingtième siècle).

Le Mouvement économique en Hongrie. R. de Hongrie, oct. et les n^os suiv.

Le Procès d'Agram et l'opinion européenne. Paris, 90 p. 8°.

Légendes hongroises. — Hunor et Magyar. Les Huns qui cherchent une patrie. — Trad. par H. Morand et Z. Baranyai. R. de Hongrie, déc.

Roumains et Magyars. Réponse de l'Indépendance roumaine à la Ligue hongroise. Bucarest, br.

1910

Adorján, André. L'opérette hongroise. R. de Hongrie, sept.

Ambrus, Zoltán. Soleil d'automne. Roman trad. du hongrois. Avec une Notice sur l'auteur. Paris, 232 p., 16º.

Balás, Charles. De la natalité réduite à un ou deux enfants au point de vue national et économique. R. de Hongrie, nov.

Balogh, Eugène. Les nouvelles créations de la législation pénale en Hongrie. Bull. Commission pénitentiaire int. Congrès de Washington. T. II. Chicago.

— Tribunaux pour mineurs en Hongrie. Actes du IIIe Congrès intern. d'éducation familiale. T. VII. Bruxelles. — Cf. R. pénit. p. 1026-1034.

Barabás, Abel. Nietzsche et Petöfi. R. de Hongrie, mars.
Reproduit dans *le Temps*, 2 mars 1911.

Brunhes, Jean. La Géographie humaine. Paris.
Hongrie et les Karpates, passim.

Chantavoine, Jean. Liszt. Paris, 247 p. 12º, V. L. Laloy, la Grande R. 10 sept.

Chéradame. L'évolution de l'Autriche-Hongrie. Sa situation présente. Acad. des Sciences mor. et pol. II, p. 502-513. — L'Autriche-Hongrie et le suffrage universel. R. de Paris, 1er août.

Eisenmann, L. La Hongrie et les Slaves. R. du mois, sept. p. 342-358.

Faucher, Le P. François Xavier. La bienheureuse Hélène de Hongrie du monastère de Veszprim. 20 p. 8º. (Ann. dominicaines).

Ferenczy, Joseph. La presse périodique en Hongrie. (Jusqu'en 1867). R. de Hongrie, avril, mai. — Kossuth, orateur et publiciste. Ibid. sept.

Finkey, François. La loi pénale dérogatoire hongroise de 1908. Budapest, 25 p.

Fóti, L. J. Armand Vámbéry. R. de Hongrie, déc.

Gauthiot, R. Des noms de l'abeille et de la ruche en indo-européen et en finno-ougrien. Mém. Soc. de ling., t. XVI. — C. r. sur Paasonen : Vocabulaire tchouvasse. — Szinnyei : Manuel de linguistique finno-ougrienne. — E. A. Meyer et Gombocz : Phonétique de la langue hongroise. Bull. Soc. de ling. t. XVI.

Gulyás, Paul. Les drames scolaires français d'un Jésuite hongrois. R. d'hist. litt. de la France, p. 366-371.

> Sur la brochure du P. Mathias Geiger : Fêtes célébrées à Tyrnau par la jeune noblesse de l'Académie royale et archiépiscopale à l'occasion du mariage de sa Majesté le roi des Romains Joseph II. 5 février 1765. 69 p.

Henry, E. et **Vadas**, Eugène. L'Expérimentation forestière en Hongrie. Ann. de la science agronomique fr. et étr. juin.

Henry, René. La Crise hongroise. Quest. dipl. et col. juin.

Herczeg, François. La femme du lieutenant. Nouvelle trad. du hongrois par Oscar György. R. de Hongrie, sept.

— Byzance. Pièce en trois actes. Trad. du hongrois par I. Kont. Ibid. nov. 1910-avril 1911.

> A paru avec une Notice sur Herczeg dans la Bibl. hongroise, t. VII. Paris, 1912.

Hevesy, André de — Petites amies de Beethoven. Paris, IV-116 p. 12°. Avec un portrait et des notes.

> Ces « petites amies » étaient des Hongroises. V. R. de Paris, 1 et 15 mars. — R. de Hongrie, mai.

— Paul de Szinnyei-Merse (peintre hongrois). R. de Hongrie, août.

> D'après le livre de D. Malonyay.

Jaray, La physionomie nouvelle de la question austro-hongroise. Quest. dipl. et col. déc.

Jorga, N. Les dernières élections en Hongrie et les Roumains (juin 1910). Valenii-de-Munte, 29 p.

Kain, Albert. La Hongrie. Ouvrage publié par la direction des chemins de fer royaux de l'État hongrois (avec la collaboration de plusieurs écrivains). Budapest, 400 p., 4°. Ill.

Important pour la géographie et l'ethnographie. — V. R. de Hongrie, juill.

Karl, Louis. De l'enseignement du français en Hongrie. R. intern. de l'ens., II, p. 3o3-3o8. — Vie de sainte Élisabeth de Hongrie par Nicolas Bozon. Zeitschrift für romanische Philologie, t. 34, p. 295-314 (en-fr.).

Katona, Joseph. Bánk Bán. Tragédie hist. en cinq actes. Trad. du hongrois par Bigault de Casanove. Paris, 194 p., in-16.

> Introduction sur le théâtre hongrois et le sujet de Bánk Bán. L'étude et la traduction ont paru d'abord dans la R. de Hongrie, 1908, avr.-juill.-sept.; l'édition de la Bibl. hongroise, t. I, est revue et corrigée. — Nécrologie de Bigault de Casanove, R. de Hongrie, 1910, déc.

Komjáthy, Eugène. La mort bienheureuse. Poésie trad. par Bigault de Casanove. R. de Hongrie, juill. — V. dans le même numéro, les pages de Melchior Palágyi sur Komjáthy.

Kont. Les dernières années de François Rákóczi II. R. de Hongrie, janv.-févr. — Béatrice de Naples, reine de Hongrie (à propos du livre de M. de Berzeviczy). R. pol. et litt., 1er oct. — L'époque de Széchenyi (Leçon d'ouverture) R. des cours et conférences, déc. — Les Universités hongroises. R. intern. de l'ens. nov. — Note sur l'enseignement post-scolaire. Ibid. févr. — Publications hongroises sur les langues et litt. germaniques (Bleyer : Gottsched en Hongrie. — Heinrich : Éléments hongrois dans la poésie allemande. — Dialectes allem. de Hongrie, fasc. 7. — R. shakespearienne). R. germ. mai-juin.

— C. r. sur Váczy : Kazinczy. — Z. Ferenczi : Csokonai. — Fr. Szinnyey : Jean Arany. — Bibl. Petöfi (Z. Ferenczi : Liberté, amour. — Bihari : Julie Szendrei. — Meltzl : Études sur Petöfi). J. Ferenczy : Études. — Szentkláray : Claude Mercy dans le Banat. — Aldásy : Rapports du roi Sigismond avec Milan et Venise. — Szeremlei : Les habitants de Hódmezö-Vásárhely. — Jurkovich : Mathias Pollereczky. — Pivány : Webster et Kossuth. — Ann. de la Soc. Kisfaludy, t. 43. — Badics : Edit. de Gyöngyösi. — Sikabonyi : Komjáthy. — J. Horváth : Ady.— Várdai : Mikszáth. — Pintér : Hist. de la litt. hongr. I et II. — Darkó : Les noms des Magyars chez les Byzantins. — Sömjén : Dictionnaire technique hongrois-français. — Revues hongroises. R. crit., I et II.

— C. r. sur Csánki : Arpad et les Arpadiens. — Radvánszky et Závodszky : Chartes de la famille Héderváry. — Békefi :

L'Université de Pécs. — Borovszky : Le comitat Borsod. — Szabó D. : Les Diètes hongroises sous Louis II. — Veress : Correspondance de Georges Basta. — Thaly : Édit. des Lettres de Turquie de César de Saussure. — Hódinka : L'évêché grec-cathol. de Munkács. — Kállay et Thallóczy : Hist. du soulèvement des Serbes, 1807-1810. — R. hist. sept.-oct. — Découverte de deux lettres de Lodomér, archevêque de Strigonie (1288) aux Arch. nat. par Ch. V. Langlois. Ibid., mars-avril.

— C. r. sur Sebestyén : L'écriture des anciens Hongrois. Bibliographe mod., juillet-déc.

Kosutány, T. Une attaque roumaine officielle contre le blé hongrois. Journ. de la meunerie et de la boulangerie, nº 329.

Kupcsay, Félicien. Testimonium Coeli. Nouvelle trad. du hongrois. R. de Hongrie, août.

Kuyper, Dr A. Autour de l'ancienne mer du monde. Trad. du Néerlandais. Bruxelles.

> P. 261-383 sur les Tziganes.

Ladik, Gustave. Aperçu de la législation concernant l'administration de l'agriculture hongroise. Budapest, 253 p., 8º.

Lecourt, Arthur. Étude sur la situation légale des sociétés étrangères en Autriche et en Hongrie. Bruxelles, 23 p., 8º. V. Bull. Soc. de législ. étr., p. 360 et 463.

Lengyel, Melchior. Typhon. Pièce en quatre actes. Adaptée du hongrois par André Adorján. R. de Hongrie, juin-oct.

> La pièce adaptée par Serge Basset fut jouée au Théâtre de la Renaissance, 10 oct. 1911. — V. L'Illustration théâtrale, 4 nov. 1911.

Lukács, Georges. L'École secondaire. R. de Hongrie, nov.

Mailáth, Joseph. Les élections générales hongroises. Quest. dipl. et col., avril.

Malonyay, Désiré. L'argent. Nouvelle trad. du hongrois. R. de Hongrie, juill.

Marge, Pierre. Voyage en automobile dans la Hongrie pittoresque. Fatra-Tatra-Matra. Préf. de M. Edouard Herriot. Paris, xx-285, 16. Ill.

> La Hongrie des Karpathes, p. 97-178, La Hongrie des Hongrois, p. 179-234.

Martonne, E. de — Sur la position systématique de la chaîne des Karpates. C. r. du IXe Congrès intern. de géogr. (1908). Genève, t. II, p. 134-142.

Mikszáth, Coloman. La mouche verte. Nouvelle trad. du hongrois par L. Fóti et Delaquys. R. pol. et litt., 2 juill.

Molnár, François. Musique. Nouvelle trad. du hongrois. R. de Hongrie, oct.

Monicault, C. de — Les enfants anormaux et coupables en Hongrie. R. pénit., p. 147-153.

Morand, Hubert. Promenades en Hongrie. — Szeged. R. de Hongrie, janv. — Au Tombeau de Gül-Baba. Ibid., juill.

Nagy, André. Un milliardaire à Pereszlek. Nouvelle trad. du hongrois. R. de Hongrie, nov.

Návay, Louis. Réformes d'ordre administratif. R. de Hongrie, juill.

Németh, Joseph. Les haras de Bábolna. R. de Hongrie, mai.

Pivny, Adalbert. Les manifestations sportives d'aviation et le meeting international de Budapest. R. de Hongrie, mars. — Du même : Après le meeting. Ibid., juill.

Radisics. Les collections d'art de feu le comte Jean Pálffy. R. de Hongrie, juin.

Radó, Aladár. Haydn et la Hongrie. R. de Hongrie, août.

Radó, Samuel. Le banquier et la mort. Nouvelle trad. du hongrois. R. de Hongrie, mai.

Radó, Thérèse. Shakespeare en Hongrie. R. de Hongrie, oct.
    C. r. sur l'ouvrage de Joseph Bayer. — Cf. I. Kont, R. germ., mai-juin 1911.

Recouly. L'emprunt hongrois. R. pol. et parl., oct.

Reinach-Foussemagne, la comtesse H. — Les hussards hongrois sous l'ancien régime. R. de Hongrie, mars-juin.

Saint-Maurice, comte de — La double couronne. I. L'Empire magyar. Étude économique de la Hongrie contemporaine. Paris, 120 p. 8° (Bibl. des études écon. et financières, VII).

Salgó, Ernest. Coloman Mikszáth. Portrait littéraire. — R. de Hongrie, oct.

Sommerard, Louis de — La vie de Béla III. Nouv. R. 1er sept.

> Roi de Hongrie, 1173-1196 ; expose ses rapports avec Byzance.

Varga, E. Les élections en Hongrie et la corruption électorale. Mouvement socialiste, juill.

Weber, Arthur. Louis Katona (1862-1910). R. de Hongrie, nov.

> Nécrologie du savant folkloriste et ethnographe.

Wickenburg, le comte Marc — Finances hongroises. R. de Hongrie, oct.

Wlassics, Jules. François Deák. R. de Hongrie, janv.-avril.

> La meilleure étude qui ait paru en français sur l'homme d'État hongrois.

— Le Comte Jules Andrássy. — Ibid. déc. 1910. — févr. 1911.

> A propos de l'ouvrage d'Edouard Wertheimer. Cf. L. Eisenmann, R. hist. juill.-août, 1911.

Zarándy, Gaspard A. (Stefezius de Thurstern) Les Szemere. Descendants du conquérant Huba, un des sept ducs fondateurs de la Hongrie en 889, par —, avec la collaboration de plusieurs savants. Budapest, 160 p. 4° avec de nombr. pl. Trad. par André Léval.

La Hongrie à l'Exposition cynégétique de Vienne. R. de Hongrie, juin.

Les Hongrois et la presse occidentale par un ancien diplomate français. Alençon, 23 p. 8c.

> (signé : Alph. de B....dy) Sur l'organisation du bureau de la presse au Ministère hongrois de l'Intérieur.

Les institutions agricoles de l'État hongrois. Budapest, 19 p. 8°.

Lettre de Louis XIV enfant à Rákóczy (Georges II), publiée par André Duboscq. R. de Hongrie, juill.

Le 60me Anniversaire de M. Bernard Alexander (Professeur de philosophie et d'esthétique à l'Université de Budapest). R. de Hongrie, mai.

Revue des revues publiées en Hongrie. R. de Hongrie, mars et les numéros suivants.

INVENTAIRE SOMMAIRE

DES DOCUMENTS MANUSCRITS DES

ARCHIVES ET BIBLIOTHÈQUES PUBLIQUES DE FRANCE

RELATIFS A LA HONGRIE

AVANT-PROPOS

Les relations politiques de la France avec la Hongrie, l'intérêt porté par les savants français des xvi⁰ et xvii⁰ siècles aux affaires de Hongrie, ont enrichi nos archives et bibliothèques de nombreux documents dont l'inventaire n'a jamais été dressé. Il est vrai que quelques historiens du xix⁰ siècle ont eu connaissance d'une partie de ces documents et en ont publié quelques-uns, mais l'ensemble reste ignoré. Nous avons pensé rendre service aux historiens français et hongrois en donnant comme supplément à notre Bibliographie cet inventaire qui, malgré sa brièveté, est suffisant pour permettre les recherches dans les différents dépôts. Parmi ceux-ci les Archives du Ministère des Affaires étrangères sont les plus considérables et les plus faciles à consulter, car les documents sont réunis dans les 18 volumes du fonds *Hongrie*. Ils concernent presque tous les rapports que les rois de France ont eus avec les princes de Transylvanie et vont du règne de Bocskai, au début du xvii⁰ siècle, jusqu'à la mort de François Rákóczi II en Turquie (1735). C'est la mine la plus riche d'informations que nous ayons sur les soulèvements successifs du xvii⁰ siècle, sur les missions des diplomates français en Hongrie et en Transylvanie, sur la guerre d'indépendance de François Rákóczi II. Les archives hongroises n'offrent rien de pareil. Un savant magyar, Frédéric Petrovics, qui avait accompagné à Paris le comte Ladislas Teleki (1833) est, à notre connaissance, le premier qui ait pris de nombreuses copies de ces documents, copies conservées à la Bibliothèque de l'Académie hongroise à Budapest et publiées, en partie, par Fiedler dans le tome II de ses *Actenstücke zur Geschichte Franz Rákóczy's und seiner Verbindungen mit dem Ausland* (*Fontes rerum Austriacarum*, t. XVII. Vienne, 1858), mais ces pièces se rapportent uniquement au soulèvement de Rákóczi. On verra par notre Inventaire ce qu'on peut trouver pour l'époque antérieure. Parmi les historiens français, Mignet, Legrelle et Lefaivre ont connu ce fonds et en ont tiré des renseignements (*Négociations relatives à la succession d'Espagne sous Louis XIV; La diplomatie française et la succession d'Espagne; Les Magyars pendant la domination ottomane en Hongrie*).

Ces 18 volumes du fonds *Hongrie* ne sont pas les seuls qui contiennent des documents concernant la Hongrie. Dans deux études (*Les dernières années de François Rákóczi II; Le Prince Joseph Rákóczi et la diplomatie française*), nous avons montré dernièrement combien de documents inconnus contient le fonds *Turquie*. En effet, au courant du xviie et au commencement du xviiie siècle, les affaires hongroises furent traitées à l'Ambassade de France à Constantinople et c'est de là que les dépêches arrivèrent à Paris. Le long séjour de François Rákóczi et de son entourage en Turquie, le rôle éphémère joué par son fils aîné, Joseph, ne nous sont connus que par les rapports des ambassadeurs français à la Porte ottomane. En dehors de la Turquie, les fonds *Autriche* et *Pologne* sont également très riches en documents concernant la Hongrie. Ces trois fonds réunis embrassent (jusqu'à 1848) 1283 volumes (1) de 400 à 600 folios; il serait à souhaiter que la Commission historique de l'Académie hongroise envoyât à Paris un archiviste sachant le français qui pourrait inventorier, au point de vue hongrois, cette masse de documents. Pour le moment, en l'absence de tout Inventaire imprimé, les

---

(1) *Turquie* 291 vol. de Correspondance et 86 vol. de Mémoires et documents ; *Autriche* 464 et 59 vol. ; *Pologne* 353 et 30 vol.

chercheurs doivent se reporter aux années qui les intéressent et demander communication des volumes correspondants.

Dans les autres dépôts se trouvent également des documents concernant la Hongrie, dispersés dans la masse énorme qui constitue les différents fonds. Aidé des catalogues tant imprimés que manuscrits, des renseignements oraux, nous avons réuni tout ce que l'état actuel de ces catalogues nous a permis de voir en contrôlant chaque donnée. Seuls, les documents qui se trouvent en province et qui offrent, d'ailleurs, moins d'intérêt, sont publiés d'après le *Catalogue général des Manuscrits des bibliothèques publiques de France.*

Nous espérons que cet Inventaire, quoique sommaire, rendra quelques services tant en France qu'en Hongrie.

INVENTAIRE SOMMAIRE

DES DOCUMENTS MANUSCRITS DES ARCHIVES ET BIBLIOTHÈQUES PUBLIQUES DE FRANCE RELATIFS A LA HONGRIE

ARCHIVES DU MINISTÈRE DES AFFAIRES ÉTRANGÈRES

FONDS HONGRIE

T. 1 (1222-1657).

Fol. 2. Copie de la lettre accompagnant la Bulle d'or (envoyée par Ferriol en 1705).

— 3. Traité de Ligue offensive et défensive côntre les Turcs entre Louis XII, roi de France, Vladislas et Jean-Albert, roi de Hongrie et de Pologne, contre les Turcs (1500). V. fonds *Pologne*, t. I, fol. 12-29.

— 4. Lettre de quelques seigneurs hongrois (avril, 1605, lat.).

— 7. Lettre d'Étienne Bocskay et Kuthay aux noblès hongrois (avril 1605, lat.).

— 8. Causes de la rébellion de Kassa.

— 12. Causes de la rébellion de Bocskay.

— 16. Extrait et sommaire de ce qui s'est passé entre l'Empereur et l'archiduc Mathias, jusqu'à l'accord fait le 21 juin (Nouvelles arrivées de Bruxelles le 8 juillet 1608).

— 18. Demandes faites par les États de Hongrie avant le couronnement du roi (1619).

— 22. Annulation de la prétendue élection de Gabriel Bethlen comme roi de Hongrie (1620, lat. (1).

---

(1) Pour l'année 1620 V. fonds *Autriche*, t. 12, Ambassade du duc d'Angoulême ; *France*, t. 1964, fol. 200, Instructions pour le sieur de Sigongne envoyé en députation vers le Prince de Transylvanie et les États de Hongrie (signé : Béthune). Cf. Bibl. Nat. fonds français N° 3972, fol. 114.

Fol. 40. Idem (copie).

— 60. Plaintes du prince Bethlen contre les Moraves pour avoir quitté la Confédération contre leur serment (1621).

— 64. Demande faite à l'Empereur par les États de Hongrie (1622).

— 65. Idem, avec la réponse.

— 69. Extrait des articles de la proposition impériale à la Diète d'Oedenburg (mai, 1622).

— 70. Articles de paix entre Bethlen et l'Empereur (28 déc. 1626).

— 74. Lettre de Bethlen au roi Louis XIII (27 août 1627, lat. Recommande un de ses parents, Pierre Bethlen qui vient étudier en France. Cf. Merc. français, t. XIV. II, p. 160).

— 76. Réponse du roi (6 avr. 1628).

— 77. Extrait d'une lettre de l'orfèvre Aubry à un marchand français résidant en Galata d'Alba-Julia (1629).

— 78. Extrait d'une lettre de Bornemisza à l'ambassadeur de France à Constantinople (17 sept. 1629).

— 81. De Constantinople (1631, arrivée du Courrier de Transylvanie).

— 82. Lettre de Georges Rákóczi I (1) à Richelieu (1638, lat.).

— 84. Lettre de Georges Rákóczi I à Claude de Mesmes (d'Avaux) (1638, lat.).

— 86. Lettre de Charles d'Avaugour au prince Rákóczi (Danzig 30 déc. 1638. Sur le v° le brouillon de la trad. française).

— 87. Lettre de Rákóczi (8 mars 1639).

— 88. Trad. française de cette lettre.

— Lettre de M. d'Avaux à M. Ripski, archevêque de Pologne (9 mars 1639).

— 98-99. Deux lettres au Prince de Transylvanie (1639).

— 100. Lettre de Jean Kemény au baron d'Avaugour (18 avr. 1639).

— 102. Lettre de Rákóczi (1er mai 1639).

— 103. Idem à d'Avaugour (15 mai 1639).

— 105. Mémoire (du roi) au Comte d'Avaux, ambassadeur en Allemagne (mai 1639; se rapporte à une mission de Bisterfeld).

---

(1) Prince de Transylvanie de 1630-48. — M. S. Gergely a publié 31 documents de ce vol. sous le titre : Les rapports de Georges Rákóczi I avec la France. *Történelmi tár*, 1889 et 1890. Cette revue hongr. se trouve à la Bibl. nat. M 29362 et suiv.

Fol. 107. Traité d'alliance entre Rákóczi, la France et la Suède (lat.).

— 111. Projet de ce traité.

— 115. Lettre de Rákóczi à d'Avaugour (29 mai 1639).

— 117. Déchiffrement d'une lettre de Rákóczi (24 juin 1639).

— 118-124. Lettres de Rákóczi (quelques-unes chiffrées) à d'Avaugour.

— 125. Lettre au Prince de Transylvanie (28 juin 1639).

— 126-132, 135, 137, 139. Lettres de Rákóczi à d'Avaugour et réponses (1639).

— 133. Lettre de Bisterfeld au baron d'Avaugour, résident du roi à Danzig (29 déc. 1639).

— 138. Dépêches de Bisterfeld (extraits, févr. 1640) (1).

— 141. Note en faveur de Rákóczi (mars 1641).

— 142. Traité entre Rákóczi et Torstenson.

— 146. Le différend de Georges Rákóczi avec l'Empereur touchant le royaume de Hongrie.

— 148. Déclaration du Prince Rákóczi faite aux colonels suédois envoyés vers lui par Torstenson.

— 151. Articles de l'Alliance faite entre les couronnes de France et de Suède d'une part et la maison Rákóczi de l'autre (juill. 1643).

— 153. Ratification du Prince Rákóczi du traité fait avec le maréchal Torstenson (16 nov. 1643).

— 155. Idem.

— 157. Lettre de Rákóczi à Torstenson (8 janv. 1644).

— 159. Lettre à la reine (brouillon).

— 163-175. Instructions de M. de Croissy pour son ambassade en Transylvanie (sept. 1644).

— 176. Alliance avec la Suède et la Transylvanie.

— 177. Lettre de Croissy à M. d'Avaux et Servient (Brunswick, 27 oct. 1644).

— 179. Copie d'une lettre de Rákóczi à d'Avaugour (8 janv. 1644).

— 180. Copie d'une lettre de Bisterfeld au même (15 janv. 1644).

— 181. Lettre du Prince Rákóczi au roi (17 févr. 1644).

— 183. Lettre du Prince Rákóczi à la reine (même date).

____

(1) Cf. les copies d'une lettre de Georges Rákóczi à d'Avaugour (20 févr. 1640) et d'une lettre de Bisterfeld au même (14 févr. 1640) dans le fonds *Dantzig*, t. I, fol. 92.

Fol. 184. Lettre du Prince Rákóczi à Torstenson (20 févr. 1644).

— 185. Extrait d'une lettre du 28 avr. 1644.

— 186-191. Manifeste de Georges Rákóczi (17 févr. 1644. Trad. française).

— 192. Réponse de l'Empereur Ferdinand III au Manifeste de Georges Rákóczi (23 févr. 1644).

— 197. Trad. française de cette Réponse.

— 205. Le roi de France au Pr. de Transylvanie (28 mai 1644).

— 206. Copie de la lettre de M. de Brienne à M. de Marsilly (28 mai 1644).

— 207. Lettre de Torstenson à M. D'Avaux et Servient (20 sept. 1644).

— 209. Lettre de Brégy au Pr. de Transylvanie (Varsovie, 25 oct. 1644).

— 211. Instructions données par M. d'Avaux et Servient à M. de Croissy s'en allant vers le Pr. de Transylvanie (15 sept. 1644).

— 223. D'Avaux et Servient au roi de Pologne (15 sept. 1644).

— 225. Les plénipotentiaires à M. de Brégy (même date).

— 226. Les mêmes à Rákóczi (m. d.).

— 228. Servient à Bisterfeld (m. d.).

— 230. Extrait de la lettre de M. de Brienne aux plénipotentiaires (13 oct. 1644. Il faut empêcher que la Couronne de Hongrie ne devienne héréditaire et éviter la ruine du Pr. de Transylvanie).

— 232. M. de Croissy aux plénipotentiaires (13 oct. 1644).

— 233. Réponse des plénipotentiaires (4 nov. 1644).

— 235. Propositions du Pr. de Transylvanie au roi de Pologne.

— 237. Croissy aux plénipotentiaires (11 nov. 1644).

— 239. Croissy à Servient (27 nov. 1644).

— 241. Lettre de pouvoir pour Croissy (signée du roi et de la reine régente ; 30 nov. 1644).

— 243. Pouvoir à M. de Croissy d'arrêter un traité avec le Pr. de Transylvanie (5 déc. 1644).

— 245. Idem.

— 246. Croissy à Mazarin (14 déc. 1644).

— 248. Croissy aux plénipotentiaires (m. d.).

— 252. D'Avaux et Servient à Marcilly (10 févr. 1645).

— 255. Croissy aux plénipotentiaires (12 mars 1645 ; se

plaint du manque de foi du Pr. de Transylvanie. Cf. Lettres du Cardinal Mazarin, t. II).

Fol. 257. Lettre d'introduction au roi de France pour Bethlen de Keresd (janv. 1645).

— 258. Lettre à Husseïn Ezrum pacha (15 janv. 1645).

— 259. Lettre de Rákóczi à Brégy (10 févr. 1645).

— 260. L'ambassadeur de Transylvanie (Bethlen) à Brégy (10 mars 1645).

— 261. Le palatin Eszterházi à Torstenson (Posonii, 11 avr. 1645; la même lettre, fol. 273 et 329).

— 263. Articles joints à ceux du Traité de Suède (signés de Rákóczi et de Croissy; avril 1645. Idem fol. 274, 280 et 351).

— 271. Traité de Ferdinand III avec le Pr. de Transylvanie.

— 284. Traité entre Louis XIV et Rákóczi (22 avr. 1645; lat. Idem fol. 310, 313, 334 et 383).

— 294 (v°). Extrait d'une lettre de Munster (sans date, ni signature).

— 295 (v°). Lettre de Gronovius à Godefroy, historiographe du roi (1er mai 1645).

— 298. Copie pour Godefroy (Projets du Traité de Munster, 1645).

— 319-325. Mémoire pour la justification des articles du traité d'alliance faite avec le Prince de Transylvanie.

— 327. Articles du traité de l'Assemblée de Bártfa.

— 331. Lettre de Croissy aux plénipotentiaires (1er mai 1645).

— 342. Lettre de Sigismond Rákóczi à Mazarin (24 nov. 1645).

— 343. Mémoire de l'ambassade du Prince de Transylvanie.

— 344. Croissy au roi de Pologne (27 avr. 1645).

— 345. Le Prince de Transylvanie au roi de Pologne (m. d.).

— 346. Croissy à Mazarin (Ungvár, 1er mai 1645).

— 349. Croissy aux plénipotentiaires (m. d.).

— 358. Bisterfeld à Mazarin (Patak, 6 mai 1645).

— 360. Lettre de Rákóczi à Mazarin (7 mai 1645).

— 362. Croissy à Mazarin sur la paix que Rákóczi a faite avec l'Empereur.

— 367. Lettre de Croissy sur la conclusion de son traité.

— 369. Mémoire de Croissy pour la justification des articles du traité d'alliance fait avec le Prince de Transylvanie.

— 375. Lettre de Croissy sur la conclusion de la paix de Rákóczi avec l'Empereur (Ungvár, mai 1645).

— 378. Lettre de Croissy à d'Avaux (16 mai 1645).

— 380. Réponse du roi d'Espagne au nonce du Pape (1645).

Fol. 392. Les plénipotentiaires à Marsilly (27 juin 1645).

— 394. Extraits de quelques lettres de Croissy à d'Avaugour (7, 9, 11 et 13 août).

— 397. Brevis designatio causarum (du traité).

— 401 et 403. Rákóczi à Croissy (9 juillet 1645).

— 404. Rákóczi à Bisterfeld (m. d.).

— 405. Lettre écrite au camp de Rákóczi (13 juillet 1645).

— 408. Pour M. Croissy (15 juill.).

— 410. Rescrit de Rákóczi (9 août 1645).

— 411. De Marsilly à Servient avec des extraits de lettres de M. de la Haye.

— 415. Premier traité de paix entre Ferdinand III et Rákóczi (août 1645).

— 425 (v°). Second traité (août 1645).

— 438, 442, 448. Trois mémoires de Croissy aux plénipotentiaires (s. d. 9 sept., 10 sept. 1645).

— 452. Mémoire à M. de la Haye (20 nov. 1645).

— 454. M. de Canarilles aux plénipotentiaires (24 nov. 1645).

— 455. Demande d'argent de Rákóczi (janv. 1646).

— 456. Mémoire touchant Rákóczi (sur son avarice).

— 460. Croissy à Mazarin (Fogaras, 8 janv. 1646).

— 465. Promesse du Prince de Transylvanie (22 févr. 1646).

— 467. Bisterfeld à d'Avaux (m. d.).

— 469. Croissy à Servient (8 janv. 1646).

— 471. Lettre à Servient.

— 473. Conceptus litterarum ad Transylvaniae status.

— 475. Traité entre Croissy et Rákóczi (19 févr. 1646).

— 479. Sigismond Rákóczi au Cardinal (Fogaras, 22 févr. 1646).

— 480. Le ministre à Croissy (avr. 1646).

— 481. Projet de traité entre la France, la Suède et le Prince de Transylvanie.

— 485. Le Prince de Transylvanie aux plénipotentiaires (2 janv. 1646).

— 487. 488. Le ministre à Croissy (18 et 25 janv. 1647).

— 489. Recommandation de Rákóczi à Mazarin (25 févr. 1647).

— 490. Lettre de Georges Rákóczi II (1) aux États de Pologne (signée du chancelier Mikes, 31 déc. 1656).

(1) Prince de Transylvanie de 1648-1660.

Fol. 491. Rákóczi aux États de Pologne (imprimé allemand, 1657, 4 p.).

— 493. Idem (en français, 7 mai 1657).

— 495. Le ministre à M. Akakia (1) (1657).

T. 2 (1658-1677).

Fol. 8. Le ministre à Akakia (25 janv. 1658).

— 9. Traité entre l'Empereur et l'Electeur de Brandebourg (en lat.).

— 12. Le ministre à Akakia (15 mars 1658).

— 13-25. Lettres à Akakia (1659).

— 26. Opiniones Consiliariorum Hungarorum Gracii convocatorum super invasione Varadini a Turcis facta.

— 28. Le ministre à Akakia (29 janv. 1660).

— 29. Traduction d'une lettre du pacha d'Eger (Agria) (en ital.).

— 30-37. Lettres du camp près de Tokaï (1660, en fr., ital. et lat.).

— 38. Lettre de Michel Apafi (2) aux officiers de la garnison de Kolozsvár.

— 40. Oratio Andreae Székely (devant le roi de Hongrie en faveur des protestants et réponse du roi, 1662).

— 42. Lettre d'Apafi au colonel Schneidau. — Idem fol. 44.

— 43, 45. Le premier vizir à Apafi.

— 47. Le comte Adam Forgach à sa Majesté (Comorn, 27 sept. 1663).

— 49. Apafi au roi de France (1er janv. 1664) (3).

— 51. Rapport daté de Csáktornya (févr. 1664, en ital.).

— 52. Lettre du comte Zrinyi (21 avr. 1664, en ital.).

— 54. Lettre du même au régiment stationné à Graz (en lat.).

---

(1) La famille Akakia avait grécisé son nom populaire de *Sans-Malice* pour dissimuler son humble origine.

(2) Prince de Transylvanie de 1661-1690.

(3) Cette lettre ainsi que les documents des fol. 54, 56-58, 63-66, 71, 75, 80, 84, 85, 96-101, 103, 104-136, publiés par V. Bogisič dans : *Acta conjurationem Petri a Zrinio et Francisci de Frankopan nec non Francisci Nadasdy illustrantia* (1663-1671) Monumenta spectantia historiam Slavorum meridionalium, t. XIX, Zagreb (Agram), 1888. Appendice, p. 226 et suiv. Les autres documents sur cette conjuration sont tirés des fonds *Autriche* et *Venise* des Arch. Aff. étr.

Fol. 56-58. Lettres du même (Csáktornya, 30 mars 1664; en ital.).

— 59. Lettre de Graz (3 juin 1664; en ital.).

— 61. Lettre de Gualdi (Goritz, 7 juin 1664).

— 63-66. Lettres de Zrinyi (16 et 30 juin 1664; en ital.).

— 67. Lettre de Frangipani.

— 70. Carte de la Drave (dessin).

— 71. Le roi de France au comte Pierre Zrinyi (25 juill. 1664).

— 72-74. Documents sur les événements de 1664 (en lat.).

— 75. Propositions faites aux États de Hongrie par l'Empereur (août 1664).

— 78. Lettre, signée Robert (Presbourg, 29 sept. 1664).

— 80. Lettre de Presbourg (sur les fournitures et sur le mouvement de l'armée).

— 82. Lettre de Tyrnavie, signée Coligny (29 sept. 1664).

— 84. Le roi au Prince Apafi (Abaffy) (3 oct. 1664).

— 85, 92, 93, 94. Lettres de la veuve de Nicolas Zrinyi à l'ambassadeur de France à Venise (Csáktornya [Ciacoturno] 8 déc. 1664, Grobnik, 28, 29 et 30 déc. 1664).

— 86. Mémoire sur les affaires de Transylvanie (1664).

— 90. Inventaire militaire (en allem.).

— 95. Lettre de Pierre Zrinyi, François Rákóczi I, Barkóczi au roi de France (25 avr. 1669).

— 96-101. Copie d'un projet de traité entre le roi de France et les Hongrois, projet dressé par Vitnyédi (juin 1665, lat. et français, en partie en chiffres).

— 102. Lettre de Bethlen à Grémonville (Fogaras, 16 févr. 1666).

— 103. Un acte signé de Wesselényi et de Zrinyi (9 sept. 1666).

— 104. Extrait des prétentions du comte Serin (Zrinyi).

— 106. Acte de Wesselényi (en lat.).

— 108-112. Propositions faites à Grémonville.

— 113-127. Propositions de Wesselényi, Zrinyi et Nádasdi (en lat.).

— 128. Instruction donnée à Casimir Giss (Kiss) envoyé en France (signée de Rákóczi et de Báthori, 1669).

— 130. Réponse donnée au sieur Briganti, Hongrois (?) (7 juillet 1669).

— 131. Lettre des États hongrois aux Cracoviens (12 janv. 1671).

Fol. 132. Jugement de Nádasdi, Zrinyi et Frangipani (25 avr. 1671, en ital.).

— 136. Confoederatio Rebellium Hungarorum inter se facta in Transylvania (20 août, 1672).

— 139. Lettre des rebelles de Hongrie à la ville de Leitsch (Löcse ?) (1672).

— 140-143. Instruction donnée à Beaumont, envoyé en Hongrie par l'ambassadeur du Roi en Pologne (13 sept. 1674) (1).

— 144. Questions pour avoir des éclaircissements sur les Mécontents de Hongrie (1674).

— 146. Éclaircissements sur le mémoire envoyé en Hongrie.

— 149. Lettres des exilés à Ladislas (Wesselényi) (sept. 1674; en lat.).

— 151. Lettre de Michel Teleki (ad Hungaros; idem fol. 156).

— 154. Noms des exilés hongrois.

— 158. Lettre des Mécontents hongrois au roi de Pologne (29 oct. 1674; en lat. Idem fol. 160 et 167).

— 162. Relation du voyage de M. Akakia (en Prusse; oct. 1674).

— 170 et 172. Lettres de Wesselényi (Vesselini) (nov. 1674).

— 174. Lettre de Teleki à Beaumont (22 nov. 1674).

— 176. Lettre (chiffrée) de Teleki.

— 177. Lettre de Wesselényi à l'évêque de Marseille (Forbin-Janson) (19 nov. 1674).

— 180. Lettre de Wesselényi à Béthune (19 nov. 1674).

— 182. Lettre de l'ambassadeur (Forbin-Janson) sur le voyage d'Akakia (Tomasow en Russie, 20 nov. 1674).

— 187. Lettre de Voinsky (Vojensky) (6 déc. 1674).

— 189. Lettre de Wesselényi (m. d.).

— 191. Lettre de Voinsky à Forbin-Janson (M. de Marseille).

— 192. Lettre des exilés hongrois au même (22 janv. 1675).

— 193. Lettre des Mécontents hongrois au roi de France (22 mars 1675; en lat.).

— 195. Lettre des Mécontents à M. de Marseille (22 avr. 1675; en lat.).

— 197. Lettre d'Apafi au même (29 avr. 1675).

— 199. Lettre de Teleki au même (30 avr. 1675).

(1) M. S. Gergely a publié sous le titre : *Eméric Thököli et la diplomatie française*, environ 230 documents de 1674 à 1687 ; ils sont tirés des tomes 2-8 de ce fonds. *Történelmi tár*, 1886-1888.

Fol. 201-219. Relation du voyage d'Akakia en Transylvanie (31 mars 1675).

— 220. Lettre de Teleki à M. de Marseille (4 juill. 1675).

— 222, 223, 224 (v°). Les Mécontents à M. de Marseille (4 juill., 26 août 1675).

— 224, 226. Lettres de Teleki au même (28 août 1675, 13 mars 1676).

— 228, 229. Lettre de Teleki et d'Apafi à Béthune.

— 230-239. Mémoire d'Akakia sur les affaires de Hongrie.

— 240. Lettre d'Apafi et de Teleki à Béthune (3 oct. 1676).

— 241. Lettre des Mécontents à Béthune.

— 242 (v°). Lettre de Thököli au même.

— 244. Mémoire sur le secours des Anglais donné à Béthune par Thököli.

— 247. Projet de traité avec les Hongrois (1676).

— 251. Copie de la lettre d'Absolon (1) à Vojenski (18 déc. 1676).

— 253. Dépenses de M. de Béthune pour les affaires de Hongrie.

— 254. Deux lettres d'Absolon à Béthune (déc. 1676).

— 258. Lettre de Feigel (Fajgel), député des Hongrois, à Béthune (Kövár, 31 sept. 1677).

— 260. Plein pouvoir au marquis de Béthune pour traiter avec le Prince de Transylvanie (7 janv. 1677. — Idem, fol. 261).

— 262. Lettres de Louis XIV au roi de Pologne, au Prince et à la Princesse de Transylvanie, à Teleki, Wesselényi et les autres Mécontents (Saint-Germain-en-Laye, m. d.).

— 265. Lettre de Teleki à Béthune (28 janv. 1677).

— 267 (v°) 269. Lettres d'Absolon au même (9 janv., 17 mars 1677).

— 273. Lettre de Forval et Révérend (de Fogaras en Transylvanie).

— 275. Lettre d'Absolon (2 avr. 1677).

— 276. Lettre de Thököli au roi de Pologne (2 avr. 1677).

— 277. Lettre d'Apafi au même (avr. 1677).

— 277 (v°). Lettre de Teleki au même.

— 279 (v°) 280. Lettre d'Apafi à Béthune (12 avr. 1677).

— 280 (v°). Lettre de Teleki au même (21 avr. 1677).

— 283. Lettre de l'abbé Révérend à Béthune (30 avr. 1677).

(1) Agent de Thököli en Pologne et en France.

Fol. 287. Lettre des députés hongrois qui sont à la Porte aux députés hongrois qui sont venus en Pologne (25 mai).

— 289. Lettre des députés hongrois au roi de Pologne (27 mai).

— 291-296. Traité avec le Prince de Transylvanie, les Mécontents et Béthune (27 mai, en latin; idem fol. 297-302 avec des notes marginales en français; Idem fol. 303-309).

— 310. Engagement des députés de Transylvanie et de Hongrie avec le roi de Pologne (m. d.).

— 311. Mémoire des députés hongrois à Béthune (1677).

— 314. Lettre de Béthune à Forval et à l'abbé Révérend.

— 318. Ratification du Traité fait avec le Prince de Transylvanie et les Mécontents de Hongrie (10 juillet).

— 319. Lettres de Conski, de Forval, de Nointel.

— 322. Lettre de Teleki à Absolon, général d'artillerie à Léopol., 1677.

— 326. Nouvelles (de Cassovie, 9 août).

— 327. Boham à Béthune (17 août).

— 328. Lettre de Forval (Radnót, m. d.).

— 330. Mémoire des présents envoyés au Prince et à la Princesse de Transylvanie, à Teleki, à Wesselényi, à Thököli, aux députés de Hongrie (somme totale 2559 ducats).

— 332. Billet de l'évêque de Cracovie au grand trésorier (1677).

— 333. Lettre de Teleki à Béthune (20 août).

— 334. Lettre de Forval à Béthune (24 août).

— 336. Mémoire de l'évêque de Béziers.

— 339-341, 348. Lettres de Teleki à Béthune (27 août).

— 342. Lettre du chevalier Lubomirski, à Béthune.

— 344, 345, 349, 352. Lettres d'Absolon au général de l'armée polonaise qui doit passer en Hongrie (sept. oct.), au gouverneur de Strie (8 août), à Béthune (16 août).

— 331. Lettre de Wesselényi (15 sept.).

— 354. Nouvelles du Camp des Hongrois (5 oct.).

— 356. Noms des colonels qui sont dans les troupes auxiliaires de Hongrie commandées par Boham (marquis de Guénégauld, Koreski, Raneczki, Croser, Clanleu).

— 357, 362, 369, 385, 398, 399, 402. Lettres d'Absolon à Béthune (23 et 29 sept., 11, 19, 20 et 28 oct.; fol. 357 idem 362).

— 361. Lettre des députés hongrois venus au-devant des troupes de Skolia (23 sept.).

Fol. 368, 387, 389, 429. Lettres de Boham à Béthune (du 28 sept.-19 déc.).

— 371, 390, 404, 406, 422 (v°). Lettres de Paul Wesselényi à Béthune et au roi (oct.).

— 372, 383. Lettres de Révérend à Béthune (10 et 14 oct.).

— 378-381. Relation du combat de Nialap (Nyaláb, 10 oct.). Cette relation a paru la même année dans la Gaz. de France. Voy. Bibliographie, année 1677.

— 382. Lettres de Teleki à Absolon (10 et 11 oct.).

— 392-395. Mémoire sur les affaires de Hongrie par Béthune (Danzig, 18 oct.).

— 396. Lettre de Ferriol (22 déc.).

— 408. Resolutiones ad puncta Domini ablegati Dominorum exulum (1677).

— 411. Propositiones Dominorum exulum factae per Dominum Paulum Klobusicki ablegatum eorumdem.

— 414. Copie de la ratification et de l'assurance du traité des Hongrois avec le roi de Pologne (24 oct.).

— 418. Ratification du traité avec les Hongrois.

— 421. Lettre de la Princesse Rákóczi au roi de Pologne (26 nov.).

— 422. Lettre de la communauté des Hongrois à Béthune.

— 423 (v°). Lettre de Feigel à Wesselényi (18 oct.).

— 426. Lettre du maréchal de Dolhay à Louvigny et Ferriol.

— 427. Lettre de Louvigny (Goriz, 14 déc.)

T. 3 (Hongrie et Transylvanie, 1678-1680).

Fol. 1, 2, 4, 7, 10, 36, 51, 59, 75, 152, 158, 216, 261. Lettres de Révérend à Béthune.

— 8, 38, 44, 55, 78, 84. Lettres de Forval à Hersan.

— 17. Traité avec le comte Teleki.

— 19. Lettre de Teleki au roi de France.

— 22, 24, 25, 26, 42, 136, 157, 168, 172, 175, 177, 181. Lettres de Teleki à Béthune.

— 20. Lettre de Cops (Cob) à Teleki et réponse.

— 23. Lettre de la princesse Lónyai, veuve de J. Kemény au roi (de France).

— 27, 29. Les seigneurs hongrois mécontents.

— 30, 31, 32, 34, 50, 138, 139, 166, 169, 171. Lettres du

Prince de Transylvanie à Louis XIV, à Pomponne, à Béthune.

Fol. 40, 62, 80, 105, 118, 173. Lettres de Boham à Béthune.

— 43, 53, 54, 137, 233, 235, 257 (v°), 366. Lettres de Thököli.

— 47. Trois lettres de Feuquières à Béthune.

— 65, 124, 143, 182, 184. Mémoire et lettres d'Akakia à Béthune (sur l'affaire de Hongrie).

— 70. Sur la diversion de Hongrie.

— 82. Lettre de Cassovie (8 juill. 1678, en lat.).

— 90. Note sur la campagne.

— 91-94. Mémoire d'Absolon (en lat.).

— 95. Troupes de M. de Boham.

— 97. Lettre de Ferriol à Béthune.

— 102. Proposition du Prince de Transylvanie et de Teleki (1678).

— 111. Lettres de Louis XIV à Apafi, Thököli, Teleki, Wesselényi et aux seigneurs hongrois (Fontainebleau, 19 oct. 1678).

— 116, 151, 155, 179, 231, 234, 236, 256, 367. Lettres de Feigel à Béthune.

— 122. Lettres écrites à Apafi, à Teleki, à la communauté des Hongrois (28 déc. 1678).

— 128. Réponse servant d'éclaircissement au mémoire envoyé de la Cour (signée de Béthune).

— 134. Lettre de l'Empereur (Léopold I) à la Pologne

— 135. La Communauté des Hongrois à Béthune.

— 141, 142. Lettres de Wesselényi à Béthune.

— 168 (v°). Lettre du chancelier Bethlen Farkas (Wolfang), à Béthune.

— 182. Proposition de Béthune pour les cadeaux (sur Teleki : c'est un homme auquel il ne faudrait pas offrir une chose médiocre; il conviendrait de lui promettre une pension de 5.000 écus).

— 192. Mémoire de ce qui a été envoyé (pour la pension de Teleki 15.000 l.)

— 195. Note sur Révérend.

— 197. Lettre de Croissy à Akakia (6 janv. 1680).

— 198. Lettre de Béthune et de Boham au roi.

— 200. Subsides envoyées en Hongrie.

— 202. Copie des quittances des sommes distribuées aux officiers qui ont servi en Hongrie.

Fol. 204, 207. Lettres de Strasoldo au cardinal Delfin (Rozsnyó, 1680, en ital.).

— 208. Instruction donnée à Révérend en partant pour la Transylvanie.

— 214. Lettre datée de Rasnovia (Rozsnyó), (en ital.).

— 223, 229. Lettres à Béthune (1680), (en lat.).

— 242-247. Quittances.

— 248. Etat de la dépense de Boham.

— 250. Mémoire des prétentions de Boham.

— 252. Lettre de l'évêque André Sebestyén, à Thököli et à Wesselényi (signée de J. Georg. Koch).

— 259 (chiffrée), 287, 296, 422. Lettres de Colbert de Croissy à Akakia.

— 272, 274, 279, 281, 308. Lettres de Louis XIV à Akakia.

— 276, 286, 294, 306. Lettres datées de Radnót (Rozsnyó?).

— 288, 297, 318, 326, 328, 329, 333, 336, 346, 348, 350, 354, 369, 436, 442, 447, 452, 454. Lettres et dépêches d'Akakia au roi (août 1680).

— 313. Lettre du marquis de Vitry à Akakia.

— 315. Thököli sur l'armistice.

— 343, 344. Lettres à M. de Beauvais et à M. de Vitry (ambassadeurs en Pologne).

— 373. Mémoire pour servir d'instruction au Sieur Duvernay-Boucault s'en allant pour le service du roi en Transylvanie en qualité d'envoyé extraordinaire de Sa Majesté (2 janv. 1681). Idem fol. 394. — Fol. 388 de la première copie : Principaux points de l'addition qui doit être faite à l'Instruction.

— 404. Lettre du Roi à Apafi et à Teleki (m. d.).

— 405-417. Lettres du roi à Akakia et à Duvernay-Boucault.

— 418-421, 423-436. Les mêmes lettres (en brouillon, chiffrées).

— 458. Lettres (chiffrées) du roi à Akakia.

— 462, 464. Lettres du marquis de Vitry.

T. 4 (1681, suppl.).

Fol. 8. Lettre (en ital.).

— 9. Lettre de Thököli à Duvernay.

— 11, 273, 360. Lettres de Colbert de Croissy.

— 13. Lettre (datée de Szigetvár, janv. 1681).

— 27. Lettre (datée du 12 janv.).

Fol. 29, 31, 34, 76, 164, 166, 341, 343, 375, 383, 386, 406. Lettres de Thököli à l'ambassadeur de Pologne, à Croissy, à Akakia, à Vitry et à Duvernay.

— 35, 57, 62, 80, 84, 86, 98, 103, 105, 113, 115, 117, 118, 128, 137, 141, 151, 152, 154, 160, 162, 167, 178, 181, 189, 196, 207, 211, 219, 249, 255, 263, 265, 267, 268, 270, 275, 299, 301, 320, 324. Lettres d'Akakia.

— 38, 122, 157, 235, 240, 242, 261, 351-361. Lettres du Roi à Akakia (à partir du 10 mars).

— 45, 54. Lettres au marquis de Vitry.

— 64, 77, 81, 90, 91, 94-96, 131, 171, 214, 229, 245, 252. Lettres du marquis de Vitry.

— 231, 233. Rappel d'Akakia, adressé par Louis XIV au Prince de Transylvanie.

— 271. Lettre de Duvernay (de Mármaros-Sziget).

— 281, 337, 340, 354, 366, 371, 378, 400. Lettres de Teleki à Louis XIV, à Duvernay.

— 283-289. Relation de mon voyage en Transylvanie (Akakia).

— 291. Proclamation d'Apafi (en lat.).

— 297. État de Hongrie (en lat.).

— 312-318. Mémoire laissé par Akakia à Duvernay (juillet, 1681).

— 327, 329. Lettres d'Apafi à Louis XIV et à Croissy.

— 331, 335. Lettres du Roi à Duvernay et à Akakia (sept.).

— 339. Lettre de Wossinszky.

— 345. Lettre du comte de Caprara, commandant des troupes de l'Empereur en Hongrie (en ital.).

— 346, 356, 373, 395. Dépêches de Duvernay.

— 353, 358, 362, 364, 368, 369, 379, 381, 408, 412, 413, 415, 423, 431. Lettres d'Absolon.

— 390. Les Mécontents à l'envoyé de France (avec 30 sceaux).

— 392, 409, 410, 430, 437. Lettres de Feigel.

— 399-403. Lettres de M. de Sebeville (datées d'Oedenburg).

— 432. Lettre de créance de Thököli sur Nemessány à M. Akakia.

— 433. Propositions faites par Thököli (en lat. et en fr.).

T. 5 (Transylvanie, 1681-82).

Négociations de M. Akakia, envoyé extraordinaire pendant les années 1681-1682.

Fol. 1-18. Lettres du Ministre (Croissy) à Akakia.

Fol. 19-25, 3o, 34, 44, 47, 58, 66, 70, 98, 102, 106, 116, 120, 122, 126, 142, 144-149, 152-177, 182-185, 188-199, 201-208, 211-218, 220, 227. Dépêches d'Akakia.

— 26, 41, 54, 72, 108, 112, 128, 130, 132, 149, 178-181, 200, 209, 219. Dépêches du ministre à Akakia.

— 40. Lettre du Roi au Prince de Transylvanie.

— 186. Copie de la lettre des ambassadeurs de Sa Majesté en Pologne.

— 222. Lettre (de Thököli? en lat.).

— 223. Lettre de Thököli (Tekeli) à Akakia (exceptionnellement, en français).

T. 6.

Négociations du marquis Duvernay-Boucault, envoyé extraordinaire auprès du Prince de Transylvanie pendant les années 1681-1683.

— 1-26. Mémoire pour servir d'instruction au sieur Duvernay (c'est le brouillon des copies du t. 3, fol. 373 et 394).

27. Lettres du Roi au Prince Apafi et à Teleki rappelant Akakia.

— 155. Extrait d'une lettre d'Absolon à Duvernay et de Teleki au même.

— 218. Copie d'une lettre de Thököli à Duvernay.

— 451. Copie de la lettre écrite par M. de Guilleragues à Duvernay (août 1682).

— 467. Lettre de Feigel.

— 510. Lettre de Nemessany à Duvernay.

Tout le reste du vol. (685 fol.) contient les dépêches que Duvernay a envoyées à Paris et les Lettres du Roi ou du Ministre à Duvernay.

T. 7 (Hongrie et Transylvanie, suppl. 1682-1683).

Fol. 9, 14, 3o, 40, 5o, 81, 85, 98. Lettres de Teleki à Duvernay.

— 11, 16, 18, 42, 94. Lettres d'Absolon à Duvernay.

— 19, 21. Lettres de Duvernay.

— 24, 26, 35, 44, 54, 56, 70, 71, 73, 108, 119, 121, 123, 144, 159, 181, 182, 183, 191. Lettres de Feigel au marquis de Vitry, à Akakia, à Duvernay.

— 28, 37, 46, 57, 64, 66, 92, 100, 102, 104, 111, 113, 115,

117, 128, 129, 143, 154, 155, 161, 179, 185, 186, 189, 193, 195, 196, 214. Lettres de Thököli à Croissy, à Rebenac, aux villes minières de Hongrie, au pape, au marquis de Vitry.

Fol. 31, 33, 48, 59, 61, 68, 126. Lettres de Nemessany à Duvernay.

— 52. Lettre d'Em. Zsarnoczay.

— 62. Rapport anonyme (en lat.).

— 76. Bericht eines zu Wien residierenden Ministers (avec un rapport en latin, fol. 83, trad. française de ce rapport).

— 87. Athnamé. Litterae assecurat. Imper. Turcorum.

— 88. Rapport (chiffré).

— 96. Lettre de Melchior Pogány.

— 133. Lettres de Duvernay à Thököli (en lat.). Idem fol. 137.

— 146. Georges Szelepcsényi, primat de Hongrie, au clergé (résumé en français). Idem fol. 148 (en lat.).

— 163. Propositions de Thököli (en lat.). Idem fol. 168.

— 172. Instructions de Thököli (Cassovie, 28 janv. 1683).

— — 187. Conditions de la Porte (8 mars 1683).

— 198. Lettre d'un Hongrois au castellan de ** en Pologne (en lat.). Idem fol 200 (trad. française).

. — 204. Nouvelles de Varsovie (30 juill. 1683).

— 205. Lettre de Thököli au Roi (27 sept. 1683 ; trad. française).

— 206. Dépêche de Forval (15 oct.).

— 212. Mandatum a Stephano Petrozzi emanatum (3 déc. 1683).

— 213. Puncta quae ad restituendam internam in Hungaria pacem Sacra regia Majestas Poloniae censet observanda.

T. 8 (1684-1690).

Fol. 8, 10, 12, 28, 31, 57, 58, 59, 61, 63, 70, 78, 80, 91, 93, 95, 97, 98, 100, 108, 120, 122, 139, 141, 142, 150, 178, 179, 180, 181, 184, 186, 187, 191, 198, 199, 200, 202, 203, 205, 206, 208, 255, 256, 273, 277, 296, 298, 299, 302, 303, 307, 309, 326, 328, 333, 339. Lettres de Thököli au grand-vizir, au roi de France, au pape, au roi de Pologne, à Béthune, à Girardin.

— 14. Nouvelles de Hongrie et de Linz.

— 18. Lettre du palatin P. Esterházi au grand-chambellan de l'Empereur.

— 20, 25, 27, 33, 35, 39, 45. Lettres de Forval.

— 55-57. Mémoire de Forval sur les affaires de Transylvanie.

Fol. 64, 84-86, 89, 90, 92. Nouvelles de Hongrie.

— 65. Note de Béthune.

— 66, 68. Lettres à Béthune (signées : Éméric à Gersdorf).

— 71. Considérations sur la guerre imminente. Idem fol. 75.

— 79, 116, 135, 137. Lettres d'Apafi au roi de Pologne, à Béthune.

82. Lettre du palatin à l'Empereur (20 janv. 1685).

102, 113, 118, 123, 132, 162, 169, 170-177, 259, 275, 276, 296, 296. Lettres d'Hélène Zrinyi (épouse de Thököli = princesse Tekeli) à Absolon, à Béthune, au roi et à la reine de France (en lat.).

— 103, 106. Lettres de Du Héron (1686, sur la reprise de Bude).

— 110. Lettre du pacha de Bude au grand vizir.

— 114, 124, 126, 131, 140, 149, 163. Lettres d'Absolon.

— 133. Lettre d'Izdenczy au roi (13 juin 1687).

— 143. Lettre de Teleki à Béthune.

— 145. Die europäische Trompete n° 66. Imprimé de 8 p. — 18 août 1687, victoire sur les Turcs.

— 152. Appel aux Hongrois.

— 154, 156, 158, 160. Lettres de Lavauguion (Presbourg, 8 nov. 1687).

— 182. Mémoire des choses remises à l'envoyé de Thököli.

— 190, 193, 228. Lettres de Nemessany.

— 209. Lettre de Constantin Brancovan, Prince de Valachie au roi (1690).

— 211. Plan de la bataille de Raya (?) contre les Turcs.

— 213. Les Mécontents au roi.

— 215, 217, 221, 222, 224, 229, 231, 232. Lettres de Gaspard Sándor.

— 219, 226. Lettres de Renaudot (18 juin et 4 août 1691).

— 234-242, 243-246. Rapport sur le comte Sándor, parent et envoyé de Thököli.

— 247. Mémoire donné par Ferriol à Thököli.

— 254. Plein pouvoir donné à Ferriol.

— 261-268. Dépêches de Spacinsky.

— 269. Mémoire touchant les affaires du comte de Thököli (1692).

— 274. Articles en faveur de Thököli.

— 279. Rapport (en allem.) Kaiserliches Lager bei Bellegrade (août 1693).

— 283-287. Projet de Ferriol.

Fol. 288. Lettre du Camp de devant Bellegrade (sept. 1693).

— 292-295. Réponse au Manifeste du comte Breiner (1693).

— 305. Plan de Pétervárad.

— 327. Noms des Hongrois résidant à Constantinople.

— 334, 335. Lettres à M. Fabe (1697).

— 336. Lettre de Ferriol au cardinal de Bouillon.

— 341. Une carte dessinée.

T. 9 (1700-1704) (1).

— 8. Une pièce provenant du fonds *Pologne* (en lat.).

— 9, 10. Réponses du Roi (28 juill. 4 août 1701).

— 11. Lettre de Varsovie au Roi.

— 11-25, 101-105. Deux Mémoires de Bercsényi de 1701 et de 1703 (importants).

— 26-34. Le premier mémoire de Bercsényi, chiffré.

— 35. Lettres de Du Héron (Varsovie, 1701).

— 37-42, 44-47. Propositions à représenter au sérénissime roi très chrétien.

— 43, 48. Paye ordinaire des troupes hongroises.

— 49-52, 60, 61-65, 66. Extraits des dépêches de Du Héron (Varsovie, 1701).

— 53, 54, 61, 126, 139, 152, 370. Lettres de Louis XIV à Thököli, (20 déc. 1701) à Du Héron, à Bonnac, à François Rákóczi.

— 55. Note sur la princesse Rákóczi (sœur de François Rákóczi).

— 56. Paye des soldats.

— 67-72. Réponses de deux seigneurs hongrois aux questions qui leur ont été faites.

— 73, 74. Lettres de Thököli au roi (21 mai 1702).

(1) Un inventaire sommaire des tomes 9-17 fut dressé par Petrovics. J. Fiedler l'a publié dans *Actenstücke zur Geschichte Franz Rákóczy's und seiner Verbindungen mit dem Ausland*, t. II, p. 551-622 (Fontes rerum Austriacarum, Diplomataria et acta, t. XVII, Vienne, 1858). Cet inventaire est moins complet que le nôtre; il ne donne que les pièces les plus importantes, mais les notes sont utiles, de même que les 42 documents publiés in-extenso (p. 435-548) (pour la plupart des lettres de Rákóczi à Louis XIV, aux membres de la famille royale et aux ambassadeurs). D'autres lettres et rapports de Rákóczi (en français) ont été publiés par Fiedler dans *Archiv für österr. Geschichte*, t. 44 (1871), p. 399-511 (d'après les Arch. de Vienne).

Fol. 76, 77, 209, 240. Lettres du ministre (d'Argenson) à Des Alleurs.

— 79-83, 87-90, 142, 155, 157, 161. Mémoires et notes sur la Hongrie.

— 84, 99, 105, 108, 111, 115, 117, 121, 129, 140, 148, 149, 166, 170, 181, 182, 188, 210, 229, 249, 262, 275, 282, 315, 375. Lettres de François Rákóczi à Louis XIV, à Bonnac, à Ferriol (de 1703 et 1704; la lettre fol. 188 est de 1710).

— 92, 110. Lettres de Gratz (en ital.).

— 93. Lettres patentes du Prince Rákóczi aux habitants de Hongrie.

— 95. Trad. française de ces lettres patentes.

— 97. Lettre de Joseph Clemens, électeur.

— 98. Lettre de Des Alleurs.

— 113, 114, 214, 215, 223-226, 304, 305, 314, 335, 336, 339, 384-386. Finances (1).

— 123, 125. État des rebelles en Hongrie (en ital. en lat.).

— 133. Lettre de Bielke.

— 135. Mémoire du Roi.

— 153, 154. Propositions qu'on dit avoir été faites à l'Empereur par Rákóczi.

— 159. Mémoire de Du Héron.

— 173-180. Propositions faites par les Mécontents de Hongrie.

— 183, 216, 227, 232, 246, 253, 258, 269, 289, 306, 325, 330, 360, 367, 372, 378, 389. Lettres et dépêches de Fierville à Torcy, à Bonnac, à Ferriol, à l'Electeur.

— 190, 311. Notes pour le Consul de France à Durazzo.

— 191-208. Mémoire en faveur des Hongrois (mars 1704; raconte en détail les griefs).

— 230. Copie d'une lettre des officiers de Presbourg.

— 237, 239, 241, 263-268, 284, 296, 298, 300, 343, 352, 356, 363-371, 387. Lettres et dépêches de Des Alleurs.

— 243, 244, 286, 288, 312, 313, 337, 340. Lettres et dépêches du ministre à Des Alleurs.

— 256, 271, 390. Lettres du ministre à Fierville.

— 285. Le consul de Durazzo à Torcy.

— 293. Lettre du Cardinal-primat (18 juill. 1704).

— 294. Conditions offertes par l'Empereur aux Hongrois soulevés (1704).

---

(1) Nous réunissons sous ce mot tous les documents se rapportant aux subsides : les comptes, les quittances, les mandats, etc.

Fol. 3o3. Lettre de Ferriol à Des Alleurs.

— 3i6. Instrūctions de Rákóczi pour Michel, secrétaire de l'ambassadeur de France à Constantinople, s'en allant à la Cour (9 août 1704). V. Fiedler, p. 449.

— 3i9. Extrait des lettres de Michel à Ferriol.

— 332, 333. Route de Durazzo à Monastir.

— 345. Mémoire du sieur Michel sur les affaires de Hongrie (3i août 1704).

— 35o. Le ministre à Chamillart.

— 35i. État des appointements que le Prince Rákóczi donne à ses troupes.

— 357. Lettre (en ital.).

— 35g. Lettre de Brenner (21 août 1717, placée par erreur dans ce volume; se rapporte aux secrétaires français de Rákóczi, alors à Grosbois).

— 362. Lettre anonyme (sur la prise de Cassovie).

— 368. Instructions de Des Alleurs pour M. Pellissier.

— 382-383. Nouvelles sur la guerre de Hongrie et sur l'arrivée de Vettes à Bruxelles (nov. 1704).

— 3gi. État des troupes de Heister.

— 3g3. Patente de François Rákóczi qui promet asile et liberté de conscience aux Français qui voudraient s'établir en Hongrie (contresigné : Pápay).

— 3g4. Manifestum exhortatorium ad Hungaros ad Francisci Rakoczii rebellionem pellectos. Imprimé de 6 p.

— 3g8. Mémoire de Ferriol au sujet de la conversion de Thököli au catholicisme.

— 400. Extraits des lettres de Michel à Ferriol (en partie chiffrés).

T. 10. (1704-1706).

Fol. 1-34 (blancs).

— 35-62. Mémoire du Roi pour servir d'instruction à Des Alleurs.

— 63, 65, 6g, 70, 85, 86, 1o3, 1o6, 1i3, 1i6, 1i8, 133, 134, 136, 140, 143, 147, 149, 15o, 154, 157, 15g, 16o, 163, 167, 171-184, 188, 192, 197-2o1, 2o5, 2o6, 217-220, 222-225, 228-234, 23g, 248-256, 25g, 264, 26g, 274, 277, 27g, 282, 287-294, 299, 3o4, 3o6, 3i2, 3i6, 32o, 321, 326, 33o, 333, 335, 341, 349, 351, 355, 357, 364, 366, 370, 373, 37g, 380-384, 387, 402, 404, 407, 413. Lettres et dépêches de Des Alleurs.

Fol. 71, 72, 73. Lettres de Károlyi à Des Alleurs.

— 78. Le pacha de Belgrade à Károlyi.

— 81. Note sur Des Alleurs.

— 88, 98, 388. Lettres de Rákóczi à Des Alleurs et à Ferriol.

— 90, 96, 126, 132, 144, 152, 169, 185, 190, 195, 202, 204, 216, 221, 235, 246, 247, 257, 262, 267, 272, 283, 285, 286, 295, 301, 308, 309, 323, 325, 328, 339, 344, 353, 361, 376, 385, 397, 410. Lettres et dépêches du Roi et du ministre à Des Alleurs.

— 100. Instruction pour le sieur de Varenne.

— 105, 246, 315, 401. Lettres du Roi à Rákóczi.

— 108. Lettre d'Achmet pacha à Rákóczi (en turc).

— 109. Lettre d'un interprète du roi à Des Alleurs.

— 110. Lettre de Hassan pacha à Achmet pacha.

— 112. Lettre de M. Pellissier.

— 122. Mémoire pour communiquer au Prince Rákóczi.

— 138. Réflexions de M. Des Alleurs sur l'état présent des affaires de Hongrie à l'égard de la Porte.

— 164. Mémoire de Chevigny sur les affaires de Hongrie.

— 208, 297. Mémoire du secrétaire de Des Alleurs.

— 226, 336, 399. Lettres de Rákóczi à Louis XIV.

— 240, 242. Finances.

— 244. Lettre de Bruë à Torcy (Vácz, 12 juill. 1705).

— 318. Du camp impérial d'Hohenthurm (trad. de l'allem.).

— 319. Une feuille imprimée sur la campagne.

— 347. Lettre de Ferriol.

— 369. Réflexions d'un Hongrois présentées au Prince Rákóczi.

— 393, 395. Lettres en ital.

T. 11. (les 9 derniers mois de 1706 et 1707).

Fol. 9, 13, 22, 24, 28, 34, 36, 49, 56, 62, 65, 70, 74, 80, 82, 87, 91, 98, 101, 109, 111, 116, 121, 127, 129, 133, 138, 144, 153, 155, 157, 160, 163, 170, 181, 183, 189, 191, 198, 200, 204, 209, 222, 226, 227, 229, 240, 247, 249, 253, 257, 268, 271, 280, 282, 288, 294, 296, 298, 305, 310, 318, 340, 361, 363, 366, 369, 377, 386, 388, 397. Lettres et dépêches du roi et du ministre à Des Alleurs.

— 8, 11, 15, 17, 18, 25, 31, 33, 45, 47, 51, 53, 60, 61, 63, 66, 69, 72, 76, 78, 83, 89, 93, 99, 103, 105, 107, 112, 113, 118,

119, 122, 125, 130, 135, 137, 140, 146, 149, 151, 156, 158, 166, 168, 172, 176, 179, 184, 186, 187, 192, 201, 203, 206, 212, 215, 217, 220, 231, 234, 237, 243, 248, 250, 255, 258, 262, 264, 267, 269, 272, 275, 277, 283, 286, 290, 297, 299, 300, 308, 311, 313, 320, 323, 326, 327, 331, 334, 335, 341, 345, 353, 355, 357, 358, 364, 370, 372, 378, 380, 382, 383, 389, 391, 393. Lettres et dépêches de Des Alleurs.

Fol. 21. Billet reçu par Des Alleurs.

— 37-44. Articles de l'armistice entre Joseph 1 et Rákóczi (4 mai 1706).

— 85. État de la situation des affaires du pays.

— 95, 142, 213, 221, 303, 330, 374. Lettres de Rákóczi au Roi et au ministre. Fol. 213 (recommande Ráttky, colonel de cavalerie, qui veut apprendre le service de la guerre en France), cf. la lettre de Des Alleurs (5 mai 1707, fol. 212) qui le recommande également. Ráttky a formé le régiment de hussards qui porte encore son nom. Fol. 330 (mandat pour Vettes).

— 161, 165, 366. Lettres du Roi à Rákóczi (fol. 165 = 161).

— 195. Lettre signée Dlm à Des Alleurs.

— 293. Mémoire présenté au Prince Rákóczi de la part de M. l'Électeur de Bavière.

— 307. Certificat du médecin de Rákóczi pour Damoiseau.

— 337. Extrait d'une lettre de Fiérville à Des Alleurs.

— 338. Lettre de La Mothe.

— 394. Fierville, de La Mothe, Bonafous ont demandé congé à Rákóczi « pour respirer un autre air que celui d'Hongrie » (Des Alleurs).

— 399, 400. Lettres de Vettes (1) à Torcy (Mons, 29 déc. 1707).

T. 12. (de 1705-1707, Supplément).

Fol. 6, 9-12, 17, 23, 24, 35, 42-49, 53, 60, 61, 63, 72, 111, 112, 135, 137, 150, 151, 157-159, 165, 178, 179-181, 204, 205, 247-249, 251, 252, 261-263. Finances.

— 13. Relation de l'action (des Hongrois contre Heister) par un officier français qui commandait l'artillerie du Prince Rákóczi (Tyrnavie, 1704).

(1) Ladislas Kökényesdi de Vettes (ou Vetes) était l'agent de Rákóczi en Bavière, en France, en Prusse et en Russie de 1705 à 1715. Une partie de sa correspondance se trouve dans Fiedler, Actenstücke, t. 1 (textes fr. lat. et hongr.).

Fol. 14, 18, 20, 25, 27, 31, 33, 40, 54, 56, 71, 75, 103, 106, 110, 126, 128, 132, 160, 175, 185, 189, 191, 197, 198, 259, 267, 274, 277, 283, 286, 288, 312, 313, 320, 327, 328, 342, 249, 361, 365, 368, 372, 386. Lettres de Rákóczi à Bonnac, à Ferriol, à Vettes, au Roi (286) au cardinal de la Trémoïlle (327), aux États généraux des Provinces-Unies (349) à Brenner.

— 21. Extraits des lettres de Coulon écrites à l'Électeur de Bavière.

— 29, 39, 68, 136, 156, 202, 279, 300-302. Nouvelles de Hongrie.

— 36. Deux lettres en ital.

— 50, 80, 82, 86, 108, 109, 130, 140, 154, 200, 203, 206, 242, 253, 278, 281, 282, 291, 296, 297, 299, 306, 309, 310, 315, 319, 322, 373, 379, 383, 384. Lettres de Vettes.

— 62. Lettre de Rouillé à Vettes.

— 64, 66, 69, 163. Lettres de Des Alleurs à Ferriol.

— 76. Mémoire de Vettes.

— 89-98. Relation de l'état où se trouvaient les affaires des Mécontents d'Hongrie lorsque M. des Alleurs est arrivé auprès du Prince de Rákóczi et des dispositions qu'on avait fait (sic!) en Hongrie et en Transylvanie pour la campagne de 1705 avec une description du pays et des mœurs des habitants (très inté-ressant; publié dans Fiedler p. 457).

— 99, 280. Lettres du ministre à Vettes.

— 100, 196, 199, 250, 264, 272, 290, 326. Lettres de Des Alleurs aux pachas de Belgrade et de Temesvár, à Bonnac, à Ferriol, au cardinal de la Trémoïlle.

— 102. Lettre du pacha de Belgrade à Des Alleurs.

— 113, 115-118. Proclamations de Rákóczi du 16 et 17 nov. 1705 (en lat.).

— 119, 182, 314. Lettres de Louis XIV à Rákóczi.

— 120. Lettre de Lemaire (ingénieur au service de Rákóczi).

— 124. Sur la mission de Vojnovitch (envoyé par Rákóczi en Croatie).

— 125, 187, 193, 304. Lettres de Fierville.

— 133, 152. Lettres du chevalier de Combe.

— 141. Lettre de l'archevêque de Kalocsa à l'Empereur.

— 145. Mémoire en forme de Manifeste. Imprimé de 8 p. V. Bibliogr., Année 1705.

— 155. Copie de la lettre de Brenner à Pomponne (de Rome).

— 161. Lettre (en ital.) d'un archevêque.

— 164, 184, 255. Lettres de Vojnovitch.

Fol. 166, 194. Lettres de Pellissier (Marseille).

— 168-174. Mémoire d'un volontaire (a guerroyé en Hongrie avec Des Alleurs).

— 183, 311. Lettres de Torcy.

— 207-213. Puncta pacis Confœderatorum regni Hungariae statuum et ordinum. Idem fol. 228. Imprimé.

— 214-223. Trad. française du précédent. Voy. Bibliog. Année 1706.

— 224. Præcipua puncta in S. C. et R. Majest. promulgando amnestiae edicto pro Hungaris ad verum obsequium regis redituris et perseveraturis comprehensa. Imprimé de 4 p.

— 226. Trad. ital. de l'imprimé français.

— 244. Note du ministre de Louis XIV.

— 246. Lettre du comte Wratislav à la Princesse Rákóczi.

— 256. Lettre d'un Suédois.

— 258, 285. Lettres de Chamillart à Des Alleurs ; fol. 364, la réponse.

— 268. Relation du siège de Kassa (Cassovie); en lat.

— 292. Brevet de pension de Radulovics (prêtre).

— 293. Damoiseau et Lemaire, ingénieurs du Roi au service de Rákóczi, demandent une gratification.

— 294. Lettre de Madame de Grass.

— 307. Lettre de Lapension (17 mars 1707) sur la Princesse Rákóczi.

— 316. Lettre du comte de Solar (Leipzig, 13 avr. 1707).

— 324. Lettre d'Abraham et Moïse Allbagrer (sur Ibrahim pacha).

— 329. Résultat de l'Assemblée des Mécontents à Onod, le 26 mai 1707.

— 333. Articles de l'Assemblée de Maros-Vásárhely (28 mars) (en lat.). Idem, fol. 336 (v°) et 351.

— 335. Proclamation de Rákóczi (Onod, 16 mai). Idem, fol. 337.

— 339. Relation de la Diète d'Onod.

— 340. Lettre de Surville à l'Electeur de Bavière.

— 346. Lettre de Gabriel Golowkine. (Lublin).

— 347. Lettre du comte de Tournon à l'abbé de Pomponne.

— 350. Discours de Stepney à l'Empereur (à Vienne).

— 352-354, 356. Lettres de Ráttky.

— 357, 360. Lettres de Montmejan.

— 358. Lettre de Ferriol.

— 367. Lettre de La Mothe.

Fol. 374, 376-378. Lettres du comte de Tournon au Roi.

— 385. Relation du combat de Szered près de Tyrnavie.

T. 12. (M. Des Alleurs, 1708).

Fol. 7. Le Ministre à Vettes.

— 07. Le Ministre à Ferriol.

— 8. Lettre de l'ingénieur Pliard.

— 9, 10, 11, 24, 26, 54, 61, 62, 77, 79, 135, 139, 161, 202, 213, 214, 221-223, 227. Lettres de Vettes.

— 12, 15, 20, 27, 33, 34, 38, 42, 57, 59, 67, 72, 80-84, 86, 89, 102, 108, 110, 112, 119, 127, 132, 145, 152, 156, 158, 159, 167, 173, 179, 184-186, 189, 191, 193, 197, 206, 216, 220, 232, 234, 235, 239, 246, 250. Lettres et dépêches de Des Alleurs au Roi, au ministre, à Rákóczi.

— 16, 22, 40, 45, 46, 49, 63, 64, 73, 76, 104, 117, 129, 131, 136, 149, 162, 171, 182, 200, 228, 230, 231, 237, 243, 245, 248. Lettres et dépêches du Roi ou du ministre à Des Alleurs.

— 53. Une note en hollandais.

— 56. Une note de Rákóczi.

— 66. Régiments stationnés en Hongrie.

— 70. Lettre de Rivière.

— 91, 96, 114, 123, 142 (v°), 164, 165. Lettres de Rákóczi à Des Alleurs, à Vettes.

— 126. Nouvelles de Pologne.

— 190. Le Roi à Rákóczi.

T. 14. (1708, Supplément).

Fol. 8. Quarante-quatrième lettre d'un Suisse à un Français. Imprimé de 4 p. V. Bibliogr. Année 1708.

— 17, 26, 28, 39, 41, 48, 49, 79, 82, 85, 106, 108, 115, 169, 170. Lettres de Rákóczi à Bonnac, à Louis XIV, au ministre, à Vettes, à Ferriol, à Tournon, à Bruë, à la reine d'Angleterre, à Marlborough.

— 23, 71. Note de Vienne, de Danzig.

— 24, 96, 166, 168. Lettres de Des Alleurs.

— 29, 36, 43, 57, 61, 63, 66, 68, 72, 92, 94. Lettres de Vettes.

— 31, 33, 37. Lettres de d'Argenson (arrestation de Rolland).

— 45. Lettres du Ministre à Lutzelbourg s'en allant en Hongrie. Idem fol. 59.

Fol. 46. Lettre de Fierville.

— 60, 75, 104. Finances.

— 69. Lettre de La Mothe.

— 74. L'armée impériale en Hongrie.

— 77. Lettre du commandant de Murány. Idem 78 (en lat.).

— 84. Le ministre à Vettes.

— 87, 110, 112, 122, 140, 143. Lettres de Louis XIV à Rákóczi, à Des Alleurs.

— 89. Acte notarié signé : Rákóczi, Ráday, Beniczky.

— 98, 181-184. Lettres et rapports du comte de Tournon (au service de Rákóczi).

— 113. Mercurius veridicus ex Hungaria. Un numéro (6 août 1708) du journal que Rákóczi fit publier pour défendre sa cause. Les numéros de ce *Mercure* sont devenus extrêmement rares. V. Étude sur l'influence de la litt. française en Hongrie p. 48.

— 125-128. Notes sur Jos. Xav. Despetremand (prêtre).

— 129. Lettre de la Princesse Rákóczi.

— 131. Projet d'un traité entre sa Majesté très chrétienne et la Hongrie. Idem fol. 144.

— 135. Observations sur ce projet.

— 138. Réflexions sur ce projet.

— 157. Projet d'un traité entre Louis XIV et Rákóczi. Idem fol. 160 (en lat.).

— 164. Conditions d'une suspension d'armes.

— 172, 176. Actes notariés (concernant un marchand grec de Salonique).

— 177. Conditions de l'armistice (en lat.).

— 179. Le Grand, capitaine de dragons (envoyé de Rákóczi) à Vettes.

— 180. Lettre de Le Grand à Torcy.

— 186. Galpin, marchand d'étoffes, demande ce que Vettes lui doit.

T. 15. (1709, 1710).

Fol. 8, 12, 15, 22, 29, 34, 37, 41, 43, 48, 49, 51, 57, 59, 62, 68, 70, 71, 76, 79, 82, 88, 90, 98, 105, 109, 112, 113, 117, 121, 123, 124, 132, 134, 137, 148, 153, 156, 159-161, 169, 177, 183, 192, 194, 198, 205, 303. Lettres et dépêches de Des Alleurs.

— 9, 11, 14, 32, 38, 45, 64, 65, 67, 74, 75, 84, 85, 87, 101,

115, 128, 130, 135, 142, 144, 151, 152, 158, 164, 180, 187, 189. Lettres et dépêches du Roi ou du Ministre à Des Alleurs.

Fol. 18, 36, 47, 104, 107, 120, 139, 141, 166, 168, 171, 172, 182, 190, 203, 237, 248, 251, 257, 291. Lettres de Vettes.

— 23. Instruction de Rákóczi à de Tournon (à Venise).

— 28. Lettre de de La Mothe.

— 39, 50, 66, 86, 94, 195, 219, 225-227, 233, 247, 278, 281, 310-313, 315, 316. Finances. D'après l'état des ordonnances (fol. 94), le total des subsides pour 1709-1711 était de 1,698,333 fr. 6 sols, 8 deniers.

— 46. Lettre de Jean Pápai (en lat.).

— 53. Lettre de Damondanes (?) de Besançon.

— 93, 95, 96, 220, 221, 284, 293. Lettres de Rákóczi.

— 143, 255, 256. Lettres de Louis XIV à Rákóczi (nomination de Des Alleurs comme ambassadeur à Constantinople).

— 146. Lettre de Wielopolski.

— 147. Lettre de Ráttky.

— 186, 200, 201, 234, 268. Lettres de Ferriol.

— 202, 217, 231. Lettres de Bercsényi au chancelier de Suède, à Golowkine.

— 206 (v°), 211, 228, 230, 270, 271. Relation de Le Maire sur le combat du 23 janv. 1710 ; projet de paix.

— 222, 297. Mémoire de l'abbé Brenner.

— 229, 242, 277, 279, 289, 296. Dépêches du Ministre à Ferriol, à Fierville.

— 235, 243, 273, 282, 285, 290, 294, 300, 302. Lettres de Fierville.

— 259-267. Mémoire concernant la guerre de Hongrie par Le Maire (août 1710). Cf. Inv. Bibl. de Carpentras n° 581.

— 299. Lettre de Schmidt, de Danzig (se dit le successeur de Vettes).

— 317. Conditions d'une suspension d'armes.

— 320. Prière que les rebelles disent tous les jours et principalement Rákóczi. Idem. 332 (trad. allem.).

— 323, 325, 326. Mémoires du sieur de Lutzelbourg à Torcy.

T. 16 (1711, 1712).

Fol. 8, 9, 17, 52, 100. Lettres du Ministre à Ferriol, à Fierville, à Vettes.

— 10, 11. Lettres de Fierville.

— 14, 33, 42, 65, 66, 78-82, 88, 90, 102, 338. Finances.

Fol. 16, 35, 45. Lettres de Le Maire.

— 18. Déclaration de Pálffy et de Rákóczi (mars 1711, en lat.).

— 20-31. Résolution de Bercsényi (en allem.).

— 32, 38. Notes sur l'armistice.

— 39, 83, 85, 86, 87, 89, 91, 119, 121, 325, 326, 328. Lettres de Rákóczi à Fierville, à Besenval.

— 43. Lettre de Bonnac.

— fol. 47, 49, 53, 55, 58, 60, 61, 67, 70-77, 101, 123, 319, 321. 329, 359. Lettres de Vettes.

— 57. Lettre de Ráttky.

— 99. Lettre du Roi à Rákóczi.

— 103, 105. Lettres de Hélissant.

— 117, 121, 339, 344, 346, 355, 356. Lettres de Brenner (Brenner remplace Vettes).

— 125. Puncta pacificationis Hungariae. Imprimé de 8 p.

— 129. Lettre d'un ministre de Pologne à un seigneur de l'Empire. Imprimé. V. Bibliogr. Année 1710.

— 224. Extrait des articles demandés par les Hongrois à l'Empereur.

— 226. Propositions des Hongrois pour un nouveau traité de pacification.

— 228-235. Remarques sur le traité de pacification (1711).

— 236-315. Le Mscrit des Mémoires du Pr. Rákóczi. « Si je me croyais conduit par la suggestion de l'esprit humain.... que l'homme propose et Dieu dispose, à qui louange et gloire soit en tous les siècles » (1).

— 316. Note sur l'impression des Mémoires de Rákóczi (1730).

— 317. Lettre de Forgách (1712, en lat.).

— 318. Trad. française de cette lettre.

— 330. Lettre du cardinal Piazza (de Presbourg, en ital.).

— 331. Procès-verbal de l'arrestation de Skalaba (?) envoyé de Bender à la Cour de France avec des lettres de Des Alleurs (Château-Thierry, 1712).

— 333, 341. Pièces se rapportant à cette arrestation.

— 334. Lettre de Bercsényi à Torcy (lui recommande son fils).

— 336. Lettre de Bercsényi (en lat.).

(1) Publié, avec quelques retouches, à la suite de l'Histoire des révolutions de Hongrie. V. Bibliogr. Année 1739.

Fol. 342. Lettre du Ministre de Brandebourg à la Cour de Vienne.

— 347. Mémoire de Brenner touchant les prérogatives et titres de Rákóczi.

— 349, 351, 354. Lettres du Comte de Sáros (Rákóczi) datées du bord du Saint-Georges, du Sond, de Hull (nov. 1712).

— 353. Lettre du ministre à de d'Argenson (pour empêcher la publication d'un mémoire concernant la Transylvanie).

— 357. Motifs pour la Grande-Bretagne à concourir au rétablissement du Pr. de Transylvanie (par Brenner).

— 360. Note du ministre pour Rákóczi (1712).

— 361. Déduction des droits de la principauté de Transylvanie. Imprimé de 16 p. V. Bibliogr. Année 1712.

T. 17 (1713-1732).

Fol. 8, 13, 14, 16. Lettres du ministre à d'Argenson.

— 9, 19, 22, 26, 28, 34, 36, 41, 46, 63, 65, 67, 70, 72, 75, 77-80, 88, 90-96, 189, 235, 247, 255, 259-267, 268, 270, 300-303, 304, 315, 325, 335-341, 342-352, 363, 372, 373, 376, 392, 398. Lettres de Rákóczi datées de Rouen et de son exil en Turquie à Besenval, au duc d'Orléans, à la reine de France, au ministre, au maréchal de Tessé, à d'Andrezel, ambassadeur à Constantinople.

— 10, 15, 39, 52, 74, 115, 120, 133, 177, 194, 216, 237, 238, 242, 245. Lettres de Brenner.

— 11, 12, 25, 42-44, 76, 89, 97-99, 108, 111, 112, 116, 117, 123-127, 131, 137, 139, 148-152, 158, 161, 162, 165, 166, 169-172, 176, 180, 181, 191-193, 202, 221, 223, 225, 240, 379, 384, 385, 389. Finances.

— 18, 20, 31, 32, 37. Lettres de Le Maire.

— 23. Note sur Orceau de Passy qui cède sa maison à Rákóczi.

— 30, 53, 153, 154, 273. Lettres de Vettes (fol. 53 est de 1710).

— 48, 49, 57, 58, 69. Lettres sur *le jeu* à l'hôtel du Pérou.

— 50. Lettre de Rákóczi adressée au Roi (Passy, 21 avr. 1713). Idem. fol. 59. V. Fiedler, p. 495.

— 68. Discours de Rákóczi tenu au Roi (1713).

— 81. Supplique des principaux exilés (Bercsényi, Csáky, Eszterházy, Forgách) à Louis XIV (en lat.).

Fol. 84. Trad. française de cette supplique. Idem. fol. 86.

— 100-107. Mémoire sur la situation politique. — « Les démarches que les Ministres du Roi.... une prompte et ferme résolution ».

— 109, 113, 121. Lettres de Ferriol.

— 128, 129, 178, 215, 226, 227. Notes pour Rákóczi.

— 135, 136, 138. Lettres de d'Argenson (la police n'a pas pu arrêter Clément, secrétaire de Rákóczi).

— 140, 146. Lettres de Clément (de la Haye ; fait des reproches à Brenner et à Rákóczi).

— 156. Lettre de M. Hylteen.

— 159. Lettre d'Esterházy (demande un secours).

— 163, 164. Nouvelles d'Adrianople, Pétervárad, Hermannstadt (Nagy-Szeben).

— 168. Second discours de Rákóczi au Roi (1714).

— 173. Lettre de Munkács au Roi (sans signature).

— 182. Mémoire (en lat.) (certifié par Ferriol).

— 196. Un plan de bataille.

— 199. Raisonnement sur l'intérêt de la France et l'État de l'Europe (oct. 1716).

— 203-214. Lettre de Thomas Beniczky (à son Altesse royale). Nuremberg, 12 nov. 1716.

— 218. Requête des principaux ecclésiastiques et laïques de Valachie à sa Majesté (demandent le Pr. Cantacuzène).

— 224. Plan de Temesvár.

— 225. Certificat pour Fierville.

— 258. Lettre de Kamieniec.

— 272. Lettre de la Princesse Rákóczi (1721).

— 274-277. Mémoire de Rákóczi adressé au Cardinal Dubois (24 févr. 1722). Idem fol. 282 et 294. — V. Fiedler, p. 501.

— 278. Lettre au Cardinal Dubois. Idem, fol. 280.

— 328. Succession du royaume de Hongrie (en lat.).

— 334. Mémoires adressés au Cardinal Dubois (Bercsényi et Eszterházy désirent entrer en possession des biens de leurs parents), fol. 403 et 405 même requête.

— 360-362. Mémoire qui plaide la cause de Rákóczi (probablement de De Bon, agent de Rákóczi).

— 364. Supplique de Radulovics. aumônier de Rákóczi. Idem 365, 367.

— 368-371. Lettre de Schmettau à Torcy (sur le commerce du cuivre de Hongrie).

— 378. Remise au contrôleur général.

Fol. 38o, 381, 411. Lettres de De Bon (Rákóczi voudrait revenir en France).

— 382. Note sur les fils de Rákóczi (en ital.) (1725).

— 386. Extrait d'une lettre de Belgrade (1726).

— 400, 401. Lettres de Fierville. .

— 402. Lettre de Villeroy à Rákóczi.

— 406. Lettre de Forgách.

— 407. Brevet de 6,000 fr. de pension pour Georges Rákóczi.

— 408, 410. Protestation de Mich. Fred. d'Althan (en lat.).

— 412. Lettre de Ferencsényi (1732) (veut entrer dans l'armée française).

T. 18 (Hongrie et Transylvanie, Supplément 1222-1760).

Fol. 4-87. Un abrégé de l'histoire de la Hongrie.

— 88-118. Traités entre les Empereurs et les Princes de Transylvanie.

— 119-130. Traités entre les Rois de France et les Princes de Transylvanie (jusqu'à 1644).

— 131. Lettre de Henri II à la reine de Hongrie (Isabelle, veuve de Jean Zápolya) (1).

— 134. Lettre de Bethlen aux Tchèques (1619, en allem.).

— 136. Réponse à cette lettre (en allem.).

— 138. Édit de Bethlen (Pozsony, 16 janv. 1620).

— 141, 143, 146, 147. Lettres de Bethlen à l'électeur de Saxe, à Anhalt.

— 148. Lettre du roi de France au Pr. de Transylvanie (14 mai 1630, sur l'envoi d'un plénipotentiaire à la Diète de Ratisbonne).

— 149, 151, 154. Lettres de Georges Rákóczi I à Henri de Gournay, à d'Avaugour.

— 152. Note sur la cavalerie hongroise.

— 155 (v°). Lettre de Bisterfeld.

— 157. Manifeste de Georges Rákóczi (1644) V. t. I, fol. 186.

— 159. Pouvoir donné à Croissy de traiter avec le Pr. de Transylvanie (30 nov. 1644). V. t. I, fol. 243.

— 161. Traité entre Louis XIV et le Pr. de Transylvanie (22 avr. 1645). V. t. I, fol. 284.

(1) C'est le document le plus ancien (Compiègne, 25 déc. 1552) que les Archives des Aff. étr. possèdent sur les rapports de la France avec la Hongrie. Publié, d'après une copie des archives de Bruxelles, par Hatvani : Monumenta Hungariae historica. Diplomataria, t. II, p. 360.

Fol. 165. Lettre d'Apafi (23 mars 1675).

— 166. Réponse à cette lettre.

— 167, 169, 170. Lettres de Thököli.

— 171. Sur la succession en Hongrie. Art. III.

— 172-211. De causa statuum et ordinum regni Hungariae pro libertate confœderatorum.

— 212. Rapport (en ital.).

— 213, 264, 269, 275, 277, 287, 370 (v°), 388. Lettres de Rákóczi à Bonnac (16 juin 1703), à la duchesse d'Orléans, au pape Clément XI, à M. Do, à De Bon.

— 215. Instrumentum confoederationis. Trad. latine de la Lettre de Confédération du camp de Széchény (1705). V. Inv. Bibl. Polonaise.

— 217. Articles de paix des Etats et Ordres confédérés du royaume de Hongrie. Imprimé de 20 p. V. Bibliogr. Année 1706.

— 228. Manifeste du Pr. Rákóczy. Imprimé de 67 p. V. Bibliogr. Année 1708.

— 251. Copie de la lettre écrite au Roi par Rákóczi. Idem, t. 17, fol. 50.

— 254-263. Détails historiques sur le royaume de Hongrie.

— 268. Déclaration du duc d'Orléans.

— 271. Procès-verbal (Brenner à la Bastille).

— 278. Mémoire de De Bon en faveur de Rákóczi.

— 285. Lettre de Bosc.

— 289. Mémoire et demande de Rákóczi à Chauvelin.

— 293, 294, 309, 310, 420, 421, 423, 425, 426. Finances.

— 296. Mémoire de Vigouroux, 1727 (au service de Rákóczi).

— 301, 307. Réflexions sur une diversion du côté de la Hongrie (1727).

— 306. De l'impossibilité d'une rébellion en Hongrie.

— 311-316, 321, 336. Nouvelles d'Amsterdam. Imprimé (1731, déc.).

— 317. Extrait du registre des résolutions de L. H. P. les Seigneurs Etats généraux (1731) (en faveur des protestants).

— 332. Pro Memoria (sur les troubles de Salzbourg et de Hongrie ; expulsion des protestants) ; fol. 344 un imprimé allem. sur cette affaire ; fol. 351 une lettre de Ratisbonne (en allem.).

— 342. Lettre de Ferencsényi au Roi (1732).

— 352. Testament de Rákóczi (sur papier timbré). Idem fol. 362.

— 372. Mémoire sur les troupes en Hongrie (1733, en ital.).

Fol. 378, 401, 402, 403-405, 435. Lettres de Joseph Rákóczi au Roi, au ministre (1).

— 380, 381, 383, 386, 387. Lettres de De Bon (se rapportent à la trahison et à l'arrestation de Bohn). V. R. de Hongrie, 1910, janv. et févr.

— 384. Lettre de Hérault. V. Ibid.

— 392. Dernier Mémoire de Rákóczi adressé à la Cour de France (1735). Publié dans *Századok*, mars 1912 (2).

— 396, 397. Interrogatoire de Bohn.

— 399. Note sur Joseph Rákóczi (1735).

— 406. Note sur ce qu'on pourrait tenter en Hongrie.

— 407. Traité projeté entre le grand Seigneur et le Pr. de Transylvanie.

— 408. Rákóczi à Villeneuve (avec les réponses).

— 412. Mémoire pour Joseph Rákóczi.

— 413, 415. Lettres de Bercsényi.

— 416, 418. Actes sur l'héritage de Rákóczi.

— 420. Demande de Georges Rákóczi (second fils du Prince).

— 427-434. Mémoire apologétique pour Joseph Rákóczi.

— 437. Manifeste de Joseph Rákóczi.

— 441-444. Lettres de Georges Rákóczi (demande la permission « de lever un jeu » dans son hôtel).

— 447. Réponse de la Cour de Vienne aux demandes des Hongrois (1741, en lat.).

— 453. Proclamation de Marie-Thérèse.

— 454. Extrait d'une lettre de Presbourg.

— 456. Rapport sur la Diète de Hongrie (en allem.), fol. 460. Trad. française de ce rapport.

— 464. Allocution de Marie-Thérèse (1741).

— 465. Trad. française de cette allocution.

— 466. Note sur ce que la Hongrie doit fournir pour le service de la Reine.

— 475. Incident à Raab (Györ) (1748, l'évêque a saisi un temple protestant).

— 476-490. Mémoire des protestants en Hongrie à la reine (1742, en lat.).

— 491-499. Réponse de la reine à ce mémoire.

(1) Les documents concernant Joseph Rákóczi, fils aîné de François Rákóczi, sont publiés dans notre étude : *Le Prince Joseph Rákóczi et la diplomatie française*. R. de Hongrie, 1912, août-oct.

(2) Cette revue hist. hongroise se trouve à la Bibl. de l'Univ. HM. hg 18.

Fol. 5oo-5o2. Lettre de la princesse Cantacuzène (1749) et notes sur elle.

— 5o4. Etat actuel des affaires de Hongrie (1755).

— 5o6. Lettre de Bercsényi (fils) (datée de Lunéville, à propos de l'héritage de son père) ; fol. 5o7 et 5o9, la réponse (1759) (1).

ARCHIVES NATIONALES

J 386. N° 17. Renouvellement de l'alliance faite par le roi Charles avec Sigismond. — 28 mars 1413.

J 410. N° 7. Ratification du Contrat de l'aliénation des Comtés d'Anjou et du Maine faite par Charles, fils aîné du roi de Sicile, roi de Hongrie, prince de Salerne, 28 juin 1295. (Il s'agit de Charles Martel, fils aîné de Charles II (le Boiteux) qui avait pris le titre de roi de Hongrie en 1292, du vivant d'André III, roi de Hongrie (1290-1301).

J 432. N° 25. Pouvoir donné de Ladislas (Wladislas II), roi de Hongrie, à Nicolas Bachka (Bácska), évêque de Nyitra, et Étienne de Thelegd pour venir en France ratifier et confirmer la paix et alliance faite l'an précédent par les ambassadeurs de Louis XII. — 12 sept. 1501 (parchemin avec un sceau, copie). N° 26 Acte des ambassadeurs de Wladislas contre les Turcs (parchemin, avec deux sceaux).

J 458. N° 1. Contrat de mariage entre le roi Charles V pour son second fils, Louis de France, d'une part et Louis de Hongrie, Pologne et Dalmatie pour sa fille aînée Catherine. 16 avr. 1374. La promesse de Madame Jeanne, reine de France, d'entretenir le dit contrat, 10 août 1374 (le n° 1 est triple). — 2. Pareil contrat de mariage. 12 sept. 1374. — 3. Acte par lequel le roi de

---

(1) Les documents postérieurs à cette date se trouvent dans le fonds *Autriche* ; cependant les tomes 11, 19-22, 51, 80, 87, suppl. 7 contiennent des documents concernant la Hongrie antérieurs au règne de Marie-Thérèse. T. 51 est un manuscrit italien sur la guerre de Hongrie entre l'Empereur et les Turcs de 1682 à 1696. — Comme nous l'avons dit dans la Préface de cet Inventaire, tout le fonds *Autriche*, de même que les fonds *Turquie* et *Pologne* mériteraient d'être dépouillés au point de vue hongrois.

Hongrie élit et nomme pour la future épouse Catherine, sa fille aînée, plusieurs grands tant ecclésiastiques que séculiers qui ratifient et jurent les dites conventions. — Bude déc. 1374. — 4. Le même Contrat. — 5. Articles pour le recouvrement du royaume de Sicile. 11 déc. 1375. — 6. Consultation faite par Louis de Placentia (Piacenza), docteur ès lois et avocat du roi Louis de Hongrie, sur deux questions, savoir si le royaume de Sicile et le Comté de Provence appartiennent de droit à la dite reine Jeanne, petite fille de Robert, roi de Sicile, ou à Louis, roi de Hongrie. — 7. Rouleau contenant déduction de la dite généalogie de Sicile. — 8. Réponse du roi Louis de Hongrie à quelques difficultés. — 9. Instruction baillée à l'archevêque de Tours. 30 mai 1376. — 10. Copie de la donation faite par Louis, roi de Hongrie, à Louis fils de Charles V (manque). — 11. Traité d'alliance, paix et confédération entre le roi Louis XII par ses ambassadeurs et Wladislas II. — 14 juillet 1500.

> Documents originaux avec les sceaux. — Les actes concernant le mariage entre Louis et Catherine, publiés par L. Ováry dans *Történelmi tár*, t. 23 (1877) et *Archivio storico per le province Napoletane*, t. II (1877), p. 107-157. Cf. Jarry, La vie politique de Louis de France, 1889.

J 505. N° 10. Traité entre Louis XII et Maximilien, roi des Romains. — 1501. (Mariage; après la mort du roi de Hongrie, Maximilien lui succèdera).

J 648. N° 3 et 18. Traité entre Louis XI et le roi d'Angleterre. — 1475 (parmi les alliés du roi de France se trouve le roi de Hongrie, Mathias Corvin).

J 650, n° 15, **657** n° 5, **658** n° 6, **660** n° 2, **661** n° 8, **669** n° 33, **670** n° 10. Différents traités (Cambrai, Senlis, Blois, Paris) de la fin du xve et du commencement du xvie siècles où le roi de Hongrie figure comme allié. Dans plusieurs de ces traités, Maximilien se considérant comme successeur immédiat de Mathias Corvin († 1490) s'intitule « roi de Hongrie et de Croatie » du vivant de Wladislas II (1490-1516).

J 933. N° 13. Lettre de créance donnée par Louis, roi de Hongrie et de Bohême, à Jean Amor de Tharnove envoyé près le roi François Ier par le roi de Hongrie, tant en son nom qu'en celui du roi de Pologne. — Bude, 1er mars 1518 (parchemin).

J 995 A. N° 18. Traité d'alliance conclu entre François Ier et Jean, roi de Hongrie, portant entre autres choses que le duc d'Orléans, second fils du roi de France, sera adopté par le roi de Hongrie et désigné comme son successeur. Négociateurs : pour la France, Antoine Du Prat, chancelier, archevêque de Sens, pour la Hongrie, Jean Statilée. Paris, 28 oct. 1528. — Ratification par le roi de Hongrie, à Bude le 1er sept. 1529 (avec la signature de Jean Zápolya). Le document est exposé au Musée des Archives. Doc. Etr. AE III, n° 26. Cf. Bibl. Nat. Nouv. acquis. fr. 7065 (fonds Brienne 94). Publié dans Charrière, *Négociations de la France dans le Levant*, t. I, p. 162. — V. Cat. des Actes de François Ier. T. VI. N° 19676. — N° 27. Lettre de créances donnée par Jean Zapolski (Zápolya) roi de Hongrie à l'évêque d'Albe en Transylvanie par lui envoyé en ambassade vers le roi François Ier. — 16 mai 1528 (parchemin, avec un sceau). Exposé au Musée AE III, n° 131. — N° 28. Quittance du roi Jean de Hongrie de la somme de vingt mille écus reçus du roi François Ier par les mains d'Antoine Rincon. Bude, 8 sept. 1529. — Une copie (parchemin) de 1531, K 84. N° 8.

K 175. Liasse 2. N° 77. Lettre de naturalité pour le sieur Ladislas Comte de Berchiny (Bercsényi) natif du Comté d'Ung. en Hongrie, mestre de camp d'un régiment de hussards. — 17 janv. 1727. (Le fils du général de François Rákóczi).

K 879. Nos 68 et 69. Impositions de la Hongrie. (Mémoire de 10 ff. du xviiie siècle. Règne de Marie-Thérèse.) — Nos 80 et 80 *bis*. Impositions dans la principauté de Transylvanie. — 2 ff.

K 1304. Imprimé ital. : Breve relatione della gran Vittoria obtenuta dalla Maesta del re d'Ungaria. Rome, 1634 (contre les protestants). — Les funérailles de Léopold Ier (en ital.). — Imprimé fr. : Mémoire contenant les constitutions de l'Empire sur la Bulle d'or. — Ratisbonne 1705, 43 p. (quelques passages sur la Hongrie).

K 1318. Correspondance entre la Porte et la Cour d'Autriche en 1535 (25 pièces en lat. ital. esp. allem. et serbe). — Correspondance de Soliman avec Ferdinand de 1535 à 1565 (31 pièces en turc, allem. lat. et ital.). Renseignements sur les affaires de Hongrie.

K 1319. Lettre de Ferriol à l'abbé Polignac (mentionne un gentilhomme du Pr. Thököli). — Ce qui s'est passé entre Ferriol et l'ambassadeur de l'Empereur (d'Autriche). — Correspondance de la Porte avec la Cour d'Autriche de 1570 à 1574 (24 pièces en lat. 2 en allem. 1 en ital.). Idem de 1571 à 1573. — Correspondance entre le Sultan Amurat et Maximilien et Rodolphe de 1564 à 1581.

K 1343-1346. Papiers de Bonnac, ambassadeur de France à Constantinople. Contiennent plusieurs documents sur François Rákóczi et l'émigration hongroise en Turquie. Ce sont, pour la plupart, les copies des documents des Aff. étr. (fonds *Turquie*).

> Utilisé par D. Angyal dans son travail hongrois sur l'Exil de François Rákóczi en Turquie. Budapest, 1905. P. 29-97 reproduction des principaux documents. Cf. *Történelmi tár*, 1905.

K 1352. Nº 1 et 2. Mémoire (de Bonnac) de ce qui s'est passé de plus considérable dans le Nord depuis l'année 1700 jusqu'en 1710 et le caractère des Princes qui y ont eu part. — 2 copies 46 et 56 ff.

> Ce Mémoire écrit, en 1711, pour Madame la Dauphine, a été publié en 1756 (Hist. intéressante etc. v. Bibliogr. Année 1756) et par Ch. Schefer, R. d'hist. diplom. 1888-89). — Fol. 37-46 sur Rákóczi.

K 1485. Lettres de l'ambassadeur d'Espagne en France à la reine de Hongrie.

> La reine de Hongrie est Marie, veuve de Louis II. Les documents de ce carton, ainsi que ceux de K 1486-1488, se rapportent à la période de 1545 à 1548, lorsque Marie était régente des Pays-Bas. Ils n'intéressent pas directement la Hongrie).

K 1486-87. B. 5. François Iᵉʳ charge M. de Balançon de transmettre à l'Empereur sa réponse touchant l'entreprise par le Turc sur la Hongrie (s. d.).

M 6. Nº 2 *bis* (Ancien J 995ᴬ, puis J 933) (1) Charte d'André, roi de Hongrie, par laquelle il accorde plusieurs privilèges et droits au sieur Guerin de Montaigu, grand maître, et aux frères de la Sainte-Maison de l'Hôpital de S. Jean de Jérusalem et à leur successeur entre autres le tribut de la porte de Supran (Sopron) nommé Bobeth (Babót) pour en jouir en tout droit, propriété, honneur et juridiction avec la terre de ses porchers située entre la rivière de la Drave et Chergon (Csurgó) y com-

---

(1) Dans les copies de Petrovics ce document, ainsi que le traité entre François Iᵉʳ et Jean Zápolya, sont cotés J 933.

pris ses bornes et confins, de même que les bois et toutes leurs appartenances. — 1217. (Copie sur parchemin).

> Publié à plusieurs reprises. V. Fejér, Cod. Diplomaticus III, 1, p. 239. — E. Reiszig : Les chevaliers de Saint-Jean à Sopron, *Századok*, 1910.

M 187. N° 70 — Collège de Reims — 1734. Lettre de « Franciscus Josephus episcopus Nitriensis » (Nyitra) à l'archevêque de Reims concernant la bourse accordée à Henri Lefebvre. — N^{ts} 71-74 concernent d'autres boursiers (1).

M 772. N° 10. Mémoire du voyage de Hongrie fait par Jehan, comte de Nevers en 1396 ; sa prison, sa rançon et son retour en France. (Extrait des Remarques historiques de M. Bauyn, maître des comptes à Dijon. — XVIIe siècle) 16 ff.

M Suppl. N° 254 (cote provisoire). Lettres de Lodomér, archevêque de Strigonie au pape. — 1288.

> Une ancienne indication portait : *Louis* au lieu de *Lodomér*, *Ségovie* au lieu de *Strigonie*). Ces deux chartes très importantes pour l'histoire de Hongrie, furent communiquées en 1909 par Ch. V. Langlois à Jean Karácsonyi qui les a publiées avec un commentaire, dans *Századok*, janv. 1910. Cf. R. hist., mars-avr. 1910, p. 461.

T 160. N° 9. Le Testament du feu Pr. Ragotsky fils (Joseph Rákóczi). Extrait des minutes de la chancellerie de l'ambassade de France à la Porte ottomane. (26 ff. de papier timbré).

> Un exemplaire de ce Testament du 7 nov. 1738 se trouve aussi aux archives de Vienne. Publié par Thaly dans *Történelmi tár*, 1890. — La veuve de Joseph Rákóczi a épousé Joseph de Parravex d'Annecy. La minute du testament provient d'une étude de Chambéry.

T 422. Papiers Berchényi (saisis pendant la Révolution). État des meubles et effets du comte et de la comtesse Berchényi — Mémoires des fournisseurs. — Lettres de naturalité de André et Math. de Pollereczky (1751).

> L'Inventaire des meubles et les lettres de naturalité publiés par Mme Reinach-Foussemagne dans *R. de Hongrie*, 1910, juin.

---

(1) Le bureau des Arch. nat. communique ces documents comme contenant des renseignements sur la Hongrie. Il est certain que : episcopus *Nitriensis* ne peut indiquer que l'évêque de Nyitra en Hongrie, mais il est, d'abord, peu probable que cet évêque ait eu le droit de conférer des bourses à des élèves français du Collège de Reims, puis le nom de l'évêque ne concorde pas avec celui que Gams (*Series Episcoporum*) donne pour 1734. C'était Ladislas IV (Adam Erdödy), évêque de Nyitra de 1706 à 1736.

T 434. Papiers de Ladislas comte Esterhazy (1785-1790) — Mémoires et quittances des fournisseurs, comptes, factures.

T 1603 (n° 28) **1625, 1685** n° 529 et **1686** contiennent quelques pièces relatives au séquestre

E 3267. Le duc Antoine de Lorraine promet de payer et rembourser les 300 florins prêtés par Mathieu Maillet pour la solde des gens de guerre envoyés par le duc en Hongrie contre les Turcs. — 4 oct. 1532.

F⁷ 4398. Année 1792. Dans la première liasse, quelques documents sur Léopold II et François II. — N° 7. De la Cour de Vienne (cahier de 18 fol.). Copie de la note remise au Lord Grenville et la Réponse, 15 mai 1792. Sur la chemise : Hongrie et Bohême (?).

F⁷ 6918. Affaires politiques, 1814-1830. — N° 8611. Dossier sur une chanson séditieuse adressée de Paris à Corbeil. Traduction de la proclamation adressée aux braves soldats hongrois par l'armée d'Italie composée d'hommes libres. — 3 ff. (s. d.).

F⁵⁰ 11². Expédition du baron de Beniowski de 1773 à 1776 et relation de son entreprise de 1785.
Copie de la lettre écrite par M. de Boynes à Benyowszki ; Versailles, 19 mars 1773. — Copie d'une lettre de Benyowszki à Monseigneur ; Madagascar, 20 mars 1775. — Bordereau des dépenses concernant l'établissement de Madagascar arrêté par M. Maillart. — Lettres de Benyowszki et de Sartines. — Établissement de Madagascar, signé Benyowszki, 23 sept. 1776. — Relation abrégée de l'établissement projeté. — Cf. Arch. col.

P 2493, fol. 149-155. — Année 1767. Lettres patentes portant confirmation de la convention y insérée, passée entre les commissaires du roi et ceux de l'Impératrice, reine de Hongrie et de Bohême, pour l'exemption réciproque du droit d'aubaine entre les sujets du roi et ceux des États héréditaires, de Hongrie, de Bohême, d'Autriche et d'Italie soumis à la domination de la dite Impératrice.

Y 8. Châtelet de Paris. — Bannières, 1514-1531. — Fol. 250, n° 2435. Notification de la paix générale conclue entre le Saint-Siège, la France, l'Empire, l'Angleterre et la Hongrie. Cambrai, 9 août 1529. V. Bibliogr. Année 1529.

Y 9. Bannières, 1531-1542. — Fol. 116, n° 2567. Lettres missives de François Ier à l'échevinage de Paris ordonnant de fournir du gibier et de la marée à la reine de Hongrie (veuve de Louis II) durant son séjour. — 11 oct. 1538. — Cf. la poésie de Clément Marot : *A la royne de Hongrie venue en France.* — Œuvres, II, p. 107 (édit. Pierre Jannet).

A F IV 1638. Campagne d'Autriche, mai-oct. 1809. Rapports et correspondance du général Andreossy, gouverneur de Vienne. N° 237-245. Notes sur l'esprit public des Hongrois qui est absolument en opposition avec la politique du gouvernement autrichien. N° 321. Notes sur la Hongrie. N°s 418, 482, 541. La Cour en Hongrie. N° 571. Affaire des juifs de Presbourg.

A F IV 1639. 1er dossier, pièces 48-50. Proclamation de Napoléon aux Hongrois. Schönbrunn, 15 mai 1809. Un exemplaire avec le texte français, allem. et hongrois; deux exemplaires avec le texte fr., latin et hongr. — Pièce 50 bis : le brouillon français avec des notes marginales. — 2e dossier, pièce 110. Très humble prière du magistrat, des bourgeois et des habitants de la ville de Presbourg à sa Majesté Napoléon (31 août 1809 ; demandant la remise de la contribution).

A F IV 1675. 3e dossier, pièces 1-12. Lettres de Lacuée sur la situation de l'Autriche. An 10 et an 13. — Sur l'organisation de l'armée, sur l'insurrection hongroise, sur l'organisation et l'état intérieur de la monarchie autrichienne, sur la Cour. Renseignements sur la Hongrie.

Lacuée était colonel et secrétaire de légation.

A F IV 1676. — Relations extérieures. Autriche. Rapports et correspondance des agents diplomatiques, 1807-1813. N° 12. Rapport de Léon Dupleix sur la Diète de Hongrie. 1807. Date : 21 mai 1807 (6 ff.). — N° 33-37. La Cour en Hongrie (1809). — Lettre du 8 août 1809 sur la mort du palatin Alexandre et la disgrâce de Zichy.

AF IV 1677. Autriche. Situation politique et militaire. An VIII — 1813. — 3e dossier. Adresse d'un Hongrois à ses concitoyens (1809), trad. fr., 6 ff. — Rapport d'Adrien Lezay sur la Hongrie. Adressé à Bonaparte, Vienne, 18 oct. 1802. — 1. Force militaire. Coupe du pays. Frontières. Attaque par la Croatie (10 ff.). — 2. Obstacles à une Révolution prochaine. Effet de la Révolution fr. sur les esprits et de possibilité d'une révolution éloignée (6 ff.). Cf. Chélard, Napoléon et la Hongrie, R. brit., 1897, nov. — 3. Situation embarrassante de la Maison d'Autriche à l'égard de la Hongrie (3 ff.). — 4. Administration, revenus publics (4 ff.). — 5. Situation territoriale et commerciale de la Hongrie (6 ff.). — 6. Constitution de la Hongrie (5 ff.). — 7. Communications (3 ff.).

Rapport très intéressant.

N° 35. Coup d'œil sur la Hongrie (13 ff.).

———

Les Archives nationales possèdent aussi des sceaux et des cartes de Hongrie. L'Inventaire des sceaux par Douët d'Arcq (Paris, 1868). T. III. N° 11175-11187, donne la description de ceux de Charles d'Anjou qui s'intitulait roi de Hongrie (1295, v. J 410), de Louis-le-Grand (v. J 458), de Wladislas II de Jean Zápolya (v. J 995ᴬ) de Ferdinand I, de Ferdinand III, de Léopold I, de Simon du Puy, ambassadeur de Louis-le-Grand, d'Étienne de Telegd, de Pierre Zudar (Czudar), ban de Slavonie, de Nicolas de Bácska et d'Étienne, évêque d'Agram.

V. aussi Suppl. des Sceaux, n°ˢ 1532, 2170, 2171 (empreintes).

Les anciennes cartes de Hongrie sont très nombreuses et leur nombre augmente encore par le dépôt des différents ministères. Les cartes N³, Autriche 1 (District de l'Unna) NN⁶, n°ˢ 2, 4, 17, 19, 20-22, 180, n° 6, sont les plus importantes.

———

ARCHIVES HISTORIQUES DU MINISTÈRE DE LA GUERRE

189. Recueil des lettres écrites à MM. Le Tellier et de Louvois sur le secours de troupes que le Roi a envoyé en Hongrie pour l'Empereur contre les Turcs en l'année 1664. — 288 fol. (copies). Du 5 mars au 30 déc. 1664.

190. Même titre. — 288 fol. (copies). Du 30 mars 1664 au 10 janv. 1665. Avec de nombreuses dépêches envoyées aux différents ambassadeurs et concernant les affaires de 1664. (Bataille de St. Gothard).

413. Nouvelles de Hongrie (1), mai-août 1674.

414. Idem, sept.-déc. 1674.

417. Idem, 1671, 1673, 1674.

559. Idem, juill.-août 1677.

561. Idem, nov.-déc. 1677.

631. Idem, 1679.

703. Idem, oct. 1683.

704. Idem, nov.-déc. 1683.

735. Idem, juin-août 1684.

738. Idem, janv.-sept. 1684.

739. Correspondance, surtout politique et diplomatique, relative aux affaires de... Hongrie, 1682-1684.

793. Correspondance relative surtout aux affaires des pays étrangers. Hongrie (bataille de Gran, siège de Bude), 1685-1687.

830. Pièce 108. Lettre datée de Belgrade relative à la guerre contre les Turcs. — 29 sept. 1688.

833. Plusieurs pièces sur la Hongrie (2), 1688.

884. Nouvelles de Hongrie, sept.-déc. 1689.

968. Idem, févr.-avr. 1690.

976. Idem, sept.-oct. 1690.

995. Idem (guerre contre les Turcs, siège de Belgrade), 1690.

1091. Troupes allemandes envoyées en Hongrie, 1691.

1238. Nouvelles de Hongrie, 1692-1693.

1364. Campagne de Hongrie, janv.-mai 1696 (de nombreuses lettres de Melac).

1365. Etat des troupes et régiments tant impériaux que Danois, tant cavalerie qu'infanterie destinés pour le siège de Temesvár et de celles qui resteront en garnison. Juin-juill. 1696.

1367. Nouvelles de Hongrie, 1696.

---

(1) Ces Nouvelles qui se trouvent dans de nombreux vol. sont quelquefois très courtes ; elles sont intercalées dans les rapports des différents chefs d'armée et se rapportent tantôt à la guerre, tantôt au mouvement des troupes, tantôt à la situation du pays.

(2) La plupart des volumes aux Archives de la Guerre sont munis de tables de matières très détaillées qui facilitent les recherches.

1409. Idem, sept.-oct. 1697.

1420. Etat des troupes qui composent la garnison de Grand-Wardin (Nagy-Várad) en Hongrie et les postes qu'elles gardent.

1424. Nouvelles de Hongrie, janv.-sept. 1697.

1425. Idem, sept-déc. 1697.

1428. Idem.

1436. Idem (de Dubois de Launay), 1698.

1454. Idem, 1699.

1501. Etat des régiments de l'Empereur destinés pour aller en Italie et de ceux qui doivent rester en Hongrie, Transylvanie et autres pays à lui appartenants, 1701.

1502. Nouvelles de Hongrie. Révolte de Rákóczi, juill.-déc. 1701.

1561. Pièce 78. Mémoire de M. de Chérigny sur la formation d'un régiment à l'aide des Français servant en Hongrie. Pièce 77. Mémoire examiné (et taxé d'absurde) par d'Artagnan.

1660. Pièce 34. — Lettre de Bonnac exposant ses propres services et le désir de Rákóczi d'avoir en Hongrie des officiers français pour instruire des troupes. Déc. 1703.

1661. Nouvelles de Hongrie, juill.-déc. 1703.

1670. Idem, 1703.

1732. Mémoire de Chamlay sur les affaires de Hongrie et le secours demandé par Rákóczi.

1739. Pièce 135. Officiers hongrois envoyés par Villeroy à Versailles pour entretenir le roi des affaires de Hongrie, nov.-déc. 1704, 4 déc. 1704.

1748. Nouvelles de Hongrie, janv.-août 1704.

1757. Idem, janv.-juin 1704.

1758. Idem, juill.-déc. 1704.

1768. Pièce 342. Lettre de M. de Montmort relative aux affaires de Hongrie (situation de Rákóczi) et aux fonds à y faire passer. — Marseille, 15 oct. 1704. — Pièce 343. Figure des sequins du Pr. Rákóczi (face et revers).

1783. Nouvelles de Hongrie, 1704.

1784. Idem, août-sept. 1704.

1833. Réflexions de Villeroy sur les affaires de... Hongrie, 1705.

1834. Pièces 194 et 195. Lettre de Vettes à Chamillart (en lat.). Lettre de Rákóczi à Vettes (en lat.).

1837. Pièces 65, 199, 250 et 253 relatives aux officiers d'infanterie à envoyer à Rákóczi pour faire l'instruction de ses troupes.

1838. Pièces 156 et 157. Lettres de Rákóczi et de Vettes.

1843. Nouvelles de Hongrie, janv.-avr. 1705.

1844. Pièce 44. Lettre de Vettes sur les affaires de Hongrie ; pièce 70. Augmentation de subsides accordée par Louis XIV à Rákóczi.

1845. Nouvelles de Hongrie, juill. 1705.

1846. Lettre de Bonnac à Chamillart relative au secours de troupes à envoyer à Rákóczi.

1847. Nouvelles de Hongrie, oct. 1705.

1848. Un ordre de bataille de l'armée impériale en Hongrie, 1705.

1849. Nouvelles de Hongrie, 1705.

1852. Pièce 135. Lettre de Vettes à Chamillart concernant un envoi d'armes fait par le roi à Rákóczi.

1864. Nouvelles de Hongrie, mars-avr. 1705.
1868. Officiers français qui passent en Hongrie.
1869. Nouvelles de Hongrie, 1705.
1872. Idem, janv.-févr. 1705.
1873. Idem, mars-avr. 1705.

1875. Pièce 41. Lettre de Chamillart concernant la demande faite par Rákóczi d'officiers français pour instruire ses troupes.

1936. Situation de l'Europe (1706) ; quelques passages sur la Hongrie.

1938. Pièces 99, 284, 370, 376. Nouvelles de Hongrie.
1939-1941. Idem, 1706.

1943. Pièces 11, 17, 31, 32, 33, 51. Lettres de Vettes et autres concernant les affaires de Hongrie. Plusieurs lettres sont *en* *hongrois* (1). — Lettre de Vettes à Chamillart. Bruxelles 15 janv. 1706.

1946. Nouvelles de Hongrie.

1950. Troubles de Hongrie.

1951. Nouvelles de Hongrie.

1952. Idem. — Copie d'une lettre de Des Alleurs relative à Rákóczi et à ses négociations avec les rois de Suède et de Pologne.

1953-1955. Nouvelles de Hongrie.

1956. Liste des troupes impériales en Hongrie.

1960. Nouvelles de Hongrie. — Liste des cadeaux faits à des officiers turcs de Bosnie pour faciliter la remonte de la cavalerie croate au service de Rákóczi, 1706 (en ital.).

1961. Lettres du baron Voinovitch, agent de Rákóczi (mesures prises ou proposées pour soulever les Croates).

1962. Affaires de Hongrie. Mission du baron Voinovitch en Croatie (1706) V. sur cette mission Alex. Márki : Les projets de Rákóczi sur l'Adriatique, dans *A Tenger* (La Mer) 1911.

1963. Nouvelles de Hongrie.

2017-2018. Idem, 1707, janv.-mai.

2031. Renseignements provenants d'agents à l'étranger. — Aubert de Slangen chargé de lever des troupes pour Rákóczi en Suède et en Pologne, janv.-juin 1707.

2034, 2091-2093, 2162, 2232. Nouvelles de Hongrie, 1708-1710.

2300. Liste de régiments hongrois, 1711.

2314. Pièce 137. Puncta pacificationis Hungariae. — Imprimé.

2317. Affaires de Hongrie, janv.-avr. 1711.

2318. Pièce 116. Spécification des troupes de Hongrie nom-

---

(1) Ce sont les seules lettres en langue hongroise que nous ayons trouvées jusqu'ici dans les archives de Paris. Toutes les autres sont en français ou en latin. Ces documents complètent la Correspondance de Vettes publiée par Fiedler ; ils se placent entre la lettre de Rákóczi à Vettes du 9 nov. 1705 et celle de Vettes à Rákóczi, Bruxelles, 16 févr. 1706.

mées Courrouzen (Kurucz) qui se sont rendues au général Pálffy.

2321. Pacification de la Hongrie. 1711.

2372. Nouvelles de Hongrie.

2521. Nouvelles politiques ou diplomatiques de Hongrie, 1716.

2547. Pièces 2 et 5. Levée par le duc de Lorraine d'un régiment que l'on croit destiné à servir en Hongrie. — Pièce 102. Relation du voyage de Rákóczi de Marseille à Andrinople. — Datée : Andrinople, 4 nov. 1717. La même relation se trouve, Arch. Aff. étr. fonds *Turquie*, t. 58, fol. 177-179.

2664. États et ordres de bataille des troupes impériales en Hongrie.

2675. Pièce 143. Disposition du changement des troupes impériales de la Hongrie et de la Transylvanie.

2726. État des troupes impériales et auxiliaires sur pied en ...Hongrie et en Transylvanie.

2860. Nouvelles de Hongrie. — 1737.

2861. Nouvelles de la guerre de Hongrie. — 1737.

2873, 2874, 2891, 2892, 2903, 2927, 2928. Nouvelles. (guerre contre les Turcs, 1738, 1739 ; puis de 1737 à 1741).

3028. Pièce 15. Proposition de Berchény de créer un régiment « Royal Hongrois » pour attirer les Hongrois au service de France ; il demande ce titre pour son régiment. (18 mai 1744). Pièce 31. Réponse de d'Argenson à Berchény ; il a fait la proposition au roi, celui-ci ne s'est pas décidé sur cette proposition mais a ordonné de lui en reparler dans le cours de la Campagne.

3155 Pièce 39. État des prisonniers de guerre qui ont été faits sur les troupes de la reine de Hongrie et sur celles de Hollande (juin 1746).

3217. Pièce 274 bis et **3218**. Pièce 23. État des nouveaux régiments levés par le général Engelhofer en Hongrie (1747).

RECONNAISSANCES, PLANS ET PROJETS

Carton 3 (1735-1744). Idée de la Hongrie ou Mémoire sur la situation de ce pays vers 1740. — 6 ff.; sur la constitution, le clergé, la division géographique, etc.

11. Projet général des ouvrages à faire à la forteresse de Dubicza pour la mettre en état de résister à une attaque de vive force. Signé : d'Arnal, lieutenant-colonel. Dubicza, le 29 août 1788. V. suite LIII. — Projet général d'attaque contre Berbir (sur la rive droite de la Save) précédé de la description de cette forteresse et de ses environs et suivi du journal préliminaire abrégé du siège (probablement de d'Arnal, vers 1788).

LIII. Continuation du Journal de Siège de Dubicza par d'Arnal.

Carton, Autriche, 1777-1804. Plan pour une grande diversion en Hongrie, par le général Valcroissant. Sept. 1793 (aller en Bosnie, lever un corps de troupes composé d'Albanais, Bosniens, Serviens et Monténégrins pour faire des courses en Hongrie et donner des inquiétudes au cabinet autrichien). — Essai statistique du royaume de Hongrie (sans nom d'auteur) 1802. — Notes statistiques sur la Hongrie. 1804. — Mémoire de Félix Beaujour sur l'importance des lignes de la Save et de la Drave considérées sous le rapport offensif et défensif de l'Autriche et de la Hongrie, contre les Turcs. — 1804. — 10 ff.

Autriche, janv.-juill. 1806. Essai sur le Danube par le général Guilleminot et le capitaine Payan (un cahier volumineux).

Autriche, mars-août, 1809. — Juin. Frontières de l'Autriche et de la Hongrie entre Petronel et Neusiedel, par le chef de bataillon de génie Baranon. — Note sur la tête de pont devant Presbourg (5 juin 1809). — Mémoire sur le château de Kittsee et le degré de défense dont il est susceptible, par le colonel du génie Blein (19 juin 1809). — Reconnaissance militaire du camp retranché de Raab, par Decastre, capitaine géographe (22 juin). — Reconnaissance de la chaussée entre le château d'Esterháza et Pamhacken à travers les marais du lac de Neusiedel, par le même (25 juin). — Reconnaissance de la Rabnitz, par le même (27 juin). — Reconnaissance de la rivière de la Raab, par Guibert (28 juin). — Reconnaissance de la rivière de la Raab depuis Marczaltó jusqu'à son embouchure à Raab, dans le Danube, par le même.

Autriche, sept.-déc. 1809. Renseignements sur les communications entre la March et Tyrnau. — Mémoire sur les positions qu'il conviendrait d'occuper à Presbourg et en avant de cette ville pour couvrir les ponts du Danube, par le général de division Reynier (11 sept. 1809) (avec 6 dessins). — Projet d'une tête de pont devant Presbourg par le général Rogniat (29 sept.). — Notes militaires sur la reconnaissance du Danube depuis Haimbourg jusqu'à Raab et des rivières la Leitha et la Rabnitz y compris la partie de la Haute-Hongrie, limitée par ces cours d'eau et le lac de Neusiedel, par Brousseaud, chef de bataillon au corps des ingénieurs-géographes (avec trois cartes). — Reconnaissance de la ville et des environs de Presbourg.

> Ces deux cartons très importants pour la campagne de Hongrie et la bataille de Győr (Raab) contiennent de très belles cartes et des plans dessinés par les ingénieurs géographes de l'armée française. — Pour la même Campagne, on peut consulter la Correspondance du Pr. Eugène avec l'Empereur (1808-1810) quoiqu'elle contienne plutôt les lettres qui accompagnaient ces rapports (siège de Raab, reconnaissance du champ de bataille de Raab, etc.) et des propositions pour la Légion d'honneur.

Autriche, 1810 janv. Reconnaissance du cours de la Save et de la Drave.

Autriche, 1810 févr.-1811. Mémoire sur le cours de la Save en Croatie.

L'histoire de la formation des régiments de hussards français par des émigrés hongrois n'intéresse qu'indirectement l'histoire de Hongrie. Il suffit de demander les documents concernant les régiments de Ráttky (Rattsky) Polleretsky, Berchény, Esterhazy-Chamborant, les états de service de Palugyai, Kacsarovszky, Almásy, Dessöffy, Balogh, Kádár, Hollósy, Tajtay, Halasy Bezerédi et d'autres pour trouver les documents nécessaires. L'historique de ces régiments est d'ailleurs déjà fait d'après ces documents. V. encore Mme Reinach-Foussemagne : Les hussards hongrois sous l'ancien régime. R. de Hongrie, mars-juin 1910.

ARCHIVES DU MINISTÈRE DES COLONIES

Les documents conservés dans ces Archives se rapportent tous au célèbre aventurier hongrois Maurice-Auguste de Benyowszky qui fut « empereur » de Madagascar. Ils ont été utilisés et, en partie, publiés par M. P. Cultru, d'abord dans sa thèse latine : De colonia in insulam Delphinam vulgo Madagascar a barone M. A. de Benyowszky deducta (Paris, 1901), puis dans son ouvrage : *Un Empereur de Madagascar au* xviiie *siècle. Benyowszky* (1906). Nous ne relevons que les pièces essentielles, d'autant plus que l'on trouve le détail dans la *Bibliographie de Madagascar* par G. Grandidier (Paris, 1905), t. I, p. 26, t. II, p. 680 et suiv. p. 716, 763 et 826.

Correspondance de Madagascar, 1769-1786. Carton 3. — Lettre de l'oncle de Benyowszky au roi (le remercie de ce qu'il fait pour son neveu ; l'oncle domicilié à Bar-le-Duc dit avoir servi 40 ans sous Berchény en France). — Mémoire de Cossigny (où il propose de fonder un établissement à Madagascar). — Mémoire de Chevillard sur Madagascar (publié dans le t. II des Voyages de Benyowszky, p. 211-465 ; contient le journal de toutes les opérations de Benyowszky de 1773 à 1776). — Instructions du ministre Boynes pour Benyowszky.

Carton 4. La liasse portant comme titre : Affaire Benyowsky. — Répertoire de la correspondance relative à Benyowszky. — Mémoires relatifs à l'affaire Asselineau-Demazures. — Lettres de Benyowszky.

Carton 5. — Mémoire du Roi pour servir d'instruction à Benyowszky. — Correspondance de Benyowszky. — Conduite de Benyowszky, commandant pour le roi à Madagascar, à l'égard du capitaine Bérubé. 1775. — Mémoire historique.

Carton 6. — Sur la comptabilité de Madagascar en 1776. — Réclamations de particuliers contre Benyowszky. — Instructions laissées par Benyowszky au chevalier de Sanglier. — Lettres de Benyowszky. — Correspondance de Bellecombe et Chevreau, inspecteurs, et leurs rapports sur l'établissement de Benyowszky (1776). — Second mémoire de Bérubé contre Benyowszky. —

Acte du serment des rois, princes et chefs de Madagascar pour élire Benyowszky chef suprême de la nation (1er oct. 1776).

Carton 7. — Tout le carton se rapporte à la mission Bellecombe et Chevreau, chargés d'inspecter l'établissement de Benyowszky.

Carton 8. — Lettre trouvée dans les papiers de Benyowszky à sa mort. — Mémoire de Paschke sur l'attaque du camp de Benyowszky ; récit de sa mort (juill. 1785). — Correspondance du chevalier de Sanglier, chargé du commandement de l'île en l'absence de Benyowszky. — Revue d'inspection (30 déc. 1777). — Correspondance de Benyowszky de 1777 à 1785. — Une pièce signée Joseph II, empereur d'Autriche, en faveur de Benyowszky.

Carton 9. — Projets d'établissement à Madagascar. — De la Serre envoyé en 1776 pour inspecter les établissements de Benyowszky.

Carton 23. — Mémoire sur l'établissement de Benyowszky.

Fortification des colonies. Carton 1. Pièces 42-43, 46-50. Lettres de Boynes, de Benyowszky, liste des chefs soumis à la France. — **Carton 2**. Pièces 59, 62-66, 69, 70, 72-78, 83, 86, 97. Détails sur la dernière guerre contre les chefs des provinces du Nord par Benyowszky ; plans dessinés de l'établissement, du port Choiseul, de la baie d'Antongil ; copies de l'enquête de Bellecombe et Chevreau ; les répliques de Benyowszky ; mémoire sur l'île par Lassale (1796).

On peut ajouter à ces documents les pièces qui se trouvent aux Aff. étr. fonds **Asie, t. 17**, fol. 278. Sentiment sur l'inutilité de l'établissement à Madagascar proposé par Benyowszky (Versailles, 22 juin 1783, signé : Castries, ministre de la marine); fol. 280 et 282, lettres de Benyowszky (27 juin 1783); **t. 18**, fol. 240. Lettre de Benyowszky à de Vergennes (26 mars 1786); les copies des principales pièces des archives des Colonies qui se trouvent dans le fonds Margry (Bibl. Nat. Nouv. acquis. 9381 et 9413). Arch. Nat. F⁵⁰ 11² (v. plus haut) ; Bibl. du Port de Brest, Papiers Levraut, t. I, Lettre de Benyowszky au chevalier de Ferron (24 mai 1774) ; t. XIII, Extrait du registre des inventaires des morts tenu à Madagascar pendant l'administration de Benyowszky, 1774-1780.

ARCHIVES DU MINISTÈRE DE LA MARINE

G 176. Voyages des troupes du roi en Hongrie et relation historique et géographique de la route. — 56 ff. Ce sont les notes prises par M. de Langlée pendant son voyage de Paris en Hongrie pour combattre les Turcs (1664). Les lettres dont plusieurs sont datées du Camp de St. Gothard (Gottar), furent adressées à son père, maréchal général des camps et armées du roi. — En tête de la relation : Journal de tout ce que j'ai fait et vu depuis mon départ de Paris qui fut le jeudi 11 avr. 1664. — (Originaux).

BIBLIOTHÈQUE NATIONALE

DÉPARTEMENT DES MANUSCRITS

Fonds Français (1).

N° 90 (ancien 6764). Discours des cérémonies du mariage d'Anne de Foix avec Ladislas VI roi de Bohême, de Pologne et de Hongrie (Wladislas II), précédé du Discours du voyage de cette reine dans la seigneurie de Venise, le tout mis en écrit du commandement d'Anne, reine de France, duchesse de Bretagne, par Pierre Choque, dit Bretagne, l'un de ses rois d'armes. Mai 1502. — 7 grandes feuilles de parchemin, ornées de miniatures. Publié par Le Roux de Lincy, *Bibl. de l'École des Chartes*, t. 22 (1861) et, en partie, par H. Marczali, *Történelmi tár*, t. 23 (1877). — Une copie de cette relation se trouve dans le ms. fr. 22330 f. 319-337 (Anc. Blancs-Manteaux, 46), contenant diverses pièces sur la Bretagne.

(1) Pour les historiens hongrois qui n'ont pas encore travaillé à la Bibl. Nat. nous mentionnons que le fonds français contient de nombreux documents en latin et vice versa.

1278. Recueil de pièces historiques (1306-1490) composé pour l'usage des ducs de Bourgogne. — Fol. 138. Nouvelles de Constantinople et des victoires du blanc vayvode de Hongrie (Jean Hunyad) contre les Turcs. (Bataille de Rigómezö). 7 déc. 1448. — Fol. 142-143. Lettres de Jean Capistrano au duc de Bourgogne pour l'engager à reconquérir la Terre-Sainte. — 19 mars 1453. — Fol. 148. Instruction pour combattre les Turcs. — Fol. 194-206. Trad. d'une bulle de Pie II qui appelle les princes chrétiens à la croisade contre les Turcs. — 22 oct. 1463.

2805. Codex Lancelot. — Pièces curieuses touchant les affaires d'État. Fol. 22-27. Extrait du livre intitulé : Respublica et Status regni Hungariae (Leyde, 1634). Fol. 88-90. Le Serment que Bethlen Gabor a fait au Turc en la ville de Cassovie. — Août 1620. (Copie de l'imprimé de 1621, v. Bibliogr.). — Fol. 91. Serment de l'empereur des Turcs fait en la ville de Constantinople à Bethlen Gabor. — Fol. 93 v°. La déclaration du grand Turc contre Bethlen Gabor en faveur de l'Empereur (copie de l'imprimé de 1622, v. Bibliogr.).

2933. Fol. 255. Lettre de F. Le Rouge au roi François I sur les affaires de Hongrie. Venise, 21 sept. 1521.

2963. Fol. 188. Lettre du même à Mgr le trésorier Robertet sur les affaires de Hongrie. Même date.

2964. Fol. 75. Copie de récépissé fait par les députés de la reine de Hongrie (Marie, veuve de Louis II) de la ratification faite par le roi sur les faits de la trêve. Oct. 1537.

3087. Fol. 190. Nouvelles de l'ambassadeur de Hongrie (règne de François I). — Fol. 245. Lettres écrites par le cardinal légat du Saint-Père en Hongrie à l'évêque Tiburtin, légat à Venise (copie).

3275. Fol. 54 et 55. Nouvelles de Hongrie (nov. 1596).

3437. Articles de paix entre l'Empereur (Rodolphe II) et le seigneur Botskay et autres seigneurs de Hongrie. — 1605. (Copie du xviie s.).

3558. Fol. 48. Copie d'articles de paix de Hongrie (Bocskay).

3460. Fol. 12. Trad. française de la lettre de Sigismond Bátori à l'Empereur Rodolphe après l'accord fait ensemble. Albe-Julie, 4 juin 1602.

3720. Fol. 64-69. Traité de trêve entre l'Empereur Ferdinand II et Gabriel Bethlen. Pozsony (Presbourg) 16 janv. 1620 (en lat.). — Fol. 110-112. Renouvellement d'union des Hongrois entre eux et de leurs confédérés. — Novisoli (Beszterczebánya, Neusohl) 14 juill. 1620 (en lat.). (Copies du xviie s.).

3723. Fol. 1-18. Traité d'alliance entre Frédéric premier roi de Bohême et Gabriel Bethlen. Prague 1620 (en lat.). — Fol. 25. Lettre de Bethlen reprochant aux Moraviens leur infidélité pour avoir quitté l'union. Tyrnavie, 8 janv. 1621. — Fol. 41. Articles de paix entre l'empereur Ferdinand II et Gabriel Bethlen, févr. 1622. — Fol. 43-50. Traité de Vienne pour la paix entre l'empereur Ferdinand et le Pr. Bethlen. 8 mai 1624.

3733. Fol. 46-53. Articles de paix entre l'Empereur Ferdinand II, le Turc (Amurat IV) et Gabriel Bethlen. — 22 sept. 1627.

3734. Fol. 53. Tractatus cum principe Transilvaniae anno 1644, 6/16 nov. Albae-Juliae. (Copie signée Rákóczi).

3972. Ambassade du duc d'Angoulême en Allemagne, 1620-1621. Registre des dépêches relatives à l'ambassade extraordinaire de Charles de Valois, duc d'Angoulême. Philippe, comte de Béthune et Charles de Laubespine, abbé de Préaux, auprès de l'Empereur Ferdinand II, 1620.

> Ce vol. de 349 fol. contient les négociations des ambassadeurs français avec Ferdinand II et Gabriel Bethlen. Les dépêches vont du 1er août 1620 au 16 mars 1621; elles sont précédées de la lettre de Louis XIII à Bethlen (Orléans, 13 avril 1620) et les Instructions données par les ambassadeurs au Sieur de Sigongne envoyé vers le Pr. de Transylvanie (1er août 1620; cf. Aff. étr. *France*, t. 1964. fol. 200). Nous ne donnons pas le détail des dépêches; on le trouve dans le Catalogue imprimé (où il faut lire partout : *Hainbourg* pour *Hambourg*). Tout le manuscrit, d'ailleurs, est imprimé dans l'in-folio de Henry de Béthune : Ambassade extraordinaire, etc. V. Bibliogr. Année 1667. — Une copie incomplète, Arch. Aff. étr. *Autriche*. t. 12.

4266. Recueil de documents pour servir à l'histoire de France sous les règnes de Louis XIII et de Louis XIV. — Fol. 71 (v°). Traité et accord pour la succession des royaumes de Hongrie et de Bohême entre l'empereur Ferdinand II et Philippe III roi d'Espagne. — Prague, juin 1617. — Fol. 98. Table généalogique des Empereurs d'Allemagne, des rois de Bohême et de Hongrie issus de l'empereur Rodolphe I (notes très sommaires).

4658, N° 14. Mandement à Antoine Du Prat, chancelier de France, archevêque de Sens, de verser à Pierre d'Apestigny toutes les sommes qu'il aura touchées provenant de la décime établie sur les gens d'église du Milanais par le pape en vue de repousser le Turc et de recouvrer la Hongrie. — Bois de Vincennes, 20 nov. 1527. — Publié par Charrière, I, p. 156.

4703. Recueil de pièces originales et de copies concernant l'Ordre de la milice chrétienne, les projets de Charles de Gonzague, duc de Nevers, contre les Turcs, l'histoire des années 1606 à 1620. — Fol. 15. Lettre de Georges Drugeth de Homonna au duc de Nevers. — Vienne, 17 juill. 1618. — Fol. 89. Lettre du même au même. Ungvár, 9 nov. 1618 (en lat.).

4922. Œuvres posthumes de Mgr d'Orléans, avocat général du Parlement de Paris. — Fol. 225-230. La vie de Hunniades roi de Hongrie.

> Vie tout à fait légendaire de Mathias Corvin et de son père. Fait remonter l'origine des Corvin aux Romains Valères surnommés Corvin; Élisabeth Silaski (Szilágyi) était alliée et apparentée aux plus grands seigneurs de l'empire grec, etc.

5044. Recueil de pièces relatives principalement à la Bourgogne, au Portugal et à l'Allemagne de 1343 à 1575. — Fol. 117. Lettre de Jean Hunyade à Denis Széchy, cardinal-archevêque de Strigonie. — 23 juil. 1456 (copie du xvᵉ siècle). A la suite est un extrait de 3 lignes d'une autre lettre à l'évêque de Schibnik en Dalmatie, datée de Bude, 28 juil. 1456 (en lat.). — Fol. 119. Lettre de Georges Podiébrad à Mathias Corvin, 28 juill. 1468 (?).

6010. Fol. 55-59. Tractatus inter regem Hungariae, archiduchissam Claudiam et Hispaniae regem. — 15 sept. 1639.

6144. Fol. 13. Copie d'une lettre de Báthori à l'empereur (Rodolphe II) s. d. (en français).

6541. Recueil de différents titres concernant les maisons de... Hongrie, depuis 1360 à 1380 (copies du xviiiᵉ s.) Fol. 131. Lettre de Jacques (II de Bourbon), roi de Hongrie (titre usurpé) de Jérusalem et de Sicile au maréchal de Severac (copié sur un document des archives de Rodez).

9729. Recueil formé par le P. Léonard de Sainte-Catherine de Sienne (Copies). Fol. 84. Lettre de Bethlen reprochant aux Moraviens leur infidélité (1621). — Traité de Vienne entre Ferdinand et Bethlen (8 mai 1624). — Fol. 248. Relation de ce qui s'est passé entre les armées de Hongrie du 21 août jusqu'au 2 sept. 1696. — Fol. 252. Commission de l'Empereur dictée à Ratisbonne (15 sept. 1697). — Fol. 258. Articles ou Conditions des Mécontents de Hongrie (1705). — Fol. 293. Nouvelles de la Haute-Hongrie. — Plusieurs Manifestes imprimés.

10655-10656. Correspondances relatives aux affaires de Pologne, de Turquie et de Transylvanie. T. I. 1671-1677. Important pour l'ambassade de Forbin-Janson. Lettres d'Akakia, d'Apafi, de Béthune et de Révérend (fol. 72, 77, 85, 201). T. II. 1677-1679. De nombreuses lettres (originales) de Béthune, de Forval, de Révérend (datées de Fogaras, Radnót, Ebesfalva) et de Forbin-Janson (quelques documents en ital.).

14624. Manifeste de Thököli. — « Peuple hongrois, me voici encore une fois en campagne pour défendre notre liberté opprimée.... du favorable succès de ses armes ». — 18 fol.

15629, n° 96. Mandement au trésorier de l'épargne de payer à Georges Gritti, fils du doge de Venise, 22500 l. tournois pour le rembourser de pareille somme que sur la prière du roi transmise par Antoine Rincon, ambassadeur de France en Hongrie, il prêta au roi de Hongrie, en l'année 1529. — Fontainebleau, 22 avr. 1533.

18996. Fol. 1-30. Relation de la campagne de Hongrie en 1664 et des combats de Kermein et de St. Gothard entre les troupes françaises et allemandes et l'armée des Turcs, avec les articles du traité de paix fait entre l'Empereur (Léopold I) et le grand Seigneur (Mahomet XI), 7 sept. 1664. — Fol. 53. Relation de ce qui s'est passé le 1er avril 1664.

> La même relation dans le mscrit fr. 4151, fol. 57, et le Traité de paix, fol. 86. — Nouv. acquis. fr. 2083, fol. 404. Le traité de paix, fol. 410. Ce qui s'est passé le 1er août, fol. 412. La liste des blessés, fol. 418; n° 483 des *500 de Colbert*, fol. 332-363; Coll. Godefroy (Bibl. Inst.), t. 490, fol. 86. — La Relation publiée dans : Recueil historique contenant diverses pièces curieuses de ce temps. V. Bibliogr. Année 1666.

19877. Histoire du royaume de Hongrie. Contenant sa description, les vies des rois qui y ont régné et les troubles advenus suscités par diverses nations, principalement par les Turcs. Orné d'une carte de Hongrie et autres figures des sièges et rencontres plus mémorables, par Balthasar Guérin, Sieur du Montet, conseiller et auditeur des comtes de Lorraine. A Nancy, l'an 1604. — 545 p.

La carte, en tête, est imprimée; elle est découpée dans un ouvrage allemand paru à Francfort (1596). L'auteur remonte jusqu'au déluge, mais arrive (p. 3) à l'an 900. L'histoire des rois antérieurs aux Habsbourg est très sommaire; le xvie siècle est traité avec beaucoup de détails. — Les figures sont découpées dans des ouvrages imprimés en Allemagne, mais sur de petites bandes collées on trouve les indications françaises. Le manuscrit semble avoir été préparé pour l'impression.

20152. Fol. 637-661. Extraits de l'Hist. des troubles de Hongrie, par Martin Fumée. (V. Bibliogr. Année 1595). Extraits des Mémoires de Brodarics, de ceux de Castalde. — Fol. 679-684. Description de la Hongrie et de la Transylvanie. — 1595.

20158. Fol. 366. Palatins de Hongrie de 1561 jusqu'à Wesselényi. — Fol. 340. Manifeste de Georges Rákóczi II. — 31 déc. 1656. (Imprimé en lat.).

20270. Recueil de généalogies provenant des Frères de Sainte-Marthe. — Fol. 2-3. Généalogie des rois de Hongrie, d'André II à André III (xiiie siècle).

20293. Généalogies. Fol. 81-85. Généologie d'Attila à Ferdinand III ; généalogie de Jean Zápolya.

20307. Fol. 41-67. Généalogie et armoiries des familles hongroises.

Liste des familles dans l'ordre alphabétique. Les tables des Báthori, Forgach, Thurzó, et Thököli sont assez complètes; pour les autres familles, on trouve les armoiries seulement. — Dessins (médiocres).

22482. Relation d'un officier de l'armée de l'Empereur à un général espagnol contenant le détail des actions qui se sont passées au siège de Vienne fait par les Turcs en 1683. — Avec un plan. — 53 fol.

23380. Fol. 16. Traité entre l'Empereur, le roi de France, le roi d'Aragon et le roi de Hongrie pour le recouvrement du royaume de Dalmatie. — 1510. — Fol. 58. Articles de réconciliation entre Rodolphe II et Mathias, roi de Hongrie, 15 sept. 1610. — Fol. 64. Traité entre l'Empereur Rodolphe II et son frère Mathias, roi de Hongrie. — Prague, 21 août 1621 (en esp.). — Fol. 114. Cérémonies de confédération entre la Hongrie et la Bohême. — 1620. — Fol. 376. Traité entre Louis XII, Ladislas (Wladislas), roi de Hongrie et Jean-Albert, roi de Pologne. — 14 juillet 1500. — Fol. 402. Lettre d'obédience du Transylvain (Bátori), roi de Pologne au pape — 1576.

23558. Fol. 118. Traité d'alliance entre François Ier, roi de France et Jean (Zápolya) roi de Hongrie, 1526 (lat.).— Fol. 121 v°. Lettre de François Ier au roi de Hongrie. Saint-Germain-en-Laye, 24 févr. 1527 (lat.). — Fol. 124 v°. Lettre du roi de Hongrie au roi François Ier, 26 avril 1527 (lat.).— Fol. 136 v°. Double de la lettre d'Anthoine (Verancsics), homme du roi de Hongrie, à à Andreas Corsinus. Rome, 20 févr. 1532. Cf. Coll. Dupuy 468.

25264. Recueil de chroniques et de relations traduites en français. — Le vol. se compose de deux parties : fol. 1-275 et fol. 1-415. — Dans la seconde partie, fol. 171-220 : Journal de Jean Cuspinien, préfet de Vienne, contenant ce qui se passa en la conférence de l'Empereur Maximilien avec Vladislas, roi de Hongrie, Louis, roi de Bohême, et Sigismond, roi de Pologne. — Fol. 385-415. Relation de l'expédition de Soliman I contre l'Allemagne, commencée en avril 1529 sous l'empereur Charles V.

26880. (Cab. des titres, pièces orig. 396, dossier Boistel, n° 17). Ordonnance de payement à Aleaume Boistel pour son voyage en Hongrie. — 5 janv. 1377. — Cf. Noël Valois, Bibliogr. Année 1893.

Dans le Cab. des titres on trouve, dans les dossiers Bátori (Battori), Betlen, Rákóczi, Serin (Zrinyi), Tekeli, des notes biographiques et généalogiques, sans importance d'ailleurs.

Nouvelles acquisitions fr. N° 28. — Recueil de lettres autographes de divers personnages. — Lettres de Marie, reine douairière de Hongrie, veuve de Louis II. — Avr. 1555.

1001. V. Inv. Le Mans.

5178. Fol. 77. Lettres de Jean Sigismond (Zápolya) à Henri II, roi de France. Albe-Julie, 24 oct. 1558 (en ital.). — Fol. 79. Lettre de Bethlen Gábor à Louis XIII. — 9 avr. 1619. — Fol. 81-87. Quatre lettres du même à Césy. — 31 mai et 8 oct. 1626, 15 oct. 1628, 20 sept. 1629 (en lat). — Fol. 89-95. Quatre lettres de Rákóczi (Georges Ier) à Césy. — 18 juin 1631, 29 sept. 1635, 22 juill. 1639, 22 déc. 1639 (en lat.). — Fol. 97 et 98. Lettre (non signée) de Transylvanie à Césy contenant diverses nouvelles de la Hongrie, Pologne et Transylvanie. — Fogaras, 15 mars 1625 (en fr.)

Les lettres de Bethlen et de Rákóczi, publiées par A. Bopp dans : *Történelmi tár*, 1891, p. 177-185.

7065 (fonds Brienne 94), v. fonds lat. 12934.

9381 (fonds Margry). Fol. 19-48 et **9413**. Fol. 265-350, copies des principales pièces des Arch. des Colonies, concernant Benyowszky, 1772-1778.

10173. Manifeste du traitement des prisonniers français (en Hongrie) pendant leur captivité en 1793, 94 et 95, par le citoyen J. Hautière, capitaine, fait prisonnier à l'affaire du 12 sept. 1793 à Avesne-le-Sec. — 11 ff.

Les 500 de Colbert.

N° 11. Recueil de diverses lettres et mémoires concernant les affaires de France, 1589-1599. Fol. 131-136. Campagne contre les Turcs en Hongrie (en ital.). Tiré des papiers de Silvio Piccolomini (1594).

40. Recueil de pièces relatives à la Hongrie, la Suède, la Livonie, la Pologne et la Prusse. — 1598-1608 (provient de la bibl. de De Thou; v. Catalogus Bibliothecae Thuanae, t. II, p. 491). Fol. 10-21. Querelae, excusationes et protestatio regni Hungariae praesertim partium super. — Fol. 31. Traité de Hongrie, 1606. — Fol. 42. Litterae legatorum Hungaricorum ad status Austriacos.

49. Fol. 186-191. Articles et conventions accordés à la Fère entre le roi François I et la reine de Hongrie (Marie, veuve de Louis II), sur les différends entre ledit seigneur Roi et l'Empereur. 23 oct. 1538.

182. Fol. 73-86. Contributions demandées au clergé contre les Turcs et autres ennemis du royaume de Hongrie. De 1435 à 1596 (Extrait des Statuts et Ordonnances, imprimés à Vienne 1628, annoté par Théodore Godefroy).

296. Fol. 2-7. Traité entre l'Empereur Rodolphe II et Mathias, roi de Hongrie — 21 août 1611. — (en esp.). — Fol. 26 (v°) — 39. Traité d'alliance et confédération entre la Bohême et la Hongrie. — 1620. — Fol 39 (v°)-43. Cérémonies de la Confédération entre les royaumes de Hongrie et de Bohême et les provinces incorporées de Haute et Basse Autriche.

305. Fol. 267. Accord entre l'Empereur et Mathias, son frère,

roi de Hongrie. — Fol. 349. Traité de la nouvelle alliance et
confédération faite entre la France, la Suède et Gabriel (sic !)
Rákóczi, prince de Transylvanie. Alba-Julia, 1643.

328. Fol. 209-215. Traité entre Louis XIV et le Pr. de Transylvanie, 22 avr. 1645.

341. Fol. 352. Traité fait entre le roi de Hongrie et l'électeur
de Brandebourg, de ligue offensive et défensive contre la Suède.
1658 (en lat.).

385. Fol. 69-81. Constitutiones regni Hungariae in causa eligendi regem coronandique eumdem. — Gravamina regnicolarum. — Fol. 82-84 Oratio illustrissimi Domini Cardinalis Strigoniensis in adventu serenissimi Principis Mathiae archiducis
Austriae in Campo Posoniensi habita. — Fol. 85-88. Propositio
anno Domini 1608 die 24 oct. Posonii in comitiis generalibus
promulgata. — Fol. 89-96. Litterae S. M. Caesareae (Rodolphi II) ad status et ordines regni Hungariae, 1608. — Fol. 150-
155. Advis d'Allemagne, Bohême et Hongrie par lettres du
24 oct. 1619. — Fol. 161 et 171. Advis sur les affaires d'Allemagne et de Bohême. 1620 et 1626 (quelques renseignements
sur la Hongrie). — Fol. 228. Les conventions de la succession
perpétuelle des royaumes de Hongrie et de Bohême. Prague, 6
et 15 juin 1617. — Fol. 247. Lettre de Bethlen au roi de
Bohême. 28 août 1620 (dans cette lettre Bethlen s'intitule : roi
de Hongrie, Dalmatie, Croatie, Slavonie, Rame (Bosnie), Servie, Galice etc.).

397. Recueil concernant les affaires d'Allemagne, t. I. Contenant diverses lettres et mémoires tant de la négociation du Cte
de Fiesque et du sieur de Vulcob que de plusieurs autres personnes. — 21 mai 1569-24 oct. 1574. Fol. 513. Capita propositionis factae in comitiis Hungaricis, 1572.

398. Négociations de Vulcob et Ancel. 9 janv. 1575-25 août
1585. — Fol. 237. Les prétentions du Pr. de Transylvanie sur la
comté de Fogaras. — Réplique de l'Empereur aux Etats de
l'Empire touchant la Hongrie (1576) — Extrait d'une lettre
écrite à l'Empereur par Christophe de Teyffenbach de la Cour
de Transylvanie (20 janv. 1576).

483. Lettres de M. de Césy, ambassadeur à Constantinople
1623-1625. France et Turquie jusqu'en 1665. —Fol. 268-272.

Articles proposés au Pr. de Transylvanie par les Commissaires de l'Empereur en juin 1625 avec la réponse de Betlen (en lat.). — Fol. 300, Propositio comitis Nicolai Zerini sacrae Caesareae Majestati in scriptis tradita 15 jul. 1664 super desertione obsidionis Canisiae et expugnatione arcis Zerinae, 1664. — Imprimé de 11 p. 12°. — Fol. 306-308. Relation du chevalier de Béthune envoyé à M. Colbert de Vandières du camp de Raab, proche Kermen en Hongrie, le 6 août 1664. — Fol. 332-363. Relation de la campagne de Hongrie en 1664 et des combats de Kermein et de St. Gothard, cf. fonds fr. n° 18996. — Fol. 397-403. Relation du Sieur de la Haye contenant les particularités de son voyage de Hongrie et de l'audience qu'il eut du grand vizir à Bellegrade, 1665.

498. Mémoires relatifs aux années 1655-1658. — Fol. 97-100. Manifeste du roi de Hongrie. — Fol. 145. Des véritables causes du retardement de l'élection de l'Empereur. 1658 (mentionne souvent le roi de Hongrie).

499. Fol. 105-106. Le différend de Georges Rákóczi avec l'Empereur touchant le royaume de Hongrie. 1634.

———

Collection Dupuy.

N° 10. Fol. 64-66. Lettre de Villeroy sur les menées de Mathias, roi de Hongrie, en Bohême. 1612. — Fol. 68. Extrait de la relation de Nicolas Abaffi gouverneur de Tokaï à l'archiduc Ferdinand de Gratz touchant ce qui s'est passé contre la personne de Gabriel Báthori, le 27 oct. 1613. — Fol. 92. Traité d'alliance avec la Hongrie et la Bohême. Prague, 1620. — Fol. 111, 112 (v°) 122, 124 Lettres de Gabriel Bethlen. — Fol. 126. Lettres de Bethlen au prince des Tartares du 1er avr. 1621, interceptée par Georges Chezy de Kyma (Széchy) (la même lettre Bibl. Inst. fonds Godefroy, t. 490, fol. 171 ; Bibl. de Carpentras, n° 1813, fol. 214) cf. Apponyi, n° 788. — Fol. 152-169. Edict et déclaration de l'Empereur Ferdinand II roi de Hongrie et de Bohême sur aucuns points et articles touchant les édits et traités de pacification pour la religion. Vienne, 6 mars 1629.

326. Mélanges de diverses cérémonies. —Fol. 102. Conclusion solennelle de l'alliance entre la Hongrie et la Bohême. Prague,

26 avr. 1620. — Fol. 169. Cérémonies du sacre et du couronnement de... Ferdinand, roi de Hongrie, 1618 (en esp.). (Le
même document, Bibl. de la Chambre des députés n° 195,
fol. 186).

436. Fol. 36. Lettre de Sigismond Báthori, Pr. de Transyl-
vanie à l'Empereur. — Alba-Julia, 4 juin 1604 (en lat.). —
Fol. 44. Transaction passée entre Rodolphe II et son frère
Mathias, roi de Hongrie. Prague, 21 août 1611 (en esp.).

468. Fol. 149. Généalogie des rois de Hongrie et de Bohême
issus de l'empereur Sigismond, par Th. Godefroy. — Fol. 150.
Note de Th. Godefroy sur le traité pour la succession de Hon-
grie et de Bohême conclu entre l'Empereur Ferdinand II et
Philippe III d'Espagne. Prague, juin 1617. — Fol. 151. Traité
conclu entre François I et Jean, roi de Hongrie (s. d.). — Fol. 153.
Lettre de François I à Jean, roi de Hongrie. St-Germain en-
Laye, 24 févr. 1527 (en lat.). — Fol. 155. Lettre de Jean roi de
Hongrie, à François I. Bude, 26 avr. 1527 (original sur par-
chemin, en lat.). — Fol. 156. Lettres d'Antoine Wrancius
(Verancsics) à André Corsinus, secrétaire du roi Jean à la Cour
de François I. Rome, 20 févr. 1532 (en lat.). Cf. fonds fr. 23558.

> Les lettres de François I et de Jean Zápolya, publiées dans Char-
> rière, I, p. 155 et 158.

493. Pièces relatives aux matières ecclésiastiques. — Fol. 354.
Extrait du Corpus Juris de Werböczy, pars II, tit. 52 (Le pos-
sesseur des bénéfices ecclésiastiques est jugé par le juge royal).

547. Fol. 25-27. Lettres de Jean Zápolya, roi de Hongrie, au
frère du chevalier Casal. Alba-Julia 9 oct. 1531; au pape
Clément VII. Brassó, 16 oct. 1531. — Fol. 44-46. Lettre de
Jérôme Laczki, palatin de Siradie, vaïvode de Transylvanie au
pape Clément VII. Innsbruck, 10 déc. 1531.

> Ces trois documents publiés dans : Nicolas Camusat, Mélanges his-
> toriques. V. Bibliogr. Année 1619.

605. Fol. 188. Le différend de Georges Rákóczi, Pr. de Transylvanie avec l'Empereur touchant le royaume de Hongrie (cf.
les *500 de Colbert*, n° 499. — Fol. 190-193. Manifeste de Georges
Rákóczi et la réponse de l'Empereur, 1644. Imprimé (c'est le
n° 45 du journal *Extraordinaire* du 4 mai 1644).

642. Fol. 203. Lettre de François I aux princes de Hongrie
pour les exhorter à obéir au vayvode de Transylvanie, élu roi

de Hongrie. St-Germain-en-Laye, févr. 1527 (en lat.). — Fol. 262-267. Traité conclu entre la France, la Suède et leurs alliés d'une part, et d'autre part, Georges Rákóczi. Alba-Julia, 16 sept. 1643. — Fol. 270. Traité de paix entre l'Empereur Ferdinand III et Georges Rákóczi; août 1645 (en lat). — Fol. 267 (v⁰). Copie d'une lettre de Bisterfeld, 15 janv. 1644.

Collection de Lorraine.

377. Guerres de Hongrie, 1693-1694. Détails dans plusieurs des lettres adressées à l'abbé Fournier, prévôt de St-Georges, 1680-1695.

581. Fol. 86-201. Correspondance de l'abbé Le Bègue, écrite d'Allemagne et de Hongrie, 1683-1684.

Fonds Clairambault.

1215. Fol. 78. Mandement de payer à Statilée, évêque de Transsuane (Transylvanie), ambassadeur du roi Jehan de Hongrie, 22500 l. pour être employés en l'exercice de la guerre à l'encontre des ennemis de la foi cath. et autres affaires concernant le bien et utilité de la chrétienté. — 20 juin 1539.

Fonds Latin.

4188. Liber censuum Romanae ecclesiae usque ad Gregorium I. Auctore Cencio Camerario.

Plusieurs passages sur la Hongrie (fol. 21 (v⁰), 64 etc.). Cf. Theiner, Mon. hist. Hungariam sacram ill. t. I p. 107-124; l'édit. du Liber Censuum du Vatican par Fabre et Duchesne, t. I, p. 147 (avec d'excellentes notes sur la Hongrie) et t. II, p. 17. — L'original du Paris. 4188 est perdu.

5414 A. N⁰ 33. Lettre de Charles VII, roi de France a Ladislas V roi de Hongrie et de Bohême. — N⁰ 73. Copie de la lettre de Ladislas V au pape sur la guerre contre les Turcs. 1456.

5941 A. N° 3, fol. 75-78. Breve chronicum regum Hungariae a primo scilicet ingressu Hungarorum in Daciam et Pannoniam anno Domini ducentesimo ad regem Mathiam qui coronatus est anno 1464 (?). — Mscrit du xvi° siècle. Des notes très brèves; d'Attila jusqu'à Mathias Corvin.

6222 C. Summaria brevis et compendiosa doctrina felicis expeditionis et abbreviationis guerrarum ac litium regni Francorum. — Auteur inconnu. Dédié à Philippe III. Fol. 10 v° et suiv. sur la Hongrie (Conquête du roi de Sicile, Charles III d'Anjou).

6238. Fol. 20. Regni Hungariae dominatus et amplitudo.

> Cette notice date de la fin du xii° siècle; elle donne les revenus du roi Béla III qui a épousé Marguerite, sœur de Philippe Auguste. — Souvent publiée. V. Etude sur l'influence de la litt. française en Hongrie p. 12.

8143. Recueil de poésies latines. Fol. 41. Epithalamium in nuptias Batorianas. — 6 vers de Rémy Belleau.

8917. Fol. 101 (v°). Note sur la dévastation de la Hongrie en 1241.

9608. Sermon de Joh. de Capistrano, xv° siècle. A prêché la croisade en Hongrie.

11018. Bullaire de St-Gilles. Fol. 68 (v°). Sur la fondation du monastère bénédictin de Saint-Gilles à Somogyvár (Simich), en 1091. V. Etude sur l'influence de la litt. française en Hongrie p. 7 et Baumgarten, dans *Századok*, 1906.

11414. Fol. 23. Harangue faite à Charles VII au nom du roi de Hongrie.

12933. Mémoires et actes pour l'histoire d'Allemagne de 1619 à 1638. — Fol. 3. Confédération entre Frédéric, roi de Bohême et Bethlen (1620). — Fol. 29. Cérémonies de la Confédération entre les royaumes d'Hongrie et de Bohême et les provinces incorporées (25 avr. 1620). — Fol. 33. Lettre du baron de Dona sur les affaires de Hongrie. — Fol. 35 et 36 (v°). Lettres de Gabriel Bethlen (sur sa défaite). — Fol. 39-44. Lettres de Ferdinand I. — Fol. 366-371. La Conjuration de la Maison d'Autriche contre la liberté de l'Europe en la dernière élection faite à Ratisbonne, le 22 déc. 1636 avec les artifices et nullités de cette élection en la personne du roi de Hongrie, Ferdinand, prétendu roi des Romains.

12934. Mémoires touchant les royaumes de Bohême, Hongrie et Pologne (Copies). — N° 4. Traité de mariage de Louis, duc d'Orléans, fils puîné de Charles V avec Catherine ou une autre fille de Louis roi de Hongrie, où en faveur de ce mariage on lui donne le royaume de Naples et Comtés de Provence (Cf. Arch. nat. J. 458). — N° 5. Traité entre l'Empereur Frédéric III et Mathias roi de Hongrie touchant la succession dudit royaume, à Neustadt, 20 juill. 1463. — N° 7. Traité de Passau entre Ladislas (Wladislas II) roi de Hongrie et de Bohême et l'Empereur Frédéric III. Bude, 6 déc. 1491. — N° 8. Traité entre le roi Louis XII et le roi de Hongrie et de Bohême et Jean Albert, roi de Pologne, 1499. — N° 9. Traité de Vienne entre Maximilien I, empereur et Ladislas (Wladislas II) roi de Hongrie et Sigismond, roi de Pologne, 22 juill. 1515. — N° 10. Traité entre le roi François I et Jean, roi de Hongrie, 1528 (V. Arch. nat. J 995 A). — N° 15, Traité entre Philippe III roi d'Espagne et l'archiduc Ferdinand d'Autriche sur les conventions de la succession perpétuelle des royaumes de Hongrie et de Bohême. 1617. — N° 16. Traité entre Gabriel Bethlen et les Etats du royaume de Hongrie. 1619 et 1620. — N° 19. Traité fait dans le château de Prague entre l'Electeur palatin Frédéric, élu roi de Bohême et Gabriel Bethlen. 1620. — Les mêmes documents se trouvent dans Nouv. acq. fr. 7065 (fonds Brienne 94).

13628 (ancien St. Germain, français 1458) François Rákóczi : Confessio peccatoris. Ecrit de sa propre main. (Communiqué, en 1740, par le R. P. Carbonnier, Camaldule de Grosbois, entre les mains de qui le prince l'avait déposé). Fol. 1-671. Texte latin de la Confession; fol. 672-907. Aspirations d'un prince chrétien (texte latin et français).

> La dernière partie n'est pas de la main de Rákóczi, mais elle est paraphée par lui; publiée dans le Testament politique et moral du Pr.
> Rákóczi, « mais il y a dans cet original des morceaux qui ne sont point dans l'imprimé ». Le texte intégral fut donné par A. Grisza. Budapest, Académie, 1876.

Nouv. acquis. lat. 1152. Fol. 32 (v°). Quodam praepositum factum per Dom. Franc. Petrarcam coram rege Hungariae (Louis-le-Grand). — Fol. 58. Epistola Ladislai regis Hungariae.

> Il s'agit de Louis-le-Grand ; au moyen âge on désignait souvent ce roi sous le nom de Ladislas.

1641. Fol. 67. Lettre de Sigismond Rákóczi à l'astronome Hevelius. — Fogaras, 21 nov. 1650.

Fonds Italien.

1459. Mélanges de pièces en français et en italien. N° XI. Narratione del Capitano Claudio Coginara da Parma su la perdita Agria (Eger), 1596. Publié par H. Marczali dans *Történelmi tár*, t. 23 (1877).

Fonds Allemand.

100. Recueil de copies de lettres et de notes journalières relatives à la campagne de Hongrie en 1687. Journal d'un officier général allemand, servant en Hongrie. Pour la plupart en français, quelques pièces en allem. lat. et ital. — Fol. 1-22. Documents divers sur le plan de campagne. — Fol. 23-162. Notes journalières sur les opérations et copies de lettres. — Fol. 163-248. Plan de la campagne à venir (déc. 1687).

109. Ordres et règlements pour le régiment des hussards de Székely (en alld). 65 fol.

363. Elegie verfasst zu Munkács im April 1798. — 17 p. Contient une description de la prison et du traitement des prisonniers.

BIBLIOTHÈQUE DE L'INSTITUT

Mscrit N° **66** (anc. 79), Affaires de Levant, Constantinople, Hongrie, Pologne. Années 1677-1679. Copies. — Fol. 101. Abrégé des affaires de Hongrie. Depuis la prise de Neuheusel (Ersek-Ujvár) 1663. (Copié sur le mscrit original de Nointel). — Fol. 493. Lettre de Szepesi, 1675. — Fol. 516. Mémoires sur les affaires de Hongrie. — Fol. 521. Lettre des Mécontents à Béthune. — Fol. 526. Lettre de l'Empereur à Barkóczi. — Fol. 536-562. Lettres de Teleki, de Kende et de Keczer. — Fol. 565-580. Lettres de Bessenyei (residens Hungarorum exulum). — Fol. 581-607. Mémoire d'André Radics (Hungarorum ablegatus in Porta ottom.) (en lat.). — Fol. 608. Mémoires de Nicolas Keczer (en lat.).

650 (anc. 170), Henri duc de Rohan. Description d'Allemagne... de Hongrie avec des remarques très curieuses et plu-

sieurs réflexions politiques, 1598-1600. Fol. 67 (v°) sur Javarin
(Raab). — Publié dans les Mémoires du duc de Rohan, II⁰
partie, p. 217-440 (édit. de 1661) ; p. 328 sur Javarin.

682 (anc. 202), Relation de la campagne des armées impériales contre les Turcs en 1683 et années suivantes par le baron
de Rheims, adjudant général de l'armée de l'Empereur en Hongrie, commandée par son Altesse Charles V duc de Lorraine.
60 fol. « La grandeur et l'importance des actions qui se sont
passées entre les Chrétiens et les Turcs..... il fit ensuite la répa-
ration des troupes dans les quartiers qui leur étaient assignés ».

Collection Godefroy [1].

T. 3. Fol. 259. Textes divers relatifs à la nomination aux bénéfices en Hongrie.

26. Copies de traités de paix. Fol. 82. Traité de l'Empereur
Mathias II avec le roi d'Espagne, 1617 (Prétentions du roi d'Espagne à la succession des royaumes de Hongrie et de Bohême)
(en lat.). — Fol. 86. Pacte de Ferdinand, archiduc d'Autriche avec
le roi d'Espagne pour la succession du roi d'Espagne aux
royaumes de Hongrie et de Bohême en défaut des descendants
mâles de l'Empereur, 1617 (en lat.). Cf. Bibl. nat. fonds lat.,
12934. N° 15.

75. Fol. 6. Résolution de l'archiduc Mathias nommé plénipotentiaire au royaume de Hongrie pour l'apaiser. — Vienne,
23 juin 1606. — Fol. 16. Traité de Vienne entre les ambassadeurs de Hongrie et l'archiduc Mathias, 1606.

76. Fol. 3. Lettres patentes de l'archiduc Mathias sur la Trève
du royaume de Hongrie. Vienne. 15 janv. 1606. — Fol. 5.
Texte latin de ces Lettres.

80. Fol. 81. Lettre de Bethlen Gabor aux administrateurs du
royaume de Bohême, 18 août 1619. — Fol. 93. Un passe-port

---

(1) Cette collection qui comprend 549 vol. peut être comparée à celle des
frères Dupuy de la Bibl. nat. Ludovic Lalanne en a dressé un Inventaire
sommaire dans l'Annuaire-Bulletin de la Société de l'Histoire de France
(1865). M. Gebelin en prépare un qui sera plus détaillé. Il a bien voulu nous
communiquer les documents concernant la Hongrie qui ne sont pas mentionnés dans l'Inv. Lalanne.

concédé par Bethlen au Sieur de Croisilles dépêché vers lui par les ambassadeurs de France vers l'Empereur. — 5 oct. 1620. — Fol. 95. Instruction des dits ambassadeurs au dit Croisilles. 7 déc. 1620 (cf. Bibl. nat. fonds fr. 3972).—Fol. 102. Une lettre du Grand Turc à Bethlen (1er mars 1625, trad. ital.). — Fol. 104. Instructions de l'envoyé de Césy à Bethlen (janv. 1626, trad. ital.).— Fol. 106. Lettre de Bethlen à Thomas Roe, ambassadeur d'Angleterre à Constantinople (28 déc. 1626). — Fol. 112. Lettre de Césy à un officier de Bethlen (2 mai 1639). — Fol. 114. Pouvoir donné à Fleutot de traiter avec Georges Rákóczi. — St-Germain-en-Laye, 10 mai 1639.

87. Fol. 149. Copie d'un manifeste de l'Empereur aux Etats de Hongrie. 23 févr. 1644.

88. Fol. 72 et 86. Copies de pièces diverses se rapportant aux traités entre Georges Rákóczi, la Suède et la France, 1643-1645.

90. Fol. 2, 6, 8, 16 et 22. Copies des traités conclus entre Georges Rákóczi, l'Empereur et la France. 1645.

91. Fol. 192 et 291 et suiv. Copies de pièces concernant les négociations de Bethlen et Georges Rákóczi avec la Porte, l'Empereur et la France.

95 Fol. 262. Mémoire envoyé au Cte d'Avaux pour qu'il envoie un agent auprès du Pr. de Transylvanie, après s'être concerté avec la Cour de Suède. St-Germain-en-Laye, 9 mai 1639.

96. Fol. 287. Projet de traité entre la France, la Suède, la Porte et le Pr. de Transylvanie.

97. N° 74. Quittance de la ville de Francfort des sommes payées par Charles duc de Lorraine pour la fortification des places frontières de Hongrie accordées pour trois ans à la Diète de Spire en l'an 1570 (21 sept. 1573 ; en allem., avec le sceau de la ville de Francfort).

116. Lois et statuts concernant.... la Hongrie (Crimes de lèse-majesté). Fol. 148-168. Extrait des statuts et ordonnances du royaume. Vienne, 1628. Ordonnances de Wladislas II, de Louis II sur ceux qui rendent les places fortes par lâcheté. — Fol. 174, sur ceux qui tuent, battent ou rendent captifs les juges royaux (1464). — Fol. 178, sur ceux qui vendent des héritages aux ennemis (1486).

164 et **205**. Inventaires du Trésor des Chartes dont un chapitre est consacré à la Hongrie.

210. Fol. 69 et 71, **211**. Fol. 91 et **218**. Fol. 139. Eloges de Jean Hunyad et de Mathias Corvin (extraits d'ouvrages imprimés).

211. Fol. 127. Copie d'une lettre concernant Bethlen Gabor. Vienne 14 nov. 1629.

213. Fol. 50. Eloge d'Etienne Báthori.

255. Fol. 44. Lettre de Neuville à Villeroy, 17 mai 1552 ; sur la reine de Hongrie, veuve de Louis II.

263. Fol. 13. Lettre de Phil. Emmanuel de Lorraine, duc de Mercœur, à de La Porte, son surintendant touchant les affaires d'Autriche et de Hongrie. Vienne 7 mai 1601 (original). —- Fol. 37. Lettre du même au même donnant des nouvelles de Transylvanie. Vienne, 24 févr. 1602 (original).

264. Fol. 130. Lettre de Maurice le Savant, Landgrave de Hesse, à Henri IV lui donnant des nouvelles de l'Empire. Cassel, 2 juin 1606 (original).

265. Fol. 71. Lettre d'Ancel, résident de France à Prague, à Madame de Mercœur, sur le retour triomphant de l'archiduc Mathias et de Mercœur à Vienne après leur succès contre les Turcs en Hongrie. 24 nov. 1601.

266. Lettre de Bethlen à Césy. 14 juill. 1611. (De la part de l'archiduc ; il demande si la France veut favoriser celui-ci pour être empereur).

269 (Papiers de Césy) (1) Fol. 2. Lettre de Bethlen aux Etats de Moravie. Tyrnavie 8 janv. 1621. — Fol. 138. Du même à de Harlay (Césy) 17 juin 1623. — Fol. 181. Du même à ses délégués auprès de la Porte qui doivent se présenter à Césy. — 13 mars 1624. — Fol. 228. Du même (mission de Jean Gaspard de Gialakutha à Constantinople) 20 mars 1625. — Fol. 230. Du même (sera content si dans l'avenir on l'informe toujours des intentions du roi de France) 30 mars 1625. — Fol. 235. Du même (recommande Keresztesi de Nagy-Megyer qui se rend à Constantinople). 20 sept. 1625. — Toutes ces lettres portent le sceau de Bethlen.

(1) Les papiers de Césy ont été utilisés par Sayous dans son Hist. des Hongrois.

270 (Papiers de Césy). Lettre de Bethlen à Césy. Fogaras, 24 juin 1626 (envoie Thomas Borsos à la place de l'ancien député). — Fol. 24. Lettre de Mansfeld, au service de Bethlen, à Césy. — 5 nov. 1626 (demande qu'on renforce l'infanterie). — Fol. 28. Lettre de Bethlen. 14 déc. 1626. — Fol. 45. Lettre du même, 27 août 1627 (recommande à Richelieu le Cte Pierre Bethlen, son neveu, qui vient en France pour y voir la Cour après avoir fait ses études à Leyde (cf. Min. Aff. étr. t. I, fol. 74). — Fol. 294. Lettre du duc de Nevers au Roi sur les affaires de Bohême et de Hongrie. Vienne, 5 nov. 1628 (négociations de De Beaugy; promet au roi de sonder l'Empereur pour savoir s'il agréera son intervention pour l'accommodement de la guerre de Bohême. — Original. — Fol. 320. Lettre de Georges Guillaume, électeur de Brandebourg, à Césy lui recommandant ses envoyés à la princesse de Transylvanie. Kœnigsberg, 17 janv. 1630 (original en lat.). — Fol. 326. Lettre de la veuve de Bethlen, Catherine de Brandebourg, à Césy. Alba-Julia, 26 févr. 1630 (remercie pour les condoléances et lui recommande Michel Toldalaghi). — La trad. de cette lettre t. 218, fol. 126. — Fol. 376. Le sceau de Bethlen et l'adresse à Césy; la lettre manque.

275. Fol. 60. Lettre du Cte Serin (Zrinyi) à Monnetti. Forteresse de Zrin, 13 août 1663 (en marge : ou 1664) (lui envoie une lettre pour le Pr. Porcia et parle de ses nombreuses occupations aux Confins ; en ital.).

284. Fol. 139. Lettre de Sigismond Mikes à Césy. s. d. (dit qu'il a traité avec le vizir des affaires de son maître Rákóczi).

384. Fol. 49. Relation du couronnement de Mathias II, roi de Hongrie, faite à Presbourg. 19 nov. 1608. — Fol. 51. Lettre de Thomas Zetay à Don Juan Roche lui racontant le couronnement de Ferdinand. Vienne, 4 juil. 1618 (en esp.). Cf. Bibl. de Carpentras n° 1794.

458. Fol. 97. Séance au festin nuptial de Gabriel Bethlen.

471. Fol. 37. Notes de Th. Godefroy touchant la préséance des rois de France sur ceux de Hongrie et d'Espagne.

476. Fol. 260. Relation de la réception faite à Presbourg par Bethlen Gabor aux ambassadeurs de France. — Vienne, 4 nov. 1620.

479. Fol. 39 et 41. Cérémonies de la Confédération entre les
royaumes de Hongrie et de Bohême et les provinces incorporées de Haute et Basse Autriche, le 25 avr. 1620 à Prague. V.
500 de Colbert, n° 296.

482. fol. 19. Lettre de Denis de Vidant, de Briçonnet et de
Denis le Breton, à Charles VIII roi de France, l'informant
qu'ils ont envoyé pour 300 marcs de vaisselle plate à l'ambassadeur de Hongrie et acheté pour 1750 livres un reliquaire de St.
Martin. Tours, 9 oct. 1490. — Fol. 66, 77, 83 et 84. Quatre
lettres des ambassadeurs sur les négociations entre l'Empereur
et Bethlen. V. Bibl. nat. fr. 3972. 2 févr. 15 et 30 mars, 7 avr.
1621.

487. Fol. 304. Copie d'une réponse de Jean Georges Ier, électeur de Saxe, aux propositions de Georges Rákóczi contre la
Suède. Dresde, 10 oct. 1633.

488. Fol. 286. Des princes de Transylvanie.

490. Fol. 7. Lettre de Jean, roi de Hongrie à Paul de Casalis
gentilhomme romain. 29 sept. 1530 (pour lui recommander ses
affaires auprès du pape et celui qu'il envoie pour cela; en lat.
cf. Bibl. nat. *Fonds Dupuy* 547). Même fol. Lettre du Bassa
Ibraïm, grand vizir, à Jean, roi de Hongrie. 10 sept. 1530 (sur
ce que des bateaux chargés de marchandises avaient été pris
près de Bude par ses sujets qu'il mande qu'on lie pour les
mener à Bude pour en faire le châtiment; en ital.). — Fol. 9.
Oraison de l'ambassadeur du roi Jean de Hongrie en la Diète
tenue à Spire. — Fol. 17 et 21, Pièces relatives à la Diète de
Ratisbonne (1594) pour la contribution contre les Turcs.
— Fol. 31-44. Discorso del Sign. Battista Leoni soprá le provi-
sioni per la guerra d'Ungaria du farsi l'anno 1597. — Fol. 45-
54. Breve relatione de principali imprese di quest' anno 1598
nella guerra d'Ungaria (avec des plans). — Fol. 55. Gazette
(13 sept. 1603) sur la guerre qui se faisait en Hongrie entre les
Allemands et Turcs. Ceux-ci proposent une paix qu'on croit
être feinte. Division entre le Cte de Sultz et Kolonics. —
Georges Basta s'oppose aux Turcs du côté de Temesvár. —
Fol. 60. Notice sommaire (17 lignes) sur Mathias Corvin. —
Fol. 61. Lettre de l'Empereur aux États de Hongrie en faveur
de Ferdinand. — Mars 1618. — Fol. 67. Lettre du Vizir de
Nagy-Várad au gouverneur de Székelyhid. 1er déc. 1662. —
Fol. 78-83, Propositio Comitis Nicolai Zerini Sacrae Caes.

Maj. super desertione obsidionis Canisiae et expugnatione arcis Zerinae. 15 juil. 1664 (cf. Bibl. Nat. *500 de Colbert* 483). —. Fol. 86. Relation de la Campagne de Hongrie en 1664 et des combats de Kermein et de St. Gothard. Articles du traité de paix (cf. Bibl. Nat. fonds fr. 18996). — Fol. 110-143. Discours de table tenu à Constantinople entre un Bassa Turc considérable et un officier d'artillerie allemand faisant profession de la religion chrétienne concernant la dernière guerre du Turc contre l'Empereur (en Hongrie). — Fol. 148. Lettre de Sigismond Báthori à l'Empereur. Alba-Julia, 4 juin 1602 (il se soumet entièrement.). — Fol. 149. Extrait et trad. d'allem. en fr. d'une lettre du valet de chambre de l'Empereur à un sien ami en France. — Prague, 12 avr. 1605. — Fol. 153-155. Extrait de la relation de Nicolas Abaffi, gouverneur de Toggay (Tokaï) envoyé à l'archiduc Ferdinand sur le meurtre de Gabriel Báthory, tué le 27 oct. 1613 (cf. Bibl. nat. *Coll. Dupuy*, t. 10, fol. 68); fol. 157 et 159 la même relation. — Fol. 161. Lettre de l'Empereur Mathias au Cte de Hohenzollern (lui envoie la copie de la lettre du Grand Seigneur aux Saxons de Transylvanie; 10 avr. 1614. — Suit la lettre du Grand Seigneur aux résidents en Transylvanie de la nation saxonne sur l'élection qu'il a faite de Bethlen Gabor pour leur prince qu'il leur ordonne de recevoir comme étant sous sa protection. — 3 févr. 1614 (en fr.). — Fol. 165. Lettre de Bethlen à l'Empereur (15 mars 1620). — Fol. 166. Lettre du même au Pr. Anhalt (17 mars 1620). — Fol. 167. Lettres du même à l'Électeur de Saxe, aux ducs de Bavière, de Wurtemberg, aux princes de l'Union (avr. 1620). — Fol. 169. Renouvellement d'Union des Hongrois entre eux et de leurs confédérés (juil. 1620). — Fol. 170. Copie de la lettre du sultan Osman, empereur des Turcs, à Sa Sérénité et les États et les grands du royaume de Hongrie (Trad. du lat. en fr.; 1621). — Fol. 171. Extrait de la lettre de Georges Chezy (de Kyma) écrite à l'Empereur (26 avr. 1621) avec la lettre de Bethlen au Pr. des Tartares, interceptée par Chezy. 1er avr. 1621 (cf. Bibl. Nat. *Coll. Dupuy*, t. 10, fol. 126 et Bibl. de Carpentras, N° 1813, fol. 214) — Fol. 173. Lettre du sultan Osman à Bethlen et aux États de Hongrie (1621, en lat.). — Fol. 175. Lettre de Bethlen au Pr. d'Anhalt (26 janv. 1621). — Fol. 177. Instruction à Tomaso Fornetti, interprète de France à la Porte Ottomane (janv. 1626; affaires de Hongrie). — Fol. 180. Lettre de Constantinople sur les affaires de Hongrie (8 déc. 1629). — Fol. 182. Lettre du

Cte Bethlen à Césy (désire conserver l'alliance avec la France).
— Fol. 184. Lettre du même au même (annonce son élection
comme Pr. de Transylvanie, mais pour épargner le sang de ses
peuples, il a renoncé à la principauté en faveur de Georges
Rákóczi). — Fol. 186. Lettre de Louis XIII à Georges Rákóczi
(9 mai 1639). — Fol. 188. Mandement du Sultan aux États et
toute la commune des sept comtés de Hongrie possédés par le
Pr. de Transylvanie et à la nation heydouque (1631). —
Fol. 190, Lettre d'Ali pacha, vizir de Canise au Cte Zrinyi
(24 mai 1662, en lat.). — Fol. 191. Comtes et nobles de Transylvanie (projet d'une confédération). — Fol. 192. Notes sur
Barcsay. — Fol. 193. Réponse des États de Transylvanie aux
Polonais. — Fol. 197. Récit d'un voyage de Pologne en Transylvanie (en lat.).

491. Fol. 275, 281, 283, 287. Récits des redditions de Lippa
(1552) de Totis (Tata, 1559), de Raab (Javarin, 1595), de
Kanizsa et de Babotsch (1601).

516. Fol. 129-138. Consilium D. Lazari Schwendy de bello
contra Turcos in Ungaria, Dalmatia et Illyria gerendo (1570).
— Fol. 308. Mémoire de Césy, concernant les ambassadeurs de
Transylvanie. — Fol. 338. Brouillon d'une lettre de Césy à
Charles, duc de Guise (9 févr. 1631; la princesse de Transylva-
nie, veuve de Gabriel Bethlen, est obligée de quitter le pays par
les factions du Cte Bethlen; celui-ci dépossédé par Rákóczi;
ce dernier est calviniste, possède beaucoup de biens en
Hongrie). — Fol. 353. Relation des desseins du Turc sur la
Valachie, Hongrie et Pologne que Abassi pacha conduit à la
Porte (4 févr. 1634; en lat.). — Fol. 400. Lettre de Césy au
pacha de Bude. — 26 juin 1641 (en ital.).

549 *bis*. N° 32. Traité de Vienne entre l'archiduc Mathias et
les ambassadeurs d'Étienne Botskay, 1606.

549 *ter*. N° 4. Instructions d'un envoyé de Bethlen Gabor à
Césy chargé de répondre aux propositions faites de la part de
ce dernier par Tomaso Fornetti. 1626.

BIBLIOTHÈQUE DE L'ARSENAL

B (Archives de la Bastille) **10728**. Fol. 158 (18 août 1721).
Note sur l'abbé Brenner, agent des affaires du Pr. Rákóczi et

son résident en France. Il a été arrêté sur la demande du prince ayant abusé de sa confiance. Tous les papiers concernant ce prince ont été remis à M. De Bon, son agent, suivant l'ordre du Comte de Toulouse. — Brenner s'est coupé la gorge à la Bastille le 25 sept. 1721 et a été enterré dans le jardin du château la nuit suivante. — Publié dans F. Ravaisson : *Archives de la Bastille*, t. XIII, p. 334.

B 10288. Versailles, 17 mai 1743. On demande des renseignements sur les allures du sieur Gundell (Gondelle) chargé des affaires de la reine de Hongrie, les lieux qu'il fréquente et les personnes avec lesquelles il est en liaison (Rapports de la police en 6 liasses).

B 10289. Année 1744. Rapports sur Gundell (fréquente souvent l'ambassadeur du Portugal). Le chirurgien de la reine de Hongrie, envoyé près de la reine du Portugal, est resté à Paris un mois.

B 11552. Fol. 234. Année 1744. On a arrêté deux particuliers. Gundell demande leur mise en liberté. On l'accorde. Il a promis de les faire sortir sur-le-champ de Paris.

B 10290. Année 1746. Sur le Pr. Georges Rákóczi, second fils de François Rákóczi. D'Argenson demande à la police si le Pr. Georges est toujours à Paris (les nouvelles de Vienne disaient que le Pr. Rákóczi formait en Hongrie un gros parti pour lui). La police informe d'Argenson que le prince est toujours à Paris.

B 10244. Rapport du 31 déc. 1753, adressé à M. Meunier, inspecteur de police, sur l'union morganatique du Pr. Georges Rákóczi et Mlle Pinthereau de Boislisle, dame de Cléry en Vexin (Détails sur la vie du prince à la Chapelle Saint-Denis. V. Thaly, dans *Turul*, 1905, p. 49). — Une feuille sur la famille Rákóczi.

B 11245, 11380, 12556, 12489 (fol. 92), **12581** (fol. 35 v°). Documents sur l'arrestation et la mise en liberté de Bohn, espion de François Rákóczi II. V. Les dernières années de François Rákóczi II. *R. de Hongrie*, 1910, janv. et févr. Ravaisson, *Archives de la Bastille*, t. XIV, p. 402.

MANUSCRITS

676. Fol. 90. Généalogies. — Branche de la première maison d'Anjou de Durazzo, rois de Hongrie.

2905. Fol. 341-342. Voyage de l'équipage de S. A. M. le Pr. Conti pour le suivre en son voyage de Hongrie, 24 avr.-15 oct. 1685 (indication des dates, des lieux du séjour et des dépenses). Publié par L. Karl dans *Történelmi tár*, 1908.

3128. Fol. 329. Épigramme sur la reine de Hongrie (Marie-Thérèse), 1742.

3864. Mémoires du baron de Breteuil, introducteur des ambassadeurs et princes étrangers auprès du roi, t. VI. Fol. 124-127. Arrivée de Rákóczi en France (28 janv. 1713), sur la manière de le recevoir; fol. 129-133. Visite de Breteuil à Rákóczi de la part du roi; fol. 134, 145. Visites de Brenner à Breteuil; fol. 147. Réception de Rákóczi à Versailles; fol. 158. Rákóczi au lever de sa Majesté, 16 mars; fol. 160. Rákóczi chez le duc de Berry et chez le duc d'Orléans; fol. 165. Visite à Versailles, 28 mars.

4771. Fol. 225. Lettre d'Esterhazi (1), palatin de Hongrie, au Pr. Georges Rákóczi (14 déc. 1630; lui dit de ne pas accepter le trône); la réponse de Rákóczi (22 déc. 1630).

4783. Mémoires du baron de Lisola. Fol. 68-70. Relation des événements militaires qui se sont passés en Hongrie, 1676-1677 (en allem.).

5047. Fol. 189-193. Notes sur les rois de Hongrie et de Transylvanie. De Taksony (Toxys) jusqu'à 1303. — Fol. 237-239. Princes de Transylvanie, d'Étienne Sigismond Báthori jusqu'à Georges Rákóczi II.

6040. Papiers de la famille Arnauld, t. VII. Fol. 5. No 994. Lettre de Thököli à Pomponne. Constantinople, 19 avr. 1697.

6463. Plan de l'attaque de Pfaffenhofen du 15 avr. 1745 fait par M. de Batiany contre les troupes françaises commandées par le Comte de Ségur.

(1) Le catalogue donne : Estechasius.

BIBLIOTHÈQUE MAZARINE

Manuscrit **1733** (anc. 1329). Secunda pars diversarum legendarum de Sanctis. Hartvicus. Vies de saint Étienne, roi de Hongrie, de saint Ladislas, d'Éméric (fils de saint Étienne) et de saint Gerard Fol. 404, 407, 414 (v°) et 417 (v°) (Mscrit du xv° s.).

A 15420, No 48. Bref d'Innocent XI à Louis XIV pour lui demander de secourir la Hongrie contre les Turcs, 1683. (Copie, en lat.).

A 15424. N° 71. Nouvelles d'un combat en Hongrie, 1696. — Un passage seulement.

BIBLIOTHÈQUE SAINTE-GENEVIÈVE

595. Catalogue des monastères de l'Ordre des chanoines réguliers. Fol. 123 ; mentionne un seul couvent en Hongrie fondé par François Nádasdi « prope arcem Pottendorf situm ».

2067. Contrats de mariage. Fol. 2-15. Traité de mariage entre Louis, second fils du roi Charles V et Antoinette (1), fille de Louis, roi de Hongrie, de Pologne et de Dalmatie. Ancienne copie des contrats des Arch. nat. J 458.

2068. Fol. 38-43. Copie, plus récente et plus lisible, des contrats précédents.

BIBLIOTHÈQUE DU MINISTÈRE DE LA GUERRE

76. Réflexions militaires dans un voyage fait en Saxe, en Prusse... Autriche, Hongrie et Bavière (le mscrit provient de la Bibl. du maréchal Lauriston) Fol. 94-99. Des Autrichiens, y compris la Hongrie.

422. Recueil de différents portraits des troupes irrégulières à la solde de sa Majesté la reine de Hongrie (xviii° siècle). 17 dessins coloriés avec explication (pour deux tables seulement). Pandours, heyduks, Valaques, cosaques, hussards, Croates, Serviens. Voy. Bibliogr. Année 1742.

(1) Faute du copiste, au lieu de *Catherine*.

762. De l'Art militaire (quelques exemples tirés de la guerre des Turcs en Hongrie et des Hongrois en Pologne).

BIBLIOTHÈQUE DE LA CHAMBRE DES DÉPUTÉS

195. Couronnement des rois et princes étrangers. Fol. 186-189. Hongrie. Sur la cérémonie de 1618 (en esp.).

1108. Dépêches de Pierre Chanut. — Fol. 293. Copie d'une quittance de Georges Rákóczi I (Subsides données par Torstenson au nom de la France et de la Suède), 9 août 1645.

BIBLIOTHÈQUE POLONAISE

R. Instrumentum Confoederationis inclytorum regni Hungariae statuum et Ordinum pro libertate confoederatorum. — 1705. — Lettre de confédération de la Diète de Szécsény. 12 feuillets de parchemin. Texte hongrois (1) avec les signatures et les sceaux des confédérés. Reproduit en fac-similé, avec une Introduction par S. Borovszky, Budapest, 1911. V. R. hist., 1911, sept.-oct., p. 188.

BIBLIOTHÈQUES DES DÉPARTEMENTS (2)

Aix-en-Provence·

385. Inventaire des layettes, coffres, sacs et registres qui sont au Trésor des chartes du roi à la Ste-Chapelle, t. VI, 2. Hongrie, p. 122-131.

486. Recueil de mémoires sur le règne de Louis XIV, 1664-1679, t. I. Mémoires et relations de ce qui s'est passé aux voyages de Hongrie, de Gigery et de Candie.

505 (Mscrit ital.), P. 421. Appologia fatta da Francesi per giustificare le procedure del Rè nelli emergenti dell' Ungheria.

---

(1) Avec les lettres de Vettes aux Arch. du Min. de la guerre (1943), c'est le seul document en langue hongroise que nous ayons trouvé jusqu'ici à Paris.

(2) D'après le Catalogue général des manuscrits des bibliothèques publiques de France.

1041. Relation en forme- de Journal de la Campagne de Hongrie de 1664.

Amiens.

884. Papiers du général de Vault, directeur du dépôt de la guerre, t. IV, 35. Traité entre la reine de Hongrie et de Bohême et l'électeur de Bavière. Munich, 21 juill. 1746.

887. Mêmes papiers, t. VII, 4. Notes sur les forces militaires que l'Impératrice (Marie-Thérèse), tire et peut tirer de la Hongrie.

Auch.

69. Recueil formé par l'Abbé Daignan du Sendat (xviie et xviiie s.). Fol. 362. Portrait de la reine de Hongrie (Marie-Thérèse) en vers français.

Avignon.

1385. Inventaire du trésor des chartes. Fol. 391 (v°), Hongrie. (Copie du xviie s.).

2053. Pièces sur les affaires du clergé au xviie s. — Fol. 116. Censure de l'archevêque de Strigonie, en Hongrie, des quatre propositions de l'Eglise gallicane touchant la puissance ecclésiastique.

Besançon (1).

481. Fol. 1. Dédicace à Mathias Corvin de l'ouvrage de Regiomontanus. Tabula primi Mobilis LXIII problematibus praemissis. (Table du premier Mobile, impr. à Vienne 1514). Exemplaire manuscrit retouché peut-être par l'auteur (qui a été professeur à l'Academia Istropolitana à Pozsony) ; a appartenu à Mathias Corvin.

1165. Papiers politiques de D. José Arnolfini, 1601-1669.

(1) La bibliothèque de Besançon possède plusieurs manuscrits de la Corvina (bibl. de Mathias Corvin) ; nos 166, Dionysii Areopagitae de coelesti hierarchia ; 170, Divinae institutiones, auctore L. C. Lactantio Firmiano (chef-d'œuvre d'enluminure de la Renaissance italienne) ; 431, Liber moralium de regimine dominorum qui alio nomine dicitur Secretum secretorum (semble provenir de la Corvina) ; 531, Cicéron contre Verres (a passé de la Corvina dans la Bibl. du Cardinal Granvelle) ; 843. Commentaires de Jules César.

T. III. Fol. 81-83, 86. Conditions mises par le duc Charles IV de Lorraine à son acceptation du poste de premier lieutenant général dans l'armée impériale, commandée par le roi de Hongrie (1634). — Fol. 87-88. Copie de la lettre du roi de Hongrie au duc de Lorraine pour son accommodement (en allem.).

Collection Duvernoy. N° **83**. Fol. 138. Sentence arbitrale de Jacques, archevêque de Cologne, « sur le différend entre Ladislas V, roi de Hongrie et de Bohême, et Philippe, duc de Bourgogne, au sujet du duché du Luxembourg. 1453.

Coll. Chiflet. N° **66**. Fol. 266. Mathiae (II) regis Hungariae electio in Romanorum regem, 1612.

N° **84**. Fol. 9. Extrait d'une patente de Mathias Corvin, roi de Hongrie, conférant l'ordre du Dragon à Philippe de Rebreviettes, gentilhomme du duc Philippe le Bon, 1460. (Dessin du sceau de Mathias Corvin dans le genre camaïeu).

> La bibliothèque possède de nombreuses lettres de Marie, reine douairière de Hongrie (veuve de Louis II), mais elles se rapportent à sa régence dans les Pays-Bas.

Caen.

274. Notice sur les Cziganys, peuples errants de la Hongrie, par François Boisard. Autographe. (La broch. a paru à Caen en 1816. V. Bibliogr.).

Cambrai.

940. Recueil de lettres et de documents ; l'auteur paraît être un Italien de Bologne ou de Florence ayant vécu vers la fin du XIVe s. — Fol. 42 (v°). Rex Franciae regi Hungariae super facto Ecclesiae. Lettre de Charles V à Louis le Grand, 1378. Publiée par Kervyn de Lettenhove, édit. Froissart, t. IX, p. 574. — Cf. N. Valois, Bibliogr. Année 1893.

Carpentras.

446. Fol. 36. Tableau généalogique des rois de Hongrie, issus de Rodolphe I.

500. Fol. 462. Liste des prélats de Hongrie (en ital.).

517. Fol. 10. Lettre du roi de Hongrie (Louis le Grand) au pape Clément VI tenant le Saint Siège en Avignon, l'an 1347. Fol. 11. Lettre de la reine Jeanne (veuve d'André, frère de Louis le Grand) adressée au pape Clément VI pour avoir son conseil si elle se doit remarier.

581. Relation abrégée de ce qui s'est passé dans la guerre de Hongrie depuis le commencement de la campagne de 1705 jusqu'au mois de mars 1708, par Le Maire, ingénieur, ayant servi en ce pays (98 feuillets). Publié dans : Histoire intéressante, etc. V. Bibliogr. Année 1756. Une autre relation de Le Maire. Arch. Aff. étr., t. 15, fol. 259.

582. Epistola Celsi ad Constantium de Hungaria. Fol. 2. De causa statuum et ordinum regni Hungariae pro libertate confederatorum. — Fol. 16. Epistolae Celsi ad Constantium de Transilvania (xviiie s., 20 feuillets).

591. Fol. 30. Les armoiries du roi de Hongrie.

1694. Fol. 174. Plan de la ville de Temesvár.

1755 (Coll. Tissot, t. 30). Fol. 432. Copie de la prophétie trouvée dans le tombeau de Jean Regiomontanus en Hongrie dans le xive (?) siècle. (Copié dans le Merc. de France, 1787 et 1788.)

1770. (Coll. Peiresc, III, t. I). Fol. 470. Armes de Hongrie.

1794. (Même coll. XXVI, t. I). Cérémonies des sacres et couronnement. — Fol. 136. Couronnement de Ferdinand (II), roi de Hongrie — 4 juill. 1618. — Copie de lettre datée de Vienne (4 juill. 1618) de Thomas Cheltroy (Zetay) à Don Juan Roche sur le couronnement de Ferdinand (en esp.). Cf. Bibl. Inst. Coll. Godefroy, t. 384, fol, 51.

1805. (Même coll. XXXVIII). Contrats de mariage et Testaments. Familles souveraines et princières. . de Hongrie. Copiés sur les originaux du Trésor des chartes, aujourd'hui aux Arch. nat.

1813 (1). (Même coll. XLVI, t. I). Fol. 495. Bethlen Gabor Alexandri palatini Valachiae partes amplexus (les faits rapportés remontent aux 28 nov. 1615, 24 et 29 janv. 1616). — Fol. 198. Traité entre Frédéric, roi de Bohême, les provinces de l'Autriche

______

(1) Les documents de ce vol. se trouvent également dans les archives et bibl. de Paris.

et Bethlen. Prague, 25 avr. 1620. — Fol. 206. Cérémonies de la Confédération entre le royaume de Hongrie et de Bohême et les provinces incorporées. — M. d. — Fol. 214. Lettre de Bethlen au Pr. des Tartares pour lui demander dix mille hommes de secours, interceptée par Chézy de Rima (sic). — 1er avr. 1621. — Fol. 218. Harangue faite par le chancelier Péchy, député de Bethlen à l'assemblée d'Ambourg (lire : Hainbourg), cf. Bibl. nat. fonds fr. 3972. — Fol. 222. Lettre adressée au roi par ses ambassadeurs, le duc d'Angoulême, etc. Hainbourg, 2 févr. 1621. — Cf. Ibid. — Fol. 443. Lettre d'Esterhazi, palatin de Hongrie à Georges Rákóczi. — 14 déc. 1630. — Réponse de Rákóczi, 22 déc. Cf. Bibl. Ars., n° 4771. — Fol. 349. Edict et déclaration de l'Empereur Ferdinand II, roi de Hongrie et de Bohême, sur aucuns points et articles touchant les édits et traités de pacification pour la religion. Vienne, 7 mars 1629.

Château-Thierry.

1, n° 12. Succession chronologique des rois de... Hongrie.

Cherbourg.

12. Fol. 5. Mandement de Georges Szelepcsényi, archevêque de Strigonte (Esztergom, Gran) primat de Hongrie. — 24 oct. 1682.

Dijon.

578. Fol. 30. Lettre de Ladislas roi de Hongrie à G. intruso (Le recueil se rapporte au schisme d'Occident; provient de Cîteaux).

Douai.

942. Généalogie de la maison souveraine de... Hongrie par Ignace Malotau (xviiie s.). Inédit.

962. Recueil des Etats et Diètes (par le même). Diètes de Hongrie.

Epernay.

87. Journal de la dernière guerre de Hongrie pendant les campagnes de 1737, 1738 et 1739 que la paix fut conclue le 1er sept. entre l'empereur Charles VI et le grand Seigneur... et par la médiation de la France, représentée par M. le marquis de Villeneuve. — Cf. Laugier, Bibliogr. Année 1768.

Grenoble.

887. Fol. 31. Mémoire sur la Hongrie.

1317, n° 7. Relation de l'entrée de M. le Pr. Rákóczi dans Andrinople, 1717. Cf. Min. de la Guerre, t. 2547.

1422. Recueil de documents relatifs à l'histoire du Dauphiné. Fol. 90. Lettre de Béatrix de Hongrie à la dauphine Marie de Baux, sa belle-fille. — 1343. Publié par Ulysse Chevalier dans : Bull. Soc. de statistique, etc. de l'Isère, 3ᵉ s., t. VI, p. 91 (ne se rapporte pas à la Hongrie).

Langres.

93. Mélanges historiques, 1558-1646. P. 1. La Hongrie. (Le royaume de Hongrie est si fertile en tous biens de la terre...)

La Rochelle.

4. Jacques Esprinchard, sieur du Plomb. « Les voyages que j'ay fait ces dernières années en diverses contrées de l'Europe comme Angleterre... Moravie, Poulongne, Hongrie jusques en nostre ville de la Rochelle où j'arrivay le 24 mai 1598 ».

10 Fol. 209. Notes sur les prélats de Hongrie (xviiᵉ s. en ital.).

431. P. 41. Raisons des peuples de Hongrie pour justifier leur prise d'armes (sous François Rákóczi).

Le Mans.

163. (Les documents de ce mscrit sont copiés, en partie, dans Bibl. nat. Nouv. acquis. fr. 1001). Fol. 21. Lettres d'un comte estranger envoyées au roi de France. Tata, 12 mai 1425. Signé : Stephanus Brankowich. — Fol. 21 v°. — Deux lettres de Charles VII à Sigismond, 1424. Dans la première, Charles VII annonce l'envoi comme ambassadeurs d'Artaud de Granval et d'Alain Chartier ; dans la seconde, il est question de Thomasinus de Narduchio envoyé de Sigismond à Paris, 1424. — Fol. 23. Lettres de Charles VII à Nicolas de Gara, comte palatin de Hongrie, pour lui recommander Artaud de Granval et Alain Chartier envoyés vers l'empereur Sigismond en 1424. V. sur cette ambassade, de Beaucourt, Hist. de Charles VII,

t. II, p. 346-350 ; A. Thomas, Alain Chartier en Hongrie, Romania, t. 38. — La lettre du dauphin (plus tard Charles VII) au roi de Hongrie et de Jérusalem (fol. 13, n° 7), est adressée à Jacques II de Bourbon qui a usurpé ces titres, et ne se rapporte pas à la Hongrie.

Lille.

465. (Mscrits de Guillaume de la Rivière, t. IV). P. 287. Sigismond Báttori, prince de Transylvanie.

485. Fol. 99. Les armes de la Hongrie.

488. Fol. 176. Chronologie des rois de Hongrie, 1402-1577. — Fol. 176, Hongrie.

505. Fol. 2 et 4. Armes et blasons de... Transylvanie, de Hongrie (Recueil de Messire Jean, baron de Launay de 1672, qui était au service de Léopold I).

622. (Miscellanea d'Antoine de Karon). Fol. 109. Lettre de Jean de Castro au roi de Hongrie, sur la prise de Naples et la mort de Lautrec, 1528. Fol. 110 v°. Lettres de Loupes de Soria, ambassadeur du roi de Hongrie, en Italie, au dit roi touchant la prise de Gênes par Doria. — 16 sept. 1528. Fol. 117. Lettre d'Antoine de Leve, capitaine de Milan au roi de Hongrie sur la bataille de Landriano, 1529. — Fol. 119. Nouvelles de Hongrie, sept.-oct. 1529 touchant le siège de Vienne par les Turcs.

43. Fonds Godefroy. Fol. 177. Inventaire de titres originaux et sceaux de rois de Hongrie.

183. Fol. 219. Généalogies... Hongrie.

Marseille.

1287. Monuments d'Europe. Album formé par Pascal Coste, architecte (Dessins, vues, plans réunis par lui dans ses voyages de 1832-1872), t. IV. Allemagne, Autriche, Hongrie, 128 pièces.

Orléans.

1155. Response d'un officier de l'armée de l'Empereur à un général espagnol, contenant le détail des actions de la campagne de Hongrie. 1683, 312 p.

Rouen.

1766. (Coll. Coquebert de Montbret). Tableaux de statistique de la Suède... Hongrie. — (xviiie s.).

Saint-Dié.

80. (Recueil de l'abbaye de Senones, mscrits de Dom Calmet), t. XVI, p. 311. Rescrit de la reine de Hongrie à ses vassaux sujets de la Haute-Autriche. — 2 déc. 1741.

Tours.

1070-1071. Ambassade en Allemagne de Charles de Valois duc d'Angoulême, de Philippe de Béthune et de l'abbé de Préaux, 1620-1621. V. Bibl. nat., fonds fr. 3972.

1106. Ambassade de M. de Nointel à la Porte ottomane, 1670-1679; t. II, 21 sept. 1673-12 déc. 1675 (les autres vol. manquent). Fol. 1-42, 73-159. Correspondance de Nointel avec... le prince de Transylvanie.

1123. Recueil sur les prérogatives d'ancienneté et de noblesse de la monarchie, rois, royaumes et maison royale de France avec toutes les autres monarchies. — Fol. 55. Royaumes de Hongrie et de Bohême.

Troyes.

2144. Rákóczi, Confession d'un pêcheur. Trad. du latin en français par le P. Jourdain, majeur des Camaldules de Gros-Bois. (Cette confession en forme de soliloque a été commencée quelques jours avant la solennité de naissance de J.-C. l'an 1716 et terminée à Andrinople)) 2 vol. 175 et 321 feuillets. L'original Bibl. nat., fonds lat. 13628.

2145. Rákóczi, Meditationes de anno spirituali. Un vol. 4°, 154 feuillets (provient des Camaldules de Grosbois).

2146. Rákóczi. 1° Meditationes super Genesim, Exodum, Leviticum, Numeros et Deuteronomium. — 2° Tractatus de potestate. — 3° Trad. du traité précédent. — 306 feuillets. (En tête du premier cahier se trouvent quelques pages de notes sur la vie de l'auteur).

2147. Trad. française du premier cahier (Meditationes) faite par Rákóczi lui-même. Rodosto 1721-1731. 486 feuillets. (Le cachet du Prince pend encore aux rubans qui attachent les cahiers. Genèse et Exode 1721, Lévitique et Nombres 1731. Deuteronome manque).

Vesoul.

1792. Fol. 528. Recueil de l'histoire de Hongrie sous l'Empereur Léopold I. (Dans un recueil hist. de 1594-1699). Copie du xviiie s.

INDEX

C

Q

R

ERRATA

Page 43, ligne 1 en haut. Le millésime *1740* doit se placer après la note.

Page 127, ligne 8 en haut. La Notice sur J. E. Horn d'Alphonse Courtois a paru en 1891, Paris, 8 p. in-8°.

Page 129, ligne 16 en bas, lire : *par* M. Sigismond de Justh.

Page 145, ligne 13 en bas, lire. C. r. *sur* Szendrei.

Page 204, ligne 10 en haut, lire : Legrelle.

TABLE DES MATIÈRES

Le Puy-en-Velay. — Imprimerie Peyriller, Rouchon et Gamon.

ERNEST LEROUX, ÉDITEUR, 28, RUE BONAPARTE, PARIS

I. Kont

CHARGÉ DE COURS A L'UNIVERSITÉ DE PARIS

LA HONGRIE LITTÉRAIRE ET SCIENTIFIQUE.
In-18.. 5 fr.
Couronné par l'Académie Française. Prix Montyon.

ÉTUDE SUR L'INFLUENCE DE LA LITTÉRATURE
FRANÇAISE EN HONGRIE (1772-1896). In-8°.. 10 fr.
Couronné par l'Académie Française. Prix Bordin.

LESSING ET L'ANTIQUITÉ. Etude sur l'hellénisme et la
critique dogmatique en Allemagne au xviii° siècle. 2 vol.
in-18...................................... 7 fr.

QUID HERDERUS DE ANTIQUIS SCRIPTORIBUS
SENSERIT. In-8°................................ 3 fr.

LESSING ARCHÉOLOGUE. In-8°................ 2 fr.

E. Picot, de l'Institut

COUP D'ŒIL SUR L'HISTOIRE DE LA TYPOGRA-
PHIE DANS LES PAYS ROUMAINS AU XVIᵉ SIÈCLE.
In-4°, avec planches........................... 6 fr.

A. Dozon

LE CHEVALIER JEAN, conte magyar suivi de quelques
pièces lyriques, par Alexandre Petœfi, traduites en français. In-18.................................... 2 fr. 50

E. Legrand

BIBLIOGRAPHIE IONIENNE. Œuvre posthume, com-
plétée et publiée par Hubert Pernot. 2 vol. in-8°.. 25 fr.

G. Bengesco

BIBLIOGRAPHIE FRANCO-ROUMAINE DEPUIS LE
COMMENCEMENT DU XIXᵉ SIÈCLE. Seconde édition.
In-8°.. 10 fr.

Le Puy. — Imp. Peyriller, Rouchon et Gamon, 23, boulevard Carnot.